中國學術思想 研究輯刊

三 編

林 慶 彰 主編

第 17 冊

南宋永嘉永康學派之經世致用論

夏 健 文 著

博識以致用——王應麟學術的再評價

林 素 芬 著

花木蘭文化出版社

國家圖書館出版品預行編目資料

南宋永嘉永康學派之經世致用論　夏健文　著／博識以致用——
——王應麟學術的再評價　林素芬　著 — 初版 — 台北縣永和市：
花木蘭文化出版社，2009〔民98〕
目 2+154 面／序 2+ 目 2+130 面；19×26 公分
（中國學術思想研究輯刊 三編：第 17 冊）
ISBN：978-986-6528-87-3（精裝）
1.（元）王應麟　2.學術思想　3.宋元哲學
125.7　　　　　　　　　　　　　　　　　　98001719

ISBN - 978-986-6528-87-3

9 789866 528873

中國學術思想研究輯刊
三　編　第十七冊　　　　　　ISBN：978-986-6528-87-3

南宋永嘉永康學派之經世致用論
博識以致用——王應麟學術的再評價

作　　　者　夏健文／林素芬
主　　　編　林慶彰
總 編 輯　杜潔祥
出　　　版　花木蘭文化出版社
發 行 所　花木蘭文化出版社
發 行 人　高小娟
聯絡地址　台北縣永和市中正路五九五號七樓之三
　　　　　電話：02-2923-1455／傳眞：02-2923-1452
網　　　址　http://www.huamulan.tw 信箱 sut81518@ms59.hinet.net
印　　　刷　普羅文化出版廣告事業
封面設計　劉開工作室
初　　　版　2009 年 3 月
定　　　價　三編 28 冊（精裝）新台幣 46,000 元　　　版權所有・請勿翻印

南宋永嘉永康學派之經世致用論

夏健文 著

作者簡介

夏健文，祖籍安徽廬江，1965 年出生於高雄市。國立政治大學中國文學系學士，中文研究所碩士，現任教於北台灣科技學院通識教育中心，並於國立彰化師範大學國文研究所博士班進修。主要開設課程有大一國文、應用文、二技國文「與大師相遇——經典人物研究報告」、文學欣賞「從電影活化生活」等。主要研究方向在南宋浙東學術，及與現代通識教育的相關探討，大學國文教學通識化等。

提　　要

　　南宋的學術思想，乃朱子理學、象山心學、浙東學派三足鼎立的局勢。其中程朱理學與象山心學很早即受學界注意及研究；而浙東學派中的永嘉、永康學派，標榜著經世濟民，開物成務的經世致用之學，卻鮮為學界重視與研究，甚至有視其為專重功利的異端之學。本論文乃盼望在南宋偏安，國家內憂外患的大時代環境下，學術界盛談理氣心性的理學氣氛中，對永嘉學派之薛季宣、陳傅良、葉適，永康學派之陳亮四人的經世致用論，作一研究。以期看出此四人之思想內容及所呈現的價值意義。

　　本論文採「基源問題研究法」，即以經世致用統攝此四人學術思想之範疇，從經世致用之學所包含的五大方面，即道德持養、待人接物、政事、厚生、軍事五方面，呈現其經世理論，並探討有否躬行實踐其經世理論。在分論的基礎上，再進而對永嘉永康學派之形成背景、價值意義、思想異同、衰落與影響，作一綜合評論。由於採「先分論，後綜論」的程序，盼能使整體性的判斷立基於堅實的基礎。

　　經過本文之研究，發現永嘉永康學派除了是程朱學派格物論部分的具體實踐外，更欲結合道德持養與典章制度，使治世之體與治世之法本末一貫，其不專主一家之說，實事求是的論學態度，正是中國人文精神的具體呈現；其所謀求的全是百姓的利益、國家的福祉，豈可以功利視之。其非但不是南宋學術界的異端之學，更是在當時環境下的異軍之學！

目

次

第一章 緒 論

第一節 經世致用的意義

經世致用是儒家思想的一個顯著特點。「經世」指治理國家天下的意思，而「致用」二字則在強調經世之目的乃在富裕民生，建立太平祥和的國家社會。因此，所謂「經世致用」即治理天下國家、富裕民生之謂也。這和「經國濟世」、「經世濟民」，或簡稱為「經世」、「經濟」，其意義都是相同的。「經世致用」代表著儒家關心社會民生，通過為政，以祈達致國治天下平的一種觀念。〔註1〕

張灝先生在〈宋明以來儒家經世思想試釋〉一文中，曾經提到：「經世與修身如車之兩輪，鳥之雙翼，並為儒家人文思想之中心觀念。」（《近世中國經世思想研究會論文集》，頁3）這段話頗能道出儒學正是一門經世致用之學。而此經世之學又可從三方面對其意涵作一探討：

第一，經世致用之學代表著一種積極進取、重視實踐的淑世精神。

班固《漢書·藝文志·諸子略》云：「儒家者流，蓋出於司徒之官。」近

〔註1〕「經世」一詞最早見於《莊子》，〈齊物論〉篇中曾云：「六合之外，聖人存而不論；六合之內，聖人論而不議。《春秋》經世先王之志，聖人議而不辯。」章太炎先生以為此二字應解為「紀年」，《國故論衡》云：「〈齊物論〉語經猶紀也。三十年為一世，經世猶紀年耳。」（〈原經篇〉）而梁啟超先生則以濟世致用之義視之，梁氏云：「莊生曰：『《春秋》經世先王之志。』凡學焉而不足為經世之用者，皆謂之俗學可也。」（《飲冰室合集》中《文集》卷二）姑無論「經世」一詞在《莊子》中究為何種含義，皆不影響經世致用觀念代表儒家積極入世、致天下於太平、登萬民於席衽的態度和抱負。

世劉師培加以申解分析，以爲司徒職事乃爲治民之官兼教民之責。他說：

> 夫儒家出于司徒之官者，以儒家之大要在于教民，《周官・冢宰》言
> 「儒以道得民」。道也者，即儒者教民之具也。蓋以道教民謂之儒，
> 而總攝儒者之職則爲司徒。說者以司徒爲治民之官，豈知司徒之屬，
> 物以治民之官而兼教民之責乎。(〈儒家出於司徒之官說〉，《國粹學
> 報》三十三期)

由此可知，親民治事、化民成俗，正是司徒之職，而儒家者流由此轉化，適
足說明儒家經世淑世的精神，淵源有自。

自孔子開始，儒家經世致用的觀念，更由司徒盡職轉爲儒者對國家社會
所無可旁貸的責任。如《論語》便記載道：

> 子路問君子。子曰：「修己以敬。」曰：「如斯而已乎？」曰：「修己
> 以安人。」曰：「如斯而已乎？」曰：「修己以安百姓。修己以安百
> 姓，堯舜其猶病諸！」(〈憲問〉)

又：

> 子貢曰：「如有博施於民，而能濟眾，何如？可謂仁乎？」子曰：「何
> 事於仁，必也聖乎？堯舜其猶病諸！」(〈雍也〉)

又：

> 夫仁者，己欲立而立人，己欲達而達人。能近取譬，可謂仁之方也
> 已。(〈雍也〉)

君子的修己是要「安人」和「安百姓」，「修己」只是起點，「安人」、「安百姓」
才是終極。而儒家所追求的道德境界「仁」，其充分體現爲「博施於民而能濟
眾」的「己立立人，己達達人」。由此可見，儒家所關心的並非一己的安樂，
而是其親友以至天下百姓的安樂。這正代表著一種積極進取的淑世精神，也
看出儒家經世觀念重視實踐的價值取向。

淑漱溟先生曾云：「儒家蓋認爲人生的意義價值，在不斷自覺地向上實踐
他所看到的理。」(《中國文化要義》，頁 137) 並強調此實踐除「存乎內之開
展」外，更有「見於外之開展」，「古今一切文物制度之發明創造，以至今後
理想社會之實現；皆屬之」。(仝上) 像六經，便皆爲先王之政典，經世之書
籍；〔註2〕《史記・孔子世家》云：「孔子以詩、書、禮、樂教，弟子蓋三千

〔註2〕章學誠《文史通義》內篇一〈易教上〉云：「六經皆史也。古人不著書；古人
　　　未嘗離事而言理，六經皆先王之政典也。」即在說明六經爲先王經世之政典。

焉，身通六藝者七十有二人。」這「身通」一詞，便是強調研習六經的目的，乃在把六經的精神實踐印證於日常生活中。因此，唐君毅先生乃指出：

> 中國文化開始即重實踐，孔子亦先求行道。及道不行，乃退而與弟子刪詩書，訂禮樂，修春秋以教來世。是孔子之精神爲全面文化之精神，而又求直接實現之於全面社會之精神。(《中國文化之精神價值》，頁55)

這種積極進取、重視實踐的經世淑世精神，自先秦以降，就成爲儒家思想的重要價值取向與目標。如孔、孟汲汲以平治天下爲務，漢儒言「通經致用」，宋儒以發揚先秦儒學「內聖外王」爲己任，明末以至清代之儒者強調經世致用之學，皆表現了強烈的經世用心之心。司馬遷在《史記‧太史公自序》中便引孔子之言曰：「我欲載之空言，不如見之於行事之深切著明也。」〔註3〕正說明了儒家經世致用之學一貫的價值取向。

第二，經世致用之學是有體有用、內聖外王之學，而其體即「治道」、「治體」，乃經世致用的理論根本。

經世致用的觀念，既然積極進取、重視實踐，因此它主要是透過政治以表現其淑世精神，而治世的理論、原則、根本，亦即「治體」、「治道」，便成爲經世致用之學不可或缺的部分。

北宋胡瑗在蘇州與湖州任教，嘗立「經義」、「治事」二齋；經義齋在講明六經，而治事齋則在學習治民、禦寇、水利、曆算等實事，(《宋元學案》卷一〈安定學案〉)可謂既重理論又重實際。其高弟劉彝曾云：

> 臣聞聖人之道，有體、有用、有文。君臣父子，仁義禮樂，歷世不可變者，其體也。詩書史傳子集，垂法後世者，其文也。舉而措之天下，能潤澤斯民，歸于皇極者，其用也。(《宋元學案》卷一〈安定學案〉)

而北宋大儒程頤亦云：

> 治身齊家以至平天下者，治之道也。建立治綱，分正百職，順天時以制事，至於創制立度，盡天下之事者，治之法也。聖人治天下之道，惟此二端而已。(《近思錄》卷八〈治道〉)

所謂「君臣父子，仁義禮樂，歷世不可變者」和「治身齊家以至平天下

〔註3〕唐司馬貞《史記索隱》云：「案孔子之言，見《春秋緯》，太史公引之以成說也。」

者」，即為治世的理論原則與根本所在。至於「建立治綱，分正百職，順天時以制事」以期「措之天下，能潤澤斯民」，則為實現治體的客觀制度及規章，也就是「治法」。

《大學》中曾提出明明德、親民、止於至善三綱目，以及格物、致知、誠意、正心、修身、齊家、治國、平天下八條目，最能表現儒家「內聖外王」的理想。其中格、致、誠、正、修是明明德的內聖工夫；齊、治、平則是親民的外王境界。《大學》又說：「自天子以至庶人，壹是皆以修身為本。」亦即固然格、致、誠、正的內聖之學以修身為本，就連齊、治、平的經世外王之學亦為修身之事。熊十力先生曾云：

> 格、致、誠、正，內修之目也。齊、治、平，外修之目也。家國天
> 下，皆吾一身，故齊、治、平皆修身之事。（《讀經示要》卷一）

中國人自古就有著「天下為一家，中國為一人」的理想，因此，內聖外王之學正是一種人格的展現，亦為中國人文精神的具體表現。

從「治道」看經世致用的意涵，可以發現經世致用之學正是一種人格的展現，人文精神的發揚，以道德持養為基礎；因此，這一層面的經世致用和內聖外王，其意義是相通的。

第三，經世致用之學是開物成務之學，而其用即「治法」、「治術」，乃經世致用的實際展現。

經世致用之學，就其價值取向而言，乃代表一種積極進取、重視實踐的淑世精神；就其內容而言，是有體有用之學，「體」為「治道」、「治體」，為治世的理論原則和根本；而「用」則為「治法」、「治術」，是用以實現治世的方法要術，亦即客觀的制度及規章，是經世致用的實際展現部分。

治道是治世的理論根本，因此是「歷世不可變者，其體也」；治法乃欲「措之天下」、「潤澤斯民」，則需因時而異，知所通變。明焦竑嘗云：

> 夫學不知經世，非學也；經世而不知考古以合變，非經世也。（《澹
> 園集》卷一四）

治法乃以治道為理論基礎，並參考歷代典章制度、治世之法，結合當代治世環境背景，所展現的經世具體方法。是故治道重視「理論與恆久」，治法則強調「實踐與通變」，二者相輔相成、缺一不可。

《周易‧繫辭傳》云：「夫易，開物成務，冒天下之道，如斯而已者也。是故聖人以通天下之志，以定天下之業，以斷天下之疑。」韓康伯注云：「言

易通萬物之志，成天下之務，其道可以覆冒天下也。」因此，「開物成務」意謂開發萬物功能，成就福利人群的事業；其目的正在富裕民生、康濟群生。黃宗羲云：

> 永嘉之學，教人就事上理會，步步著實，言之必使可行，足以開物
> 成務。蓋亦鑒一種開眉合眼，矇瞳精神，自附道學者，于古今事物
> 之變，不知爲何等也。(《宋元學案》卷五十二〈艮齋學案〉)

黎洲以「開物成務」一詞代表南宋永嘉之學的特色，而永嘉學派所提倡重視的乃是經世致用之學；因此，開物成務可謂爲經世致用的具體表現。

從「治法」看經世致用的意涵，可以發現經世致用之學正是在富裕民生，潤澤斯民；因此，這一層面的經世致用和開物成務，其意義是相通的。

第二節　研究動機、範圍與預期成果

一、研究動機

南宋的學術思想，大致上可分爲朱子學派、象山學派以及浙東學派。其中程朱理學與象山心學很早即受到學界的注意及深究；而浙東學派中的永嘉、永康學派，雖標著著富國安民、開物成務的經世致用之學，卻鮮爲學界重視與研究，尤其是永康學派的陳亮，更往往被視爲唯功利是圖的狂放之人，而倍受輕視。基於這些原因，本文乃以《南宋永嘉永康學派之經世致用論》爲題，盼能對此二學派的經世學說，加以歸納分析，以展現其學說，並肯定其成就。

二、研究範圍

本文取永嘉學派的薛季宣、陳傅良、葉適，永康學派的陳亮，共計四人爲代表。其中薛季宣乃首倡經世事功之學者。陳傅良繼之，醇恪平實，有發揚之功。葉適大宏其業，終使永嘉之學與朱陸成鼎足之勢。至於永康學派，則以「讀書經濟爲事，嗤黜空疏、隨人牙後談性命者，以爲灰埃」(《宋元學案》卷五十六〈龍川學案〉黃百家案語)的陳亮最具代表性。故取此四人之經世相關學說來加以探究。至於此二學派其他學者，基於成就不大和篇幅所限，也就略而不論。

三、預期成果

本論文以薛季宣、陳傅良、葉適、陳亮四人經世之學為研究對象，盼能解決以下問題：

第一，南宋永嘉、永康學派的經世理論，歷來不太受重視，少有人研究。尤其是陳亮的永康學派，更是罕有論之者。故盼能將此四人之經世理論，清楚展現，期有助後人認識探究之便。

第二，冀能斷定其經世致用之學，在理論上是否完備；進而探討其是否能夠在實際事務、日用生活中，躬行踐履。

第三，在南宋的環境和思想潮流下，此經世之學是否有開創性的主張，而這些思想主張，又蘊含了那些時代意義。

第四，他們的經世主張是否一致，又彼此差別為何，至於其興起、衰落的原因，以及對後世的影響，也能略加研討。

第三節　研究方法與程序

由於本論文的重點，乃在對薛氏等四人的經世理論，作一清楚的展現。因此，基本上，乃採用勞思光先生寫《中國哲學史》所使用的「基源問題研究法」；亦即以「經世致用」為南宋永嘉永康學派之基源問題（任何個人或學派的思想理論，所要解答的最核心問題謂之基源問題），然後依此基源理論將四家學說作一展現，最後再以能否拯救時局來作為全面判斷的準則。

在實際寫作過程中，除緒論外，首先乃以經世致用統攝此四人學術思想之範疇，進而從經世致用之學所包含的五大方面，即道德持養、待人接物、政事、厚生、軍事五方面，作經世理論的要目。此即本論文第二章到第五章的本論。在理論展現過程中，並探討他們的經世理論是否體用兼備，又於實際事務生活中，是否躬行踐履其經世理論等問題。最後一章為結論，先探討南宋永嘉永康學派，經世理論在當代思潮中，所展現的時代意義；再比較此四人學說異同之處，接著檢討後來衰落原因及對後世主要影響，末尾以研究成果總結本文。

第四節　永嘉永康學派的興起背景

以薛季宣、陳傅良、葉適三人為代表的南宋永嘉學派，及以陳亮為代表的南宋永康學派，在思想淵源上，雖兼受洛學、關學、王學、蘇學的影響與

啓發，〔註4〕但仍不足以開啓以「經世致用」爲核心觀念的永嘉、永康之學；真正促使此二學派經世之學興起的背景，乃是南宋時勢刺激及對理學末流脫離實務的反動。

南宋偏居江南後，在高宗紹興十一年（1141），金人南侵，宋室決計求和，反對乞和的岳飛，因而被殺。奸相秦檜專權達十五年，忠臣良將，被他誅殺殆盡，一般士大夫，苟且偷安，早已失去恢復中原的勇氣。因此，孝宗即位後，雖銳意中興復國，但當時的形勢，已非昔比。北方金世宗任用賢能，國勢更加強大；南宋孝宗雖然發動北伐的壯舉，結果未能收到預期效果，使偏安求和的心態，更加深植於君臣的心中。此外，以東南半壁的江山，卻要供應較北宋還要龐大的養兵、養士費用，以及和金之歲幣。他如法度的嚴苛，冗官冗兵的激增等等，都使南宋在政事、厚生、軍事各方面，產生了許多糾結在一起的層層難題。面對這些內憂外患，要如何才能解決呢？這是永嘉永康經世之學興起的背景之一。

理學家自周敦頤開始，其學說主張雖變化甚多，但對人生修養問題大多有一共同的看法，即只強調道德之善惡是非，不重事實之得失成敗。在面對政治社會問題時，多認爲只要國君能夠修養德性，實現聖賢人格，自可向外發展，建立合理的社會文化秩序；同時，秉持著人人可以爲聖賢的觀念，深信藉著教化的力量，使仁義道德深入人心，那麼政治社會問題自會解決。因此，不正視事功本身，認爲事功可直接由道德人格生出，成爲當時居於學術思潮主流的理學家，對實際事務的一致看法。〔註5〕勞思光先生就曾指出義理之學「只注重道德心之覺醒，而不注意其客觀化之規律」（《中國哲學史》三上，頁338）。至其末流，與一些自附道學之士，更是「閉眉合眼，矇瞳精神」，「于古今事物之變，不知爲何等也」（《宋元學案》卷五十二〈艮齋學案〉黃

〔註4〕有關南宋永嘉永康學派的思想淵源，可參考何炳松《浙東學派溯源》，鄧廣銘《浙東學派探源》、以及董師金裕《宋永嘉學派之學術思想》第二章第二節論思想淵源部分。

〔註5〕理學諸大儒論學雖務爲鞭辟入裡，致力於道德心性之辨，但也並非棄事功於不顧。如程顥嘗上神宗皇帝箚子，陳治法十事，偏論師傅、井地、學校、兵、農諸大端。（見《明道文集》卷二〈論十事箚子〉）而朱熹更有救荒、平亂等實際事功的表現。（見《宋元學案》卷四十八〈晦翁學案〉上）至於陸象山在荊門的治積，顯示他在實際政教方面也有表現。（見《宋元學案》卷五十八〈象山學案〉）然而事功究竟非其所重視。因此，後學末流，盡鑽研義理之學，遂以爲誠正當講，治平可略了。

宗義案語)。面對重視心性持養,以至後學者日漸脫離實務,空談性命道德的學術弊端,要如何才能矯正呢?這是永嘉永康經世之學興起的另一背景。

在當時客觀環境、及時代思潮兩大因素刺激下,永嘉永康學派遂提出以政治經濟為中心,時代色彩豐富,為經綸時務以通世變的致用學說。

第二章　薛季宣經世致用之學

第一節　傳　略

薛季宣，字士龍，學者稱爲艮齋先生。南宋兩浙東路溫州永嘉縣（今浙江溫州）人。季宣的生卒年月，《宋史》未載，根據陳傅良《止齋文集》卷五十一〈右奉議郎新權發遣常州借紫薛公行狀〉（以下簡稱〈薛公行狀〉）、呂祖謙《呂東萊文集》卷七〈薛常州墓誌銘〉及季宣《浪語集》卷十二〈志事〉詩所述推算，季宣當出生于宋高宗詔興四年（1134）六月甲戌，卒于未孝宗乾道九年（1173）七月戊申，終年四十歲。〔註1〕

薛季宣出身於官僚家庭，祖父薛強立曾任江寧府觀察推官，三位伯父中，薛嘉言官至尚書司封郎中；薛昌言乃婺州通判；薛弼曾任岳飛參謀，歷官福州、廣州知州，敷文閣待制。而其父親薛徽言曾任起居舍人，嘗學於胡安國，雅爲丞相趙鼎所薦厚，仕于朝，以堅決反對秦檜和議而著名。「時秦檜與金人議和，徽言與吏部侍郎晏敦復等七人同拜疏爭之。一日，檜於上前論和，徽言直前引義固爭，反復數刻，中寒疾而卒。」（《宋史》卷三七六〈薛徽言傳〉）

〔註1〕《浪語集》卷十二〈志事〉詩云：「我生之辰，六月甲戌。」此外呂祖謙〈薛常州墓誌銘〉言薛季宣卒於乾道七年，然據陳傅良〈薛公行狀〉推算，薛季宣當卒於乾道九年，呂銘作七年顯爲錯誤。又有關薛季宣的生平資料，主要見於《止齋文集》卷五十一〈薛公行狀〉、《呂東萊文集》卷七〈薛常州墓誌銘〉、《宋史》卷四三四〈薛季宣傳〉、《宋元學案》卷五十二〈艮齋學案〉等處，其中前二種較爲詳細，本節多參考採用之，而以後二種爲輔。由於各文時常相同或相似，出入不大，故不復一一註明出處。

而季宣母親胡氏，亦染病而相繼去世，此時季宣才六歲，遂爲伯父薛弼（《宋史》卷三八○有傳）所收養。因此，薛季宣之父親雖爲胡安國的學生，但因其年幼時父親即已亡故，所以家學對薛季宣的影響並不大，反倒是伯父薛弼的影響較大。由《宋史・薛弼傳》可知薛弼是個頗有政治軍事才能的官員，薛季宣曾隨其宦游各地，因得「逮事過江諸賢，聞中興經理大略……喜從老校退卒語。得岳（飛）、韓（世忠）、二三大將兵間事，甚悉」（《呂東萊文集》卷七〈薛常州墓誌銘〉）。這些經歷對薛季宣重視實際事功、憂國憂民的思想，當有相當的影響與啓發。

薛季宣十七歲時，往依其岳父荊湖南路安撫使孫汝翼，書寫機宜文字。孫氏藏書頗豐，季宣講說紬繹，絕不治科舉業。結婚後，薛季宣在岳父那兒住了三年，至二十歲，乃西遊於蜀，在同鄉四川制置使蕭振（溫州平陽人，《宋史》卷三八○有傳）幕下工作，但僅居半年即告別離去。（《浪語集》卷三十四〈墓祭外舅姑文〉）〔註2〕

在薛季宣依其岳父的三年期間，曾向湖、湘間著名學者袁溉問學。袁溉字道潔，少問學於程頤，而後又受學於蜀之薛翁，以至其所爲益發純粹近古。袁溉爲學，薛季宣以爲乃「自六經百氏，下至博奕小術、方術兵書，無所不通」（《浪語集》卷三十二〈袁先生傳〉），可謂推崇備至。此外，袁溉更曾以一千鄉兵破金兵萬餘，保全家鄉。（仝上）因此，在袁溉的身教、言教，竭盡其所學傳授之下，薛季宣成爲一個重實踐、有淑世濟民精神，而且具有政治、軍事各方面才華的青年。《宋史》卷四三四〈薛季宣傳〉便云：「季宣既得溉學，於古封建、井田、鄉遂、司馬法之制，靡不研究講畫，皆可行於時。」袁溉對薛季宣的影響，可謂深遠。

紹興三十年（1160），薛季宣二十七歲，以恩蔭任鄂州武昌（今湖北鄂城）縣令，開始將其經世致用的理論，在實際的事務與生活中踐履出來。紹興三十一年（1161）秋天，金主完顏亮分兵四路大舉伐宋，宋朝官員紛紛將家屬遣送回家，自己也預備隨時逃跑。惟獨薛季宣仍將家眷留在武昌，並利用平時所訓練的民兵，團結一心，合力守住了武昌城。武昌任期滿後，于宋孝宗隆興元年（1163）攜眷南歸。該年秋冬之間，薛季宣乃赴臨安（今杭州市）選調

〔註2〕 由〈薛常州墓誌銘〉可知：薛季宣之所以會入蜀，乃因其師袁溉告之「伊洛軼書，多在蜀」，而袁氏「期至蜀授以書」。但不巧遇著「偏裨有誣其所部將者」，薛季宣「請正階級法」，與同鄉蕭振議事不合，乃謝去。

（《浪語集》卷三〈鴈蕩山賦〉），從吏部銓，得婺州司理參軍。隆興二年，薛季宣曾回到永嘉老家講學、著書，〔註3〕陳傅良、薛叔似、徐元德、王枏等人都曾先後向他問學受業。乾道四年（1168）薛季宣三十五歲，因當時任簽書樞密院事王炎〔註4〕的推薦，赴臨安入宮召對；〔註5〕薛季宣首言治體有本末，當進人才、張紀綱（《浪語集》卷十六〈召對劄子一〉）。又論冗官冗兵之事（同卷〈召對劄子二〉）。三論賦稅之繁苛（同卷〈召對劄子三〉）。由此可知，薛季宣雖重實際事功，但卻不忽略道德人倫的持養，並以為此持養乃經世致用之本根，其學可謂是體用兼備。

召對後，改宣義郎，差知平江府常熟縣。退，待次具區（太湖）渦上（渦湖在常州）。乾道七年（1171）冬天，薛季宣時任大理寺主簿，因江南、荊湖一帶大旱，許多飢民流入淮南西路，朝廷乃派薛季宣視察淮西；薛季宣深入考察，招集流民，據實奏報，大為孝宗皇帝賞識，遂進兩官，除大理正。居七日，於乾道八年八月出任湖州知州。湖州是個畿輔大郡，又多權貴人，薛季宣盡力革除胥吏浮收稅捐，凡可以紓民力者，亦同上級反映；無奈在權貴們的攻擊反對下；僅任職七個多用，便調任常州知州。未上任，先回永嘉家中休養，卻因患痔疾為庸醫所誤，而死于家中，〔註6〕年止四十歲。

薛季宣著作豐富，計有《古文周易》十二卷，《書古文訓》十六卷，《詩性情說》卷數不詳，《周禮釋疑》卷數不詳，《春秋經解》十二卷，《春秋指要》二卷，《論語少學》二卷，《論語直解》卷數不詳，《中庸解》一卷，《大學解》一卷，《十國紀年通譜》卷數不詳，《薛常州地理叢考》一卷，《九州圖志》卷數不詳，《漢兵制》卷數不詳，《資治通鑑約說》卷數不詳，《校正風后握奇經》

〔註3〕《浪語集》卷三十五附鄭伯英〈祭文〉中，說道：「歲在甲申（隆興二年），公歸里居。」

〔註4〕王炎字公明，《宋史》無傳。據徐自明《宋宰輔編年表》卷一七「乾道九年正月己丑王炎罷樞密使」條云：「炎自乾道四年二月除簽書樞密院事，五年二月除參知政事，七年七月拜密使。……執政反五年。」另《宋史》卷二一三〈宰輔表四〉記載亦同。故知陳傅良〈薛公行狀〉云「樞密使王公炎薦」，顯為錯誤。

〔註5〕薛季宣在《浪語集》卷十六〈奉使淮西回上殿劄子二〉：「臣戊子歲（乾道四年），因大臣薦，獲起咫尺之光。」故知薛季宣入宮召對為乾道四年之事。

〔註6〕關於薛季宣的死因，〈薛常州墓誌銘〉、〈薛公行狀〉及《宋史》本傳都未記載。今考洪邁《夷堅志·丁志》卷十二云：「乾道癸巳歲（九年），（薛季宣）自吳興守解印歸永嘉，得痔疾，為庸醫以毒藥攻之，遂薰蒸而斃。」而《浪語集》卷三十五附錄其任兒薛溶〈祭文〉亦云：「胡為微恙，輒成酷禍。庸醫妄投，竟爾勿悟。屈指三日，噬臍莫措。」可見薛季宣之死乃因患痔疾為庸醫所誤而死。

一卷附《八陣圖贊》，《武昌土俗編》二卷，《遁甲龍圖》四卷，《浪語集》三十五卷。

　　從上述著作來看，除了數量頗多的經書訓義之作外，歷史、地理、軍事之作亦復不少。可惜許多著作今已亡佚，其中《中庸解》、《大學解》、《校正風后握奇經》、《八陣圖贊》幸存於《浪語集》中。今欲探究薛季宣的經世致用論，自當從其現存的著作《浪語集》、《書古文訓》當中去發掘了。〔註7〕

第二節　經世致用說

一、道德持養

（一）不離日常行事

　　薛季宣曾說：「君臣之義，父子之親，天理昭昭，不容與易。」（《浪語集》卷二十五〈與潘文叔〉）君臣、父子皆五倫之屬，既然以為其乃若天理、「不容與易」，即說明薛季宣很重視倫常道德的持養。而且，他認為此種倫常道德的持養，並非遠離實際事物、生活；相反地，應在日常行事生活中，從事道德持養的工作。首先，在道器關係上，薛季宣提出了「道器合一」的主張：

> 夫道之不可遍，未遽以體用論。見之時措，體用疑若可識；卒之何者為體，何者為用？即以徒善徒法為體用之別，體用固如是邪？上形下形，曰道曰器，道無形埒，舍器將安適哉？且道非器可名，然不遠物，則常存乎形器之內。昧者離器于道，以為非道遺之，非但不能知器，亦不能知道矣！（《浪語集》卷二十三〈與陳同甫書〉）

所謂「徒善」、「徒法」出自《孟子‧離婁上》：「徒善不足以為政，徒法不能以自行。」薛季宣以為，為善之心和遵循典章制度是統一的、不能分離的、缺一不可的。同樣地，道不遠於物而存於器，道不遠於人而在事物之中。在薛季宣看來，將道器分割，離器求道，是愚昧之人的行為；其目的即在強調

〔註7〕關於薛季宣、陳傅良、葉適三人的著述，董師金裕在其《宋永嘉學派之學術思想》一書附錄二〈宋永嘉學派諸子著術略〉中，有詳實的說明可供參考。惟關於《薛常州地理叢考》一書，據周夢江在〈薛季宣的生平、著作及其對道學思想的異議〉一文中指出：此書在溫州市圖書館古籍部藏有抄本一卷。故知此書尚存而非亡佚。周氏並謂此書有清氏學者黃紹箕（瑞安人）所作跋語，認為此書乃《九州圖志》中的幽州圖志，現圖已佚，僅存其文。

道器二者是合一不可分的，進而強調道德修養是不離日常行事的。他說：

> 下學上達，惟天知之，知天而後可以得天之和；決非學異端、遠形
> 器者之求之見。禮儀威儀待夫人而後行耳，苟不至德，誰能知味？
> 日用自知之謂，其初當矣乎！曾子曰且三省其身，吾曹安可輒廢檢
> 察？且不識不知，順帝之則者，古人事業；學不至此，恐至道之不
> 凝。此事自得，則當深知，殆未可以言之也。(《浪語集》卷二十三
> 〈與陳同甫書〉)

「下學上達」句乃據《論語‧憲問》所云「不怨天，不尤人，下學而上達，知
我者其天乎」而來；「禮儀威儀」句乃據《中庸》所云「禮儀三百，威儀三千，
待其人而後行。故曰苟不至德，至道不凝焉」而來。薛氏此論，即在強調尊德
性不能脫離道問學，不能脫離日常行事而空談道德持養，此即其所說：

> 第于事物之上，習於心無適莫，則將天理自見；持之以久，會當知
> 之。(《浪語集》卷二十三〈與陳同甫書〉)

此外，薛季宣曾對《老子》一書有如下的評論：

> 走嘗讀《老子》，以爲于闔闢爲有窺，第以矯枉過中，失聖人意。欲
> 爲訓注，辨其然否，窮竟其辭，乃知其于道無得。夫道者道也，非
> 可一途指也；彼以無爲道，有故非道也與？故聖人之經皆隱不論，
> 孔子亦所罕道，惟嘗以一語子貢、子輿。《易》、《中庸》最爲幽渺之
> 書，其旨良以見道，不過示之中制，俾人默以會通。至《老子》則
> 不然，爲書務以言盡，如所謂道可道、非常道，以似是矣。復不能
> 守之，欲以多言範圍自己，既而去道彌廓。費辭愈多，而言不知所
> 從，于是有吾不知爲誰之子，象帝之先之說，其弊數數而見，不可
> 以毛舉，大旬皆依倣道要爲名擬之。晚益失守所知，流于刑名數術，
> 而粃糠仁義，絕滅禮樂，靡不爲。四者雖非道體之全，學者尤所當
> 務，蓋去此則非道。而老子斥之，晚進學焉，故其善者爲私己，不
> 善則澳漫譎詭，而不自齒于世途。反道背德，抑又背老氏而馳迹，
> 其源流弊生有自。(《浪語集》卷三十〈叙古文老子〉)

《老子》一書，「以無爲道」，又「粃糠仁義，絕滅禮樂」，亦即脫離日常行事
而言道，故爲薛氏所批評，以爲彼無所得於道也。

(二) 經世致用本根

《論語‧學而篇》曾云：「孝弟也者，其爲人之本與。」換句話說，像孝

悌這些倫常道德，是做人的根本。因此，倫常道德便是從修身到待人接物，從個人到家庭以至社會國家，根據事實的需要，維持人與人和諧的關係，所訂立的一套準則。而此倫常道德的持養，便與經世之學有著密切的關係；在薛季宣看來，無論是爲學受教、政事、軍事各方面，皆當以道德持養爲本根。薛季宣在給弟子陳傅良的信中，曾說：

> 理敬之說，進學之指南也。(《浪語集》卷二十四〈答君舉書二〉)

在答覆沈叔晦問學不躐等的信中也說：

> 以某所聞於不躐等者，自明明德以至于知所止，齊家治國而天下平，其序端如貫珠不可易也。(《浪語集》卷二十五〈抵沈叔晦〉)

爲學受教，自然有所次第，薛氏以爲道德持養乃進學之開端；同樣地，亦爲政事的根本。他指出：

> 爲政莫善于知天，知天莫尚于知人，知人莫大于尊親，尊親莫過于修身，知修身則可以仁民矣！(《浪語集》卷二十九〈中庸解〉)

> 四岳舉舜，不及他事，第言父母兄弟之不肖，舜能處之允若，身修家齊而後天下可治也。(《書古文訓》卷一)

> 舜之受命，所謂天地合其德者，原其宗本，不過充事親之孝，因天材而篤之爾。(《浪語集》卷二十九〈大學解〉)

爲政之道，自當以道德持養爲根本，實德至則民歸趨，各項政事的推動，也才能順利推展開來。此外，在軍事方面，亦指出道德仁義紀綱是一切軍事之本。他說：

> 惟望以仁義紀綱爲本，備邊之計，幸勿爲浮議搖動；至于用兵，則請留待十年之後，必以機會而舉。人才既富，彝倫既敘，虜之世世淫暴，必將有頡利之功矣！(《浪語集》卷十七〈又與王樞密劄子〉)

> 料敵之法，力均校德，德均校義。以紂之惡，不德不義，雖有天下之眾，人各有心；周財有三千人，皆無貳志；力之不等，德、義固不侔矣！度德量力，固兵家之至計。(《書古文訓》卷七)

在歷史上，兵家奉爲宗祖之孫武、吳起二人，由於其一味重視實務上的權謀詐術，而忽略涵養仁義道德，薛季宣便對他們表現了批判的態度，因其不知道德持養方爲世之本根。他說：

> 今之兵家一本諸孫、吳氏、孫武力足以破荊入郢，而不能禁夫闔廬王之亂；吳起威加諸侯百越，而不能消失職者之變；詐力之尚，仁義

之略，速亡胎禍，迨用自焚。（《浪語集》卷二十八〈擬策一道〉）

一味重視實際事功而忽略道德持養，固然爲薛氏反對；相反地，過重德道心性的持養，以致輕視或忽略了經濟事功，亦容易使重道德持養的本意泯沒不明。薛氏對徒言道而不及物者，稱之爲「異端」。他說：

> 古人以爲灑掃應對進退之于聖人，道無本末之辨，中庸曲能有誠之論，豈外是邪？學者眩於誠明、明誠之文，遂有殊途之見。且誠之者人之道，安有不由此，而能至于天下之道哉？今之異端言道而不及物，躬行君子又多昧于一貫、一行之歎，聖人既知之矣，可與學者未可適道，所以曠百世而莫之明也。信言果行，夫子謂之小人之事；以爲禮儀威儀待人而行；道不虛行，存乎德行；不知何者爲等，又將何者爲躐邪？必以小學、大學爲之等差，則吾屬異于而下，孟氏之欲自得之也。（《浪語集》卷二十五〈抵沈叔晦〉）

道德持養，本在澆化人心，以期己立立人；己達達人，家齊國治天下平；薛季宣一再強調道德持養不能脫離日常行事，意即在避免道德心性之辨過高，而淪入虛無；一再聲明道德持養爲經世之本根，意即在避免一味重視實際事功，而凝滯於物。其實在薛氏看來，道德與經世是渾爲一途、本末一貫的。他說：

> 自大學之不明，其道散在天下，得其小者往往自名一家，高者淪入虛無，下者凝滯于物，狂狷異俗，要非中庸。先王大經，遂皆指爲無用，滔滔皆是，未易奪也。故須拔萃豪傑，超然遠見，道揆法守，渾爲一途，蒙養本根，源泉時出，使人心悅誠服，得之觀感而化，乃可爲耳。此事甚大，既非一日之積，又非盡智窮力所到，故聖人難言之。後世昧于誠明、明誠之分，遂謂有不學而能者。彼天之道，何與於人之道？致曲未盡，何以能有誠哉？孟子必有事焉而勿正，心勿忘，勿助長也之說，雖非聖人優之柔之，使自求之之意，學者於此從事，思過半矣！顏氏之子，其過與怒，寧與人異？不可及處，正在不以怒遷、不以過貳一節，法守之事，此吾聖人所以異於二本者。空無之學，不可謂無所見，迄無所用，不知所謂不二者爾！未明道揆通於法守，要終爲無用。（《浪語集》卷二十三〈與沈應先書〉）

所謂「道揆法守、渾爲一途」，即是強調道德與經世、義理與經制、治體與治法，皆本末一貫。惟有先「蒙養本根，源泉時出」，方能達到在待人接物、政

事、厚生、軍事各方面皆「使人心悅誠服，得之觀感而化」的實際功效。這是薛季宣經世致用論的要旨，故若有「宋明道揆通於法守」者，其以爲「要終爲無用」。

（三）持養方法

　　道德持養然在經世致用之學中居於基礎，根本的地位，其持養方法自亦不可忽視；今觀薛季宣所論，其持養方法，殆可分爲正心、明誠、恭敬、謙虛四方面。在「正心」方面，他說：

　　道心、人心、非有二心也；道心本也，人心自外觀人者也。人心本正，千萬人所同然者；自外觀之，則人各有心，或險於山川矣！精微也，惟精得所謂微者，人心雖危，誠則明。所謂道心，則千萬人之心本一心耳，寧有二道哉？所謂允執厥中，中所以立道也。（《書古文訓》卷二）

　　天道在上而不可見，惟人之所向畏，因其天材之篤，雖未可必，得之多矣！君子言天道，而一本諸人事。心天君也，一正心而天道至矣！（《書古文訓》卷八）

薛季宣以爲道具足於人心，道心、人心非有二致，惟在「本諸人事」、「一正心而天道至矣」；而其又謂「人心雖危，誠則明」，因此，「明誠」亦爲重要的持養方法。他說：

　　君子備諸己而求諸物，修諸身而後加諸民，心正意誠，而後家可齊、國可治，天下可平。（《書古文訓》卷五）

　　天依人而行，待人而成，天之聰明明畏，人皆有之，反身誠之，則人之聰明明畏一皆應乎天矣！（《書古文訓》卷二）

　　天生烝民，有物有則，誠自成，道自道，夫豈外物邪？物則之盡，在誠而已，不誠無物，故以誠爲物之終始也。誠者物之終始，豈徒誠身而已哉？盡己盡物，則中和致，而天地位，萬物育。無物不一，無適非中，皆吾性之成德，安有內外之分乎？（《浪語集》卷二十九〈中庸解〉）

除了「正心」、「明誠」以外，「恭敬」亦爲持養之大端。他說：

　　某又嘗聞之，子夏曰：「君子敬而無失，與人恭而有禮，四海之內皆兄弟也。」士患敬恭之不立，不容奚病焉？修道教人，執事其從容

于是矣！（《浪語集》二十五〈答葉適書〉）

夫道求則得之，不求則不得也。安於逸樂則傲慢生，而放僻邪侈之
心作，其於道也適反，而傷生覆滅之禍至。故君子敬以作所，自警
以無逸之意，無逸則敬，敬則安，安則久，久則遠，爲道在己，禍
敗何從而生乎？（《書古文訓》卷十一）

除了上述三種持養方法外，薛季宣又特別強調「謙虛」，他以爲「謙，愼獨之
始也」（《浪語集》卷二十九〈中庸解〉），虛受謙持成爲其論持養方法的重要
一端。薛氏說：

某聞之，君子雖極高明，道實中庸，虛受謙持，無有偏頗，好惡自
無不得其正之患。（《浪語集》卷二十五〈與潘文叔〉）

天道虧盈而益謙，滿之損，謙之益，皆自然之理，而人有以得之。
恃強大者多致傾覆，然謹畏者雖弱必強，天道如此。（《書古文訓》
卷二）

案「謙虛」有包容性寬廣的意義在，薛季宣在學術上不專主一端，只要是有
益於人民的生活，有助於國家的富強，他都樂於接納研究；這與其在道德的
持養上，力主「謙虛」不盈滿，當有相當的關聯性。

二、待人接物

　　中國人自古即有「天下爲一家，中國爲一人」的胸懷與理想，如何待人
與接物，和經世致用之學有著密切的關係；因此，如何待人處世，也可以說
是追求外王事業、經世致用論具體展現的基礎；透過在待人接物方面的探討，
會對各種經世致用論，如政事、厚生、軍事等方面，以至整體性，都有更完
整、更深入、更具系統的認識。薛季宣在待人接物方面的看法，可由二方面
觀之，其一從「問學教化」觀之，其二則直接從「待人接物」觀之：

（一）問學教化

　　教育、教化的目的，即在學習堂堂正正地做個人；故透過其對問學教化
所提出的觀點，亦可間接看出其待人接物的看法。薛季宣曾云：「性本然者也，
教當然者也；本然者未嘗不著，由當然以即本然，則本然之性見矣！故雖聖
人，未有不由學而至者。」（《浪語集》卷二十九〈中庸解〉）可見其極爲重視
爲學教化；今分四目，敘述如下：

1. 以至誠明德為基礎

問學受教首貴知本，知何者爲本、何者爲末，則知先後緩急之順序，如此循序漸進，方可達致求學受教的功效。薛季宣以爲「至誠」、「明德」正是問學受教的根本。他說：

> 天道本然者也，人道當然者也，至誠則無它事矣！此舜所以從欲而治，孔子從心所欲而不踰矩也。學、問、思、行，所以誠之者也。學之貴博，問之貴審，思之貴慎，辨之貴明，行之貴篤，知此五者可以無失矣！審于問，篤于行，其功常十倍于人，未有未至者。致曲能有誠也，學者所貴以誠身也。不誠乎身，則何貴于學？誠者天之道也，至明至強，固有之也，柔愚逐物害之也，至誠則本然者見矣！故學而未至于啓蒙發蔀，如蒲盧之變，皆不足以言學也。（《浪語集》卷二十九〈中庸解〉）

> 天生烝民，有物有則，民之秉彝，好是懿德，能明是德，則近人矣！能明是德，則知止矣！有止故不妄，不妄故能安，能安故能動。明德本也，應物末也，故學貴知本。知本則知緩急後先之序，而無過舉之患矣！不誠，未有能動者也。能安而靜，物莫之撓動，而應物者蓋無難矣！（《浪語集》卷二十九〈大學解〉）

由此可知，薛氏以至誠明德爲教化的基礎，和前面提及的持養方法有密切的關聯；蓋薛氏以爲「不明明德則物無以盡」、「不知盡己，而欲盡人之道，難矣哉」（仝上），惟有先至誠明德盡己之道，方可進而應物盡人之道。

2. 重視自得式教育

薛季宣曾自述其問學於袁漑之軼事，以明爲學當重在「自得」。他說：

> 嘗聞先生言，蓋嘗以所學纂一文字，凡四類，曰理、曰義、曰事，其一今忘之矣。走從問義、理之辨，先生曰：「學者當自求之，他人之言，善非吾有。」走請終身誦服斯語。（《浪語集》卷三十二〈袁先生傳〉）

袁漑之言，薛季宣既然「終身誦服」，則知其亦重視此種自得式的教育。薛氏指出：

> 灑掃進退雖爲威儀之一，古人以謂道無本末，其視任心而作，居然有閒。然云文、武之道，具在方冊，其人存，其政舉，苟非其入，道不虛行，要須自得之也。（《浪語集》卷二十三〈答沈應先書〉）

> 學者要在優柔使之自得，博約之至，欲罷不能矣！（《浪語集》二十
> 四〈答君舉書三〉）

> 教育國子領于典樂者，樂以和行也；舜之命夔，先救而後樂者，教
> 樂之本也。夫道不可強有，必自得之。樂以和行，欲其自得之也。（《書
> 古文訓》卷一）

細觀薛氏所謂「自得」，當有「己身做起」與「重實踐」的兩層意義在；因此，
薛氏對問學受教者，每告之「毋爲徒誦語錄」（《止齋集》卷五十一〈薛公行
狀〉），並且「每以口耳之習爲學者之戒」（孫師旦《浪語集》後序），其要亦
在盼學者能從己身實踐做起，方有所得。

3. 富懷疑精神

宋代學術界，自歐陽修起，便有強烈的懷疑精神，再加上理學的興盛，著
重自我心性的存養體察，使學術研究更趨於主觀，對前人的說法，往往抱持懷
疑、甚至否定的態度。薛季宣在當時也提出求學受教當能致疑的說法。他說：

> 讀書欲有所疑，此伊洛先生語也。吾人于學，未能了了于不疑之際，
> 夫不疑者蓋無所自見，不然則蛙之在井，聖言天道，寧俄而可料哉？
> 惟善學者不能無疑，疑者問辨之所由生也。（《浪語集》卷二十四〈答
> 何商霖書一〉）

薛氏論學的懷疑精神，自然是在整個學術氣氛的影響下，有其批評的意義在；
但是薛氏在持養方法中，也曾提出謙虛這個包容性寬廣的修養大端；因此，
薛季宣雖不滿當時空談窮理盡性、輕視經濟事功的理學家，但其「平生所推
尊，濂溪、伊洛數先生而已」（《止齋集》卷五十一〈薛公行狀〉）；雖抱持著
懷疑精神的學習態度，但其《書古文訓》一書，正是「在此一片疑經改經的
風氣下」，「志在恢復古經書原貌」（李師威熊《中國經學發展史論》上冊，頁
305）的著作。如此，對薛季宣待人接物的態度，方能有較完整的認識。

4. 以致用為目的

林尹先生曾說永嘉之學「以所學確有實用爲宗旨，薛艮齋首倡其學。致
力於田賦兵制地形水利，以爲經世致用之道」（《中國學術思想大綱》，頁211），
今觀薛季宣所言爲學宗旨，誠如林氏所言。薛氏說：

> 道不止於修身，固將以明民也。（《書古文訓》卷二）

> 某竊念天下一家，孰非身事？遊談靡靡，徒麗心目，事功無補，亦

何堪用？（《浪語集》卷二十一〈再上湯相〉）

滅學以來，言行判爲兩途，舊矣！其矯情之過者，語道乃不及事，論以天何言哉之意，其爲不知等爾！某雖不敏，于此竊有所好，而清談脫俗之論，誠未能無惡焉。前此對人未嘗言之，閒因當路縱談，不免加以鍼砭，非得已也……察人倫而明庶物，幾吾曹共勉之爾！（《浪語集》卷二十五〈抵楊敬仲〉）

薛季宣論問學教化雖主至誠明德爲本，但其亦以爲在盡己之道後，當進而應物盡人之道；而重視自得式教育、有懷疑精神，亦無非在「察人倫而明庶物」，以期達到經世致用的目的。

（二）待人接物

1. 國以民爲本，君臣同德一體

君、臣、民三者是當時社會最主要的人際關係。薛季宣對此種人際關係的態度，乃是首先標舉「國以民爲本」。他說：

國以民爲本，民以心爲本，君子之得其民，得其心也。民之好惡，其心未嘗不公，君子以民爲心，公其好惡，則民愛之戴之將父母若矣！《浪語集》卷二十九〈大學解〉）

天子之貴，在乎得民。眾叛親離，是一夫之敵耳！便安逸而欲與人角力，則匹夫匹婦盡能勝己。后非民無以守四方，所謂民惟邦本，本固邦寧也。一人三失，失民而身從而國從之矣！（《書古文訓》卷四）

古語有謂「得民者昌，失民者亡」；國家社會既然以人民爲本，則君主自當努力以得其民、得其心；而君主欲得民，則在使民以君爲表率。薛季宣說：

民以君爲表，表正則百事正。故德無大小，皆是以及物；怨不在大，皆是以覆宗。（《書古文訓》卷五）

君仁莫不仁，君義莫不義，一人元良，而萬邦咸若。（仝上）

修諸身所以表諸民也。（《書古文訓》卷十三）

所謂「一人元良，而萬邦咸若」、「表正則百事正」，國君在整個國家政治社會中，誠然居於中心地位，具有主導力量，然觀薛氏所云君主「修諸身所以表諸民」來看，其立德的重心乃以一般平民百姓福祉爲依歸。而在君臣關係上，薛季宣曾指出：「君土，相火，一心也；元首股肱，一體也。中有毫釐之間，

非心體之道也。」(《浪語集》卷十七〈與虞丞相劄子〉) 可知薛氏以爲臣固以君爲元首，然君亦當以臣爲股肱，君臣是同德一體的。他說：

> 舜稱臣鄰之說，語君臣之相依也，言治己之道猶仰臣鄰之輔，故謂臣爲己之股肱、耳目。左右有民、教養之也；宣力四方，維持之也；是豈一人所及，必假臣鄰之輔，分職而治，君臣一體而後可也。(《書古文訓》卷二)

> 君臣交修，而後道化行也。(《書古文訓》卷九)

> 后非臣罔輔，臣非君罔克，君臣同德，所以爲有虞之治也。(《書古文訓》卷二)

> 大臣格君心之非，惟務引之當道。(《浪語集》卷十七〈都堂審察劄子〉)

> 內外之治，必假臣鄰之輔，不能正君子之過，亦何取焉？面從而有後言，非君臣一體之意，輔導之事，寧若是邪？(《書古文訓》卷二)

> 君率德以敬天，臣率職以事君，君臣交修，以明明德於天下，無思不服。(《書古文訓》卷四)

中國自古以來，即以君主爲國家政治的主體，論政言治亦皆由君主發端。特別是宋代行中央集權之制，更加助成「君尊臣卑」的政局。今觀薛氏所言君臣之間的對待關係，在當時的政治背景下，仍云「是豈一人所及，必假臣鄰之輔，分職而治，君臣一體而後可也」；其君臣同德一體的觀點，無疑是對尊君卑臣說的異議。綜觀其論君臣民三者的對待關係，大致上皆立於彼此和諧、休戚與共、同心同德的立場闡述的，而其經世濟民的宗旨，也從當中清楚看出。

2. 重視實際客觀事物

在前面談及道德持養時，曾指出薛季宣一再強調道德持養乃經世之本根，道德持養不能脫離日常行事；這一方面顯示道德持養的重要性，另一方面也道出日常客觀事物是被薛季宣所重視的。他曾說：

> 物物則之，在人者不明明德，則物無以盡；不能盡物，則知之至者無因而發。格，至也。物至則良知發也，良知發見，則所知必至。(《浪語集》卷二十九〈大學解〉)

薛氏此處所言之「物」乃指實際客觀事物，而良知天理的發現，當與實際客觀事物的探究、認識有密切的關係。他說：

上形下形，曰道曰器，道無形埒，舍器將安適哉？且道非器可名，然不遠物，則常存乎形器之內。……第于事物之上，習於心無適莫，則將天理自見，持之以久，會當知之。（《浪語集》卷二十三〈答陳同父書〉）

天地之大，萬物之夥，未有離乎道者也。泯中和而不離，開物成務之道也。（《浪語集》卷二十九〈中庸解〉）

由此可知：薛氏的「道器合一」論從待人接物的方面來看，即在說明各樣實際客觀事物，舉凡灑掃應對、人倫日用、政教典章、利用厚生、軍事兵制，莫不有斯道在；因此，經世致用、開物成務之道是與天理良知緊密合一的。

3. 實事求是看待古代圖籍

《周易‧繫辭》說：「河出圖，洛出書。」歷來有以為本無河圖、洛書，河洛乃出之聖人的神道設教；也有以為河嘗出龍馬負圖、洛曾出龜書。薛季宣對此二說均斥為荒謬無稽，而以實事求是、不循虛言的態度來看待河圖、洛書。他說：

說者或謂河圖、洛書，本皆無有，聖人為此說者，以神道設教也。是非惟不知聖人，直不達不言而化之義，烏足與較是非理道哉？或者又以為當伏羲之時，河嘗出龍，馬負圖；自神農至于周公，洛水皆出龜書。此則似是而非，無所考徵。就龜龍之說，成無驗之文，自漢儒啟之，百世宗之，徵引釋經，如出一口。而聖人之道隱，巫史之說行，末世闇君臬夫，亂臣賊子據之，假符命，惑非彝，為天下患害者比比而是。聖人憂深慮遠，肯為此妖僞殘賊哉？蓋亦有其說已，傳註求其事而弗得，于是乎託涣漫以駕其迂誣，雖知惑世害人，不暇卹也。且聖人之作易，仲尼固已于大傳詳之；大傳無文，其可鑿以胸臆，就如其說，垂象為象降自天乎？走嘗竊病之，為反覆以思之者，更歲推之久，究之至，而後乃得之。傳不云乎，伏羲氏之作易也，仰以觀於天文，俯以觀於地理，觀鳥獸之文，近取諸身，遠取諸物，始畫八卦。圖書之說從可知矣！夫易之有卦，所以懸法也。畫卦之法原于象數，則象數者易之根株也。河圖之數四十有五，乾元用九之數也；洛書之數五十有五，大衍五十之數也；究其終始之數。則九實尸之。故地有九州，天有九野，傳稱河、洛皆九曲，豈取數于是乎！春秋命歷序、

河圖帝王之階圖，載江河山川州界之分野，纖緯之說雖無足深信，
其有近正不可棄也。信斯言也，則河圖、洛書廼山經之類；在夏
爲禹貢，周爲職方氏所掌，今諸路閏年圖經，漢司空輿地圖，地
理志之比也。按山海經所言皆地之物產，鳥獸蟲魚草木之屬，其
古史職方之意歟！仲尼所言幾不外是，其曰河、洛之所出，川師
上之之名也。走不能遠引，請以官儀爲徵，凡今古官書之所爲名
稱者，必以某官司某郡國自謂，而後具其職官。如春秋它國之事，
漢官府上書，其傳于人，書于史，亦第稱某所行某事，言某事，
而于其職事皆略，聞者皆斷然不惑者，以官司郡縣必有主之者，
非能自爾也。然則圖書爲川師上，何獨至古而惑之者哉？或曰是
則然矣，圖與書奚辨？曰圖書者詳略之云也。河之原遠，中國不
得而包之，可得而聞者，其形之曲直，原委之趨向也。洛原在九
州之內，經從之地與其所利名物，人得而詳之，史缺其所不知，
古道然也。是故以書言洛，河則第寫于圖，理當然耳。昔者周天
子之立也，河圖與大訓並列，時九鼎亦寶于周室，皆務以辯物象
而施地政，所謂據九鼎按圖籍者也。仲尼作于周末，病禮樂之廢
壞，職方之職不舉，所爲發歎。鳳圖者非有它也，龜龍之說果何
稽乎？第觀垂象之文，其義可以自見。（《浪語集》卷二十七〈河
圖洛書辨〉）

薛季宣認爲河圖洛書乃周王朝主管河川的官吏所進的有關地圖、地理志的圖
籍。同《山海經》爲一類文獻，記載了黃河、洛水流域的地名及物產。也同
周王朝的九鼎一樣，乃「辯物象而施地政」的寶器。至於洛言書、河稱圖，
那是由於黃河之源出自神州之外，憑傳聞知其曲直，故以圖示之；而洛水之
源在九州之內，其經過之地，人可得而詳之，故以文字記之。此外，孔子所
以曾慨嘆「鳳鳥不至，河不出圖」（《論語・子罕》），薛季宣以爲是因爲周官
失其職守，孔子病其禮樂崩壞之故。綜觀薛氏所論，乃以課實的態度，將河
洛書視爲平常一般的古代圖籍；反對聖人之神道設教說，駁斥了龍龜說，避
免河圖洛書的神秘玄虛化。薛季宣本身也算是一位地理學家，曾著有《九州
圖志》，對《山海經》也頗下功夫研究，故其觀點雖非定論，但深具參考的
價值。朱伯崑先生即曾指出薛季宣「以河圖洛書爲古代的地圖，在考古學史
上是一大創見，對後人研究河洛的起源起了很大影響」（《易學哲學史》中冊，

頁 570、571）。薛季宣重視實際客觀事物，又以實事求是的態度看待古代圖籍，以至古今各種事物，由此可知，其學皆以經世致用爲依歸。

三、政　事

（一）推崇德化之治

《論語・爲政》云：「爲政以德，譬如北辰，居其所而眾星拱之。」《論語・學而》也云：「道千乘之國，敬事而信，節用而愛人，使民以時。」皆指出道德修持和政治之能否長治久安，有著密切的關係。《孟子》一書，也一再指出「以德服人」、「仁者無敵」、「保民而王」、「行不忍人之政」在於「不忍人之心」；由此可知：中國文化中的理想政治，並非普通的人治，在上位者要有高尚的情操，以天下蒼生爲念，是一種「德化政治」。薛季宣在政事方面，也主於德化之治，以爲實德至則民歸趨。他說：

> 敬以寬民，修身而治之也。修道以教，寬之不急也。內求諸己，而不求於物，是以德至而民依，急於近功則不達。（《書古文訓》卷九）

> 周公寬而教之，優而柔之，不讋以威，而勤於教，懷柔其德性，蓋久而後服之也。民遷善而遂誠服，迄致刑措之美，聖人移風易俗，寧求一切之近功乎？孔子謂必世而後仁，又曰五誥可以觀仁，至矣！（《書古文訓》卷十一）

> 政有本末，修身爲本。身修德建，民可得而用矣！（《浪語集》卷二十九〈大學解〉）

> 百姓待君以治，君藉百姓以有國。可愛非君，撫我則后也；可畏非民，虐我則讎也；知此則民非謂君可愛，而君非謂民可畏乎？爲人上者可不敬慎矣哉！修其可願，所謂敬也，君之所願在所以得民，民之所願在執德之君，動協於中，則所願咸得矣！此敬修可願也。四海困窮，天祿永終，虐用其民，所以得罪於天也。（《書古文訓》卷二）

> 民可近不可下，勿以小民易虐而使之非道。將求其治，亦無果於殄戮，順之則其功可就。然非王居至善之意，德刑於四海，民亦何所放傚？修身而天下法，所以安其民。敬德之修，是乃王之自貽哲命也。（《書古文訓》卷十）

欲使國家長治久安，民風醇厚，德化之治確爲需要；然而吾人亦當注意薛季

宣除了推崇德化之治外，更輔之以「君臣同德一體」（前文待人接物方面已提及），此同德一體並非僅指道德持養上的同心同德，更有重視實際政治體制中，必假臣鄰之輔、分職而治、同心合一的深刻意義在。因此，在上位者修身以統治、教化萬民，與在實際政治運作中君臣分工合作、治理天下，二者是相輔相成、一樣重要的。於此又可看出薛季宣欲將道德性命之學與實際事功之學融爲一體、治世之體與治世之法本末一貫的用意與理想了。

（二）合理使用人才

人才有否合理使用，與政事的興治、國家的強盛與否有密不可分的關係；故論爲政，當重視人才。薛季宣曾說：

> 爲治之根本，要在僕臣之正，眾賢之多。（《浪語集》卷二十一〈與王樞使公明〉）

> 察言進賢而天下治，稽眾無我，所以知言而得人也，窮民賴以收恤，窮士用之得所。（《書古文訓》卷二）

> 觀舜、禹君臣之論，反覆於官人之際，未嘗不以修身爲本，舉賢爲急，教化禮樂必由此而著見。（仝上）

人才固然不是隨意可得，但也未嘗缺乏過；在薛季宣看來，問題在於如何重視人才，如何合理使用人才；而今日人才缺乏的原因，正在於「求之非其道」、「用之非其術」。他說：

> 守邦之術，得賢爲固。伯王之主，不異代而求賢。天下之材未嘗乏也，患居上者求之非其道，用之非其術耳！苟惟賢之爲好，則將有取于賢，其所從來不必問也。得賢之用，必也各當，其所生之歲月不足稽也。如是則小大畢舉，而無不可用之材，人效所長而治道成矣。（《浪語集》卷二十〈擬上宰執書〉）

薛季宣並進而舉例指出，一味講究門第、年資，即爲「求之非其道」他說：

> 士無器業，惟其流品之問；官無宜稱，視其資級而取。（仝上）

而不能用其所長，學非所用，即爲「用之非其術」。他說：

> 明治道者，或親米鹽之役；工辭藻者，乃當軍旅之問；彼知財計，方取任之以刑獄；習於疆場，又將勞之以民事。大小異器，隨用而失；賢否異能，隨材而廢。（仝上）

因此，欲改革這些現象，即在求才得其道，用才得其術。在求才之道方面，

薛氏以爲首應「身修而公其心」。他說：

> 爲國之道，在知善惡；擇善之道，仁身爲本。仁身而後能擇，然後
> 知人；知人嘉善則可以保民矣！善人之道無它，賢賢而已。(《浪語
> 集》卷二十九〈大學解〉)

> 進賢之法莫若禮貌，去惡之要莫先克己。見賢而不能舉，舉而不能
> 先，吾命之出者未至爾！見不善而不能退，退而不能遠，是誰之過
> 歟？惟能公其心者可與論進賢退不肖之實，以百姓之心爲心。忠信
> 君子，所以仁甾必逮夫身者，驕泰害之者也。得失之要在我而已，
> 果能忠信，則身修而能公其好惡，賢不肖之進退在此而不在彼也。
> (《浪語集》卷二十九〈大學解〉)

進而「察賢退不肖」。薛氏說：

> 人主萃天下之責，而以一身臨之，爵祿利勢足以動人，小人而不爲欺，
> 何以有僥竊富貴之望？而罪之根本則在于左右之囊橐，致使人主無從
> 而察之也。夫左右之爲欺，甚于天下，彼其伺候詞色之工，窺見意向
> 之密，捭闔迎逢，殆難以狀其巧也。故有托正以行其邪，假廉以濟其
> 貪，僞直以售其佞。薦退人才，不于有所陞黜之時，而游揚中傷于平
> 居無事之日；一旦陞黜之際，雖人主自以爲出於獨斷，而喜怒氣燄己
> 歸于囊橐者之門矣！然則左右之爲欺，人主又何從而察之，亦曰收骨
> 鯁，棄軟熟而已……骨鯁之士，惟其胸中耿耿，不能與世推移，急危
> 存亡之秋，乃可望以伏節死義。平時軟熟，自爲身謀，而欲望以急難，
> 非所聞也……故欲絕天下之欺，惟在于收骨鯁，收骨鯁，在于兼聽，
> 兼聽莫難于無我。入者先主，縱有他說，不能復入，何以鑒擇其是否
> 乎？骨鯁之言，非無我則誠難于受之也。忠言逆耳利于行，良藥苦口
> 利于病，此漢初之謀臣所以英略大度之主，而使屈群策之用者，其言
> 如此。(《浪語集》卷十六〈上殿劄子三〉)

至於在用才之術方面，薛氏看法亦可分爲二點。其一在「官得其人，人任其
職」。他說：

> 官得其人，人任其職，危亂無自來也。(《書古文訓》卷十二)

> 九德內備於己，用以觀人之行，隨其短長而用，此官人之道也。(《書
> 古文訓》卷三)

進退人物，自當有以聳服天下，人才蓋有定論，惟無求備乃可。人
非大聖，誰能無人而不自得？惟在處之各得其當，一世之士信足了
一世用。有如長短易置，小大倒施，無適而宜，夫何才術之見？若
用人者皆如韓滉之于故人之子，劉晏以處請求之士，豈惟人人自盡，
故雖牛溲、馬勃皆入醫師之劑矣！（《浪語集》卷十八〈淮西與梁右
相書一〉）

在官得其人，人任其職後之，則當「專任無間，盡展其才」，如此才算是
真正地合理使用人才。他曾說：

臣願陛下審之于未用之先，不可不專任之于既用之後。（《浪語集》
卷十六〈召對劄子一〉）

庶言，命令所出；庶獄，人命所係；庶慎，糾禁之事，其任不爲不
重，而文王一皆司牧之聽，因其違命、用命而加黜陟焉。是用爲訓
而已，有司之事則不敢問。（《書古文訓》卷十二）

夫君明則臣良，而事罔不治，不務乎其大者，汲汲乎其小者，以侵
有官之職，則百官避罪苟免而百事墮廢。本以求於治，適以致亂。
不明於爲君之道，非所謂慎乃憲也。（《書古文訓》卷二）

人君之道不可忽也……又當專任無間，乃爲善爾……一話一言，終
惟成德之彥是聽是行，則吾所保之民可得而治矣！（《書古文訓》卷
十二）

綜合以上所述，可知南宋並非真正缺乏人才以致國家衰弱；而在薛季宣的分
析研究下，得知問題在於人才「求之非其道」、「用之非其術」，果能求才得其
道、用才得其術，則一切政事自「可得而治矣」！

（三）裁滅冗官冗兵

從制度的研討，探究政治興衰的道理，原是永嘉經世之學的特色。薛季宣
論合理使用人才如此，論冗官冗兵亦是如此；皆特別注重制度的考訂和改革，
以收經世致用的目的。冗官冗兵的問題，本是個老問題，只是到孝宗時代更顯
得突出；而孝宗是南宋時期一心想有所作爲的皇帝，因此，乾道四年薛季宣被
召對時，乃向孝宗提出這個問題，以爲「法度之弊，莫此爲大」。他說：

竊怪近世治不及古，自朝廷至于郡縣，皇皇財用弊弊焉，常患其不
給，百姓朘肌及髓，而日以益甚。雖有卓犖之士，遇有爲之主，得

時得位，其所施設，終無以救其萬分。詳求其故，則冗官，冗兵二事實有以因之也。九卿之設，古六官之任也，自漢政歸臺閣，則有尚書六部，唐明皇始置內諸司使，百官用皆失職，至今官中都者遂爲養資之地。設官雖多，有職蓋寡，公移回復，祇爲文具，百度爲之隳廢，人士得以循默。閒者雖省員闕，而其尹寺仍存置吏之員。滯事之患無異于前。口奏：天下之事每每不舉者，患在血脈不得流通，財殫而人困，而冗官、冗兵害政傷財之本也……諸路帥臣，古州牧之官也，國朝以來，置轉運副使、判官，有提點刑獄，有提舉常平茶鹽，又有總領市舶、坑冶、茶馬諸司；屯駐之軍，又別置都統制。大抵牧伯之任分爲五六，而州之知通，縣之令佐，不相統臨，權均勢敵，一彼一此，各行其意，民無適從，爲害滋甚。臣之所謂冗官者此也。廂軍之置，即唐方鎮之兵是也；周世宗及我太祖皇帝增置禁旅，則今之禁衛與諸州禁兵是也；神宗皇帝立將兵之法，今之帥藩係養禁軍是也；太上皇帝收諸將麾下，作三衙御前諸軍，今之大軍是也；四者之外，復有弓手、土軍、役兵。今惟大軍可供戰伐之用，將兵而下廢爲皁隸之役。官吏占破無幾則竄名廣破，賣工私役者眾，適足以爲污吏之資。游手之多，無法之久，干闌狂獻之事因之而生。比雖少加簡閱，繩以軍政，人情玩習，猶無益也。臣之所謂冗兵者此也。惟今法度之弊，臣所知者莫此爲大。且天施地產之物，其出有限，所養者眾，適用者寡，則人才安能不混？兵刃安得不刓？財賦安得不匱？而國欲安得強乎？（《浪語集》卷十六〈召對劄子二〉）

薛季宣以沈痛的言辭指出，冗官冗兵爲當今制度上最大的弊病，如欲革除此弊端，必須從易簡處下手，每立一制度，必針對事情需要而設立，儘可能將不必要的枝葉削去；古代政事之所以能推行開來，即在於制度專一單純，而能加以貫徹力行。此乃薛氏的「易簡之道」。他曾說：

夫事簡則易知，易知則易從。職任專，軍政修，則上皆任事之臣，下皆可用之兵，濫吹者無所容，而政猶有未行，古無是道。陛下必欲仍今日之文弊，以圖天下治理，非臣所知。必欲政修而事舉，財豐而兵振，則非更弦易調不可也。夫事爲之有道，則人不驚而必辦；咈于人情，則取眾怒而無所成。顧陛下處之何如，毋憚其難而重改

作也。伏願高聽遠覽，詢諸二三大臣，詳議而力行之。(《浪語集》·

卷十六〈召對劄子二〉)

薛氏並舉史事為例，盼能裁減冗官冗兵：

> 光武併省郡縣百官職員，而漢道中興；周世宗汰斥老弱增壯禁卒，
> 而王室始振；皆後事之師也。與其張無職之官而蠹政，養無用之兵
> 而虛驕盡國，人情不卹固當圖之，況為之有道，將不至此乎。(仝上)

綜觀薛氏所言，其裁減冗官冗兵的易簡之道，可謂切中時弊；宋代政事、厚
生、軍事各方面問題，如胥吏舞弊、賦稅繁重、兵農分途等問題也都和冗官
冗兵有直接關聯；可惜積重難返，此問題直至南宋滅亡也沒有解決。

（四）重視守令之責

宋代行中央集權之制，對於地方政府難免有所疏忽；而南宋賦稅繁苛，
名色又多，地方政府每每既要供應中央之取索，又要應付自身的開支。因此，
時常更替的守令，往往受制於世守其業之胥吏的弄法擅權，以致政事不彰，
民生疾苦。而守令或一味取悅上司，或朝廷不受重視，亦無法善盡父母官撫
民之責。薛季宣有鑑於此，乃提出「重視守令以盡撫民之責」的看法，首先
指明守令的重要性，朝廷萬不可輕忽也。他說：

> 嘗謂于民為親，莫如守令。(《浪語集》卷二十二〈與汪樞使明遠〉)
>
> 民之困悴，殆瞀瞀無告矣！朝廷雖時時損減其數，是皆虛無積累之
> 名，以為實惠及民但自欺耳！疲弊之極，救之良難，如無守令之賢，
> 則將何事不有民困，若此謂其本之豐可乎？(《浪語集》卷十七〈與
> 四川宣撫王密劄子〉)
>
> 四岳不言咨而言詢，尊禮大臣，有事謀焉者也。四門之闢，所以明
> 四目而達聰也，此詢四岳所得而行之也……群牧首咨，見當時之重
> 外官也，外官之重，以親民也。人情詳近而略遠，外官之重，所以
> 均內外也。(《書古文訓》卷一)

由此可知守令的重要性乃在於國以民為本，而守令於民最親，故欲經世濟民、
紓民困、豐國本，當重視守令。其次，重視守令尚有均內外的功效，地方政
府官的重要性由此可見。薛季宣之所以提出守令的重要性，目的即在盼望守
令能善盡撫民之責。他曾說：「竊聞民惟邦本，本固邦寧，為國勞民，未有能
固其國者。」(《浪語集》卷二十〈論民力〉)愛民、以民為本是薛氏待人接物

的基本態度，發之爲政事，自然重視守令有否善盡撫民的責任了。其一，守令當向下張設綱紀，公正嚴明。他指出：

> 爲政之急要在戢吏仁民，即吾察案情通，吏人隱欺自少；士夫日親，
> 利病可以畢聞；但當務省文書，張設綱紀，臨之以無我，斷之以嚴明，
> 處人鄉巷骨肉之間，察之教化所在，率斯道也，于從政何有哉？嘗聞
> 撫字催科，本無異道，近時文俗之吏，不知政有本末，以哀斂爲急，
> 及民事則緩之；不知威信服人，賦可不勞而集；財計陷失不在民而在
> 吏。出納之謹，動有防制，縱工于竊，必不能侵吾歲計矣！民事莫難
> 差役，于今致紛紜，第令鄉案以身任之，稽其程式；欺罔必罰，將不
> 敢欺。其次婚田一當堅守成法，它訟剖決惟須勤以莅之，寧失不平，
> 勿成吏手，上官曲直，無足多校，知所輕重，則事濟矣！縣固繁劇，
> 能出此數事邪？日鄉人宋質夫御史敦朴建縣令旌別之法，謂治狀見于
> 實迹者不出數端，聽訟詳審，則妄訴自息；斷獄平允，則寬濫自明；
> 催科必信，可革追呼之擾；給納必以時，可除邀阻之弊；此格言也，
> 可爲縣宰韋弦。（《浪語集》卷二十四〈與劉復之一〉）

其二，守令亦當向上反映民情，以紓民困。他說：

> 某聞口言之道，不以人之無言而廢其所當言，亦不以身訥于言，而
> 默其所難言，在人之爲言無所苟而已，矧茲民之休戚利病結于下而
> 弗達于上。有眞儒當道宣王化以風風俗，言之者無罪，而又能救其
> 災。若居守令之職，以身訥于言而默其所難言，廢其所當言而從人
> 之無言，使民之疾苦不得一聞于上，而求息肩于下，是亦何假于令，
> 爲之令者不亦名教之罪人乎？（《浪語集》卷二十三〈與趙漕書〉）

薛季宣嘗仕州縣，經歷與體驗可謂多而深切；他也知道問題已積習甚久，欲改革亦是困難重重，但基於經世致用的理念與抱負，仍不斷向中央反映意見，自己也儘可能紓民困，公正嚴明，但仍格於有司，任湖州知州僅七個月，便被迫離去了。由此亦可看出薛季宣在當時的政治環境下，仍盡最大努力實踐其經世理論，誠屬難得，也令人敬佩。

（五）安內自治之策

隆興元年（1163）五月，張浚北伐失敗，第二年，宋、金雙方進行談判；金人重占海、泗、唐、鄧等州，雙方達成和議，宋每年貢銀、絹各二十萬兩、匹。薛季宣對此隆興和議極力反對，並明確指出妥協求和的心態絕不可取。

他在上書給亦反對和議的中書舍人胡銓一文中，曾指出：

> 我之虛實敵人已盡知之，而又示弱以和，且哀鳴而請命。未見顏
> 色，固將先事而爲之；無厭之求，必將縱於我矣。一辭其請，則
> 和不可就；舉從其命，必將有所不給。及有所不給，……其將何
> 以拒之？然則今日之和，是爲坐困之策。（《浪語集》卷二十〈上
> 胡舍人書〉）

薛季宣以爲今日之和，實爲「坐困之策」；解決之道乃在「以守代和」、「以自
治代替坐困」。他說：

> 不思自治之道，而論遂及於和；和固多端，然不自強則和不在我，
> 則將靡事不爲，而敵人得以制其命矣。……以愚不肖之見，求之人
> 情保國之計，和不若守。守禦備具則和議可成，和議可成守之必固；
> 雖然守禦備矣，紀綱立矣，和戰在我，又何敵之畏乎？（仝上）
>
> 古求欲以勝人，以爲莫如自治。（《浪語集》卷十九〈上宣諭論北事〉）
>
> 嘗論爲邦之道，自治爲急，敵之強弱非所當問。（《浪語集》卷二十
> 一〈再上湯相〉）
>
> 竊嘗論天下之憂，莫深于外侮，而患或起于內訌。何謂外侮？戎狄
> 是也。何謂內訌？賊盜是也。內訌不作，國家無間，外侮雖甚，猶
> 可爲也。外侮之來，內訌復起，雖有智者，不能爲謀。故爲國之深
> 謀，在于常虞戎狄之患，除治盜賊，使不至于內訌而已。國無內患，
> 專意于敵，外侮雖至，則吾有以待之。（《浪語集》卷二十〈上張魏
> 公書〉）

在薛季宣看來，如要保國安民，和不若守；此「守」乃是具有積極意義的「自
治之策」，而此自治之策乃是要「先安內而後攘外」，果能「守禦備」、「紀綱
立」、「除治盜賊」、「國無內患」的話，「則恢復之計在其中矣」（《浪語集》
卷二十〈上胡舍人書〉）。在當時，主和派一味求和，實乃苟且偷安之策；主
戰派一意求戰，不知國家內政、財用、軍隊實情，又昧於時勢，所言也都是
空言虛語，不合實際。至於薛季宣所力倡之自治之策，雖也曾說「國恥必雪，
國讎必報，此萬世不易之論」（仝上），但化言語爲實際行動，循序漸進，先
安內而後攘外，化被動而爲主動，屆時「和戰在我，又何敵之畏」。薛氏以
守代和、自治之策，誠爲衡量當時局勢仔細考慮後，所提出具體可行的主張。

四、厚　生

（一）節用愛民，義利一致

　　為使人民生活完備充足，不虞匱乏，薛季宣首先指出當節用愛民、藏富於民。他說：

> 比年理財諸公設為奉上之說，侵漁至于竭澤，郡縣習以相高，至民事則緩之，殆失所謂奉上理財之意。為國深計，可為憂之，所賴名臣，力變澆俗。嘗論下苟信服，財且不勞而辦，居上而能節用，此理財之本也。即衰斂以谿壑之用，亦何庸窮盡哉！（《浪語集》卷二十二〈與汪樞使明遠〉）

> 嘗聞撫字催科，本無異道，近時文俗之吏，不知政有本末，動以衰斂為急，及民事則緩之。不知威信服人，賦可不勞而集。財計陷失不在民而在吏。（《浪語集》卷二十四〈與劉復之一〉）

按當時為政之官吏，或有以衰斂為急、及民事則緩之、與民爭利的俗吏；或有持書生之論，專言義理心性，末人民生計之官員。薛季宣對此二者皆加以批評，以為惟有正視與人民利用厚生息息相關的理財之計，方為確切落實節用愛民、藏富於民的理論。他說：

> 近年之在政者，持書生之論，末理財之說。（《浪語集》卷十八〈湖州與梁右相書〉）

> 易稱何以聚人？曰財。財者國用所出，其可緩乎？雖然，為國務民之義而已。財者利之所在，人之所必爭也；人必爭而我奪之，則利心生而禮義消失！務民之義則天下一家，而財不可勝用。藏之于下，猶在君也。以財發身，用之者也；不知所以用之，身為財之役矣！故君子先正其本，為上有節，為下敦本，財用之出，庸有窮乎？是故務民之義在乎修身以仁民，民化于仁，則愛之如父母，畏之如雷霆，上下情通，財皆可得而用；率斯道也，其有不終于義者乎？一家仁而一國興仁，非他道也，務民之義不以利為先爾！貨悖而作亦悖而出，此事勢之必然者也。謀大者尚皆不暇謀小。況君子而可爭利于民乎？聚斂之臣不知義之所在，害加于盜，以爭利之民也。民爭于利而至于亂，則不可救藥矣！言利而析秋毫，必非養其大者之人也。所見之小，惡知利義之和哉？惟知利者義之和，而後可與共

論生財之道。(《浪語集》卷二十九〈大學解〉)

薛季宣提出「利者義之和」這樣的觀念，一方面指責了聚斂之俗吏，「不知義之所在」、「爭利于民」；另一方面也批評了「凡治財賦者則目爲聚斂」的道學之徒（周密《癸辛雜識續集》下，引沈固仲語）。其實諸如二程、朱子等一流之理學家，未嘗不重視利用厚生之學，只是言理氣心性之論，遠較其他爲多；至其末流，空言義理、不重實務的弊端乃紛紛顯現，故有沈氏之語的情形。薛季宣藉著「利者義之和」的提出，以去除爲政官吏末理財之觀念；主張義與利的一致性，以落實藏富於民，人民生計不虞匱乏的理想。其意義可謂深遠矣。

(二)除吏舞弊，減收稅捐

南宋冗官冗兵日益增多，財政支出有增無減；又以對外用兵，軍費尤爲浩繁。州縣在中央取索過多情形下，乃急征之於民戶；而本地人世業的胥吏，更從中舞弊，使一般平民百姓皆感賦稅繁重，甚至徵之無盡，無力負擔。湖州是個畿輔大郡，又是胥吏爲害甚烈的地方，薛季宣時任湖州知州，深感湖州稅收最大的弊病是「科折不均」和「丁絹催擾」。他說：

> 臣少長田里，嘗睹鄉民患苦催科之政……催科之弊未易殫舉，以其害甚且博者，仰爲陛下言之，凡二事，一曰科折不均，二曰丁絹催擾。……困苦細民，此尤甚且博者二事。革之有法，可使民安田里，而無追須橫納之賦。不然，比屋受弊，利在猾胥而已。(《浪語集》卷十六〈知湖州朝辭劄子一〉)

此二弊病都與胥吏舞弊、浮收稅捐有關。首先他指出「科折不均」的弊病說：

> 縣官租入有常，科折在所不免，便有均一簡易之法。民知適從，人吏不得爲姦，夫復何患？比年州縣科折，一切付之鄉令長，利于速辦而有贏餘，聽其拋折虛數，輕重在手，不立隄防，給散人戶憑由，不言科折之數，由是出等上戶多緣計弊而免，其數併于貧下，實出強倍之征。其尤甚者，正賦既入于官，官司不爲銷落，抑令重納科折，而以箠楚臨之，逼以威刑，何所申訴？及額之後，官亦無所稽考，虛數之入，吏竊有之，民困不均，此其大者。(仝上)

對此一弊病，薛季宣提出了改革的辦法。他說：

> 凡承受拋降科折租賦，並須先期以正數細計分數科折，明出榜示。今年某料管催若干，數內科折若干，除下戶若干，所管若干不該科折外，今將第幾等戶已上如何分數科折，明於逐戶由子開說，某鄉

合納某稅，仰於數內科納幾分幾釐。簡而易知，姦弊必少。(仝上)
這裡是說州縣要將每戶科折之數，明確公告出榜告訴人民；此種辦法簡而易知，如此便可減少「出等上戶」(大地主)與胥吏串通舞弊的機會。

至於另一弊病則為「丁絹催擾」。丁絹是一種身丁稅，五代時期已有。北宋皇祐年間許民以綢絹依時折納，叫做「丁絹」。湖州是宋代絲織業發達的地區，丁絹對當地百姓本非一項重稅，然而由於各地出現一種「攬者」，名義上幫助人民完納捐稅，實際上卻和胥吏勾結舞弊，多取少報，賤買貴賣；丁絹催擾乃成為一大弊病。薛季宣說：

> 丁絹之賦，古口算之法也，凡有丁則有賦，為絹不過數尺，催科有法，民亦何患？然而丈尺既少，不免併合輸官，掌鈔不過一人，又多攬納之戶，鄉司不為銷落，未免時復追催。掌鈔或不在家，或為攬者盜用，無鈔呈驗，小民憚于出官，絹既不多，不免計會重納。一歲如此，或至再三。或到官者，令長多不之卹，禁繫瘐死有矣！而其誅求科罰之費，甚于倍蓰之征，歲歲相仍，無有寧日。人規避免丁籍，壯歲或不裹頭。(仝上)

薛季宣對此問題也提出了解決之道。他說：

> 丁絹人納，須令每足為鈔(戶鈔——完稅收據)，開具人戶單名，各納若干丈尺。鈔外，添置飛子一紙，據戶數界作幾行，明開某年某日、某縣鄉村某人，投納某年丁絹若干丈尺，係鈔頭(管戶鈔的人——攬者)某人名下。……令鈔頭於三日內，剪開飛子，給還人戶。(仝上)

此辦法乃在戶鈔之外，另「飛子」作為那些小戶的完稅收據，如此一來，便可免除追徵重疊之患了。

上述二者皆為「催科之弊」，除此之外，「經總制錢」在薛季宣眼中也是一大問題。按經制錢創於陳遘。徽宗政和年間，陳遘為陝西轉運使，始創此議；迨宣和二年，徽宗乃完全採納他的建議，加龍圖閣直學士江淮荊浙等七路經制使官銜，開府於杭州。陳遘以轉運使經制東南七路財賦，乃建議添酒錢、賣糟錢、牙稅錢、頭子錢、樓店錢等皆增收其數，謂之經制錢。而總制錢乃高宗紹興五年二月二十五日參知政事孟庾所建白創立；由於當時財用艱難，孟庾乃請以總制司為名，專察內外官私隱遺欠。其所收贏，謂之總制錢。總制錢名色後來竟多達四十餘色，較之經制錢色目，可謂更為繁細。經總制

錢是南宋各項雜稅中，最主要的兩項，且又爲附加稅（稅上加稅），其對人民生計的影響，不可謂不重。〔註8〕

經總制錢，重複課徵，乃蠹民之苛損雜稅；薛季宣當時在湖州知州，會「戶部令提點刑獄司以歷付場務，一錢以上皆分隸經總制如式。諸郡被符，搏手無策」（《呂東萊文集》卷七〈薛常州墓誌銘〉），而薛季宣乃獨言於朝。他指出：

> 經總制錢……凡曾歷州縣者皆知如此分隸可求增羨，然而前此版曹諸公無或然者，知其不可而爲耳……顧念郡邑窮匱，生民休戚，上關國家大計，故不爲耳，非不能也。設有可行之道，又何待乎今日而後行也……前此郡縣不盡分隸固爲非法，然而上供支遣，無非取于額外，是豈盡如條制，然而上下恬安之者，顧不得已耳！可復乎非法之外又爲非法之取求，應經總制分隸之法，其爲廢法不已甚乎？（《浪語集》卷十八〈湖州與曾參政書〉）

> 某近復以經總制錢分隸申請……此事不祗一州利害，實係國命民財。版曹主之既堅，以某獨先諸郡有請，見遣獄彎反，追逮都吏，見問之法。前此郡縣分隸固不如法，然皆取于租額之外，民無所措手足，必使盡如經總制分隸之法，其爲廢天下法不已甚乎？（《浪語集》卷十八〈湖州與王樞密書〉）

薛季宣以爲戶部此舉無異重複巧取於民，民以何勝，自是「戶部譙責愈急，季宣爭之愈強，臺諫交疏助之，乃收前令」（《宋史》本傳）。雖然經總制錢仍繼續課徵，但戶部收前令不布，也未嘗不是薛季宣在厚生方面，爲民減輕負擔的一項德政。

綜觀薛季宣爲革除胥吏舞弊，避免浮收稅捐，而努力不懈。其所提的改革意見，都是爲民著想，也是具體可行的；其所做的努力，更是使戶部收取前令，解民之困。但也因此成爲其他權貴、污吏的眼中釘；陳傅良《薛公行狀》即云季宣「日與權貴征利者爲敵」，在這些人的攻擊下，薛季宣僅任職七個月，就離開湖州了。於此當可看出薛季宣是盡其最大的努力，實踐其經世致用的理論，以節用愛民、藏富於民。

〔註8〕此一段言經總制錢，大多參考王德毅先生〈南宋雜稅考〉此篇論文。欲對南宋財政問題，特別是各項雜稅問題有所瞭解的話，此篇論文誠爲不可或缺的重要參考資料。

五、軍　事

（一）避免戰爭，愛惜民力

薛季宣在軍事方面，大前提的看法乃是「文事修而不忘武備」、「以仁義紀綱爲本」，亦即仁義道德的教化持養是軍事之本。他說：

> 惟望以仁義紀綱爲本，備邊之計，幸勿爲浮議搖動，至于用兵，則請留待十年之後，必以機會而舉。人才既當，彝倫既敘，虜之世世淫暴，必將有頡利之功矣！（《浪語集》卷十七〈又與王樞密劄子〉）

> 先王耀德不觀兵，故雖兵間，亦有文德之事也。誕敷文德，躬自治而薄責於人也。舞干羽而格有苗，内治修而有苗適至耳。征有苗而有苗逆命，舞干兩階而有苗格。雖舜、禹不能服人以力，舜、禹之德尤不欲以力服人也。有苗之役，其虞、夏之盛德乎……以干盾而舞于朝廷之上，文事修而不忘武備，蓋治古之道，聖人之所以服天下也。（《書古文訓》卷二）

薛季宣將這些前提落實在實際軍事理論中，自然便提出了「避免戰爭、愛惜民力」的基本認識。他說：

> 戰，危事也，所以用民之命，不敢輕也。（《書古文訓》卷四）

> 孫武固謂興師十萬，日費千金，内外騷動，怠于道路，不得操事者七十萬家。周之賦兵，于此可見雖不得已，猶不至於盡發者，先王忠厚之至，不欲窮民之力也。（《浪語集》卷二十八〈擬策一道〉）

> 仲尼于魯春秋，何以書作丘甲？用田賦皆變周也。周法甸出七十五人，爲三甲士，則丘何一甲之有？成公之作丘甲，則是甸賦百人。賦以兵乘爲差，哀公初以田賦，則是井地之内，民力無遺蘊矣！丘之賦，五家而出一；田之賦，一家而出一；地不加大，民不加多，恣其變更，而何強大之能益？故論春秋之法，雖齊之内政猶無所逃其罪，而況竭民之力哉……當周之衰，周禮蓋不行于天下矣！諸侯略能循周之法，雖甚無道，猶足以爲強。率意妄爲，未有不底于亂亡者……以詐力相爲雄長，一變先王之法制，愚謂未有不底于亂亡者，戰國之兵是也……循周之故，效如彼；更周之制，害如此。周之禮法爲天下之紀綱者，顧不大乎？雖然，紀綱之于周，猶爲法度而已，如其仁義，此周之所以得民。（仝上）

兵凶戰危，用民之命；薛季宣以爲非到萬不得已當儘量避免戰爭，以愛惜民力、珍惜百姓生命；並舉春秋戰國之際，諸侯之間窮兵黷武爲例，說明其破壞先王的禮法制度，率意妄爲、濫用民力以征戰，終於招致禍敗亂亡。由此可知，薛季宣提出避免戰爭、愛惜民力的主張，乃是衡量當時局勢、參考自古以來的史事教訓所得的結論；如此一來既可以見君王之仁德忠厚，亦所以爲教化撫民、經世致用之實。

（二）寓兵於農，組織民兵

《周禮》言及鄉遂司馬法，指出鄉大夫「各掌其鄉之政教禁令」、「以歲時登其夫家之眾寡，辨其可任者；國中自七尺以及六十，野自六尺以及六十有五，皆征之」（《周禮》卷三〈地官司徒第二〉）。至於遂人則「各掌其政令刑禁，以歲時稽其人民，而授之田野，簡其兵器，教之稼穡」（《周禮》卷四〈地官司徒下〉）。由此可知，寓兵於農、兵民合一爲當時之政策。自漢唐以來，當實行兵農合一之時，國家無平時養兵之患，而兵農既分之後，國家養兵愈多，則民戶賦稅負擔愈重；宋代特別是南宋，所患正在於此。〔註9〕薛季宣參酌古今兵制，亦提出「寓兵於農」的理想。他說：

> 寓兵於農，古之大政。周家之制則周官司馬法具存……鄉有州黨族閭比伍，遂有遂縣鄙酇里鄰，王之六軍偏取而足。（《浪語集》卷二十八〈擬策一道〉）

> 先王寓兵于農，而居之以丘井，折衝樽俎，而舞之以行綴；經國有涂軌之制，畫野有鄉遂之法；文事、武備未始判爲二途。（《浪語集》卷三十〈八陣圖贊〉）

> 古者寓兵于農，非徒教戰而已，射御之法使人知之，知正己以成身，則天下無事矣！（《浪語集》卷三十一〈正己堂記〉）

而將寓兵於農的理想，化爲具體的行動即爲「組織民兵」以防邊。紹興三十一年（1161），金主完顏亮大舉伐宋，而薛季宣時任鄂州武昌縣令，藉著平時所組織的民兵而守住武昌。《宋史》本傳對此事有清楚敘述：

〔註9〕彭龜年《止堂集》卷九〈策問〉曾說：「古者壯則集而爲兵，老則散而爲農。而今之兵雖老不復農矣，汰之於行伍，而養之於州縣，不汰則無用，不養則無歸；然汰之者未免增卒，養之者未免增賦。……夫兵出於農則賦輕，兵不出於農則賦重，理勢然也。」兵農分業，誠爲宋代特別是南宋，賦稅繁重、軍隊素質不齊的重要原因。

時江淮仕者聞金兵且至，皆預遣其奴而繫馬于庭以待。季宣獨留家，與民期曰：「吾家即汝家，即有急，吾與汝偕死。」民亦自奮。縣多盜，季宣患之，會有伍民之令，乃行保伍法，五家爲保，二保爲甲，六甲爲隊，因地形便合爲總，不以鄉爲限，總首、副總首領之。官族、士族、富族皆附保，蠲其身，俾輸供總之小用。諸總必有圃以習射，禁蒲博雜戲，而許以武事角勝負，五日更至庭閱之，而賞其尤者；不幸死者予棺，復其家三年。鄉置樓，盜發，伐鼓舉烽，瞬息徧百里。縣治、白鹿磯、安樂口皆置戍。復請於宣諭司，得戰艦十，甲三百，羅落之。守計定，訖兵退，人心不搖。（卷四三四）

薛季宣以保甲法組織人民，以仁義紀綱爲本，文武兼修，實踐其以守代和、自治之策的理論，先安內而後攘外，終能團結一心退金兵，守住武昌。由此可知，薛季宣非但是位經世理論家，更是身體力行的經世實踐家；而且由上述事實證明其理論是具體可行，而且可以達致「邑大治民賴以寬」（《呂東萊文集》卷十〈薛常州墓誌銘〉）之經世致用目的。

經由此次經歷，薛季宣更加深信民心可用；因此，於日後乃兩次上書給當時宰相湯思退，建議培養地方自衛武力，組織民兵來加強防守。他指出：

伏自國家渡江以來，專以大軍爲重，大軍一去，無復堅城。夫民豈不念其室家，蓋無法以自保矣！某觀江漢、淮南之俗，其民敦實雄健，涉歷世故，頗知用武。若朝廷不惜少少賦入，蠲其田租，略以陝西弓箭手法維之，使之人自爲戰，制其勳賞，一同正軍，亦嚴邊之一衛也。比年議者稍知措置保甲及山水寨，初無豫定之法可以必行，緩急無以相維，散者不可復集。考漢鼂錯之策似可施用于今，如蒙朝廷熟慮而急圖之，使其塢壁粗立，平時可保妻子，而不廢農桑之業，緩急足以自衛，國家既收其用，全生之賜亦大矣！（《浪語集》卷二十一〈上湯相論邊事〉）

長江之險，以人爲固，今我兵力單弱，進戰則無守禦之備，萬一事出意表，可爲寒心。嘗論沿江之民，習于舟楫之利，如能蠲其徭役，使水手自爲團結，立之部伍，假以舟船，以時隸習，而無害其農功，使之稍識旗鼓，專保鄉社，守之勿懈，則數萬之眾可以不費糧餉而集，異時兼正兵而用，亦守江之一助也。然此非廉幹之吏，少假事權，久任責成，不能辦也。不然，徒爲文具，擾而無益，行之不如

其已。（仝上）

以民兵防衛守邊，就朝廷而言，可「不費糧餉而集」、「兼正兵而用」；就百姓而言，則可蠲其田租徭役，寬民力結民心。如此落實寓於農的建議，可惜朝廷並未予以理睬。

（三）慎擇將帥，專任於後

薛季宣在論軍事方面的另一重點是將帥問題。得著優秀將帥以統兵禦敵，是自古以來不變之理，特別是偏於一方的南宋，面對北方的金人，更是需要此智勇雙全的良將；如何得此將帥？首先在命將之際，詳審慎擇為要。薛氏說：

> 方今用人之際，命將尤宜詳審，御營殿帥果虜之所畏邪？漢王聞魏將之名，即知魏之可取。今日諸將知復如何？李橫、傅選之徒、于岳軍粗有聲譽，廢居散地，輿論惜之。處選浙西，固無所事；棄橫于蜀，將焉用之？二公徒不事貴臣，豈皆果不忠者？處之襄、鄧，未必遂無可觀。將士得各遂其所安，戰氣亦十倍矣！（《浪語集》卷十九〈上宣諭論北事〉）

> 將非武勇廉儉，亦無以得其士心。（《浪語集》卷二十一〈上湯相論邊事〉）

詳審慎擇之餘，國君亦當恩威並施，使將帥一心報效朝廷，而非貪動畏禍。薛氏說：

> 將帥驕蹇，古今通患。人主務收其用，當結以恩，必有剛正之臣繩之以法。故諸將內有所戚，外有所憚，用能指使如意，戰輒有功。（《浪語集》卷十九〈上宣諭論淮西事宜〉）

然而恩威並施絕非處處限制將帥行動；相反地，當予將帥充分的信任與權力，使其進退自如，迅赴戎機。薛季宣又指出：

> 兵法將能而君不御者勝，故古之命將，築壇推轂，而必付以閫外之寄。今諸道將帥已有制置、招討之除，而進取之計當每聽中旨，金字牌旁午於郵傳，而一進一退，殆莫知適從矣，如成帥之錄用過界剽劫之徒。使之結連北地，今蔡州之捷少見其效矣！若使之且當此一面，破蔡之後必有可觀。又乃轉徙于淮西，成帥亦迫于君命，不暇後顧，捨蔡而援淮，是棄投機之會，而為連雞之棲也。成帥方自襄、漢而往，戚侯復自淮西以歸，雖未知廟算所處，然如此而望恢

復之功，不亦難乎？（《浪語集》卷十九〈上宣諭論淮西事宜〉）

統帥偏帥不限文武，惟忠智有謀之士是使，悉如祖宗之法，專任責成。資其事力於經理之初，責其事功於歲月之後。無拘微文，無急小利，數年之後，豈惟邊陲之勢固若金湯，待時而動，進取之計在其中矣。（《浪語集》卷十六〈朝辭劄子二〉）

由於當時將帥不獲專任，權力過小，薛季宣乃舉當時之實例說明，以爲「如此而望恢復之功，不亦難乎」？亦可見薛季宣對此研究之深、感慨之切。將帥固應愼擇於未命之前，更應專任於既命之後，果能如此，「進取之計在其中矣」。

（四）細究兵法、山川形勢

薛季宣論學主經世致用，論兵自以實用爲主；兵法山川形勢爲古兵家之所必講，薛氏亦深明其之重要性，曾說：

兵之形勢，豈徒不講……古人節制之師蓋曰先爲不可勝，以待敵之可勝，陣法奇正節制之所存。（《浪語集》卷三十〈八陣圖贊〉）

陣法形勢乃奇正節制之所存，豈可不講不究；薛氏以爲兵法中最重要的是八陣圖，而《風后握奇經》正是講明八陣之圖的。曾說：

得《握奇經》讀之，而八陣之勢判然矣。前聞袁隱君先生論六花陣法，明於八陣握奇，然後知其源本。（《浪語集》卷三十〈敍握奇經〉）

今獨《孫子》十三篇者，爲兵權謀之祖，論形勢者本《握奇經》。（全上）

薛氏所推崇《風后握奇經》，以爲其重要性不下《孫子》一書的原因，乃在其講明陣法形勢。此外，八陣之法非僅能概括兵法中的一切變化，曾說：「愚以爲八陣之施，非徒教戰而已，文中子曰：『諸葛亮而無死，禮樂其有興乎？』非虛語也。」（《浪語集》卷三十〈八陣圖贊〉）故知陣法形勢之細究施行，亦有禮樂教化的意義在。除了陣法形勢之外，薛季宣亦實際考察各地山川形勢，並建言於朝廷，以爲守邊急務之參考。他說：

竊論當今之急莫若因形勢而列屯營，宿兵聚糧，分戍險阨。來不與戰，去則據險而要之，重鎮諸屯首尾相救。自處閒暇，不犇命于敵人，非惟足以自坊，而制人之術在其中矣！敢以近邊形便，聞見所及者，疏其要略，條于左方……。（《浪語集》卷二十）一〈上湯相

論邊事〉〉

藉著實際山川形勢的考察，而建議當局何處該列屯營、置重兵。〔註10〕凡此種種，皆期能開物成務、經世濟民。

薛季宣在任鄂州武昌縣令時，太尉劉錡鎮鄂渚，當時金兵尚未至，「季宣白錡，以武昌形勢直淮、蔡，而兵寡勢弱，宜早為備，錡不聽。及兵交，稍稍資季宣計畫。未幾，汪澈宣論荊襄，而金兵趨江上，詔成閔還師入授。季宣又說澈以閔既得蔡，有破竹之勢，宜宋便宜勿遣，而令其乘勝下潁昌，道陳、汝，趨汴都，金內顧且驚潰，可不戰而屈其兵矣。澈不聽」（《宋史·本傳》）。結果，成閔「晝夜馳，不頓舍，後騎能屬者三之一，而陳、蔡新附諸城，亦踵接復為虜矣」（《呂東萊文集》卷十〈薛常州墓誌銘〉）。由此可知，季宣細究山川形勢，配合軍事常識，確實有助於戰事之進退取捨；無奈在上位者不聽其意見，終使陳、蔡新附諸城，再度落入金人之手。

以上從道德持養、待人接物、政事、厚生、軍事五方面，闡述薛季宣的經世致用論；觀其歷任治績，無論是武昌縣令，湖州知府，在其任內，均能制訂政策，躬行實踐，以收經世濟民的目的。

乾道七年（1171）冬天，薛季宣時任大理寺主簿；遇江湖大旱流民北渡入淮南西路，同時也有中原漢族人民逃回淮西（稱為「歸正人」）。宰相虞允文乃遣季宣行淮西，收以實邊。季宣於當年十二月至淮西，至第二年夏天返回覆命，在淮西不過半年多，然扣除掉往返行程、視察邊郡等時間，其專於田事者僅僅數月。季宣於此數月，整治田地、安頓流民，修復了合肥三十六處圩田，於黃州故治東北設立了二十二個莊，以戶授屋，以丁授田，給予耕牛、田器、穀種，凡為戶共有六百八十五，對南來之歸正人也予以安頓振業，合計達三千八百餘戶。此經過薛季宣的整治，可謂煥然一新，故呂東萊《薛常州墓誌銘》說：「受成於公，賦役省而功堅，度可支數十年。位置向背，經緯條達。民生所須，不外索而足。淮人謂耳目所未睹。」而薛季宣除了上述成果外，尚有鞏固邊防的深遠措意；曾云：「吾非為今日利也。治合肥之圩邊有警，因以斷柵，江保、巢湖、故黃、實古郲城，地直蔡衝，諸莊益輯，則西道有屏蔽。」此時，光州守宋端友謊報功績，將所屬固始縣新逃回的歸正

〔註10〕例如其言「兩淮之地，為北門屏翰，盱眙濠梁，實當敵衝」、「荊襄，上游之根本，吳蜀咽吭之地，國家最為要切」等等。見《浪語集》卷二十一〈上湯相論邊事〉。

－41－

人五戶，和過去逃來的歸正人一百十二戶，新舊戶混在一起上報，以求獎賣；並殺害新逃回之歸正人，奪其馬匹。薛季宣查明真象後，不畏權勢，據實上報以劾之，宋端友終於畏罪憂死。薛季宣雖因此得罪了虞允文，但卻仍認真執行其在大理寺的工作，亦可見其志行之高潔了。〔註11〕

薛季宣學問淵博，陳傅良於〈薛公行狀〉中曾說：「公自六經之外，歷代史、天官、地理、兵、刑、農末，至于隱書小說，靡不搜研采獲，不以百氏故廢。尤邃於古封建、井田、鄉遂、司馬之制，務通於今。」呂祖謙對他也很佩服，於〈薛常州墓誌銘〉中說到：「博攬精思幾二十年，百氏群籍、山經地志，斷章缺簡，研索不遺。過故墟廢，環步移日，以驗其蹟。」並且寫信給朱熹說：「（薛季宣）于世務二三條，如田賦、兵制、地形、水利，甚曾下工夫，眼其殊少見其比。」「其學確實有用。」（《呂東萊文集》卷三〈與朱元晦書〉第二十、二十三書）而黃百家在〈艮齋學案〉案語中也說：「凡夫禮樂兵農，莫不該通委曲，真可施之實用。」此外，《四庫全書總目提要》也說：「其歷官所至，調輯兵民，興除利弊，皆灼有成績。在講學之家可稱有體有用者矣。」今日，吾人觀其於淮西視察一事，短短數月完成整治圩田、安頓流民、鞏固邊防、奏劾不肖官吏四件大事，允分顯示薛季宣於平日對古今各種事物皆有所深究，而其所學，也確實有用。他於武昌、湖州的種種治績，亦是如此。諸家所言，確實不假。

儘管薛季宣是如此重視實用、經世致用之學，但其亦曾提出道德持養為經世之本根的言論；薛氏本人有否躬行呢？陳傅良曾說：

> 公之學，莅事惟謹，宅心惟平。其燕私，坐必危然，立必嶷然，視聽不側欹，雖所狎受，言不以戲。自著抄書及造次訊報，字畫不以行草，几篚筆研衾枕屏帳皆有銘，毫釐靡密，若苦節然，要其中坦坦如也，故其寡欲信於家，行推於鄉，正直聞世，而居無以逾眾人。
>
> （《止齋集》卷五十一〈薛公行狀〉）

由此得知薛季宣除了在待人接物、政事、厚生、軍事方面皆能實踐經世理論外，在道德持養上，也是言行一致。孫師且在《浪語集‧後序》中，對薛季宣有個整體的評論：

> 儒學夙成，高明縝密。於書無不讀，必略短而取長；於事而不諱，

〔註11〕關於薛季宣視察淮西一事，皆參考呂祖謙〈薛常州墓誌銘〉、陳傅良〈薛公行狀〉及《宋史‧薛季宣傳》。

必通今而據古。每以口耳之習爲學者之戒，凡有得於殘編斷簡，必
參驗訂審，不至於理融不已也。……蓋伯祖（薛季宣）之學，有根
有葉，有源有流，本末精粗，內外如一。不變今，不泥古，措之事
業無非實學實理也。

孫氏所言，頗能將薛季宣經世致用之學的特點說出；吾人亦可確信薛季宣非
但是位講體講用、本末一貫的經世理論家，也是位躬行踐履的經世實踐家。

第三章　陳傅良經世致用之學

第一節　傳　略

　　陳傅良，字君舉，學者稱爲止齋先生，南宋溫州瑞安縣帆遊鄉人。陳傅良生於南宋高宗紹興七年（1137）丁巳十一月二十四日壬子，卒於南宋寧宗嘉泰三年（1203）癸亥十一月十二日丙子，終年六十七歲。〔註1〕

　　陳傅良出身在一個平民百姓的家庭，祖先自閩遷徙到溫州，已經有八世；曾祖父陳靖、祖父陳邦、父親陳彬三代都未曾做官，但都很有德行，其中陳傅良的父親更精通易學，教授鄉里之間，靠著陳傅良在朝爲官累贈朝請大夫，母親徐氏也贈爲令人。陳傅良九歲的時候，父母親不幸相繼去世，在祖母吳氏的撫養下，奮發向上，天分本來就很高的陳傅良，更展現驚人的精力和毅力，時常苦讀整夜直到天明；〔註2〕由於年少的努力所奠定的基礎，加上家庭的貧寒，陳傅良在二十七歲（孝宗隆興元年）就在溫州城南茶院教書。葉適

〔註1〕關於陳傅良的生平資料，主要見於樓鑰《攻媿集》卷九十五〈寶謨閣待制贈通議大夫陳公神道碑〉、《止齋文集》卷五十二蔡幼學撰〈宋故寶謨閣待制致仕贈通議大夫陳公行狀〉、葉適《水心文集》卷十六〈寶謨閣待制中書舍人陳公墓誌銘〉、《宋史》卷四三四〈陳傅良傳〉、《宋元學案》卷五十三〈止齋學案〉等處；此外，清人孫鏘田所撰《陳文節公年譜》一書，是作者綜合有關陳傅良的各種相關資料，所寫成的一本探究止齋生平事蹟不可或缺的重要參考書。有關止齋出生月日，〈陳公神道碑〉、〈陳公行狀〉、〈陳公墓誌銘〉〈宋史〉本傳、〈止齋學案〉都沒有記載，本文所論是依據《陳文節公年譜》的考證和推算而得。

〔註2〕《止齋文集》卷五十〈族叔祖元成墓誌銘〉曾經說：「傅良幼也孤，能讀書夜達旦。」由此看出傅良雖年幼孤苦，仍能好學不倦，精力絕人。

在〈陳公墓誌銘〉一文中，記載著陳傅良當時任教的情況，他說：「初講城南茶院時，諸老先生傳科舉舊學，摩盪鼓舞，受教育者無異辭。公未三十，心思挺出，陳編宿說，披剝潰敗，奇意芽甲，新語戀長；士蘇醒起立，駭未曾有，皆相號召，雷動從之，雖麋他師，亦藉名陳氏。由是其文擅於當世。」因此，跟從陳傅良的學生很多，「歲從游者常數百人」（蔡幼學〈陳公行狀〉）；除了溫州當地學生外，臺、越各地也有好幾百個學生，〔註3〕由此看出陳傅良在年輕時就已經頗有文名。但是他並不以此自滿，孝宗隆興二年（1164），薛季宣回到永嘉老家待缺之後，兩人經常往來，陳傅良以師禮待薛季宣，薛季宣也時常去城南茶院瞭解陳傅良在書社的教學情況。孝宗乾道五年（1169）冬天，陳傅良三十三歲，又追隨薛季宣寄寓常州滆湖上，「相與考論三代、秦漢以還興亡否泰之故，與禮樂刑政損益同異之際」（蔡幼學〈陳公行狀〉），而且「茅茨一間，聚書千餘卷，日考古咨今其中」，〔註4〕第二年才告別離去。從此繼承和發揚了薛季宣的經世致用學說，致力於有關國計民生實用之學的探討，成為南宋永嘉學派另一位重要的代表人物。

除了薛季宣以外，陳傅良也和鄭伯熊、張栻、呂祖謙討論學問，其中與鄭伯熊從克己兢畏到經制治法都有所討論；和呂祖謙則探究本朝文獻相承的條例；至於與湖湘學派的張栻，則盡心在歌德集義的功夫。鄭伯熊亦如薛季宣一般，陳傅良以師禮對待；至於呂祖謙、張栻二人則「相視遇兄弟也」（葉適〈陳公墓誌銘〉）。雖然陳傅良的學問淵源非常的廣泛，但誠如《宋史·本傳》所說，陳傅良還是「得季宣之學為多」的。

乾道七年（1171），陳傅良娶永嘉張幼昭為妻，〔註5〕乾道八年，又以詞賦科登進士第；昨歲新婚，今年登高，可以說是人生二大樂事；但就陳傅良

〔註3〕 這是依據《止齋文集》卷五十〈洪君墓誌銘〉所說：「臺、越間從余游者幾百餘人。」

〔註4〕 《止齋文集》卷五十一〈薛公行狀〉結尾曾說：「傅良丙戌、丁亥歲（乾道二、三年），受徒城南，公間來過，教督之。明年（乾道四年，戊子歲），謝徒束書，山間屏居，公又過之，問治何業？竭己所巳得對。公曰：『吾懼吾子之累於得也。』即詔曰：『宜若是。』歲己丑（乾道五年）冬，遂往依公具區滆上卒學。茅茨一間，聚書千餘卷，日考古咨今其中。」

〔註5〕 陳傅良的妻子，姓張氏，名幼昭，字景惠，溫州永嘉人。生於高宗紹興十六年（1146），卒於寧宗慶元元年（1195），享年五十歲。封為令人。有關張氏的生平事蹟，可參考《止齋文集》卷五十〈令人張氏壙志〉、《水心文集》卷十四〈張令人墓誌銘〉。

而言，當時也已經三十五、三十六歲了。

　　當陳傅良登進士第後，曾授迪功郎泰州州學教授，但並未赴任。淳熙三年（1176），陳傅良四十歲，藉著當時參加政事龔茂良已的推薦，任太學錄。四年，孝宗臨幸太學，改任承奉郎，淳熙五年，由於龔茂良已不掌政，加上妒嫉者的謗語，陳傅良力求外補，便於當年十月，外任福州通判。當時丞相梁克家領帥事，陳傅良聰明果決，梁丞相乃將政事委由陳傅良處理，陳傅良以義判斷是非曲直，但卻因此遭人怨恨，陰結右正言黃洽引王安石事，彈劾陳傅良在福州專擅，而遭罷免處分。這是淳熙七年（1180）陳傅良四十四歲的事，在被罷免後，就回到了瑞安的老家。待了二年，於淳熙九年，又被任爲臺州崇道觀主管。十一年，改調桂陽軍知軍，陳傅良於淳熙十四年冬天，才前往上任。在赴任之前，特別擬了奏事的箚子，首先指出士大夫以恢復爲諱。其次則說明恢復之計主要在結人心，而非邊事。第三則指出重賦斂、養冗兵的危害。最後說明天下之勢日趨於偏，各項制度不能發揮功效。由此也可看出陳傅良憂國憂民的心志了。兩年桂陽軍知軍任內，陳傅良本藉結民心，拯民窮、寬民力的原則，爲地方百姓做了許多的事，深受人民愛戴。淳熙十六年（1189），孝宗內禪，傳位給光宗。陳傅良升任爲提舉湖南常平茶鹽事，第二年，即光宗紹熙元年（1190），再改任湖南轉運判官，而後又被任爲提點浙西刑獄。紹熙二年（1191），陳傅良五十五歲，前往京闕奏事，丞相留公正一見陳氏，感嘆他年紀已大，於是上奏朝廷，改任他爲吏部員外郎。自孝宗淳熙五年到光宗紹熙二年，陳傅良去朝十四年，如今終於歸來，鬢鬚都已變爲雪白，所以人們稱他爲「老陳郎中」。

　　光宗紹熙三年（1192），陳傅良上殿論對，指出太祖皇帝能夠垂裕後人，在於愛惜民力；熙寧以來，一切制度紛紛更改，橫征暴斂，民力因而困窮。藉此建言光宗能以救民窮爲己任，中外一體事權統一，以寬省民力。光宗很欣賞陳傅良的論對，於是由吏部郎中升任秘書少監，兼實錄院檢討官，並對陳傅良說：「卿昔安在？朕思見久矣，其以所著書示朕！」（葉適〈陳公墓誌銘〉）陳傅良於是進《周禮說》，以格君心、正朝綱、均國勢爲目，每目各四篇（見《止齋文集》卷四十〈進周禮說序〉）。此外，陳傅良又選兼皇子嘉王府贊讀，纂次建隆以來行事，即《建隆編》，爲嘉王講誦說明。三年十二月，任起居舍人。紹熙四年正月，兼權中書舍人。太上皇孝宗居住在重華宮，而光宗的皇后李氏對孝宗有意見（見《宋史》卷二四三〈光宗慈懿李皇后傳〉），

竟然挾制光宗不去重華宮問安；陳傅良於是一再帶頭勸諫光宗，要重視倫常道德，爲國家的大局著想，結果反而受到李后的申斥，四年十二月，遷任起居郎。但是陳傅良仍然反覆再三的上諫，本著光宗對他的知遇厚恩，期望藉著父子天性、天地倫常、福禍安危的委婉陳述，能夠感悟光宗親往重華宮；無奈皇上仍無任何反應，陳傅良在傷心失望之餘，於紹熙五年（1194）五月辭官返里。宰輔想留住他也不被答應；下詔改任爲秘閣修撰仍兼嘉王府贊讀，也不接受；可知陳傅良去意是何等堅定。五年六月，太上皇孝宗駕崩，李后仍不讓光宗主持喪禮，終於發生政變。參加政事趙汝愚聯合閤門事韓侂冑擁立皇太子嘉王即皇帝位，是爲寧宗。寧宗即位後，陳傅良再度被召回擔任中書舍人，並兼侍講、直學士院、同實錄院修撰。五年八月，趙汝愚爲右丞相，而韓侂冑居中用事，並且私底下引用其黨羽爲臺諫，好一步步擯斥趙汝愚；爲趙氏所重用的朱熹，曾一再上奏皇帝，又以手書告誡汝愚要預防侂冑用事，進而干預朝政，但是汝愚並不以爲意。這一年冬天，韓侂冑便先下手斥逐朱熹，想要免去朱子煥章閣待制、侍經筵的職位。陳傅良與朱熹雖然在學術思想的認識及研究方向上有所差異，但卻以爲朱熹是位人才，又是三朝故老、難進易退，因此陳傅良不肯草詔。最後，朱熹被任爲寶文閣待制，然而陳傅良的行爲自然也遭到忌恨。御史中丞謝深甫，便以學術不正、言不顧行的名義，彈劾陳傅良，結果罷官出任提舉江州太平興國宮。陳傅良於紹熙五年五月去朝回鄉，十月赴京城，而如今十二月又被彈劾罷官，感慨之餘決定歸隱瑞安家鄉，不再出仕。寧宗慶元元年（1195）八月丙子，傅良妻張氏卒，享年五十歲。回鄉之後，陳傅良「屏居杜門，一意韜晦，榜所居室曰止齋，日徜徉其間，賓至則相與講論經史，亹亹不厭。故舊之在朝者，或因人問起居，公皇恐遜謝而已」（蔡幼學〈陳公行狀〉）。在這樣的情形下，慶元二年將陳傅良提舉興國宮一職削去。此時韓侂冑倡僞學之禁，慶元三年，陳傅良亦被列名黨籍之中。〔註6〕到了寧宗嘉泰二年（1202），僞學之禁解除，陳傅良詔復原官，提舉太平興國宮。嘉泰三年（1203）三月，改任泉州知州，年紀已大的陳傅良，以病痛爲理由，再三的懇辭；懇辭雖被允許，但又授集英殿修撰，

〔註6〕 依據《續資治通鑑》卷一五四所記載，慶元三年十二月，綿州知州王沇上疏，
　　　　將籍屬僞學的人姓名列出。其中爲宰執的，有趙汝愚等四人；待制以上的，
　　　　有陳傅良、朱熹、樓鑰等十三人；其餘官吏的則有葉適等三十一人；此外，
　　　　還有武臣三人，士人八人。共計有五十九人列名於黨籍之中。

病痛日益嚴重的陳傅良依舊辭謝；朝廷於是又改授寶謨閣待制，但陳傅良也在這一年的冬天（十一月十二日丙子）死於家中，享年六十七歲。朝廷贈通議大夫，諡號文節。一生致力於經世致用之學的陳傅良，雖然期盼能夠國富民裕，但自己卻勤儉清廉，終生與貧窮爲伍，「死之日，囊橐枵然，僅餘白金數十兩以斂」（《林下偶談》卷四〈止齋得謗〉）。

綜觀陳傅良一生，雖歷任孝、光、寧三朝，但是往往被娼嫉者謗語所中傷和陷害；以致在孝宗大有可爲之際，寧宗登基顚沛之始，陳傅良不是從朝廷外補，就是回到瑞安老家。陳傅良的邅遇，誠如葉適《陳公墓誌銘》所說：「此余於公所以嘆其開物之易而周身之難，成名之厚而收功之薄也。悲夫！」

陳傅良的著作也很豐富。有《書抄》，佚。《毛詩解詁》二十卷，佚。《周禮說》三卷，佚。《周官制度精華》二十卷，佚。《高士送終禮》，佚。《春秋後傳》十二卷，存。《春秋後傳補遺》一卷，佚。《左氏章指》三十卷，佚。《論孟古義》一卷，未見。〈經筵孟子講義〉二篇，存於《止齋文集》中。《建隆編》一卷，佚。《讀書譜》一卷，佚。《西漢史鈔》十七卷，佚。《皇朝太事紀》，佚。《制誥集》五卷，佚。《皇朝百官公卿拜罷譜》，佚。《皇朝財賦兵防秩官志稿》，佚。《歷代兵制》八卷，存。《長樂志》四十卷，有後人增補四十二卷本。《止齋文集》五十二卷，存。《城南集》，佚。《待遇集》，佚。《論祖》五卷，存。《奧論》八卷，存。《永嘉先生八面鋒》十三卷，存。〔註7〕

在陳傅良現存的著作中，《止齋文集》、《春秋後傳》以及《歷代兵制》三種，是探究他經世致用論不可或缺的原典。而《永嘉先生八面鋒》、《論祖》、《奧論》則是科舉程文一類的書，當是陳傅良年輕時期的作品。〔註8〕至於《長樂志》是一本地方志，雖然此書爲梁克家所編修，但實際上曾經得著陳傅良的大力幫助，所以也置於陳傅良的著作中。〔註9〕此外，依據宋末陳振孫《直

〔註7〕 關於陳傅良的著作部分，主要參考董師金裕《宋永嘉學派之學術思想》一書的「附錄二」，以及徐規、周夢江所撰〈陳傅良的著作及其事功思想述略〉一文。

〔註8〕 徐規、周夢江在〈陳傅良的著作及其事功思想述略〉一文中，提到《論祖》一書，溫州市圖書館藏有明刻本、明抄本共三部。《奧論》一書，杭州大學及溫州市圖書館藏有明刻本或明抄本各一部。並引《宋史‧選舉志》的話，指出《待遇集》、《城南集》也是陳傅良年輕時期所撰寫的舉業程試作品。詳見徐規、周夢江所撰一文的註釋 14。

〔註9〕 陳振孫《直齋書錄解題》卷八〈地理類〉記載道：「《長樂志》四十卷，府帥清源梁克家叔子撰。淳熙九年序，時永嘉陳傅良君舉通判州事，大略皆出其手。」由此可知《長樂志》實際撰寫者，應是陳傅良。

齋書錄解題》的記載，何一之的《長樂財賦志》十六卷，是由陳傅良的舊稿增損而成；〔註10〕而趙善俊編修的《長沙志》五十二卷，陳傅良也曾經參與考訂商略的工作。〔註11〕

第二節　經世致用說

一、道德持養

（一）重視倫常道德

　　倫常道德是從講求人與人之間的關係發展出來，自古以來就被儒家學者所提倡和重視，陳傅良也不例外。在他看來「人所以相群而不亂者，以其有君父也。有君在則上下尊卑貴賤之分定，有父在則長幼嫡庶親疏之分定，定則不亂」(《止齋文集》卷二十八〈經筵孟子講義〉)；君臣父子這些倫常綱紀成為穩定國家社會的重要基本因素。此外，陳傅良更進一步指出，孔子仁義之道之所以能為萬世萬代所推尊信奉，即在於這仁義之道正是這些三綱五常、倫理道德的具體展現。他說：

> 夫孔子之道所以尊信於萬世者，非儒者能強為之也，以三綱五常不可一日殄滅故也。三綱五常不明而殄滅，則天地不位，萬物不肯矣！自古及今，天地無不位之理，萬物無不育之理，則三綱五常無絕滅之理；三綱五常無絕滅之理，則孔子之道無不足尊信之理……夫人之所以老者相共養，幼者相撫字，敵己者相往來，以其本諸仁義之心也。無君則不義，無父則不仁矣！此心苟亡，則私慾橫流，弱者之肉強者之食爾！（仝上）

〔註10〕《直齋書錄解題》卷五〈典故類〉敘述說：「往在鄞學，訪同官薛師雍子然，几案間有書一編，大略述三山一郡財計，而累朝詔令中明沿革甚詳。其書雖為一群設，於天下實相通。問所從得？薛曰：『外舅陳止齋修圖經（指《長樂志》），欲以為財賦一門，後緣卷帙多，不果入。』因借錄之。書無標目，以意命之曰《三山財計本末》。及來莆田，為鄭寅子敬道之。鄭曰：『家有何一之《長樂財賦志》，豈此耶？』復借觀之，良是。其間亦微有增損。」由此可知陳振孫以為《長樂財賦志》實際上是陳傅良的舊稿。

〔註11〕此見於《直齋書錄解題》卷八〈地理類〉。陳振孫指出當時由於陳傅良擔任湖南轉運判官，所以也曾參加過知潭州事趙善俊主編的《長沙志》的「考訂商略」工作。

三綱五常既然是天地萬物間不變的眞理，自然「無絕滅之理」；而同樣地，孔子仁義之道也「無不足尊信之理」，自然能夠垂型萬世了。

　　光宗紹熙三年左右，發生了皇上不朝重華宮的事。最初光宗想誅殺宦官，引起宦者們離間三宮的陰謀；恰巧此時光宗得病，孝宗購得良藥想等光宗來重華宮請安時給他；宦官們就趁機告訴李皇后說藥有問題，造成了李后對孝宗的誤會，接著又因請立嘉王爲太子而孝宗不答應的事，更加大了原有的誤會；個性妒悍的李后，於是泣訴光宗說壽皇要廢立嘉王，光宗於是被迷惑，不再去重華宮問安。後來，黃貴妃受到光宗寵愛，李后便趁光宗去郊祀夜宿齋宮的機會，殺了黃貴妃；就在光宗得到消息的當晚，風雨交加，被震懼的光宗，從此心疾更爲嚴重，政事大權於是掌握在李后的手中。〔註12〕

　　重視倫常道德的陳傅良，認爲「古今父子，君臣之際，人之大倫，天地之正義，以成孝敬，長恩愛」(《止齋文集》卷二十一〈封事〉)。面對這件大事，陳傅良一再上奏，以爲「父子之隙開（光宗不朝重華宮），而禍敗至（李后掌權）」(《止齋文集》卷二十四〈入奏劄子〉)，希望光宗能被父子倫常天性及古今禍福安危的例子所感悟。他又說：

> 臣聞天倫骨肉，自然恩愛，偶有嫌隙，至相猜疑，考之載籍，間或如此。然而秉彝之性，不可解剝，同氣相求，終易感動。是以方其懷疑，若將終身而不合，及至感悟，則又俄頃而如初，往往嘉極至於流涕……陛下父子聖明，同德舜、禹、適至於今日，尤非本心，苟反求於一念之初，則何待於多言之切……昔者虞舜欲見其父於生前，日號泣於旻天，訖於克諧，萬世誦聖；漢武欲見其子於死後，作歸來、望思之臺，天下聞而悲之，而事已無及，徒成永恨。二君之心，大抵略同，遲速之間，得失相反，臣恐陛下今日之不爲虞舜，而他日之將爲漢武也。(《止齋文集》卷二十五〈直前劄子〉)

> 舉朝諫之而不聽……是失舉朝之心也。舉國非之而不恤……是失舉國之心也。(《止齋文集》卷二十五〈奏事劄子〉)

一面強調光宗和孝宗是「天倫骨肉」，一面舉「虞舜」「漢武」爲例，期盼皇上能爲社稷人民的福祉安定著想，前往重華宮向孝宗請安。迫切之情，溢於言表。樓鑰〈陳公神道碑〉就提到陳傅良「請對直前，幾無虛月，剴切痛憤，

〔註12〕關於光宗不朝重華宮一事的原委，詳見《宋史》卷二四三〈光宗慈懿李皇后傳〉。本段所論述皆參考此傳，加以扼要敘述。

指陳利害，無所不用其至」。無奈光宗不爲所動，「講讀皆爲空言」（仝上）；
當初深受光宗和遇厚恩的陳傅良，於失望傷心之餘，在紹熙五年五月就掛冠
而去了。因爲他確信倫常道德是結合民心、安定社會的重要基本因素。

　　在今天可以見到陳傅良的著作當中，〈經筵孟子講義〉對倫常道德的重視
已如前面所述；而《春秋後傳》一書，也誠如李師威熊所說：「是在詳察世變，
以發揮《春秋》的微言大義，使王綱正，君臣合義，父子有親，長幼有序，
夫婦有別，朋友有信，這些無非想藉振興王道，重建倫常，以匡正日走下坡
的政局和社會。」（《中國經學發展史論》上冊，頁 346）至於如今已亡佚但仍
存序的《周禮說》一書，既然以格君心、正朝綱、均國勢爲三大目，可想而
知此書當是建築在以倫常道德持養爲經國濟世基礎的架構上。

（二）持養方法

　　除了對倫常道德表示重視外，陳傅良也對持養方法，提出了他自己的經
驗之談。他說：

> 某汩汩無新功，有愧□益，前見在諸病以不得藥爲請，今方悟虛己
> 寡欲乃是指南。……所謂虛己寡欲常並進耶。（《止齋文集》卷三十
> 八〈答劉公度二〉）

由這段敘述可以知道陳傅良以「虛己寡欲」爲進德修業的指南，持養的要端。
此外，葉適在《陳公墓誌銘》一文中，也述及陳傅良的持養工夫。他說：

> 公（陳傅良）之從鄭（伯熊）、薛（季宣）也，以克己就畏爲主；敬
> 德集義，於張公（南軒）盡心焉。（《水心文集》卷十六）

樓鑰在《陳公神道碑》中也說：「薛寺正士龍見公（陳傅良）」，問所安，公曰：
「毋不敬。」因此，「持敬」也是陳傅良重要的持養方法。

　　虛己、寡欲、持敬這些道德持養方法，並非僅僅爲了修養心性；在陳傅
良看來，藉著虛己持敬的工夫，而能謙虛應物，不自相推尊，不互相爭辯。
藉著寡欲的工夫，能夠去私欲，進而充滿自信，躬行實踐所學所聞。〔註 13〕
虛己、寡欲、持敬是具有帶出虛心應物待人、自信踐履所學的積極進取意義，
絕非只是爲了個人道德修養的提昇而已。所以〈陳公行狀〉中提及傅良道德
持養時說：「先於致知，充以涵養，默識自得，不可企及，而篤於躬行，周於
人情事物。兼博約，實精粗，不倚於一偏。」蔡幼學是陳傅良的學生，從他

〔註13〕此處先略爲提及道德持養和待人接物的關係；有關謙虛應物而不喜爭辯，以
　　　　及自信踐履其所學二部分，詳見「待人接物方面」。

在〈行狀〉中敘述老師的修養工夫，可以看出「篤於躬行，周於人情事物」，才是陳傅良道德持養的真正目的。

二、待人接物

（一）問學教化

　　陳傅良與人討論學問，「必以就業為先，蓋其所自用功處也」（《止齋文集》卷五十二蔡幼學撰〈陳公行狀〉）。因此，在談到求學受教的時候，必先指出當以「就業為本」。他說：

> 六經之義，就業為本，《詩》可以言，《禮》可以立。玩味服行，自覺麤屬。此某近所窺見，且以勉同志者。（《止齋文集》卷三十七〈與呂子約一〉）

> 六經之教與天地並，區區特從管窺，見得就業一節，足了一生受用。（《止齋文集》卷三十七〈與沈叔晦〉）

> 年來篤信六藝之學，就業為本。（《止齋文集》卷三十八〈答劉公度一〉）

陳傅良在道德持養上，主張要虛己持敬；自然地，在問學受教上，便主張要有就業的學習態度，要能從所讀的經典中領悟就業的真正意義。果能如此，那麼將「足了一生受用」。

　　讀書受教的目的，是在學習做人的道理，變化氣質，進而將所學所聞貢獻出來。陳傅良以為之所以會感到難以踐履，乃是因為缺乏自信，而缺乏自信的原因即在於為私慾俗學所蒙蔽，以致力不從心，無法學以致用。因此，他提出去私欲以建立自信，由自信進而躬行踐履的學習理論。他說：

> 夫履之之難，則自信之難也。士誠自信，以為與古人無間，古人能是，吾亦宜能是。古人能是，吾獨不能是者，非其質然也，私欲害之，俗學汩之也。欲免於俗學，唯去私慾者能之；私慾去則見己，見己則自信。苟自信矣，凡書云云載在方冊者不可勝用矣！（《止齋文集》卷三十八〈答寧遠王縣尉〉）

從這段話可以看出，陳傅良非常重視在問學教化時「自信」的建立。但值得注意的是這自信並非只是單純的對自己有信心；首先，此自信必須建立在「走私欲」的基礎上，也就是至公至正、實事求是的信心。其次，此信心建立的目的在「凡書云云載在方冊者不可勝用」，也就是在實際生活各方面去躬行踐

履所學所聞，以回應自信的建立，也達到學以致用的目的。

與其詛咒四周黑暗，不如點亮一根蠟燭。這兩句話充滿積極淑世的精神，爲社會貢獻一己的使命感。陳傅良對求學受教的知識分子，也有這分期望。他說：

> 禹、周公得君以行其道，則見之立功；孔、孟不得君以行其道，則見之立言，凡以盡聖賢之責而已。且夫禹、周公人臣也，孔、孟布衣也；夫爲人臣，爲布衣，不敢不以天下爲己任。（《止齋文集》卷二十八〈經筵孟子講義〉）

「以天下爲己任」正是陳傅良對讀聖賢書的士人的一分期勉，盼望凡求學受教的人，都能以聖賢爲法，有著這種淑世的強烈使命感；而陳傅良自己，正是在這種使命感之下，爲寬省民力、結合民心，富強國家而貢獻了他的一生。

（二）待人接物

1. 得民心、拯民窮、寬民力

陳傅良自幼孤貧，［註 14］直到死之日，也是「囊橐枵然，僅餘白金數十兩以殮。」（《林下偶談》卷四〈止齋得謗〉）；綜觀他的一生，高風亮節，多與貧窮爲伍，因此對於一般平民百姓的疾苦，感受也就更爲深刻。個性和環境的因素，加上他老師薛季宣「國以民爲本」的經世思想的影響，「得民心」、「拯民窮」、「寬民力」成爲陳傅良經世致用論的基本主張。他說：

> 臣聞人主之所以得天下者以得人心也，所以失天下者以失人心也，非獨父子之私也。苟得人心，雖其父不得以天下私諸人；苟失人心，雖其父不能以天下私其子。（《止齋文集》卷二十五〈奏事劄子〉）

人主想要國治天下平的話，陳傅良指出首先要能得著民心；然而當如何才能收結民心呢？要在拯民窮、寬民力。他說：

> 陛下此心方如止水，方如明鑑銳意於學，無他嗜好，而此心已有所偏□也。此臣私憂過計，欲勸陛下且以拯民窮爲所尚，此志先定，則陛下始有用力之地。自退朝之後，以此意引見臣下，以此意省閱章奏，至於游戲翰墨，至於燕私，此憂此念，造次不忘，臣切以爲

〔註 14〕陳傅良出生在一個平常百姓家庭，到了九歲父母相繼亡故，由祖母撫養成人。年輕時，靠教書過生活，到了三十五歲才娶妻。他曾有詩自述貧窮：「我亦寠人子，風雨蔽蓬戶。」（〈送趙叔靜教授閩中四首〉）因此，他是一個自幼即與貧窮爲伍的人。

是亦陛下養心之法，不雜不息，充而大之，堯、舜、三王之治可由
是而致也。何者？以拯民窮爲所尙即是仁心，仁心即是堯、舜三王
之心，孟子嘗言之，臣嘗發明之，陛下嘗深信之矣！（《止齋文集》
卷二十六〈請對劄子一〉）

恭惟藝祖受命，平定海內，凡所以創業垂統，莫非可傳之法。而深
仁厚澤，垂裕後人，則專以愛惜民力爲本。臣案故牘，自建隆至景
德，四十五年，南征北伐，未嘗無事，而金銀錢帛糧草雜物七千一
百四十八萬，計在州郡不會，古所謂富藏天下，何以尙此？（《止齋
文集》卷二十〈吏部員外郎初對劄子第一〉）

書曰：「天明畏自我民畏。」方今之患，何但夷狄，蓋天命之永不永
在民力之寬不寬耳，豈不甚可畏哉！豈不甚可畏哉！陛下知畏，則
宜以拯民窮爲己任。陛下以拯民窮爲己任，則大臣不敢苟目前之安。
大臣不敢苟目前之安，則群臣陳力，何鄉不濟？（《止齋文集》卷二
十〈吏部員外郎初對劄子第二〉）

在陳傅良看來，「方今之患，何但夷狄」，乃「在民力之寬不寬」；因此深切盼
望光宗皇帝能本著藝祖（太祖）建國的精神，「專以愛惜民力爲本」來行事；
而對賦稅役政煩苛不合理的人民來說，拯救民窮正是愛惜民力的根本途徑，
所以勸光宗「以拯民窮爲所尙」、「以救民窮爲己任」，「用力之地」對了，那
麼民力便得以寬省，民心也自然收得，如此「充而大之，堯、舜，三王之治
可由是致也」。而陳傅良在政事、厚生、軍事各方面的主張與行事，也就是在
得民心、拯民窮、寬民力的基本觀念下，一一展現開來。

2. 實事求是，不喜爭辯

陳傅良曾經說：「吾黨亦有患，自相推尊患太過，與人無交際患不及。」
（《止齋文集》卷三十八〈答趙南〉）又在〈答劉公度一〉中說：「年來篤信六
藝之學，兢業爲本。彼此紛紛，自爲黨與，……亦恐吾人躬未自厚而責人不
薄，有以致此。」因此，在論學教化方面主張「以兢業爲本」的陳傅良，自
然在待人接物方面務爲「實是求是」，不與人爭辯是非，標立異同；也不願樹
植黨與，曲相附和。

就在當時，陳亮和朱熹有所謂王霸義利之辨，陳傅良在《答陳同父一》
信中結尾曾說：「至於其間，頗近紛爭，養心之平，何必及此。」（《止齋文集》

卷三十六）而在〈與朱元晦二〉的書信中也說：

> 念長者前有長樂之爭，後有臨川之辨。又如永康往還，動數千言，
> 更相切磋，未見其益。學者轉務夸毗，浸失本指，蓋刻畫太精，頗
> 傷易簡，矜持已甚，反涉客驕。（《止齋文集》卷三十八）

葉紹翁《四朝聞見錄》甲集中曾記載朱熹註解《毛詩》，將序文刪去，又以彤管爲淫奔之具，以城闕爲偷期之所。陳傅良得知朱熹的論說，以爲有所不妥，不能同意朱熹看法；後來朱熹知道後，就來信要他的《詩》說；陳傅良答道，他的講《詩》，只是爲了學生的應付科考，而那些講義也都已經毀棄了。他這樣回答朱熹，完全是因爲「不欲佐陸陳之辨也」。〔註15〕由以上陳朱王霸之辨及朱熹註解《毛詩》二件事陳傅良的行爲可知：陳傅良雖然有他自己的看法，但不想自相推尊、標立異同，也不願夸毗不實的作風，替代了篤行踏實的學風。簡而言之，就是實事求是，不喜爭辨。全祖望曾在〈止齋學案〉的案語中指出：「止齋最稱醇恪。」（《宋元學案》卷五十三）而《四庫全書總目提要》也評論陳傅良說：「在宋儒之中，可稱篤實。」（卷一五九）細觀陳傅良的言行，全氏和《四庫提要》所言確實不假。

3. 就事上理會，以經制言事功

曹叔遠是陳傅良的門生，他曾數度在朱熹和他門人的面前，指出陳傅良教人要就事上理會。曾叔遠說：

> 少時好讀伊洛諸書。後來見陳先生，卻說只就事上理會，較著實。
> 若只管去理會道理，少間恐流於空虛。（《朱子語類》卷一二○）

> 鄉間諸先生（指陳傅良、薛季宣等永嘉學者）所以要教人就事上理會教著實，緣是向時諸公（指朱熹、陸九淵等理學家）多是清談，終於敗事。（《朱子語類》卷一二三）

> 自年二十從陳先生。其教人讀書，但令事事理會，如讀《周禮》，便理會三百六十官如何安頓；讀《書》，便理會二帝三王所以區處天下之事；讀《春秋》，便理會所以待伯者予奪之義。（《朱子語類》卷一二○）

由這幾段話可以看出永嘉重實用，以經制言致用的思想，部分原因是源於對

〔註15〕有關陳傅良和朱熹關於《毛詩》看法一事，詳見葉紹翁《四朝聞見錄》甲集
卷一「止齋陳氏」條。

當時只重「就根本上理會」的理學家的一種反動。陳傅良以爲一意的就根本
上理會，離器言道，恐將流於空虛；因此主張「就事上理會」，如此才是著
實。所以讀古籍並非是要空究理氣性命，而是要能考察理會歷代政治的得失
興衰，禮樂刑政法度的損益同異，以求施於現實社會。這正是透過「經制之
學」以期達到「經世致用」的目的；陳傅良博極群書，「尤長於《春秋》、《周
禮》」（《四朝聞見錄》甲集「止齋陳氏」條），著有《春秋後傳》、《左氏章指》、
《周禮說》等書，正是期盼透過探究古聖先賢的具體行事、以及爲萬世立法
的本意深旨，作爲今世立制的依據和參考。然而值得注意的是陳傅良所主張
的「就事上理會」、「以經制言事功」，並非只是重視實際的事物，而忽略了
根本；曹叔遠在談到身己上的工夫時，曾引用他老師陳傅良的話說：

> 「形而上者謂之道，形而下者謂之器。」器便有道，不是兩樣，須
> 是識禮樂法度皆是道理。（《朱子語類》卷一二〇）

陳傅良除了再次強調當由事上理會道理外，更指出「器便有道，不是兩樣」，
這和薛季宣「道器合一」論是相同的。因此，陳傅良並非輕視本根上的心性
修養，他也強調要虛己、寡欲、持敬，只是這些修養都具有躬行踐履、周於
人情事物的淑世積極意義在；若說陳傅良以及永嘉學派是完全重視事功的功
利學派，是有所偏差的。

　　除了經史古籍外，陳傅良還在政事、厚生、軍事各方面的實際事物制度
上去理會探究。他曾撰有《建隆編》爲嘉王講誦，敘述宋太祖一朝行事概要，
「每至立國規摹，必歷敘累朝因革利害，附見其下，本末粲然，如示諸掌」（蔡
幼學〈陳公行狀〉）；而在厚生方面，大致出於他手的《長樂志》有關財賦一
門的記載，乃「閱故府所藏累朝詔條，凡財賦源流，國史所不盡者，考之悉
得其要領」（仝上）；至於在軍事方面，又著有《歷代兵制》，詳析歷代兵制的
沿革及優劣所在，以作爲今世立制的參考。由此可見陳傅良就事上理會的範
圍非常廣泛，而所下的工夫也是極爲深入，所以葉適稱讚陳傅良說：「然後學
之本末內外備矣。公猶不已，年經月緯，晝驗夜索，詢世舊，繙吏牘，蒐斷
簡，採異聞，一事一物，必稽於極而後止。」（〈陳公墓誌銘〉）

三、政　事

（一）拯民窮以養君心，養君心以強君德

　　陳傅良以爲人主之德當與天同，因此人主的作爲也應該以天爲法。他說：

人主之德當與天同，今夫生成萬物，皆天子之職也，而天不與勞者，此之謂無爲。若夫一晝夜之運，周天三百六十五度四分度之一者，則必天德也。假如天德不健，而一晝夜三百六十五度之間或差頃刻，則其始也以早爲晏，其積也以春爲秋，由是而六子之功廢，六子之功廢，則萬物不遂矣！平治天下皆群臣之職也，而君不與其勞，此之謂無爲。若夫兢兢業業，一日二日應萬幾之煩者，則必君德也。假如君德不強，而一日二日萬幾之際或廢一二；則其始也宜速者遲，其稽也宜行者罷，由是群臣之官曠，群臣之官曠，則天下不理矣！（《止齋文集》卷二十二〈內引劄子〉）

陳傅良盼望藉著天德剛健、運行不息的自然法則，使人君領悟到治理國家也需要如此永恆不易的基本原則；而這個永恆不易如同天德剛健不息的原則，就是「強君德」。君德若是不強，日積月累，最後群臣曠官廢職，天下無法治理；君德若強，那麼就能兢兢業業，一日二日應萬幾之煩者，而群臣也能盡忠職守，自然國治而天下平。至於該如何強君德呢？陳傅良以爲當從人主的心養起，亦即藉著「養君心」以「強君德」。在他看來，人主養心之法，即在「以拯民窮爲所尚」。他說：

陛下此心方如止水，方如明鑑，可以爲堯舜，可以爲三王。或萬有一先入者得陛下之心因之，臣恐陛下聖明，雖銳意於學，無他嗜好，而此心已有所偏□也。此臣私憂過計，欲勸陛下且以拯民窮爲所尚，此志先定，則陛下始有用力之地。自退朝之後，以此意引見臣下，以此意省閱章奏，至於游戲翰墨，至於燕私，此憂此念造次不忘，臣切以爲是亦陛下養心之法，不雜不息，充而大之，堯、舜、三王之治可由是而致也。何者？以拯民窮爲所尚即是仁心，仁心即是堯、舜、三王之心，孟子嘗言之，臣嘗發明之，陛下嘗深信之矣！（《止齋文集》卷二十六〈請對劄子〉）

陳傅良希望國君能時以拯民窮爲念，就實務事物上去理會，以仁心發爲仁政之實，如此堯、舜、三王德化之治也是可預期的。因此，強君德、養君心是治理天下永恆不易的基本原則，而其具體的持養大法、用心之地，就在於時時都有「拯民窮」的仁心了。

（二）慎選官員，尊重法制

陳傅良以爲要端正朝綱，首先要能夠慎擇官員。他說，

古之天下無冗官，亦無窮人，無倖法，亦無怨吏。夫若是其甚簡也，
敷奏賓興又若彼其眾也；法若是其嚴也，黜陟用廢又若彼其果也。
以甚簡之官待人才之眾，以甚嚴之法行賞罰之果，而人無滯嘆，吏
無不滿之心，何也？上之人無愧，則下之人無憾也！用者必公，則
未獲者不敢議也；顯者必賢，則繼者不敢覬也；內之者非所昵，則
所外者不敢浮也；遠之者非所怨，則所邇者不敢偷也；是舉天下之
官皆可以用人……使古之官視今之官，則今冗也；以古之法視今之
法，則今倖也。以其甚冗，猶苦其不足；以其甚倖，猶若其不平。
無他、下有所要，上有所畏也。用者未必公，人不恬於退也；顯者
未必賢，人固不肖於小也；內之者或所昵，人斯兢於求也；遠之者
或所怨，人斯難於去也。夫如是，則盡今之官應今之人，廢今之法
娛今之吏，天下日愈嗷嗷矣！（《止齋文集》附錄〈守令策〉）

陳傳良深感當時官員中，僥倖姦讒之徒日益增多，而忠貞賢良之臣卻日漸凋
殘；所以精於探究古今制度的他，藉著古今設官立法的差異，以對比的方式
比較其優劣得失。希望在上位的人，一秉公心，杜絕私門，以無愧無畏的心
慎擇官員；那麼在底下的人，也將不會有所遺憾；而僥倖要脅之徒，也就無
計可施、不得其門而入了。

　　其次，要能夠尊重法則。他說：

法制之設，所以公天下而共守之，有不可踰者。（《止齋文集》卷二
十七〈繳奏謝淵請給合支本色狀〉）

臣之愚見，以為朝廷勸懲，宜有次第，不應功罪混為一區。（《止齋
文集》卷七十四〈繳奉率逢原除都統制第二狀〉）

尊重法制的具體表現就是遵守法則，賞罰分明；如此一來，功罪就不會混為
一區，賢良之臣得以晉升官職，而姦佞之臣也得著懲治。陳傳良在光宗紹熙
四年，曾任中書舍人，遇到有破壞法制、賞罰不公的事情，他都履次封還詞
頭，不肯奉詔草制，表現了尊重法制、擇善固執的精神。其中最令人感到陳
傳良不畏強權、不肯草制的有兩件事。一為池州副都統制率逢原升任都統制
之事，率逢原此人專橫培剋，在池陽時，幾乎發生軍變，幸被淮西總領鄭湜
所制止；如今正是待罪之身，卻由副統制升任都統；因此，陳傳良以為功罪
混為一區，便再三封還詞頭，不肯奉詔草制；率逢原終於得不著任命。另一
件事則為宦官陳源升任入內內侍省押班之事，由於陳源僭侈專橫，炙手可熱，

因此對光宗御筆升任陳源一事，朝臣往往敢怒不敢言，給事中謝深甫即是迫於威命，勉為書行；但陳傅良卻兩度封還御筆，不肯行詞，當時「朝論甚以為危」(《止齋文集》卷三十八〈與國舉兄家書〉)，而陳傅良卻依舊不為所動，終使陳源得不到正式任命。〔註16〕陳傅良慎擇官員、尊重法制的主張，在此清楚看出。

（三）重視外權，事權統一

宋代本已行中央集權之制，到了南宋，陳傅良更是深感各級地方政府的官員事權太輕，恩數太薄；結果賢士大夫雖然想要有所設施卻受到各種束縛，以致賢士大夫多不樂為之，但是實際上，地方官員的職掌，又和平民百姓的生活有密切的關係；因此陳傅良便在紹熙五年（1194）十一月戊申上箚子給剛登位不久的寧宗。〔註17〕他說：

> 臣切謂今天下亦多故矣！臣未暇縷數，獨念民力之困，於此為極，而莫與陛下救之者耳！賢士大夫不為不多，曾莫與陛下救斯民者何也？勢不行也。何謂勢不行？欲救民窮，必為帥為漕為總領而後可，而三數官者，雖賢士大夫不樂為之故也。既曰賢士大夫而不樂為帥漕總領何也？外權太輕，雖欲有所設施而不得聘故也。是故不為法令所束縛，則為浮言之所動搖，不為時政之所諱惡，則為宦游於其處而不得志者之所中傷。有是四患，雖賢者亦忍事苟歲月耳！而況其餘人乎？……如前四患，則是事權太輕，雖賢者猶不樂為之……夫可與救斯民者必帥也漕也總領也，而人不樂為之至此，奈何憚改乎？臣竊以為今日之勢莫若稍稍重外，重外之術必使帥漕總領皆可馴致於從官，可馴致於從官，而後可久任；可久任，而後可責以事功。如此則帥漕總領始曉然知朝廷委寄不輕矣！則夫前四患者次第自去，而有為陛下出力救斯民者矣！(《止齋文集》卷二十六〈請對箚子第二〉)

陳傅良希望寧宗能重視當時外權太輕的問題，主張稍重外權，好使賢士大夫久任其職，進而拯救民窮、寬減民力。否則被一些貪狠猥鄙的人竊據官位，對百姓的損害也就更加嚴重了。

〔註16〕關於率逢原、陳源升任遭陳傅良封還詞頭、不肯行詔的事情，主要參考蔡幼學〈陳公行狀〉及樓鑰〈陳公神道碑〉二文。

〔註17〕向寧宗上此箚子的年月時間，是據李心傳《建炎以來朝野雜記》甲集卷十二「外官除次對」條。

雖然陳傅良主張加重外權，但那是針對賢士大夫權輕恩薄、不樂爲之所提出。就整個國家制度來說，他則以爲要均國勢，也就是使中外一體，事權統一；如此才能彼此相謀，有無相濟，前後相守，然後寬減民力的問題才有根本解決的可能。他說：

> 每欲省賦，朝廷以爲可，則版曹以爲不可；版曹以爲可，則總領所以爲不可；總領所以爲可矣，奈何都統司不可也。陛下亦孰念之歟？則以都統司謂之御前軍馬，雖朝廷不得知；總領所謂之大軍錢糧，雖版曹不得與故也。於是乎中外之勢分，而職掌不同，事權不一，施行不專矣！職掌不同則彼此不能以相謀，事權不一則有無不能以相濟，施行不專則前後不能以相守。故雖欲寬民力，其道無繇……誠在今日，稍仍舊貫，使都統司之兵與向者在制置司時無異，總領所之財與同者在轉運司無異，則中外爲一體；中外一體，則寬民力可得而議矣！（《止齋文集》卷二十〈吏部員外郎初對劄子第三〉）

宋代政治的問題可以說是千頭萬緒，陳傅良自然無法針對每一問題提出具體解決的辦法，但他卻能從整體的制度著眼，找出問題的癥結在於中外之勢分，進而提出中外一體、事權統一的改革主張，以根治其本。陳傅良以經制之學言致用的學術特色，也可由此看出。

（四）以恢復中原為職責

陳傅良著有《春秋後傳》、《左氏章指》二書，對《春秋》大義沈潛既深，又目睹金人憑陵中原，南宋苟且偏安，感受更爲深切；所以對華夷之辨持之甚嚴，〔註18〕盼望朝廷由國君以至朝臣，人人都以恢復中原爲職責。他說：

> （陛下）以恢復爲己任，可謂對天地而不慚，質鬼神而無愧者。然而遷延稽故，至今二紀。比者賢士大夫類曰時不可爲，而以恢復爲諱。雖臣至愚，竊所未喻。且隆興用事之臣雖以朴忠，竟無成功，天下不與其才，而與其心。乾道用事之臣雖以大言，亦無成功，天下不與其心，而與其名。孔子曰：「必也正名乎！」今顧以恢復爲諱，果何名歟？論說定則習俗成，習俗成則人心不起，人心不起則賞罰不足以懲勸，是王業往往遂已也。孟子以禹抑洪水，周公兼夷狄，

〔註18〕陳傅良《春秋後傳》全書反覆推闡者，即在正君臣之分與嚴華夷之辨二者；倪天蕙《宋儒春秋尊王思想研究》一書第四章第三節有清楚的論述可供參考。（政大中文研究所七十一年碩士論文）

> 孔子誅亂臣賊子，凡以正人心也。聖賢事業，以人心爲本。靖康之
> 禍，諸夏陸沉，而人不恥；君父播遷，而人不怨；天地易位，三光
> 五嶽之氣分裂，而人不懼，是尚爲有人心乎！馴至於今，晏如平時，
> 不念國辱，私相恩讎，但爲身謀，患在得喪，自非陛下有以再造彝
> 倫；一新士氣。臣恐此義寖微寖滅，或有後憂也。（《止齋文集》卷
> 十九〈赴桂陽軍擬奏事劄子第一〉）

陳傅良對士大夫以「時不可爲」爲諱言恢復的藉口，表示不能認同，以爲「論
說定則習俗成，習俗成則人心不起」，如此發展影響下去，「不念國辱」、「但
爲身謀」，國家的前途確實令人擔憂。既是如此，爲何當時士大夫卻認爲時不
可爲呢？陳傅良對其所持理由以及自己所說的恢復眞義，都有所說明。他說：

> 臣竊謂士大夫以恢復爲諱，但曰時不可爲者，必有以藉口矣！其說
> 以官與兵俱冗，而方困於財，有此三患，何鄉而可……臣誠愚，揆
> 之往古，國家之患。何世無之？上有悉心委意之君，下有至公血誠
> 之臣，雖多患，必有盛強；君臣玩安，虛廷歲月，雖無患，亦且衰
> 弱；臣故曰以人心爲本。誠使中外人心併意一向，以佐下風，治是
> 三者，有一弗治，且害大計，則九重不怡；九重不怡，則朝野震疊，
> 如是則恢復之形見矣！臣之所謂恢復，非論邊事以希戎功之謂，而
> 結民心以祈天命之謂也。……是恢復果在此而不在彼也。（《止齋文
> 集》卷十九〈赴桂陽軍擬奏事劄子第二〉）

陳傅良清楚指出恢復並非僅指用兵發動戰事而已，在用兵之前還有更重要的
事，那就「結民心」、「使中外人心併意一向」；果能如此，那麼冗官、冗兵、
財計三大問題，又何患不治，如此一來時不可爲的理由將不復存在，「則恢復
之形見矣」。因此，陳傅良乃說「恢復果在此（結民心）而不在彼（邊事）也」。
朝廷果能以拯民窮、寬民力、結民心爲先；進而端正朝綱，修明政事教化；
均衡國勢，中外上下團結一心；那麼用兵豈有不勝之理，而恢復中原的職責
也就可以達成了。

四、厚　生

（一）減輕苛捐雜稅

　　宋朝在開國之初，蠲除很多五代十國無名苛細之征，是朝向輕徭薄賦的
原則和方向去努力的。但是到後來養兵又養士，財政支出便有增無減，正稅

不足以支出，便沿襲前朝或創立新名色令民戶繳納；而又對外用兵，軍費更是繁，雜稅由是與日俱增。到了南宋，除了上述費用支出外，還有和金的歲幣，結果雜稅較北宋更多，無名苛細之征可說是達到了極點。如此橫征暴斂的現象，陳傅良在上給光宗的劄子中有清楚的敘述。他說：

> 臣聞熙寧以來，用事者始取藝祖之約束，一切紛更之。蓋自祥符，奏立諸路上供稅額，熙寧新法增額一倍，崇寧重修上供格，頒之天下，率一路之增至十數倍，迄今為額。是特上供耳，而其它雜斂皆起熙寧，則以常平寬剩、禁軍闕額之類，令□封樁，迄今為額。至於元豐，則以坊場、鹽酒、香礬、銅錫、斗秤、披剃之類，凡十數色合而為無額上供，迄今為額。至於室和，則以贍軍糴本與凡應奉司無名之斂合而為經制，迄今為額。至於紹興，則又以稅契七分，得產勘合，添酒五文，茶鹽袋息之類，凡二十餘色合而為總制，迄今為額。最後又以係省不係省，有額無額，上供贍軍等錢均撥為月樁大軍，迄今為額，，而折帛、和買之類不與焉。夫取之之悉如此。而茶□盡歸於都茶場，不在州縣；鹽鈔盡歸於榷貨務，不在州縣；秋苗斛斗十八九歸於綱運，不在州縣；州縣無以供則豪奪於民，於是取之斛面，取之折變，取之科敷，取之抑配，取之贓罰，無所不至，而民困極矣！（《止齋文集》卷二十〈吏部員外郎初對劄子第二〉）

根據《玉海》卷一八六「宋朝歲賦」條的記載；宋朝初年，天下歲入緡錢一千六百餘萬，太宗已經以為極盛。到了南宋孝宗淳熙末年，已增到六千五百三十餘萬，其中只有二百萬緡是正賦，其他都是雜稅；其中六百六十餘萬緡是經制錢，七百八十餘萬緡是總制錢，四百餘萬緡是月樁，剩下的四千四百九十餘萬緡，則是茶鹽酒筭坑冶、榷貨糴本和買等雜稅的收入。由這段記載可以推知，淳熙末年的總歲入是宋初的四倍強，而光是經總制錢就已經是南宋正賦的七倍多；領土較北宋削減一半，但賦稅卻是如此之重，縱使孝宗時東南地區農業經濟繁榮，工商礦冶發達，但民戶賦稅的負擔仍舊奇重。因此，陳傅良乃說「民困極矣」！

　　寬民力、拯民窮是陳傅良一貫的根本主張，面對人民生計遭受如此的橫征暴斂，除了一再向上反映民情，透過政事、軍事各種制度的改革以求寬減民力外，也提出直接減輕或取消各種雜稅的主張。像身丁錢、折帛和買、添

酒錢、內庫錢、商稅、鹽鈔、榷茶等等，他都確實探究各種雜稅的本末利弊，進而提出改進的辦法；其中又以身丁錢列為蠲除的第一優先。他曾說：

> 折帛固宜減，不如身丁切於窮民。(《止齋文集》卷二十六〈乞放身丁錢劄子〉)

如此眾多的苛稅，一時難以全都罷去，所以主張先蠲免對貧民最有切身關係的身丁錢。他在同一劄子中說：

> 臣又按實錄，明道元年三月，兩浙轉運司言，大中祥符五年已放諸路身丁錢，而婺、秀州尚輸如故，迺蠲除之。蔡襄亦嘗言，……祥符放丁，溥及六路，其間猶有至今輸納者，皆府縣占吝，奉行不虔之故。……恭維陛下……尋祥符之詔，斷而行之，幸甚。(仝上)

身丁錢是丁口之賦，本為五代所遺，有納現錢，有折變作米，北宋真宗時曾下令放免，但到陳傅良的時代，卻仍有些地區因為「府縣占吝」而繼續征之，所以陳傅良乃提出放免身丁錢的主張，好寬減些民力。

陳傅良對於宋代繁雜的稅制，多能從制度上去理會探討，究其本末，指陳利弊。〔註19〕徐規先生在《陳傅良之寬民力說》一文中，就指出：「通曉當代（宋代）財政史實者，信無出其（陳傅良）右者也。」(《浙江學報》一卷一期) 以經制言致用的學術特色，也可由此看出。

（二）改革役法

南宋關於人民生計有兩大問題，一為賦稅，一為役政，陳傅良對此二者也都提出了他的主張。在役政方面，他指出當時最直接的問題在「以保甲法亂役法」，其次當為「民戶出錢又出役」。他說：

> 所謂免役錢者，本以恤民，使出錢雇役而逸其力也。……夫使民出錢募役而逸其力，未為非良法也。而反取其錢以贍他用，既取其錢以贍他用，則必且白著，而役法不得不壞。何謂役法壞？今天下州縣之胥皆浮浪之人，而鄉村催科專責之保正長是也。以州縣浮浪之人行遣公事，蠹民誠甚……鄉村保正長任催科之責，破家蕩產者往往而是……且夫保正長催科非役法也，以保甲法亂役法而行之也。(《止齋文集》卷二十一〈轉對論役法劄子〉)

〔註19〕除了身丁錢外，折帛和買、商稅、鹽鈔、添酒錢、榷茶的議論，分別在《文獻通考》中〈市糴考〉一、〈征榷考〉一、二、四、五。而對為皇帝別設的內庫錢的議論，則在《止齋文集》卷二十九〈壬辰廷對〉。

首先看來以保甲法亂役法的問題：保正長本職在機察盜賊，與役法本來並不相關，如今南宋將保正長納入役法中，將催稅的責任加以於保正長，而政府又不給雇錢，在「叔伯兄弟相訟以避役」（《止齋集文》卷四十〈義役規約序〉）的情形下，保正長只好陪填代輪，結果「破家蕩產者，往往而是」；因此，陳傅良乃提出「不以保甲法亂役法」的主張。他說：

> 今之困民力，誠非一事，而役害爲大，中人之家破蕩相繼……陛下加憫元元，甚於赤子，誠不以臣不肖，妄論成憲，下臣此章，令侍從臺諫而下推究其所自來而雜議之，要不以保甲法亂役法，雖未足以盡寬民力，實大惠矣！（《止齋文集》卷二十一〈轉對論役法劄子〉）

陳傅良在此劄子中，曾詳較役法和保甲法的差異，最後乃指出若是能夠不使此二法相混在一起，「雖未足以盡寬民，實大惠矣」。

其次看民戶出錢又出役的問題：這雖是一個積弊已久的問題，但陳傅良仍有他的改革主張。首先關於民戶出錢又出力，造成役法大壞而胥吏擅權玩法、「蠹民誠甚」的部分，雖然陳傅良在劄子中無暇論述，但在政事方面主張加重外權、使賢者任職拯民窮，以及慎擇官員、尊重法制、賞罰分明來看，這些都是對奸胥猾吏虐民舞弊的改革辦法。接著來看役法的本身部分，北宋初年本來行差役制度，到王安石熙寧變法時，改行僱役法（募役法），規定民戶衡量物力家業出免役錢，用以僱人代爲服役，這本在恤民；但到了南宋建炎以後，乃實行差僱並行制度，民戶既要出免役錢又要執行，一下變成了雙重負擔。而後配合胥吏虐民及保甲法亂役法，就使南宋役政成爲擾民困民的一大弊害了。對民戶出錢又出役的問題，陳傅良並未明白指出解決的辦法制度，但從他在劄子中所論來看，對王安石的僱役法是頗爲贊許的。他說：

> 所謂免役錢者，本以恤民，使出錢僱役而逸其力也。……夫使民出錢募役而逸其力，未爲非良法也。（仝上）

南宋士大夫大多詆毀熙寧變法，陳傅良雖對王安石也有所不滿，但卻稱僱役法爲「良法」、「本以恤民」，由此可見他頗爲推崇僱役法。〔註20〕此外，陳傅良能不以人廢言，公正立論，完全以民爲重的態度，在當日士大夫中，也是不可多得的。

〔註20〕當時各地方尚曾興起一種義役制度，陳傅良認爲這是種在不得已之中的變通制度。詳見《止齋文集》卷四十〈義役規約序〉。

（三）重農事、救飢荒、省賦歛

陳傅良在擔任地方長官的期間，本著開物成務、經世濟民的思想，以寬民力為念，盡力為民服務。從淳熙十四年（1187）冬天，到淳熙十六年（1189）孝宗內禪為止，陳傅良曾任桂陽軍知軍，在那裡，他藉著重農業、救飢荒、省賦歛，躬行實踐了寬民力的經世理論。

首先，陳傅良以包容寬廣的心看待桂陽人民。由於人民稅捐過重，無力供奉，難免有騷動，但卻被統治官員視為叛逆，盜賊的淵藪；而陳傅良卻不這麼認為，他在〈與林懿仲一〉的書信中說：「桂陽本一縣，置吏養兵與賦輸，視他大郡，民力重困，至於甚不能平，則或騷動，非其俗喜亂也。」（《止齋文集》卷三十六）不但未將騷動原因歸於百姓，反而歸罪於政府的橫征暴歛，仁民愛物的胸懷由此可見。

在知桂陽軍任內，陳傅良最具特色的治績就是重農事。陳傅良非常關心當地的農產生產，由於桂陽地僻民貧，農業生產工具非常落後，「農耕器絕苦窳，犁刃入土才三四寸」（《止齋文集》卷四十一〈跋靈潤廟賜敕額〉），而土壤也十分貧瘠，又容易乾旱，所以「率十年八九耕不獲」（仝上）；陳傅良有鑑於此，特作〈勸農文〉（見《止齋文集》卷四十四），介紹閩浙地區的農業生產情況，勸諭當地的農民善加使用糞肥、陂塘水利及深耕細耨等技術，對提高生產、稍減民窮，幫助不小。他曾有首〈桂陽勸農〉的律詩，是這麼說的：

> 雨耨風耕病汝多，誰將一一手摩挲。幸因奉令來循壘，恨不分勞去荷蓑。涼德未知年熟否？微官其奈月椿何。殷勤父老曾無補，待放腰鎌與醉歌。（《止齋文集》卷六）

詩中反映了與農民同甘共苦的心情，寬減民力的期望，但也有著官卑職小的無限感慨。這是重農部分。此外，蔡幼學的〈陳公行狀〉曾記載道：「歲小旱，預出錢糴于旁郡，置數場以糶，糶已復糴，循環不乏。又聽民以薪易官粟，或就役于官食其力，民無飢者。連帥潘公時以緡錢五千助糴，公益以郡錢，立式貸之，約歲登償。及其不復索。」這是關於救飢荒的事蹟。而《陳公行狀》又記載道「治桂陽……蠲民宿負，及縣月輸之未入者。凡廩藏受輸，以例取贏者，悉裁之。」後來，孝宗內禪，桂陽軍照例應該進貢白銀三千兩，但桂陽當地去年（淳熙十五年）才發生過旱災，因此，陳傅良寧願放棄朝廷對他的賞典，而申請減免貢金三分之二；結果得旨可其奏，對地方也是一大恩惠。（見《止齋文集》卷四十二〈跋張魏公南軒四益箴〉及〈陳公神道碑〉）

這些都是關於省賦斂的德政。

　　由於陳傅良本著寬民力的原則，在農事、荒政、賦稅各方面都有利民生計的表現，因此於淳熙十六年（1189）二月升任提舉湖南常平茶鹽事，離開桂陽時，「老稚遮送不絕」（〈陳公行狀〉）。可見陳傅良是多麼受到桂陽當地百姓的愛戴。

五、軍　事

　　陳傅良除了在平日奏箚書啟之中，屢次說到關於軍事方面的主張外，曾著有《歷代兵制》一書；這本書上溯西周鄉遂井田兵農合一制，歷述春秋、秦、漢、隋、唐以迄北宋歷代兵制的得失，其中對於宋代兵制論述更為詳盡。《四庫全書總目提要》認為這本書「其言至為深切，蓋陳傅良當南宋之時，目睹主弱兵驕之害，故著為是書，追言致弊之本，可謂切於時務者矣」（卷八十二）。可知《歷代兵訓》並不只是一本純粹研究制度的專書，它更有著經世致用的目的；也再次顯現陳傅良以經制言致用的一貫學術特色。如今分兩方面來看他在軍事方面的見解：第一在改革當代的兵制；第二在師法古代的兵制。

（一）改革當代兵制

　　兵費是宋代財政上最大的支出，陳傅良指出：「方今經費，兵居十八，官居十二。」（《止齋文集》卷十九〈赴桂陽軍擬奏事箚子第三〉）兵費若能大減，人民賦稅自可減輕，也算是寬民力的一大德政。陳傅良詳細論述了宋代兵制致弊的原由。他說：

> 祖宗賞罰雖明，誠必及物，故天下用命，兵雖少而至精也。逮咸平，西北邊境之役，兵增至六十萬。皇祐之初，兵已一百四十一萬，故翰林學士孫朱號善論本朝兵者，其言古者兵足而已，公內外之兵百餘萬，而別為三四，又離為六七。別而為三四者，禁兵也，廂兵也，蕃兵也；離而為六七者，謂之兵而不知戰者也，給漕輓者兵也，服工役者兵也，繕河防者兵也，供寢廟者兵也，養國馬者兵也，疲老而坐食者兵也。前世之兵未有猥多如今日者也，前世之制未有煩於今日者也。蓋嘗率計天下之戶口千有餘萬，自皇祐一歲之入一倍二千六百餘萬，而耗於兵者常什八，而留州以供軍者又數百萬也。總戶口歲入之數，而以百萬之兵計之，無慮十戶而資一廂兵，十萬而

> 給一散卒矣！其衛士之給，又浮費數信！何得不大麼也。(《歷代兵制》卷八)

陳傅良深深感慨「前世之兵未有猥多如今日者」，冗兵過多成為當代兵制產生弊病的根源；縱使竭盡全國之力以養兵，似乎仍感不足。因此，陳傅良主張要改革當代的兵制，減少兵額，而改善兵質，亦即汰其猥而精其實。具體的辦法就是師法古代的兵制，從兵制立制的精神和制度上去加以改革。

（二）師法古代兵制

陳傅良在探究歷代的兵制時，首先將周代的兵制立為典範，作為評述歷代兵制得失的依據，因為他認為先王兵制無論是在立制的精神上、實際的制度上，都最能體恤百姓。他說：

> 周制……大司馬遞而征之，十年而役一遍，凡三家可任者率十有一人，則終身無過一再給公上事，蓋先王患厚之至，更勞均佚，不欲窮民之力也。(《歷代兵制》卷一)

> 古人寓兵於農，藏用不示，是以民習於教而無鬥猥，上藉其力，下安于義。(仝上)

> 古者君臣周旋禮樂，以服習勤苦，可不謂先事之懼，安而能危者哉？是故三代而上，士大夫皆可獨將，而兵民為一，戎不生心，世用底定。(《止齋文集》卷三十九〈選德殿記〉)

由此可知先王的兵制以節用民力、不窮民之力為立制的精神，而以寓兵於農、兵民合一為實際的制度。春秋戰國以後，先王兵制漸次破壞；陳傅良評述歷代兵制，以為漢代和唐代的兵制，最能得著先王兵制的遺意。他說：

> 其後王道浸缺，而文武兵農遂分而不可合……而漢之車騎材官，唐之府衛，一一近古，則享國最久，其效可睹矣！(《止齋文集》卷三十九〈選德殿記〉)

> 漢制雖曰因秦；然多近古，蓋民有常兵而無常征之勞，國有常備而無聚食之費……是以終漢之世，上無叛將，下無驕兵。諸侯七國，變生倉卒，備禦奏具。南征北攘，連兵數年，而邦本不搖，誠有以也。(《歷代兵制》卷二)

> 唐制之美曰府兵之制，居無事則耕於野，其番上者宿衛京師而已；若四方有事，則命將以出，事解輒罷，兵散於府，將歸于朝，故士不失

業，而將無握兵之重，所以防微杜漸，絕禍亂之萌也。自井田不復，

兵制之善莫不出於此，惜乎後人之不能遵也。(《歷代兵制》卷六)

陳傅良從兵制的研究上，說明漢唐兵制之美、享國久遠的原因乃在懂得師法古代的兵制；節用民力、兵民合一的精神和制度，在漢代兵制及唐代府兵制當中都可看見，所以能「南征北攘，連兵數年，而邦本不搖」，也能夠「防微杜漸，絕禍亂之萌」。因此。陳傅良深盼兵農判為二途、主弱兵驕民困的宋代，也能效法漢唐二代，師法古代的兵制；果能在兵制的立制精神和實際制度上有所改革的話，那麼宋代的冗兵問題也才有根治的可能。

陳傅良在論軍事、兵制問題上，雖然沒有躬行實踐的機會，但是他卻能從兵制的制度面去探討宋代兵制的問題，來說明漢唐強盛的由來，則是他精研經制之學的一大貢獻。

葉適曾說：「永嘉之學，必彌綸以通世變者，薛（季宣）經其始而陳（傅良）緯其終。」(《水心文集》卷十〈溫州新修學記〉) 所謂彌綸以通世變正是經世致用的意思；陳傅良繼薛季宣之後，下啓葉適，成為南宋永嘉學派承先啓後的重要人物。綜觀本章從五方面對陳傅良的經世致用論一一展現，可以看見他的學說在寬民力、拯民窮、得民心的基本原則下，有經世的理論原則，也有經世的具體制度，有體有用。而在躬行實踐上，從他一生的行誼、歷任的治績來看，除了在軍事方面沒有具體的表現外，其他各方面也都和薛季宣一樣，是位經世實踐家。此外，他實事求是的態度，對各種事物制度的考訂研究，則比薛季宣還要來得踏實和深入。全祖望就曾說永嘉諸子「止齋最稱醇恪，觀其所得，似較艮齋更平實，占得地步也」(《宋元學案》卷五十三〈止齋學案〉)；而朱熹也曾指出永嘉學者「理會制度，偏考究其小小者，惟君舉為有所長」(《宋元學案》卷五十一〈東萊學案〉)。全、朱二先生所說確實不假。

陳傅良一生致力於經世致用之學的探討，曾與他交游很久而且同事過的樓鑰，在所撰的〈陳公神道碑〉中，對陳傅良有以下的評論：

中興以來，言理性之學者宗永嘉。惟薛氏後出，加以考訂千載，自井田、王制、司馬法、八陣圖之屬，該通委曲，真可施之實用。……公游從最久，造詣最深，以之研精經史，貫穿百氏，以斯文為己任，綜理當世之務，考覈舊聞，于治道可以興滯補敝，復古至道，條畫本末粲如也。(《攻媿集》卷九十五)

陳傅良曾從薛季宣游七八年，「茅茨一間，聚書千餘卷，日考古咨今其中」(《止

齋文集》卷五十一〈薛公行狀〉），正是在探究古今各種制度的變化，以期能
「興滯補敝」；曾「陪公（傅良）游四十年」（〈陳公墓誌銘〉）的葉適也指出：

> 陳君舉尤號精密，民病某政，國厭某法，銖稱鎰數，各到根穴，而
> 後知古人之治可措於今人之治矣。（《水心文集》卷十〈溫州新修學
> 記〉）

因此，南宋著名的史學家李心傳就指出，陳傅良是一位不但通古而且「最為
知今」（《建炎以來朝野雜記》乙集卷十二〈昔人著書多或差誤〉）的學者。的
確，陳傅良正是繼薛季宣之後，使永嘉學派經義、經制及經世致用之學發展
到更高階段的代表人物。

第四章　葉適經世致用之學

第一節　傳　略

　　葉適，字正則，晚年定居溫州永嘉縣（今浙江溫州）城外水心村，在那著書、講學，學者們稱之爲水心先生。葉適生於南宋高宗紹興二十年（1150）庚午五月初九，卒於南宋寧宗嘉定十六年（1223）癸未正月二十，享年七十四歲。〔註1〕

　　葉適出生在一個「貧匱三世」（《水心文集》卷二十五〈母杜氏墓志〉）的貧窮士人家庭。曾祖公濟，自處州龍泉遷徙到溫州瑞安。〔註2〕祖父振端，生平不詳。父光祖，字顯之，再由瑞安搬到永嘉。葉適的少年時期由於溫州、台州一帶發生大水災，曾隨父母搬遷過二十一處，過著顛沛困苦的生活。他的父親靠教授生徒以自給，母親杜氏除了織些粗布以貼補家用外，還不時鼓勵孩子們讀書上進，她曾告誡葉適：「吾無師以教汝也，汝善爲之，無累我也。」又說：「廢興成敗！天也，若義不能立，徒以積困之故受憐於人，此人爲之繆耳。汝勉之，善不可失也。」（仝上）葉適果然不負母親期望，努力用功，後來中舉出仕，學問仕宦均有成就，保持了「士人之家」（仝上）的門風，他將這些成果都歸功於母親「見之之明而所守者篤也」（仝上）。

〔註1〕有關葉適的生平資料，以今人周學武所著《葉水心先生年譜》一書最爲詳盡、完備。
〔註2〕葉適常在文章、詩、墓誌銘、序跋中，於文末自署爲「龍泉葉適」，所以如此書寫，即因葉適祖籍爲處州龍泉，後來才搬到溫州去的。

　　孝宗隆興元年（1163），葉適十四歲。當時永嘉地區著名的學者陳傅良，應瑞安林家之聘，爲林家弟子授學，葉適由於常去林家玩耍，從而也得與陳傅良相識交往。〔註 3〕乾道四年（1168），葉適十九歲，他又專程去拜訪了薛季宣，請求教八陣爲邦之道；季宣告之學習有先後順序，當以「約文以禮」（《浪語集》卷二十五〈答葉適書〉）爲先。薛、陳二人對葉適思想的形成有著相當的影響。

　　乾道九年（1173），葉適當時二十四歲，赴京師臨安，第二年就上書給樞密使葉衡，詳細地分析了當時的政治形勢。指出當今天下之患有三：「朝廷之上，陋儒生之論，輕仁義之學，則相與擯賢者而不使自守以高世。」主張「當酌古今之變，權利害之實以先定國是於天下」；而「所以行此者，則又有三焉：一曰誠，二曰賞，三曰罰」（《水心文集》卷二十七〈上西府書〉)」。這些分析和建議既切中時政，並且也貫穿於葉適一生政治、學術活動之中。

　　淳熙五年（1178），葉適二十九歲，考中進士第二名，授平江節度推官，但閏六月由於母親去世丁憂，未能赴任。淳熙八年（1181），服喪期滿，改授武昌節度判官，以後又改授浙西提刑司幹辦公事，浙西一帶的士人多和他一起探討學問、時政、頗有名望。

　　淳熙十三年（1186），葉適三十七歲，在陳亮上書丞相王淮，力薦葉適下，召爲大學正，又遷升爲博士。〔註 4〕十四年冬，上書給孝宗皇帝，提出當今國家的一大事、四難和五不可動。一大事指二陵（徽、欽二帝）之仇未報，故疆之半未復。而四難（難變）指國是、議論、人材、法度。五不可動則爲兵多而弱、財多而乏、不信官而信吏、不任人而任法、不用賢能而用資格。如果四難既變，則「兵以多而弱者，可使少之而後強也；財以多而乏者，可使少之而後裕也；然後使官與吏相制而制於吏，使人與法相參而不役於法，使賢能與資格並行而不屈於資格，皆無不可動之患矣」。如此一來，那麼「二陵之仇必報，故疆之半必復」（《水心別集》卷十五〈外稿・上殿箚子〉)」。這篇

〔註 3〕 根據《水心文集》卷十六〈林正仲墓誌銘〉説：「余爲兒，嬉同縣（瑞安）林元章家。……聘請陳君舉爲師，一州文士畢至。」因此葉適初識陳傅良，當即在瑞安林元章家。此外由這段話也可看出葉適乃出生在瑞安，後來才隨父親舉家遷往永嘉居住。

〔註 4〕 《宋史・葉適傳》於此處稱推薦者爲參知政事龔茂良，但據周學武《葉水心先生年譜》的考證，淳熙十三年龔茂良已死近十年，如何能推薦人？因此，本文據周氏的論證，當是陳亮上書給丞相王淮，力薦葉適。詳見周氏《年譜》一書頁 50～52。

奏章是葉適經過十五年的深思熟慮後才提出的，他又認爲「機自我發而非彼之乘，時自我爲而何彼之待者」（仝上）期盼孝宗能掌握時機，積極主動。據《宋史・葉適傳》記載，孝宗看到葉適的奏章後，深受感動，「慘然久之」。

　　淳熙十五年（1188），葉適三十九歲，改任太常博士。當時鄭丙、陳賈等人創「道學」之目，對士大夫稍慕潔修者，即將其以道學之名歸之；同年六月，陳賈並上書請禁道學，一時賢士君子都極爲畏懼，紛紛銷聲滅影，好避開道學此名。就在此時，朱熹改任兵部郎官，因疾病未去任職，而被侍郎林栗彈劾，認爲他怠慢授命，並龔用鄭丙、陳賈道學之名，稱朱熹是這些亂臣之首，想藉此竄逐朱熹。在當時大家避之猶恐不及的情況下，雖然葉適和朱熹學術路徑有所不同，卻獨自上書天子，爲朱熹和道學辯護，並論林栗是個奸邪之輩，請求加以摧折，以扶善類。葉適爲人正直剛直、有雅量，並嚴於善惡之辨，皆可由朱嘉被劾一事中清楚看出。〔註5〕

　　同年七月，葉適兼實錄院檢討官。在這一年，葉適曾上書執事，推薦陳傅良、陸九淵、鄭伯英、呂祖儉、楊簡等三十四人，後來皆被召用，時稱得人。

　　淳熙十六年（1189）二月，孝宗內禪，由光宗繼位。葉適在光宗受禪初年，又應詔上書條奏六事，他首先闡明治理國家當先明「治國之意」爲何，在他看來治國之意是要「當微弱之時，則必思強大；當分裂之時，則必思混并；當仇恥之時，則必思報復；當必思振起；……先視其時之所當尙而擇其術之所當出，不可錯施而雜用也」（《水心別集》卷十五〈外稿・應詔條奏六事〉）。接著詳細分析了當時在政事、厚生、軍事各方面存在的六大問題，即「國勢未善」、「士未好」、「民未善」、「兵未善」、「財未善」、「紀綱法度未善」，而之所以不善皆在於「治國之意未明」。（仝上）「由此又再次可見葉適對國事瞭解的深入。此後，葉適歷官秘書郎、湖北參議官、蘄州知府、淮西提舉兼提刑、鹽鐵冶司公事、浙西提刑，光宗紹熙四年（1193），葉適四十四歲，任尙書左選郎官，曾諫光宗不過重華宮。紹熙五年（1194）六月，孝宗崩於重華宮，葉適與趙汝愚、韓侂胄、蔡必勝等人同定內禪議；七月，寧宗就順利的登上皇帝位。而葉適又先後任國子司業、朝請郎、顯謨閣學士差充館伴使兼

〔註 5〕有關本段所論述的事，詳見《道命錄》卷五〈林栗劾晦庵先生狀〉與仝卷〈陳賈論道學欺世盜名乞擯斥〉，《水心文集》卷二〈辯兵部郎官朱元晦狀〉及《宋史・葉適傳》。

－73－

實錄院檢討官。此時宰相趙汝愚以葉適有功要獎賞他，葉適辭不受賞，只盼望趙汝愚能將相關兵權交給韓侂冑，但趙汝愚不聽從，葉適便感嘆地說：「禍自此始矣！」（《宋史》本傳）」於是力求補外，五年十一月，調任太府卿，總領淮東軍馬錢糧。

寧宗慶元元年（1195），葉適四十六歲，宰相趙汝愚果被罷官，代之而起的便是韓侂冑。由於葉適曾為朱熹和道學辯護，於是慶元二年，也遭監察御史胡紘所劾而罷官，慶元三年十二月，又立「偽學」、「逆黨」的名籍，葉適的名字也在其中。第二年，差管冲佑觀。嘉泰元年（1201），任湖南轉運判官。二年任秘閣修撰，同年十二月，任右文殿修撰，知泉州。嘉泰三年（1203），葉適五十四歲，此時韓侂冑對其過去所為也有後誨之意，葉適乃於赴召入對的機會，推薦樓鑰、丘密、黃度三人，結果三人都被任用，黨禁也漸告解除。同年十一月，葉適改任為兵部侍郎；就在該月十一日，葉適父親逝世，享年八十五歲。

開禧二年（1206），葉適五十七歲，三月，服喪期滿，進宮召對於延和殿。此時韓侂冑想立蓋世之功以鞏固權位，將啓兵權，葉適力主審慎；因此，葉適便接連上書給寧宗，提出「備成而後動，守定而後戰」（《水心文集》卷一〈上寧宗皇帝劄子二〉）的方針，認為必須先把兩淮、漢水一帶的邊防充實鞏固，使之足以「牢實自守」然後「進取之計可言矣」（同上）。但是葉適的建議並未被韓侂冑接受。四月，任權工部侍郎兼國用參計官；韓侂冑想利用葉適草擬詔書，以動中外，改任他為吏部侍郎兼直學士院；葉適在勸韓侂冑息用兵之謀卻不接受的情形下，以病力辭兼職。不久，韓侂冑組織的各路軍隊一一戰敗，在懼怕輿論的壓力下，委任葉適為寶謨閣待制、知建康府兼沿江制置使，節制江北諸州。葉適到任後，整飭吏治，整頓軍隊，取得了和金兵作戰的勝利，收復了滁州。開禧三年（1207），葉適五十八歲，於二月再進任寶文閣待制，兼江淮制置史。他便在兩淮地區實行屯田和堡塢政策，把流散的百姓安頓下來，組織起來，春夏散耕，秋冬入堡，實行亦農亦軍、兵民合一的政策，配合政府軍隊防守、作戰；在他的組織下，總計建立堡塢四十七處，特別是他在沿江地區建立了三大堡塢，使它們「緩急應授，首尾聯絡」（《水心文集》卷二〈定山瓜步石跋三堡塢狀〉）。由是，兩淮江北地區的邊防大為鞏固，流民也漸次歸附。這可說是葉適一生中，最重大的實際事功。

然而正在此時，主和派朝臣急於求和，而葉適以為當先力修堡塢以謀自

固，再徐圖進取。等到韓侂胄於開禧三年十一月被殺害，葉適也被本爲韓黨、如今畏罪的中丞雷孝友彈劾，說葉適附會韓侂胄用兵。十二月，葉適便被罷官。其實葉適當年上寧宗的封事具在廟堂，卻被指爲附和興起兵端，全祖望以爲：「蓋大臣亦藉此以去君子。」（《宋元學案》卷五十四〈水心學案〉上）自此以後，葉適結束了他的政治生涯，回到老家，擔任奉祠前後十三年，主要從事學術研究的工作，寫成《習學記言序目》五十卷。他「杜門家居」，對被落職一事「絕不自辯」（仝上）。嘉定十六年（1223）正月二十日，死於家中，享年七十四歲。贈光錄大夫，謚號文定。

葉適早年曾受學於劉愈（見《水心文集》卷十〈劉子怡墓誌銘〉）及劉夙、劉朔兄弟（見《水心文集》卷十六〈著作正字二劉公墓誌銘〉），此三位先生對葉適的文章學業，氣節志操，當有啓發之功。此外，葉適雖爲鄭伯熊的學生，（《宋元學案‧水心學案》），卻因「登門晚矣，承教則疏」（《水心文集》卷二十八〈祭鄭景望龍圖文〉），以致得於鄭氏的地方也不多。眞正和葉適時常往來，又互相影響的，莫過於陳傅良、呂祖謙、陳亮三人了。葉適時常承受呂祖謙之學，對於《呂氏文鑑》（《皇朝文鑑》）極爲推崇，葉適博學、工文又精於論史的學術特色，當是受呂祖謙的影響。而陳亮和葉適更是早有交遊，彼此視爲知己。陳亮曾向宰相王淮推薦葉適，葉適在陳亮死後，也曾向朝廷請求補一子官。陳、葉二人也都以經世致用之學彼此互勉，以期達成恢復中原、中興宋室的目標。至於陳傅良，更是從葉適十四歲起，便相織往來，葉適曾說：「余亦陪公（陳傅良）游四十年，教余勤矣。」（《水心文集》卷十六〈陳公墓誌銘〉）因此，二人雖無師生名分，卻有傳遞永嘉學術的師生之實。葉適也正式成爲南宋永嘉學派第三位、也是集大成的代表學者；他融會諸家，兼取其長，使理論與事功更加緊密結合，永嘉經世致用之學，遂於葉適手中達於最高峰。

葉適的著作有《周易述釋》一卷，未見。《春秋通說》十三卷，佚。《名臣事纂》九卷，佚。《葉學士唐史鈔》十卷，佚。《荀揚問答》，佚。《習學記言序目》五十卷，存。〔註6〕《水心文集》二十九卷，存。《拾遺》一卷，佚。《水心別集》十六卷，存。《制科進卷》九卷、《外稿》六卷、《賢良進卷》八

〔註6〕　《習學記言序目》一書，也有稱爲《習學記言》。依葉適學生孫之宏的序，此
　　　　書成書分爲兩個階段，葉適起初只是「輯累經史百家條目」，沒有加評論，此
　　　　時名爲《習學記言》。後來「研玩群書」撰寫了論述，就以《習學記言序目》
　　　　名書。因此，稱此書爲《習學記言序目》較符合作者原意。

卷，皆存於《水心別集》中。《水心文粹》，佚。《策場標準集》，佚。《播芳集》，
佚。《水心文鈔》，存。《水心詩抄》一卷，存。《水心集補抄》一卷，存。《水
心題跋》一卷，存。〔註7〕

在這些著作中，《習學記言序目》、《水心文集》和《水心別集》是探究葉
適經世致用論的重要典籍。北京中華書局的《葉適集》，將《文集》、《別集》
一并合編，其中《文集》二十九卷，《補遺》一卷乃採用孫衣言本爲底本；《別
集》十六卷則以李春龢本爲底本，並參考孫衣言的《校注》及其他抄本。此
書將《文集》、《別集》合在一書中，方便查閱；又加以校勘、標點，爲目前
最好的版本。台灣河洛出版社曾有影印本。

第二節　經世致用說

一、道德持養

在看葉適關於道德持養方面的論點之前，先須對他的道器觀念有所瞭
解。葉適在論道與器物的關係上，進一步發展了薛季宣關於道「舍器將安適」、
「常存乎形器之內」的思想。

他說：

> 物之所在，道則在焉。物有止，道無止也。非知道者不能該物，非
> 知物者不能至道。道雖廣大，理備事足，而終歸之於物，不使散流，
> 此聖賢經世之業，非習爲文詞者所能知也。(《習學記言序目》卷四
> 十七〈皇朝文鑑一・四言詩〉)

在此說明了只有「物在」才有「道在」，道雖廣大卻不能脫離物而獨自呈現；只
有認識了具體事物，才能達到對道的認識；同時，也只有認識了道，才能概括
具體事物。道寓於器，即器始足以明道，成爲葉適的基本思想，也一一在道德
持養、待人接物、政事、厚生、軍事各方面的主張中，呈現出來。〔註8〕

〔註7〕有關葉適的著作部分，主要參考董師金裕《宋永嘉學派之學術思想》一書的
「附錄二」，以及劉建國《中國哲學史史料學概要》上冊頁487～493，「葉適
的思想史料」部分。
〔註8〕葉適主張道不離器、道寓於器的觀念，自然地，也有「理在物中」的觀念。
他曾說：「夫形於天地之間者，物也；皆一而有不同者，物之情也；因其不同
而聽之，不失其所以一者，物之理也。堅凝紛錯，逃遁謫伏，無不釋然而解，
油然而遇者，由其理之不可亂也。(《水心別集》卷五〈進卷・詩〉)」理即是

（一）內外交相成、學思兼進

　　葉適主張經世致用之學，對道德持養也有一套看法。首先他指出要治國平天下，須如《大學》所說：「壹是皆以修身爲本」。他說：

> 夫學不自身始而曰推之天下，可乎？雖曰推之天下而不足以反其身，可乎？（《水心文集》卷十〈溫州新修學記〉）

修身固然需要，但是在修持方法上，葉適反對那種杜絕外物、向內用力、恢復善性的閉門修養。他認爲：

> 書有剛柔比偶，樂有聲器，禮有威儀，物有規矩，事有度數，而性命道德，未有超然遺物而獨立者也。（《水心別集》卷七〈進卷・大學〉）

所謂「性命道德，未有超然遺物而獨立者也」，即在強調不能離開日用生活事物而去談論修持所謂超越的道德本體。在這個基本前提下，他提出了「內外交相成」的修養方法。他說：

> 耳目之官不思而爲聰明，自外入以成其內也；思曰睿，自內出以成其外也。故聰入作哲，明入作謀，睿出作聖，貌言亦自內出而成於外。古人未有不內外交相成而至於聖賢，故堯舜皆備諸德，而以聰明爲首。（《習學記言序目》卷十四〈孟子・告子〉）

> 唐、虞、三代，內外無不合，故心不勞而道自存，推之父子而合，推之君臣而合，推之兄弟、朋友、夫婦而合，上合天明，下合地性。今之爲道者，務出內以治外也，然而於君臣、父子、兄弟、朋友、夫婦常患其不合也。守其心以自信，或不合焉，則道何以成？（《水心別集》卷七〈進卷・總述〉）

葉適指出，要達到「內外交相成」，首先，必須耳目之官的「聰明」去接觸外界事物，多見多聞，取得「自外入以成其內」的經驗知識。然而當時的理學家卻不重視這些實際見聞經驗，他以爲「古人多識前言往行，謂之畜德。近世以心通性達爲學，而見聞幾廢，爲其不能畜德也。然可以畜而猶廢之，狹而不充，爲德之病矣！」（《水心文集》卷二十九〈題周子實所錄〉）對理學家的修養方法，提出了強烈的批評。

　　物內在的條理性，不能脫離物，更非在物之外，之上同物相對待的另一個存在。道在器中與理在物中意思是一樣的。都說明了葉適以爲道理寓於器物之中的道器觀念。

其次，葉適以為必須發揮心的思考作用。只靠耳目見聞得來的知識是有局限性的；因此，要對耳目見聞進行思索，進一步獲得「自內出而成於外」的認識，以使人心「於將發之際能使其發而皆中節」，做到「常行而不危」（《習學記言序目》卷八〈禮記・中庸〉）。由此可知葉適也很重視理性思維的作用，他曾說：「作聖賢本於思，……則思之所通，誠一身之主宰，非他德可並而云也。」（《習學記言序目》卷十三〈論語・述而〉）絕非一意向外求而已。

然而，葉適也指出「思有是非邪正，心有人道危微，後人安能常官而得之」（《習學記言序目》卷十四〈孟子・告子〉）？因此，必須將見聞於外與思之於內結合起來，使「內外交相成」，來克服這兩者各自的局限性，以達致父子、君臣、兄弟、朋友、夫婦各樣倫常關係「內外無不合」，成聖成賢的修養目的。

內外交相成的修養方法，也可以說是一種「學思兼進」的方法。實際見聞的經驗知識，正是「學」；內心理性的思維認識，則是「思」。惟有學思兼進，才能至聖。他說：

> 孔子謂「學而不思則罔，思而不學則殆」；是思學兼進者為聖。……
> 學者聖之所出，思者聖之所存，而孔子教人以求聖者，其門固在是
> 矣！（《習學記言序目》卷十三〈論語・述而〉）

> 其祖習訓故，淺陋相承者，不思之類也；其穿穴性命，空虛自喜者，
> 不學之類也。（《習學記言序目》卷十三〈論語・為政〉）

內外交相成、學思兼進是葉適重要的道德修養論，值得注意的是他雖然承認思有重要作用，但卻必須「以聰明為首」，也就是說道德修養必先「自外入以成其內」，必須以學為基礎，以多聞多見為基礎，在此基礎上，學思兼進，才能至聖。這就是內外交相成之道。葉適這些主張，是具有上承堯舜三代聖賢道德修養的歷史意義，也具有批評當代學者專以心性為宗主，盡廢古人入德條目的時代意義。他說：

> 蓋以心為官，出孔子之後，以性為善，自孟子始；然後學者盡廢古
> 人入德之條目，而專以心性為宗主，致虛意多，實力少，測知廣，
> 凝聚狹，而堯、舜以來內外交相成之道廢矣。（《習學記言序目》卷
> 十四〈孟子・告子〉）

當時陸九淵的學說以為善德存於人的本心之中，所謂道德持養就是本心的自我認識。葉適曾對此種學說提出他的看法：

> 余記陸氏兄弟從朱（熹）、呂（祖謙）氏于鵝湖寺……其詩云：「墟
> 墓生哀宗廟欽，斯人千古最明心，大抵有基方作室，未聞無址可成
> 岑。」噫！徇末以病本，而自謂知本，不明乎德而欲議德，誤後生
> 深矣！（《習學記言序目》卷八〈禮記·檀公〉）

葉適認爲道德持養有一定的過程，不可能一下子便可達到。他又說：「孔子講
之尤詳，道無內外，學則內外交相明，……近世之學則又偏墮太甚，謂獨自
內出，不由外入，往往以爲一念之功，聖賢可招揖而致；不知此身之稂莠，
未可遽以嘉禾自名也。」（《習學記言序目》卷四十四〈荀子·勸學〉）這主要
也是在批評陸九淵所提出的簡易修養工夫。在葉適看來，「仁必有方，道必有
等，未有一造而盡獲也。一造而盡獲，莊、佛氏之妄也」（《水心文集》卷十
七〈陳叔向墓誌銘〉）。將簡易的修養工夫與老莊、佛學並列視之，也可看出
葉適是多麼重視內外交相成的工夫，以及日常生活實際見聞的經驗知識。

（二）禮復而後能敬

　　雖然葉適主張內外交相成之道，但仔細觀其內容，顯然是以外入的工夫
爲基礎、爲主要工夫所在。因此，在偏重外入工夫的情形下，葉適特別重視
「禮」，透過禮的制約作用，除去一切不合乎禮的行爲；禮復之後，敬自然可
立。他說：

> 非禮則不以視聽言動，而耳目百體瞿瞿然擇其不合乎禮者期去之。
> 晝去之，夜去之，旦忘之，夕忘之，誠使非禮之毫髮皆盡，則所存
> 雖丘山焉，殆無往而不中禮也，是之謂禮復。禮復則敬立矣，非強
> 之也。（《水心文集》卷十〈敬亭後記〉）

葉適既然重視復禮的工夫，對於程頤「涵養須用敬」及朱熹「居敬」的論說
就有不同的看法。葉適以爲「敬者，德之成也」，必先復禮，禮復而後能敬；
而程朱則以爲必以敬始，先責以敬而後再做克己復禮的工夫。葉適說：

> 程氏語學者必以敬爲始……以余所聞，學有本始，如物始生，無不
> 懋長焉，不可強立也。孔子教顏子：「克己復禮爲仁。」請問其目，
> 曰：「非禮勿視，非禮勿聽，非禮勿言，非禮勿動。」顏子曰：「回
> 雖不敏，請事斯語矣！」是則復禮者，學之始也。教曾子曰：「安上
> 治民莫善於禮。禮者，敬而已矣，故敬其父則子悅，敬其兄則弟悅，
> 敬其君則臣悅，敬一人而千萬人悅。」是則敬者，德之成也。學必
> 始於復禮，故治其非禮者而後能復。復禮而後能敬，所敬者寡而悅

者眾矣，則謂之無事焉可也。未能復禮而遽責以敬，內則不悅於己，
外則不悅於人，誠行之則近愚，明行之則近僞；愚與偏雜，則禮散
而事益繁，安得謂無？此教之失，非孔子之本旨也。（仝上）

除了在復禮和敬二者先後上，葉適和程朱有不同的看法外，對克己一詞，解
釋也有所不同。葉適以爲：「克己治己也，成己也，立己也。己克而仁至矣！
言己之重也。」（《習學記書序目》卷四十九〈皇朝文鑑三〉）朱熹則以爲：「己，
謂身之私欲也。」（《論語集註》卷六）由此可知，葉適將己當成自我個體，
而朱熹則釋爲私欲。從這些差別中也可看出葉適談道德持養，都是從實際行
爲、外入的工夫著手；而程朱論道德涵養，則以居敬爲始，重存存天理、滅
人欲的心性工夫。〔註9〕

二、待人接物

（一）道德義理不在實際事功之外

葉適經世致用論是建立在道德義理和實際事功同根源的基礎上。他一再強
調道在器中，理在物中的道器觀，即在說明欲探究道德義理，必須由實際的事
功中去體認；而非將道德義理置於實際事功之外、之上，以至與實際事功相對
待的另一物。因爲，道德義理與實際事功是合一的，是同根同源的。葉適也再
三說明這種義理與事功合一的觀念，是上承三代以至孔子的本統。他說：

> 道無內外，學則內外交相明。……此孔氏之本統。（《習學記言序目》
> 卷四十四〈荀子‧勸學〉）

> 唐、虞、三代，內外無不合，故心不勞而道自存，……今之爲道者，
> 務出內以治外也，……則道何以成？（《水心別集》卷七〈進卷‧總
> 述〉）

> 後世言道統相承，自孔氏門人至孟荀而止，孔氏未嘗以辭明道，內
> 之所安則爲仁，外之所明則爲學。……子思之流，始以辭明道，……
> 孟子不止於辭而辯勝矣。……學者苟知辭辯之未足以盡道，而能推
> 之見孔氏之學以上接聖賢之統，散可復完，薄可復淳矣。（《習學記

〔註9〕雖然程朱論修養尚有另一大端，即程頤「進學在致知」、朱熹「格物窮理」說，
也頗重視實事理；但其目的仍在藉格物窮理以盡心知性、知天命，和葉適重
實際行爲外入的工夫、經驗知識本身的價值都有所差別。有關格物致知部分，
詳見「待人接物」內論葉適的格物論部分。

　　言序目》卷四十四〈荀子·總論〉）

葉適指出唐、虞、三代，以至孔子都有一貫相承的本統，這一貫的聖賢之統就是「道無內外，學則內外交相明」；因此，他認為在孔子以前的聖賢本統都是主張義理與事功合一的，可惜孔子以後，「以心為官」、「以性為善」，「專以心性為宗主」以致於「堯、舜以來（至孔子）內外交相成之道廢矣」（《習學記言序目》卷十四〈孟子·告子〉）所以，葉適在提示學者治學做人之道時，便強調說：

> 讀書不知接統緒，雖多無益也；為文不能關教事，雖工無益也；篤行而不合於大義，雖高無益也；立志不存於憂世，雖仁無益也。（《水心文集》卷二十九〈贈薛子長〉）

經世致用的宗旨，事功與義理合一的觀念，都在這段話中清楚看出。不過在當時的理學家也都以發揚儒家內聖外王之學為目標，所以把前面葉適這段話換為出自理學家的口中，也不會感到意外。因此，葉適針對理學家愛談道德義理的風氣，乃進一步強調道德義理不在實際事功之外。他說：

> 上古聖人之治天下至矣！其道在於器數，其通變在於事物；其紀綱、倫類、律度、曲折莫不有義，在於宋廟、朝廷、州閭、鄉井之間；其教民周旋、登降、會通、應感之節，而誦說其所以然之意，使之自得於心而有餘於身，以行之於君臣、父子、夫婦、昆弟，在於學官。其波順風靡，而天下之人無不根於性命，閑於道德，而習於死生之變……無驗於事者，其言不合；無考於器者，其道不化，論高而實違，是又不可也。（《水心別集》卷五〈進卷·總義〉）

> 道不可見，而在唐、虞、三代之世者，上之治謂之皇極，下之教謂之大學，行之天下謂之中庸，此道之合而可名者也。其散在事物，而無不合於此。緣其名以考其實，即其事以達其義，豈有一不當哉！
> （《水心別集》卷七〈進卷·總述〉）

葉適所謂「其道在於器數，其通變在於事物」，即是在說明道存在於具體的器數當中，要掌握其中抽象的原則，就必須從事具體事物的分析。因此，想要探究道德義理，就必須在實際的日用人倫以至經世濟民的事功上，加以表現，如此才能發現，把握真正的道德義理，否則「無驗於事者，其言不合；無考於器者，其道不化」。所以，葉適談及簡役寬民，就曾說：「所以取民，必有正也；取而不得已，必有寬也。有正，義也；有寬，仁也。未有不由仁義而

能使民思之者也。」(《水心文集》卷十二〈平陽會書序〉) 這就是說，仁義道德就存在於簡役寬民之中了。

道德義理不在實際事功之外的主張，既有著上承三代統緒的歷史意義，更有著針對南宋政事上偏安苟且、學術上空談心性的批評意義。葉適這樣的看法，也貫串在他的義利觀、格物觀、務實觀之中，以下分別來探討：

1. 以利和義的義利觀

在當時理學家本著仁人「正誼不謀利，明道不計功」的觀點，對義利之辨，持之甚嚴。然而葉適卻認為仁義道德正是要通過實際的功利表現出來；也就是說，如果能夠把利給予別人，而自己卻不居其功，這就是很好的道德表現。他說：

> 正誼不謀利，明道不計功，此語初看極好，細看全疏闊。古人以利與人而不自居其功，故道義光明。後世儒者行仲舒之論，既無功利，則道義者乃無用之虛語爾！然舉者不能勝，行者不能至，而反以為詬於天下矣！(《習學記言序目》卷二十三〈漢書‧列傳〉)

所謂「既無功利，則道義乃無用之虛語爾」，即是在說明道義不在功利之外，義利二者是統一的；因此他主張「以利和義，不以義抑利」(《習學記言序目》卷二十七〈魏志〉) 的義利觀。值得注意的是葉適所謂的功利乃是社會大眾，以至國家的公利，而非一己個人的私利；因此，基於以利和義的義利觀，他曾說：「漢高祖、唐太宗與群盜爭攘競殺，勝者得之，皆為己富貴，何嘗有志於民！以人之命相乘除而我收其利，若此者，猶可以為功乎？」(《習學記言序目》卷三十八〈唐書一‧帝紀〉) 清楚表明他的功利主義是反對一己一家一姓的私利，是以利和義的義利觀。

談及義利自然會聯想到天理人欲的問題，理學家們認為要存天理就必須滅人欲；而葉適以為理在器物中，自然不會主張要滅絕人欲，而且對尊性 (理) 而賤欲也有所不滿。他說：

> 「人生而靜，天之性也；感於物而動，性之欲也。」但不生耳，生則動，何有於靜？以性為靜，以物為欲，尊性而賤欲，相去幾何？
> (《習學記言序目》卷八〈禮記‧樂記〉)

葉適認為人生下來，自然就會有欲望，這是正常的、不可或缺的；因此應該「順道節文之」，採取節欲而非絕欲的方法。他說：

> 聖人知天下之所欲，而順道節文之使至於治；而老氏以為抑過泯絕

之，使不至於亂，此有爲無爲之別也。(《習學記言序目》卷十五〈老
子〉)

在葉適看來，適當節制欲望才是儒家的觀念；若是一味抑遏泯絕欲望，就成
爲道家無欲無爲的學說了。

2. 以物用而不以己用的格物觀

格物和致知二詞最初在《大學》中並沒有明確的解釋，只是說「欲誠其
意者，先致其知。致知在格物，物格而後知至，知至而後意誠。」因此，後
來的學者都依據自己的觀點加以解釋，「眞正從認識論和道德論統一的角度賦
於『格物致知』以新的意義，則是北宋的程頤」(葛榮晉《中國哲學範疇史》，
頁 218) 而後來朱熹又繼承了程頤的格物說，對格物致知有了一套更完整理的
理論。簡單來說，致知在格物，朱熹以爲意思是推極吾心固有知識，即物而
窮極物理。而且只要「用力之久，而一旦豁然貫通焉，則眾物之表裡精粗無
不到，而吾心之全體大用無不明矣」(《大學章句·補大學格物傳》)。程朱格
物說雖然是要人向外，探索實際事物，但最後的目的仍是要回歸到本心的窮
天理、盡善性；而非眞正地在事物上理會，探究實際客觀事物的規律、經驗
知識。葉適反對將實際的格物說成是窮理盡性，他提出了「以物用而不以己
用」的格物觀。他說：

> 是故古之君子，以物用而不以己用；喜爲物喜，怒爲物怒，哀爲物
> 哀，樂爲物樂。……一息而物不至，則喜怒哀樂幾若是而不自用也。
> 自用則傷物，傷物則己病矣，夫是謂之格物。……是故君子不以須
> 臾離物也。夫其若是，則知之至者，皆物格之驗也。(《水心別集》
> 卷七〈進卷·大學〉)

葉適認爲格物是對於實際事物的客觀反映，而不是用主觀的意念去使物就
範；也就是說格物正是去探索實際事物的意義，得著實際見聞的經驗知識；
是非常落實具體的，而不是形上抽象的，這就是「以物用而不以己用」的格
物觀。要人重視實際經驗事物，從具體事物中探究其中義理的目的，清楚可
見。因此葉適曾說過：「夫欲折衷天下之義理，必盡考詳天下之事物而後不謬。」
(《水心文集》卷二十九〈題姚令威西溪集〉) 義理不在事功之外的主張，也
可由葉適的格物說中看出。

基於對實際經驗知識的看重，葉適也極爲重視博學多聞多見的工夫。他
說：

> 子曰：「蓋有不知而作之者，我無是也。多聞，擇其善者而從之，多
> 見而識之，知之次也。」六經之外，孔子之前作者於今尚在，其知
> 與不知皆可驗也。世方相競於外，則不知而妄為，固亦無怪。自孔
> 子因作而述，以開天下，然後堯、舜、三代之事不至泯絕，性命道
> 德有所統紀。如使作而未已，捨舊求新，無復存者，則人道廢壞，
> 散為鬼蜮，又如羲、黃之時矣！百聖之歸，非心之同者不能會；眾
> 言之長，非知之至者不能悟。故孔子教人以多聞多見而得之，又著
> 於大畜之《象》曰：「多識前言往行以畜其德。」（《習學記言序目》
> 卷十三〈論語·述而〉）

這種博學多聞多見的工夫，和內外交相成之道以「聰明為首」的修養主張，
是緊密聯結在一起的。葉適曾說：「學修而後道積也，……學明而後德顯也，
皆以學致道，而不以道致學。」（《水心文集》卷二十七〈答吳明輔書〉）道德
的積顯，正是在從事實際博學見聞的工夫後達致的，道德義理不在實際事功
之外的主張，亦可由此看出。

3. 經世致用的務實觀

面對當時不重實際事物變革的風氣現象，葉適一再強調要有務實不務虛
的態度。他說：

> 學實而已，實善其身，實儀其家，移以事君，實致其義，古今共之，
> 不可改也。（《水心文集》卷十三〈郭府君墓誌銘〉）

由個人以至整個國家都應重視實際，都應有經世致用的抱負，否則「讀書不
知接統緒，雖多無益也；為文不能關教事；雖工無益也；篤行而不合於大義，
雖高無益也；立志不存於憂世，雖仁無益也」（《水心文集》卷二十九〈贈薛
子長〉）。而葉適所謂的「接統緒」，正是指二帝三王以至孔子的聖賢本統，
他曾說：「堯舜禹湯文武周公孔子，所傳旨一道，孔子以教其徒，而所受各
不同。」（《習學記言序目》卷十三〈論語·泰伯〉）這本統都有著修己安人、
博施於民而能濟眾的淑世精神，重實踐的經世抱負，所以葉適以為讀書行事
自當「本諸古人之源流」（仝上）、上接先王之統緒。可是在當時，學術界往
往離開具體事物而言道，形成一種不務實而尚玄虛的現象；葉適便追本溯
源，對遺事而言道的老莊、佛學、《易傳》以至子思、孟子都有所批評。他
說：

> 《周官》言道則兼藝，貴自國子弟，賤及民庶，皆教之。其言「儒

以道得民」,「至德以爲道本」,最爲切要,而未嘗言所以爲道者。雖《書》自堯、舜時,亦已言道,及孔子言道尤著明,然終不的言道是何物。豈古人所謂道者,上下皆通知之,但患所行不至耶!老聃本周史官,而其書盡遺萬事而特言道,凡其形貌朕兆,眇忽微妙,無不悉具。余嘗疑其非聃所著,或隱者之詞也。而《易傳》及子思、孟子亦爭言道,皆定爲某物。故後世之於道始有異説,而益以莊、列、西方之學,愈乖離矣!今且當以「儒以道得民」,「至德以爲道本」二言爲證,庶學者無畔援之患,而不失古人之統也。(《學習記言序目》卷七〈周禮‧天官冢宰〉)

這段話曾爲《宋元學案》所引,全祖望案語説:「此永嘉以經制言學之大旨。」(《宋元學案》卷五十四〈水心學案〉上),而黃宗羲也説:「其意欲廢後儒之浮論。」(仝上)的確,葉適就本著這種經世致用的務實觀,對程朱所指繼承孔子道統的人,如曾子、子思、孟子等人;以及程朱所推尊的典籍如《大學》、《中庸》、《易傳》等,都加以批駁。如對曾子、子思,葉適以爲他們並未獨傳孔子的本統。〔註10〕對孟子,雖承認孟子頗能承接聖賢統緒,但卻開始談性論命言天,結果「堯、舜以來內外交相成之道廢矣」!〔註11〕而對《大學》一書,則以爲內容過於簡略,交待不清,以致「疑誤後學」;像程朱等人大談格物窮理、正心誠意之説正屬之。〔註12〕對《中庸》一書除批評外,也懷疑並非都是子思所作。〔註13〕至於《十翼》,葉適認爲除了《彖傳》、《象傳》外,其餘像《繫辭》、《文言》、《説卦》、《序卦》、《雜卦》都非孔子所作。〔註14〕葉適所以將程、朱諸大儒所據以立説的《易傳》、《大學》、《中庸》以及子思、子思、孟子等加以批評,除了表明他對這些人物,典籍的看法外,也充滿著批判及懷疑精神,更重要的是要大家避免空談心性、窮理等問題,本著務實的態度,致力於經世致用之學。至於老莊及佛學,葉適也表示不贊

〔註10〕 評論曾子部分,主要見於《習學記言序目》卷十二〈論語〉,以及卷四十九〈總述講學大指〉。而子思部分,則主要見於〈總述講學大指〉。

〔註11〕 評論孟子部分,主要見於《習學記言序目》卷十四〈孟子〉以及卷四十九〈總述講學大指〉。

〔註12〕 對《大學》一書的評論,主要見於《習學記言序目》卷八〈禮記‧大學〉。

〔註13〕 對《中庸》一書的評論,主要見於《習學記言序目》卷八〈禮記‧中庸〉;而關於作者問題,除〈禮記‧中庸〉外,還有同書卷四十九〈總述講學大指〉等。

〔註14〕 對《十翼》的評論,主要見於《習學記言序目》卷四十九〈總述講學大指〉。

成其中部分學說。〔註15〕例如老子的棄絕禮義，以致淪入虛無，重實用的葉適便痛斥這種言論，認為是「執異端以亂王道，罪不勝誅」（《習學記言序目》卷十五〈老子〉）。對於佛學以悟為宗旨，「以聰明為障，思慮為賊」（《水心文集》卷九〈覺齋記〉），也不表同意；但基本上，葉適認為佛學是一種「世外奇偉廣博之論也，與中國之學皎然殊異」（《水心文集》卷二十九〈題張君所注佛書〉），自然不必極力排斥，因為佛學和中國聖賢本統一貫之學根本屬於二個領域，不應該相提並論。這和極力排佛的理學家，在態度上有很大的不同。葉適認為當時最大的問題，乃是理學家們「攻斥老佛至深，然盡用其學而不能知」（《習學記言序目》卷五十〈皇朝文鑑四〉），經世致用的務實觀也由此清楚看出。

由以上分析可知，葉適的義利觀、格物觀和務實觀都是在主義理不在實際事功之外的原則下所提出的主張；而葉適也依據這些原則和主張，在政事、厚生、軍事各方面，提出了他的經世學說。

（二）通古今之變，明治國之意

葉適曾經說：「訂之理義，亦必以史而後不為空言。」（《習學記言序目》卷十四〈孟子・萬章〉）又說：「經理也，史事也，……專於經則理虛而無證，專於史則事礙而不通。」（《水心文集》卷十二〈徐德操春秋解序〉）他之所以如此提倡史學，以至融經史理事於一爐的目的，乃是基於「經者所以載治，而非所以為治」的理念。他說：

> 古之治足以為經，不待經以為治；後世待經以為治，而治未能出於
> 經。……蓋經者所以載治，而非所以為治也。（《水心別集》卷五〈進
> 卷・總義〉）

當時理學家們普遍重經輕史，甚至將經視為當代兼備治世之體與治世之法的唯一政典。治世之體重在理論與恆常性，經典自然具備此種特色無疑；但是治世之法則重在實踐與通變性，具體的治世之法，乃是考察歷代禮樂刑政、典章制度的利弊得失，進而加以變通以施之於當世的各項具體制度；因此經

〔註15〕對老子的評論，主要見於《水心別集》卷六〈老子〈，《習學記言序目》卷十五〈老子〉及卷五十〈皇朝文鑑四〉。至於莊子部分，則主要見於《水心別集》卷六〈莊子〉。對佛學的評論，提到的地方很，主要見於《習學記言序目》卷四十九〈總述講學大指〉、《水心文集》卷二十九〈題張君所注佛書〉、卷十二〈宗記序〉、卷九〈覺齋記〉及〈李氏中洲記〉等處。

典自然無法涵蓋一切治世之法，這就是「經者所以載治，而非所以爲治」的原因，也是葉適重視歷史事實發展、融合經史於一爐、提倡經制之學的原因。而這一切的目的正在於「通古今之變、明治國之意」。

葉適一再強調道、理不能脫離現實世界和具體事物而單獨存在；因此，要把握義理，必須從歷史事實上去考求，要明白治國之意，必須能通古今之變。他說：

> 夫欲折衷天下之義理，必盡考詳天下之事物而後不謬。(《水心文集》卷二十九〈題姚令威西溪集〉)

> 考前世興衰之變，接乎今日利害之實。(《水心別集》卷十五〈葉適自跋〉)

> 夫觀古人之所以爲國，非必遽效之也。故觀眾器者爲良匠，觀眾方者爲良醫，盡觀而後自爲之，故無泥古之失，而有合道之功。且古人之爲國，具在方冊而已，其觀之非難也。(《水心別集》卷十二〈法度總論一〉)

葉適認爲只有藉著「考詳天下事物」才能真正「折衷天下義理」；惟有透過「考前世興衰之變」，才能明白「今日利害之實」；一方面吸收了「古人之所以爲國」的經驗，另一方面也「無泥古之失」。這是葉適經世致用論的特色，也是他論學、做學問的主張。他曾說：「將深於學，必測之古，證之今，上該千世！旁括百家，異流殊方，如出一貫，則枝葉爲輕而本根重矣。」(《水心文集》卷十一〈宜興縣修學記〉)所謂「測之古，證之今」，即在通古今之變，而葉適晚年的著作《習學記言序目》也正是貫徹義理與事功合一，通古今之變的一部書；由此都可看出通古今之變以明治國之意的觀念，是葉適的一個基本經世主張。

光宗受禪初年，葉適曾奉詔上書，他分析了當時在政事、厚生、軍事各方面存在的六大問題，即「國勢、士、民、兵、財、紀綱法度皆不善」，而不善的原因即在於「治國之意未明」；欲明治國之意則需要「先視其時之所當尚而擇其術之所當出，不可錯施而雜用也」(皆見《水心別集》卷十五〈外稿・上殿劄子〉)。正是說明了通古今之變，明治國之意的重要。

道德義理不在實際事功之外，是葉適經世致用論的基本原則；通古今之變，明治國之意，則是依此原則而提出的基本主張。在這二個基本理念下，葉適便在政事、厚生、軍事各方面提出了他的經世理論。

三、政　事

（一）人君修實德，禮樂治國

　　葉適一再強調道德義理不再實際事功之外，因此論及政事，也指出人君當務修其德，「必自厚而民服」、「必也克己以惠下，敬身以敦俗」（《習學記言序目》卷五〈書〉）。然而從另一方面來說，道德義理既在實際事功之中，因此，人君所修之德便有須見於實事實功的意義，也就是所謂修「實德」之說。葉適說：

> 夫風俗之所繫，治化之厚薄，享國之長短，人心之向背，是豈可不留意而詳擇也？故臣以爲天子之明聖，誠能破壞數千百年之偏說詖論而無所入於其心，雖不遠於唐、虞、三代之名，而近亦無取於漢、唐之陋，則人主之實德見於天下，而天下服矣！（《水心別集》卷一〈進卷·君德一〉）

人君惟有見於實事實功之德，才能夠使「天下服」。葉適對於過去人們以爲「人主之實德」是「容受掩覆，大度不疑」，表示不能認同；他以爲如此不過是「留各位之術也，未有服天下之道也」（仝上）。葉適同陳傅良一樣，論君德修持之法都主張從事物上理會，陳傅良以爲要養君德、格君心必須從拯民窮、寬民力做起；而葉適則以爲當從禮樂治國做起，以落實人君的實德，他說：

> 今考堯、舜、禹、湯、文、武舊事，皆以德爲本而以禮義行之，未有專一而言禮者，專一而言禮見於《春秋》，其君臣上下不務德而以禮相緣飾，相責望，取足一時，不厚其本，難以長久……孔子曰：「能以禮讓爲國乎，何有？不能以禮讓爲國，如禮何？」然則春秋之君臣假禮讓以爲國而已，非能之也。本不存而求多於禮，其甚遂至於無，而以亂易亂矣，豈不悲哉？（《習學記言序目》卷十一〈左傳〉）

「以德爲本而以禮義行之」，即說明了人君的實德，是禮樂之本，而禮樂則是人君之德的具體展現。葉適論治國之道，本於孔子「安上治民莫善於禮，移風易俗莫善於樂」《孝經》這兩話，主張禮樂治國。他說：

> 先王以禮樂施於上下，自朝廷至鄉黨，日用之物也。王政不作，禮樂因以不舉，浸衰浸息而遂亡。（《習學記言序目》卷二十二〈漢書二〉）

> 天下之治也，禮樂在於中國；其亂也，禮樂在於夷狄。（《水心別集》卷六〈進卷·左氏春秋〉）

在葉適看來，禮樂治國既是先王聖賢的本統，也是人君實德的展現。因此，對於《禮記‧樂記》將禮樂與刑政並列，不表贊同。他說：

> 按孔子言「安上治民莫善於禮，移風易俗莫善於樂」，初不及政刑，……今以禮樂刑政融會並稱，而謂其不二，則論治之淺莫甚於此。其舍禮樂而不用而以刑政爲極功，儒者之過也。(《習學記言序目》卷八〈禮記‧樂記〉)

由此可知，以刑政治國在葉適眼中是不能和以禮樂治國相提並論的。所以，對以刑政末作爲治體的漢文帝、唐太宗，他認爲「雖號聖君，其實去桀、紂尙無幾也」(《習學記言序目》卷六〈毛詩‧國風齒〉)。基於禮樂治國的理念，葉適又曾指出立國之本在宋朝有二事，一爲禮臣，另一爲恤刑。所謂禮臣，即是「一以寬大誠信進退禮節遇其臣下」、「不以刑法御其臣」(《水心別集》卷二〈進卷‧國本中〉)。而恤刑，則在強調「天下之君子不免有重議刑之心者，其禍最大，其憂最甚」(《水心別集》卷二〈進卷‧國本下〉)。歸結這立國之本的二事可知：要厚植國本，就必須以禮樂治國了。

葉適基於道德義理不在實際事功之外的原則，提出了人君修實德的主張，人君果能充塞眞意實德於天下，自然將無往而不濟。葉適說：

> 眞意實德充塞於人主之身而施之於天下，是故其高厚可以配天地，眞明察可以並日月，順陰陽之序，遂萬物之性，裁成輔相以左右民，鼓舞動蕩，運轉闔闢，則令不期而信，權不制而尊，法不嚴而必，兵強國富，而討除殘暴不順之夷狄，何向而不濟？(《水心別集》卷一〈進卷‧君德二〉)

所謂「令不期而信，權不制而尊，法不嚴而必，兵強國富」，也正是人君修實德落實在禮樂治國、厚植國本後，具體成果的表現。

（二）國君掌握治勢，主動開創時機

葉適基於通古今之變，明治國之意的理念，在政事方面提出所謂治勢之說。他說：

> 古之人君，若堯、舜、禹、湯、文、武、漢之高祖、唐之太宗，此其人皆能以一身爲天下之勢。雖其功德有厚薄，治效有淺深，而要以爲天下之勢在己而不在物。夫在己而不在物，則天下之事惟其所爲而莫或制其後，……及其後世，天下之勢在物而不在己，故其勢之至也，湯湯然而莫能過，反舉人君威福之柄以佐其鋒。至其去也，

坐視而不能止，而國家隨之以亡。(《水心別集》卷一〈進卷‧治勢〉)
由葉適的敘述可知所謂治勢是指一種可以左右國家政治的力量、權力；近人
薩孟武以爲「所謂勢，就是今人所謂主權」(《中國政治思想史》，頁 445)。當
國君能夠「以一身爲天下之勢」，也就是「天下之勢在己而不在物」的時候，
那麼天下大事就可「惟其所爲而莫或制其後」；反之如果「天下之勢在物而不
在己(國君)」的時候，那麼很快地「國家隨之以亡」。因此，國君能否掌握
治理天下之勢，成爲國家興亡的重要關鍵。葉適考察自三代以來，國君無法
掌握治勢，以致天下亂亡的原因，仍在於天下之勢已被五種人掌握，「一曰女
寵，二曰宦官，三曰外戚，四曰權臣，五曰姦臣」(《水心別集》卷一〈治勢
中〉)。所以，要能夠掌握治勢，最重要的就是使天下無此五患；葉適並舉北
宋實例以證明，他認爲北宋初年雖然在均賦、人才、國用、武功等方面，依
序不如周、漢、隋、唐四朝，但是卻仍然能夠維持太平之治，「可以傳之後世，
垂之無極」的原因，即在於太祖、太宗、眞宗及仁宗能夠以其身爲天下之勢，
確實掌握治勢，「使天下無女寵、無宦官、無外戚、無權臣、無姦臣，隨其萌
蘗，尋即除治」(仝上)。至於北宋末年的靖康之變，即因爲天下之勢已被五
患之中除女寵外四種人掌握，那國家豈有不亂亡的道理？(仝上)因此，國
君掌握治勢，除治天下五患，是葉適治勢之說的第一個要點。

　　葉適在孝宗淳熙十四年(西元 1187)曾向皇帝上書，提出「四難」、「五
不可動」與「一大事」；接著在光宗禪位初年，又應詔向皇帝條奏六事，提出
「治國之意未明」及「未善者六事」。其中，「治國之意未明」、「國勢未善」、
「國是之難」及「議論之難」，都和治勢之說有密切的關係。葉適認爲「古之
號爲賢君者，必能先明所以治其國之意」，「當微弱之時，則必思強大；當分
裂之時，則必思混幷；當仇恥之時，則必思報復；……先視其時之所當尙而
擇其術之所當出，不可錯施而雜用也」(《水心別集》卷十五〈外稿‧應詔條
奏六事〉)。因此，明白治國之意，可以說是人君掌握治勢的先決條件；所以
國勢未善、人君國是之難、士大夫議論之難三問題，葉適以爲即起因於「治
國之意未明」(仝上)，以致「人君有雖居天下之尊位而不得制天下之利勢」(仝
卷〈外稿‧上殿箚子〉)。而根據葉適的分析，治國之意所以不明，主要是當
時有「待其時」、「乘其機」的說法。他說：

　　虜幷兼強大而難攻，故言者皆曰「當乘其機」；積久堅固而不可動，
　　故言者又曰「當待其時」。(《水心別集》卷十五〈外稿‧上殿箚子〉)

事之未立，則曰「乘其機也」，不知動者之有機而不動者之無機矣，
縱其有機也，與無奚異！功之未成，則曰「待其時也」，不知爲者之
有時而不爲者之無時矣，縱其有時也，與無奚別！然則用後之術而
欲求前之功，治國之意終於未明，而今日之國勢亦終於未善，而無
所復論矣。（仝卷〈外稿・應詔條奏六事〉）

結果國君在「待其時」、「乘其機」的論說影響下，「謂治國之意當維持保守、
兼愛休息」（仝上）；葉適認爲這是以「中國全盛、夷狄賓服之勢」，去面對如
今「微弱、分裂、仇恥，弊壞之時」，「形似之而實謬也」（仝上）。至於解決
之道，則在國君去除這種待時、乘機的心態，而要積極主動的開創時機。他
說：

夫究極本末，審定計慮，而識所施爲之後先，然後知機自我發，非
彼之乘；時自我爲，何彼之待！（《水心別集》卷十五〈外稿・上殿
箚子〉）

在葉適看來，主動開創時機才是明白治國之意的表現，也是國君掌握治勢的
重要關鍵。如此一來，國君的「國是變，則士大夫夫議論之難亦變」（仝上）
而國勢也將由未善轉爲善了。再推而廣之，四難、五不可動、六未善，也就
可一一解決，最後「二陵之仇必報，故疆之半必復」（仝上）。因此，主動開
創時機是葉適治勢之說的第二個要點。

　　國君掌握治勢，主動開創時機是治勢之說的二大要點，從中都可看出國
君能否以一身爲天下之勢是一切政事興革的根本大原，治勢之說的重要性也
由此可見。葉適說：

故夫勢者，天下之至神也，合則治、離則亂，張則盛，弛則衰，續
則存，絕則亡。臣嘗考之於載籍，自有天地以來，其合離、張弛、
絕續之變凡幾見矣，知其勢而以一身爲之，此治天下之大原也。(《水
心別集》卷一〈進卷・治勢上〉)

治勢之說是葉適在探究古今之變、對政治結構作深入分析後所得出的結論。
他使永嘉經制之學的發展，達到了最高峰；不但重視制度與實際生活事物的
關係，也注意到了制度的本原問題。因此，蕭公權先生認爲治勢之說是「水
心最大之貢獻」(《中國政治思想史》下冊，頁 474)。國君惟有在掌握治勢之
後，一切政事、厚生、軍事的興革措施，才有落實施行的可能；而恢復中原
的願望也才能眞正實現。

（三）任賢以使能，任人以行法

葉適對政事的改革，大多從制度本身著手，因此對行使制度及在制度規定下行事的人們也格外注意。首先，在選拔人才上，他認為任賢以使能是自古以來國家最急迫的事情之一；因此，對於當時朝廷在選拔人才的事情上，提出種種弊端，期盼能加以改革。他說：

> 故用人以資格為利，而資格為用人之害；銓選以考任為利，而考任為銓選之害；薦舉以關陞、改官為利，而關陞改官為薦舉之害。至於任子，則有數害，自員郎致仕即得蔭補為一害，太中大夫待制以上蔭補得京官為一害，一人入仕，世爵無窮為一害，今者汰其謬濫，限其員數，又為一害。科舉亦有數害；取人以藝既薄於古，今併與藝而失之，為一害；古者化天下之人為士，使之知義，今者化天下之人為士，盡以入官，為一害；解額一定，多者冒濫，少者陸沉，奔走射利，喪其初心，於今之法，又自壞之，為一害；一預鄉貢，老不成名，以官錫之，既不擇賢，又不信藝，徒曰恩澤，官曹充滿，人才敗壞，又為一害。京師之學，有考察之法，而以利誘天下，州縣之學，無考察之法，則聚食而已，而學校之法為害。制科所以求卓越多聞之士，而責之於記誦，取之以課試，所言不行，所習不用，而制科之法為害。博學宏詞者，以罷詞賦而進人於應用之文耳，美官要職，遂為捷徑，一居是選，莫可退抑，而宏詞之法為害。（《水心別集》卷十二〈外稿・法度總論三〉）

資格、銓選、薦舉、任子、科舉、學校、制科、宏詞，這八種與選拔人才息息相關的制度，都存在著各種弊病，葉適除了提出批評外，也有改革的意見。〔註16〕在資格用人的制度方面，弊病在不別其流品，無論其賢否，一律循小官之次序而後遷升至卿相，葉適以為「若是而欲以舉賢才，起治功，其可得乎」！改革的辦法在變通資格用人的制度，「先別其流品，以分君子小人之塗，以定清濁高下之序」，如此可得資格之利；再進一步「以賢舉人，以德命官」，不受資格之弊的限制。在銓選方面，由於銓選之法過於詳密，使得吏部銓選

〔註16〕葉適在《水心別集》卷十三〈法度總論三〉之後，即有對這八種制度提出看法和改革意見，並且分為〈資格〉、〈銓選〉、〈薦舉〉、〈任子〉、〈科舉〉、〈學校〉、〈制科〉、〈宏詞〉八篇。後面論述各種制度的弊病及改革辦法時，常有引述各篇內的原文，由於引文即見於以該制度為篇名的文章中，因此不再於引文後註明出處，特於此說明。

變成「奉行文書之地」，而尚書侍郎也形同虛設了；因此葉適認為應該授予吏部自用的實權，眞正盡到「甄別有序，黜陟不失」銓選的職責，如此銓選才能發揮幫助朝廷用人的功能，尚書侍郎也才非虛設。在薦舉方面，弊病在一些僥倖之徒未被推薦之前，「卑身屈體以求之，僕隸賤人之所恥者而不恥也」，當被薦舉升官之後，則「抗顏莊色以居之」，在他下面的卑官，「又爲卑身屈體之狀以進焉，彼亦安受之而已」；這樣的制度其結果是「人才壞而生民受其病，無足疑者」；因此葉適認爲應該要「多其考，累其任，使其積日計月而無在官之過者，可以循至於次第之京官」，以革除薦舉倖進的風氣。在任子這種所謂「蔭補」的世祿制度方面，無疑會形成「庸庸無所短長之士，而必使繼世爲之」，眞正賢能之士將被埋沒的弊病；因此應該「稽其人之有功無功，賢與不賢」，以革除盲目任子的弊端。在科舉考試方面，弊病已在前面引文提出；解決之道，葉適以爲即在去除「取人以藝」、「化天下之人爲士盡以入官」、「解額一定」、「一預鄉貢以官錫之」這四種科舉陋習，使科舉考試能夠選拔出眞正的人才。在培育人才的學校制度方面，州縣學無考察的辦法，變成「聚食」的機關；而太學雖有考察的辦法，但卻「以利誘天下」，結果士子「獻頌拜表，希望恩澤，一有不及，謗議喧然」；基於這些弊端，葉適以爲在州縣學方面，要有暢通的考察辦法，可以上達天子，在太學方面，要謹愼選擇師儒，不能以利祿誘惑士子。在制科由國君親自主考取士的制度方面，葉適認爲這種選拔人才的制度，本意在求「卓越多聞」的「不常之人」；如今卻立「制科之法」，「責之於記誦」又「取之以課試」，如此又如何能得非常、奇特之才？因此葉適主張鬆弛制科之法，「無記誦，無論著」，這樣才不致限制了得天下非常之才的機會。在博學宏詞以取士的制度方面，葉適認爲詞科的人，「其文最爲陋而無用」，「其人未嘗知義也，其學未嘗知方也，其才未嘗中器也」，朝廷以此取士，將使「人才陷入於不肖而不可救」；因此主張廢止博學宏詞科，使士人不致在無用之文上下功夫。

　　從以上敘述可知，葉適對選拔人才的各種制度，有所不滿，但也都提出了具體可行、漸進式的改革辦法。葉適在上書孝宗提及的「五不可動」，其中之一就是「不用賢能而用資格」（《水心別集》卷十五〈外稿・上殿箚子〉），即是針對選拔人才的種種弊端而說的；由此可看出葉適「任賢以使能」的主張了。

　　在選拔人才之後，葉適對人才於任用之後所面對的問題也很注意。在當

時有所謂《新書》,「凡朝廷上下之所恃以相維持、相制使者,奉行此書而已」(《水心別集》卷十四〈外稿・新書〉)。《新書》殆爲一部記載「勅令格式」、聽訟斷獄之法律條文的書。葉適認爲此書有三大害處。他說:

> 然而有三害最近,不可不知。凡天下之事,無不備於此書,而人之智慮不能出於此書之外者,一害也。書既備矣而事復弊,法既具矣而令不行,則宜有說焉。今止謂之「各已有見行條法,止於檢坐、申嚴而已」,明知法不足恃,而欲強委之,二害也。人才因此浸以頹惰,掎摭利害,汎然推廣,及其終也,不過亦曰「臣愚欲望申嚴已行之法而已」,以法爲弊,猶可言也,以人爲弊,不可言也,三害也。(同上)

這三害也就是宋代「任法」的害處。在葉適看來,法是爲人而設的,人不可爲法完全限制住,因此,對這種「不任人而任法」的情況,非常不贊同;於是提出「任人以行法」的改革辦法。他說:

> 任人而廢法,雖誠未易論,而任人以行法,所以助法之不能自行者,必非若今之所謂檢坐、申嚴、批狀、勘當、照條之類而已也。不任人以行法,……國威之所以不振而強虜之所以憑陵也。臣故欲陛下縱未能任人而廢法,以行唐、虞、三代遠大之政,姑欲任人以行法,使法不爲虛文而人亦因以見其實用,功罪當於賞罰,號令一於觀聽,簡易而信,果敢而仁。(同上)

「任人而廢法」是三代以前治世的政策,葉適認爲這是最好的辦法;但是如同選拔人才「賢能」和「資格」的問題一樣,葉適往往在衡量古今之變,參酌現實情況後,採取漸進、融合性的改革辦法。在選拔人才上,主張賢能和資格並行而不屈於資格;在任用人才上,則主張使人與法相參而不役於法的「任人以行法」。如此一來,人才於任用之後,才不會受制於法,而無法發揮一己的才能,也就是「使法不爲虛文而人亦因以見其實用」。

在「不任人而任法」的情況下,又衍生另一個問題——胥吏問題。葉適說:

> 國家以法爲本,以例爲要。其官雖貴也,其人雖賢也,然而非法無決也,非例無行也。驟而問之,不若吏之素也;暫而居之,不若吏之久也;知其一不知其二,不若吏之悉也;故不得不舉而歸之吏。官舉而歸之吏,則朝廷之綱目,其在吏也何疑!夫先人而後法,則

人用；先法而後人，則人廢；不任人而任法，則官失職而吏得志矣。
（《水心別集》卷十五〈外稿・上殿劄子〉）

在法與例的層層束縛下，縱有賢能的人才，也不能有所發揮，於是「官失職而吏得志」，權力乃落入世居其業、熟悉法令的胥吏手中。薩孟武先生稱此「即今人所謂科員政治」（《中國政治思想史》，頁 449）。其實胥吏自有國家以來也就存在，但當時「必使上不侵官，下不病民，以自治其事而聽命焉」（《水心別集》卷十四〈外稿・吏胥〉）；到了宋代，由於法令細密，而且又「非法無決、非例無行」，便給胥吏侵官擾民，上下其手、從中弄奸的機會了。

根據葉適的分析，胥吏問題呈現出兩方面的弊端：就士大夫而言，由於行「資格用人」制度，使得士大夫「不復修治，而專從事於奔走進取，其簿書期會，一切惟胥吏之聽」（仝上）。就胥吏而言，在「官無封建而吏有封建」的情況下，胥吏世居其業，「根固窟穴，權勢熏炙，濫恩橫賜、自占優比。……輕重予奪，惟意所出」（仝上）。針對這些弊病，葉適提出了改革的辦法。他說：

今官冗而無所置之，士大夫不習國家臺省故事，一旦冒居其位，見侮於胥。今胡不使新進士及任子之應仕者更迭爲之，三考而滿，常調則出官州縣，才能超異者，或遂錄之。若此則有三利：士人顧惜終身，……吏曹清則庶務舉，……而無至於今世之偷惰，一利也。更迭爲之，無根固窟穴之患，……而封建之勢因以去矣，二利也。增員百餘，稍去冗官之患，……三利也。得三利，去三害，此亦非有勞民動眾之難者。（仝上）

這可以說是「以官代吏」的辦法，不但可解決兩方面的弊端，也可以「稍去冗官之患」。這種辦法也有消除當時官與吏不可逾越界限的時代意義，只是未被接受；終南宋一朝，胥吏問題都不見改善，對國家政事、人民生計都造成莫大的影響。

葉適提到的五不動，其中就有「不任人而任法」、「不信官而信吏」二者，可見葉適對人才任用之後面對的問題，也非常重視。任法不任人除了造成胥吏問題外，也對監司，這個「操制州郡」的機構，造成「上之操制監司，反甚於監司之操制州郡，緊緊恐其擅權而自用」（《水心別集》卷十四〈外稿・監司〉）的問題，由此可知，宋代的人才問題，無論是選拔以先或是任用之後，都因爲朝廷的法度而造成種種弊端；所以，修明紀綱法度成爲葉適另一個重要政事主張。

（四）修明紀綱法度，行內柔外堅的分權郡縣制

葉適本著通古今之變，明治國之意的基本原則，對政治體制和依據政體精神而制定的紀綱法度，都有所探究。他說：

> 夫以對封建爲天下者，唐、虞、三代也；以郡縣爲天下者，秦、漢、魏、晉、隋、唐也。法度立於其間，所以維持上下之勢也。唐、虞、三代必能不害其爲封建而後王道行；秦、漢、魏、晉、隋、唐必能不害其爲郡縣而後伯政舉。故制禮作樂，文書正朔，律度量衡，正名分，別嫌疑，尊賢舉能，厚民美俗，唐、虞、三代之所謂法度也。至於國各自行其政，家各自專其業，累世而不易，終身而不變，考察緩而必，黜陟簡而信，此所以不害其封建而行王道也。秉威明權，簿書期會，課計功效，核虛實，驗勤惰，令行禁止，役省刑清，秦、漢、魏、晉、隋、唐之所謂法度也。至於以一郡行其一郡，以一縣行其一縣，賞罰自用，予奪自專，刺史之問有條，司隸之察不煩，此所以不害其郡縣而行伯政也。（《水心別集》卷十二〈外稿・法度總論一〉）

葉適認爲自古以來，政治體制有封建、郡縣二種；同樣地，本其政體特有的精神，也建立了各自相應的紀綱法度。紀綱法度，葉適曾說：「一事也，法度其細也，紀綱其大也。（《水心別集》卷十四〈外稿・紀綱一〉）如果能和政治體制各方面相互應合的話，自然可「不害其爲封建而後王道行」、「不害其爲郡縣而後伯政舉」。仔細觀察葉適這段話，可以發現體制、法度二者體用能夠相應的特色，無論是封建王道或是郡縣伯政，都在「分權爲治」。如封建者，乃「國各自行政其，家各自專其業」；郡縣者，乃「以一郡行其一郡，以一縣行其一縣，賞罰自用，予奪自專」。因此，葉適認爲宋代採行集權爲治，雖爲懲唐末、五代的弊病，但卻矯枉過正，造成「紀綱法度未善」、不能和體制相應的結果。他說：

> 國家因唐、五季之極弊，收斂藩鎮，權歸於上，一兵之籍，一財之源，一地之守皆人主自爲之也。欲專大利而無受其大害，遂廢人而用法，廢官而用吏，禁防織悉特與古異，而威柄最爲不分。雖然，豈有是哉！故人材衰之，外削中弱，以天下之大而畏人。是一代之法度又有以使之矣，宜其不能盡天下之慮也。（《水心別集》卷十〈外稿・始議二〉）

> 何謂今日之紀綱法度未善？昔之立國者，知威柄之不能獨專也，故必有所分；控持之不可盡用也，故必有所縱。……然則盡收威柄，

一總事權，視天下之大如一家之細，孰有如本朝之密者歟？……豈
其能專而不能分，能密而不能疏，知控持而不知縱捨歟？此臣所以
深疑治國之意未明而使今日之紀綱法度未善也。(《水心別集》卷十
五〈外稿・應詔條奏六事〉)

「能專而不能分，能密而不能疏，知控持而不知縱捨」正是南宋中央集權，
紀綱法度未善的原因。葉適考察古今制度的變化，便發覺自堯舜以來凡採分
權之制者其立國皆長久過於集權。像秦朝，行郡縣集權制，「自天子以外，無
尺寸之權，一尊京師而威服天下」，結果「不旋踵而敗亡」。漢雖承襲秦制，
卻能「三邊各自備，內郡專刑賞」，「守、相皆得自為」，「操之簡而制之要」。
而自三國以迄隋、唐，也多能參用分權之法以治理國家。(《水心別集》卷十
四〈外稿・紀綱一〉)因此，葉適以為要條明紀綱法度，和郡縣體制相應的話，
就必須採行分權之制。宋代當初行集權之制，其立制的原意，重在矯正唐中
葉以來「化內地為藩鎮，內外皆堅」的流弊；結果矯枉過正，變成「內外皆
柔，雖能自安，而有大不可安者」(仝卷〈紀綱二〉)的弊病。葉適認為這是
沒有對準唐中葉以來，紀綱法度的弊病去改善的必然結果。他說：

紀綱之所在，患乎授任之非人而不以人為不當授任，患乎分畫之無
地而不以地為不當分畫，患乎外敵而不患乎內侮，其事蓋昭然矣。(仝
卷〈紀綱一〉)

固外者宜堅，安內者宜柔；使外亦如內之柔，不可為也。(仝卷〈紀
綱二〉)

因此，葉適在斟酌古今政制體系的發展變化後，認為要改善目前集權過甚，
法令過密的問題，就必須修明紀綱法度；而修明紀綱法度的具體辦法，就是
採行內柔外堅的分權郡縣制。蕭公權先生曾說：「秦漢以來，論政治制度者多
高談封建郡縣之得失，王霸德力之短長。水心始一變其習，獨致意於政制之
體系。而不空言其抽象之是非。」(《中國政治思想史》下冊，頁475) 如今看
葉適談論紀綱法度，可知蕭先生所言確實極有見地。

四、厚　生

(一)君民一本，先養民、教民而後治民

葉適曾說：「為國之要，在於得民。民多則田墾而稅增，役眾而兵彊。」

(《水心別集》卷二〈進卷・民事中〉）然而如何才能真正地得民呢？在他看來，是要做到「君民上下皆出於一本」，也就是「君既養民，又教民，然後治民」。他說：

> 古者民與君爲一，後世民與君爲二。古者君既養民，又教民，然後治民，而其力常有餘。後世不養不教，專治民而其力猶不足。（《水心別集》卷二〈進卷・民事上〉）

民力是有餘或是不足，君民是一本或是二本，完全看國君是否在治民之前，有善盡養民教民的責任。所以，葉適又說：

> 堯、舜、三代之治法，任民以地而不責其身，故用民之力豐年無過三日，其愛惜之如此，……後世芻狗百姓，不教不養，貧富憂樂，茫然不知真。（《習學記言序目》卷七〈周禮〉）

> 蓋先王之政以養人爲大。生聚所資，衣食之有無，此上之責也。（《水心文集》卷十〈東嘉開河記〉）

教民養民既然是如此的重要，可惜後世國君往往忽略教養的工作，而專以治民爲職責，結果俗吏們「巧立名字，並緣侵取，求民無已，變生養之仁爲漁食之政」，而人民「亦習於自能而無求於其上，而徒以爲上之治我也，故俛然受之而不敢辭。其乖戾反忤而治道卒無一成之效者，不特一世爲然也」（《水心別集》卷二〈進卷・民事上〉）。葉適在上書光宗時，曾經提及「六未善」，其中之一就是「今日之民未善」《水心別集》卷十五《外稿・應詔條奏六事》；在葉適看來，不先教養人民，只知道治理人民，「君民上下判然出於二本，反若外爲之以臨其民者」（《水心別集》卷二〈進卷・民事上〉），那麼「今日之民未善」是必然的事情了。

　　葉適本著道德義理不在事功之外的原則，在厚生方面首先主張君民一本、先教民、養民而後治民，而此正是「仁」這個道德總目在實際事功中的具體展現。基於此一主張，葉適在土地、人口、財政等問題上也都有改革的辦法；其中財政改革問題，在下面厚生主張中再加說明，此處先介紹土地和人口問題。

　　土地歸於私有，自然興起地主階級，而相對地，佃戶的生活都很貧困。到了宋代，社會上貧富不均的現象日漸嚴重，在上位者既然忽略教養人民的工作，更使一般平民百姓生活困苦。爲了疏解民困，當時倡言愛民的俗吏或是儒者，都提出改革之道。葉適說：

今之言愛民者，臣知其說矣，俗吏見近事，儒者好遠謀，故小者欲
抑奪兼并之家以寬細民，而大者則欲復古井田之制，使其民皆得其
利。……夫二說者，其爲論雖可通，而皆非有益於當世，爲治之道
終不在此。(《水心別集》卷二〈進卷‧民事下〉)

葉適對二種改革辦法都不表示贊同。井田制度所以不可行，他認爲乃因「井
田、封建相待而行者也」，所以「封建絕，井田雖在，不得獨存矣」(仝上)。
而且土地歸於私有，已經施行千百年之久，區劃變動頻繁，所課「阡陌連互，
壚聚遷改，蓋欲求商鞅之所變且不可得矣」(仝上)，更何況是恢復古代的井
田？抑奪兼併之家以寬細民所以不可行，他認爲乃因縣官既然已經失去「養
民之權」，小民乃「轉歸於富人，其積非一世也」(仝上)如今如果驟然加以
裁抑，既非形勢所許可，更「先以破壞富人爲事，徒使其客主相怨，有不安
之心」，如此徒滋紛擾，「非善爲治也」(仝上)。二種對土地問題的改革既然
都不宜施行，那麼要如何改革呢？重視經制之學的葉適以爲唯有先建立合乎
時勢的制度。他說：

臣以爲儒者復井田之學可罷，而俗吏抑兼并富人之意可損。因時施
智，觀世立法，誠使制度定於上，十年之後，無甚富甚貧之民，兼
并不抑而自已，使天下速得生養之利，此天子與其群臣當汲汲爲之。
(仝上)

「因時施智，觀世立法」的制度，正是在明瞭歷史情勢的演變，面對目前實
際的問題，也就是通古今之變以後，所訂立的制度。這制度乃在「使天下速
得生養之利」，也就是說，要解決土地問題，必須以教養人民爲念，而非一味
想著治民；而此通古今之變的制度，也必充滿著養民、教民的仁政精神。土
地問題如此，人口問題亦是如此。葉適曾對當時人口眾多、戶口昌熾，有眾
強富大之形，但卻以貧弱之實見於外的現象，加以檢討。他說：

民之眾寡爲國之強弱，自古而然矣。今天下州縣，……戶口昌熾，生
齒繁衍，幾及全盛之世，其眾強當富大之形宜無敵於天下。然而偏聚
而不均，……是故無墾田之利，無增稅之入，役不眾，兵不彊，反有
貧弱之實見於外，民雖多而不知所以用之，直聽其自生自死而已。……
今兩浙……其民多而地不足若此，則其窮而無告者，其上豈宜有不察
者乎？田無所墾而稅不得增，徒相聚博取攘竊以爲衣食，使其俗貪詐
淫靡而無信義忠厚之行，則將盡棄而魚肉之乎！……閩、浙之盛自唐

而始，乃獨爲東南之望，然則亦古所未有也。極其盛而將坐待其衰，
此豈智者之爲乎！（《水心別集》卷三〈進卷・民事中〉）

從這段話可知，「偏聚而不均」是造成人口問題的直接原因，結果民多地不足，
窮苦無告，在上位者不察不問，甚至「直聽其自生自死而已」。這樣「偏聚而
不均」，人口眾多卻貧窮困苦的現象，歸結它的根本原因，即在於朝廷忽略了
君民一本、教民養民的重要工作。因此，針對當時人口問題，葉適以爲必須
「闢地」，「分閩、浙以實荊、楚，去狹而就廣，田益墾而稅益增。其出可以
爲兵，其居可以爲役，財不理而自富，此當今之急務也」（仝上）。把民多地
狹的閩、浙人民，遷徙到民少地廣的荊、楚地區，以解決偏聚不均的人口問
題。葉適認爲這才是重視教養人民，進而得民心、得民力，當務之急的工作；
教民、養民的仁民愛物精神，也在人口問題改革辦法中具體展現。道德義理
不在實際事功之外的基本原則，亦由此再次看出。

（二）財政改革

葉適曾經指出：「財用，今日大事也，必盡究其本末而後可以措於政事。
欲盡究今日之本末，必先考古者財用之本末。蓋考古雖若無益，而不能知古
則不能知今故也。」（《水心別集》卷十一〈外稿・財總論一〉）因此，在通古
今之變的原則下，葉適從觀念和制度兩方面，對宋代財政提出了改革辦法。

1. 觀念上

（1）理財非聚斂，乃以天下之財與天下共理之

葉適認爲要改革財政，首先必須從觀念上改正過去的錯誤觀念。他認爲
理財和聚斂是不同的，一般人以爲「取諸民而供上用」便是理財，所以「取
之巧而民不知，上有餘而下不困」就算善於理財；結果「君子避理財之名，
而小人執理財之權」，才造成如今「言理財者聚斂而已矣」的情況，他說：

理財與聚斂異，今之言理財者聚斂而已矣！非獨今之言理財者，自
周衰而其義失，以爲取諸民而供上用，故謂之理財。而其善者則取
之巧而民不知，上有餘而下不困，斯爲理財而已矣！故君子避理財
之名，而小人執理財之權。夫君子不知其義而徒有仁義之意，以爲
理之者必取之也，是故避之而弗爲。小人無仁義之意而有聚斂之資，
雖非有益於己而務以多取爲悅，是故當之而不辭，執之而弗置，而
其上亦以君子爲不能也！故舉天下之大計屬之小人，雖明知其負天

下之不義而莫之卹，以爲是固當然而不疑也。嗚呼！使君子避理財
之名，小人執理財之權，而上之任用亦出於小人而無疑，民之受病，
國之受謗，何時而已！（《水心別集》卷二〈進卷・財計上〉）

在小人執理財之權，而行聚斂之實的情況下，病民害國，自屬必然的事情。
然而，葉適指出理財絕非聚斂，自古聖君賢臣未有不善於理財的，而且理財
的眞義是在「以天下之財與天下共理」，並非爲君主自己理財。他說：

夫聚天下之人，則不可以無衣食之具。衣食之具或此有而彼亡，或
彼多而此寡，或不求則伏而不見，或無節則散而莫收，或消削而浸
微，或少竭而不繼，或其源雖在而浚導之無法，則其流壅遏而不行。
是故以天下共理之者大禹、周公是也，古之人未有不善理財而爲聖
君賢臣者也。若是者，其上之用度固已沛然滿足而不匱矣！後世之
論則以爲小人善理財而聖賢不爲利也，聖賢誠不爲利也，上下不給
而聖賢不知所以通之，徒曰我不爲利也，此其所以使小人爲之而無
疑歟！（仝上）

葉適藉著理財非聚斂，乃是以天下之財與天下共理之這樣的論說，期盼從觀
念上，去除理財即是聚斂的錯誤觀念；並且進一步希望國君、大臣、儒者君
子等，都能正視理財這個與國計民生密切相關的重大問題，使君子不避理財
之名，小人不執理財之權；如此，財政改革才有實現的可能。

（2）善為國者，應計治道之興廢而不計財用之多少

葉適指出，三代時取民甚少，但是在當時「不聞其以財少爲患，而以財
多爲功也」（《水心別集》卷十一〈外稿・財總論一〉）。秦漢以後，取民漸漸
增加。三國之後，至於隋、唐，其中「隋最富而亡，唐最貧而興」。唐代取民
只有租、庸、調，然而「唐之武功最多，闢地最廣，用兵最久，師行最盛」（仝
上）。由此可知，財少並不足爲患。反觀宋代，宋太祖時，政權、財權都加以
集中，以去除唐末五代「藩鎮自擅，財賦散失」及「尾大不掉之患」（仝卷〈財
總論二〉）。到太宗、眞宗時，財用還可自給，眞宗祥符、天禧以後，「內之蓄
藏稍已空盡」。到仁宗景祐、明道年間，「天災流行，繼而西事暴興」，自此「財
用始大乏」。所以從神宗熙寧變法起，便大興財利，以後更是變本加厲，巧立
名目，分散苛捐，以至渡江以後，「其所入財賦，視宣和又再倍矣。是自有天
地，而財用之多未有今日之比也」（仝上）。然而葉適卻指出：「言財之急，自
古以來，莫今爲甚，而財之乏少不繼，亦莫今爲甚也。」（仝上）由此可知，

財多反感不足。

葉適透過探討古今取民財用多少，得到兩點結論：一為財少不足為患；二為財多反感不足。所以他說：

> 夫計治道之興廢而不計財用之多少，此善於為國者也。古者財愈少而愈治，今者財愈多而愈不治；古者財愈少而有餘，今者財愈多而不足。（仝上）

> 故財之多少有無，非古人為國之所患，所患者，謀慮取捨，定計數，必治功之間耳。（《水心別集》卷十一〈外稿・財總論一〉）

葉適在上書孝宗時，提及「五不可動」中的「財以多而遂至於乏」，及上書光宗時，提及「六未善」中的「今日之財未善」二者，正是在指宋代財多反感不足的問題。葉適盼望藉著善為國者，應計治道之興廢而不計財用之多少這樣的論說，能建立治道興廢並不取決於財用多少的觀念，以免動不動就以增加賦稅為能事。因此，這個觀念的提出，正可以為滅除苛捐雜稅，提供具體的理論依據。

2. 制度上〔註17〕

（1）滅除苛捐雜稅

宋代的財政，在葉適看來只是聚斂，而不是理財；聚斂愈多，國用愈感不足；財愈多而愈不治。因此，談及財政改革，在制度上便主張要滅除苛捐雜稅。首先，他指出當時財之四患。他說：

> 臣請陳今日財之四患，一曰經總制錢之患，二曰折帛之患，三曰和買之患，四曰茶鹽之患。四患去則財少，財少則有餘，有餘則逸。有餘而逸，以之求治，朝令而夕改矣。（《水心別集》卷十一〈外稿・財總論二〉）

經總制錢的弊病在論薛季宣時已經提及，至於和買，最初宋太宗時，農民每當春季，資金困乏，政府便貸款給農民，到期還絹。由此可知，和買本為政府以平價或高價買絹之意，是一種便民的善政。到了徽宗崇寧三年（1104）改行鈔法，既不給錢，也不給鹽，卻仍要人民絹紬，至此和買成為賦稅的一種。到了南宋，因為政府用絹紬有限，其多餘部分，就不再征絹，而令人民以錢

〔註17〕 葉適在財政改革的辦法上，除了財政本身的制度外，也論及改革兵制以裁減軍費、減少稅收的改革辦法；為避免於財政、兵制改革二處重覆論述，乃將有關裁軍費減稅收的主張，皆置於軍事方面的改革兵制單元中，特於此處說明。

繳納，同夏稅一幷上供，這便成為折帛錢。折帛錢始於高宗建炎三年（1129），同和買二者成為一種苛捐惡稅。（以上參考《宋史》卷一七五〈食貨上〉三）因此，葉適對此四種苛捐雜稅提出減除的辦法，他說：

> 經總制錢不除則取之雖多，斂之雖急，而國用之乏終不可救也。今欲變而通之，莫若先削今額之半，正其窠名之不當取者罷去。然後令州縣無敢為板帳、月樁以困民，黜其舊吏刻削之不可訓誨者，而拔用惻怛愛民之人，使稍修牧養之政。其次罷和買，其次罷折帛，最後議茶鹽而寬減之。若此則人才不衰，生民不困矣。（《水心別集》卷十一〈外稿‧經總制錢二〉）

首先減去經總制錢今額的一半，其次再罷除和買、折帛二苛稅，最後再寬減茶鹽之課。如此才可以使「人才不衰，生民不困矣」。

（2）量出制入，支出有常數

葉適曾經說：

> 今天下之財用，責於戶部，戶部急諸道，每道各急其州，州又自急其縣，而縣莫不皆急其民。天下之交相為急也，事勢使然，豈其盡樂為桑弘羊之所為耶？使天下之用誠有常數，而戶部以下之稅當之而有餘，則戶部必不以困諸道，每道必不以困其州，而州若縣獨何以自困其民耶？（《水心別集》卷二〈進卷‧財計下〉）

「使天下之用誠有常數」，這就是說支出要有個常數、定額，對此常數的限額要加以限制，節省不必要的開支，減除荷捐雜稅，以「天下之財與天下共理之」的態度，使財政走上軌道。如此，或可使財政的流弊避免發生了。葉適這種先使支出有常數，以此為標準，控制一切收支的主張，可以說是一種量出制入的辦法，也就是在減縮支出的前提下，減縮收入的辦法。雖然未曾清楚闡述支出的常數要如何確定，但已看出葉適在財政改革上的努力了。

（三）重視工商業

1. 扶持商賈、反對抑末厚本

南宋時代，工商業已日漸興盛，特別是東南沿海地區，工商業更為發達。然而傳統中國社會，卻一直有著崇本（農）抑末（工、商）的思想，這對中國工商業無法持續發展，是個頗大的阻力。葉適對這種重農輕商的傳統思想表達了不滿，他認為惟有「四民（士、農、工、商）交致其用，而後治化興，

抑末厚本，非正論也」。他說：

> 按《書》「懋遷有無化居」，周譏而不征，春秋通商惠工，皆以國家之
> 力扶持商賈，流通貨幣。故子產拒韓宣子一環不與，今其詞尚存也。
> 漢高祖始行困辱商人之策，至武帝乃有算船告緡之令，鹽鐵榷酤之
> 入，極於平準，取天下百貨自居之。夫四民交致其用，而後治化興，
> 抑末厚本，非正論也。（《習學記言序目》卷十九〈史記一‧書〉）

葉適以為貧困農民固然需要照顧，但是工商之民也應受到重視。他在談論土
地問題時，曾經反對抑奪兼并之家這種辦法；在說明緣由時，葉適曾說：

> 破富人以扶貧弱者，意則善矣。此可隨時施之於其所治耳，非上之
> 所恃以為治也。……然則富人者，州縣之本，上下之所賴也。富人
> 為天子養小民，又供上用，雖厚取贏以自封殖，計其勤勞亦略相當
> 矣。迨其豪暴過甚兼取無已者，吏當教戒之，……不宜豫置疾惡於
> 其心，苟欲以立威取名也。（《水心別集》卷二〈進卷‧民事下〉）

這段話一方面可以看出葉適重視先教養人民，再來治民，即使富人也是如此。
另一方面則可以看出葉適扶持商賈，反對抑制「州縣之本」富人的主張。

葉適在財政改革上，對傳統「諱言理財」的觀念提出批評，認為自古聖
君賢臣未有不善於理財的；如今在對工商業的發展上，也認為傳統「崇本抑
末」的思想、行為是不正確的，應該要重視工商業，扶持商賈，使四民交致
其用以興治化。這兩種見解主張，在今天工商業社會來看，自屬平常，但是
在當時仍是傳統重農輕商、重義輕利的社會下，能有如此新穎的觀念見識，
確實是難能可貴的。

2. 流通貨幣

關於貨幣方面，葉適曾論及楮幣（紙幣）及鐵錢兩項。〔註18〕在楮幣方
面，他認為發行楮幣是喧賓奪主；楮幣行則錢少貨少；楮在則錢亡，楮尊則
錢輕；楮幣使錢幣（銅錢）不易流通。（見《水心別集》卷二〈進卷‧財計中〉）
由此可知，葉適在當時是反對以楮幣取代銅錢的。這個看法今日看來未必正
確，但他已初步揭出了「幣多值跌」、「惡幣逐良幣」、「流通貨幣的重要性」
等貨幣觀念，也是頗為可貴的。

在鐵錢方面，葉適在淮西任職的時候，看見私鑄鐵錢散漫江淮，公私受

〔註18〕這一單元主要參考周伯隸《中國財政思想史稿》頁271～274。胡寄窗《中國
經濟思想史》下冊頁185～189。蕭清《中國古代貨幣思想史》頁195～200。

弊，人性動搖，後來經政府予以收兌，鐵錢問題才告安寧。在當時，葉適曾對私鑄鐵錢，陳述了五點意見，從他的論述中，也可看出他對貨幣的看法。這五點載於《淮西論鐵錢五事狀》，一為開民間行使之路。二為責州縣關防之要。三為審朝廷稱提之政。四為謹諸監鑄造之法。五為詳冶司廢置之宜。（《水心文集》卷二）在論述中，對「統一貨幣鑄造」、「實行惡幣回籠」、「保證貨幣的流通、兌換」和「穩定幣值」等項，都作了系統的論述。

　　葉適在對流通貨幣上的主張，與他其它各方面的主張比較起來，並不特殊，也不是最重要的。但仍可由此看出葉適經世致用的目標及對工商業的真正重視。

五、軍　事

（一）用兵本於行實德、修實政

　　葉適本著道德義理在實際事功之中的基本原則，在談論到軍事，用兵的時候，首先便指出「非知德者不足以知兵」（《習學記言序目》卷四十六〈司馬法〉）這個基本觀點。因此，葉適對於古代兵家的評價，往往由此基點出發；例如他頗為推崇尉繚子，乃因尉繚子用兵主張「不攻無過之城，不殺無罪之人」（《習學記言序目》卷四十六〈尉繚子〉）。對於後世奉為兵家之祖的孫武則大為不滿，葉適認為孫武專在權謀詐術方面下功夫，以詭道言兵，完全背離「非知德者不足以知兵」的用兵基本原則，又「何論兵法乎」（仝上）？〔註19〕從他對尉繚子及孫武二位兵家的評論，充分顯示出其重視仁義的意思。事實上，葉適即以為用兵之道本於行實德、修實政，待仁義至，政事修之後，兵自然「無不可用也」。他說：

> 自古兩敵相爭，高者修德行政，下者蓄力運謀。（《水心別集》卷十〈外稿·患虛論二〉）

> 陛下修實政於上，而又行實德於下，和氣融浹，善頌流聞，此其所以能屢戰而不屈，必勝而無敗者也。（《水心文集》卷一〈上寧宗皇帝劄子三〉）

> 何謂實言？今世或有以為兵端可畏，易開難合，厚賂請和，可以持

〔註19〕葉適對孫武的評論，主要見於《習學記言序目》卷四十六〈孫子〉，《水心別集》卷四〈進卷·兵權上〉。

久，此偷安姑息之論也。兵何嘗一日而不可用也，顧其用何如耳！故不多殺人，則兵可用；邦本不搖，則兵可用，不橫斂，不急征則兵可用；將非小人，則兵可用；天下雖不畏戰而亦不好戰，則兵可用；視北方如南方，則兵可用。功成而患不至，外鬥而內不知；雖不免於用詐而羞稱其事，雖大啓舊國而能不矜其事，若是者其兵無不可用也。（《水心別集》卷四〈進卷·兵權下〉）

葉適於此提出的用兵本於行實德、修實政的主張，是和他政事、厚生各方面論述相互貫通，形成一貫系統的主張。他在上書給孝宗時，開頭便指出當時的一大事是「二陵之仇未報，故疆之半未復」（《水心別集》卷十五〈外稿·上殿箚子〉）恢復中原的心志是如此的強烈；而中原之恢復必至於用兵，但是葉適並未向孝宗進言如何用兵，反而向他論述了有關政事、厚生、軍事各方面的「四難」和「五不可動」，期盼國君能掌握治勢，主動開創時機，對政事、厚生、軍事各方面的問題都加以改革，那麼「期年必變，三年必立，五年必成，二陵之仇必報，故疆之半必復，不越此矣」（仝上）。透過這篇〈上殿箚子〉，一方面證明了葉適用兵本於行實德、修實政的主張；另一方面也說明了葉適經世致用論貫通、一致的特性。

（二）改革兵制

葉適認爲宋代的兵制有兩大弊病，第一就是兵愈多而愈弱；第二就是養兵費用過多，造成財政困竭。

葉適統計了當時南宋的兵力，指出：「今營、屯、廂、禁，見卒至六十萬。」（《水心別集》卷十五〈外稿·上殿箚子〉），兵不可謂不多，然而這些「將兵、禁兵、廂兵，世世坐食」（仝卷〈應詔條奏六事〉），既不耕作，也沒有作戰能力，臨戰則節節敗退；加上「統副非人，朘刻廩賜，卒伍窮餓，怨嘆流聞」（仝上），結果形成兵愈多而愈弱的弊病。葉適所言五不可動中，其中之一就是「兵以多而遂至於弱」（仝卷〈上殿箚子〉）；而六未善中，其中之一就是「今日之兵未善」（仝卷〈應詔條奏六事〉），所謂的「未善」，也正是指此弊病而言。

龐大的養兵費用，成爲另一個嚴重弊端。葉適曾指出：「爲天下之大蠹，十分之九以供之，而猶不足者，兵是也。」（《水心別集》卷九〈廷對〉）「夫財用所以至此者，兵多使之也。財與兵相爲變通，則兵數少而兵政舉，若此則國用不乏矣。」（《水心別集》卷十一〈外稿·經總制錢二〉）養兵費用的過多，成爲財政困竭的一大原因，而這些軍餉開支必然落到一般百姓身上，民

力豈有不窮困之理，針對此二大弊端，葉適提出了他的兵制改革辦法。

　　葉適兵制改革辦法，也可分為二方面，一方面在恢復兵之常制；另一方面則在施行精兵政策。在恢復兵之常制方面，葉適以為乃在使邊兵、宿衛兵、大將屯兵、州郡守兵四種兵制恢復常制；也就是使邊兵「不待內地之兵食而固徼塞也」，使州郡守兵「以州郡之人守之而不以州郡之力養之也」，使宿衛兵「國廩其半而不全養也」，使大將屯兵「全養之而已」。現今，是「四者皆募，而竭國力以養之」，而常制則是有募有徵，邊兵、州郡守守兵乃自食之兵，宿衛兵也只是「國廩其半」而已，惟有大將屯兵全由國家供養。葉適以為施行現今募兵之制，結果是「竭國力而不足以養百萬之兵……故進不可戰，退不可守，……而夷狄之侵每無時而可禁也」；若能恢復兵之常制，結果則是「兵制各行而兵力不聚，然後有百萬之兵而不困於財矣！故進則能戰，退則能守，而不受侮於夷狄」（《水心別集》卷十一〈外稿・兵總論二〉）。因此，恢復兵之常制的改革辦法，主要是針對龐大養兵費用，使財政、民力困竭的弊端所提出的。葉適以為若能實施此辦法。二年之後，將使得「財不足以為大憂而兵可用矣」（仝上）！

　　在施行精兵政策方面，葉適對南宋兵愈多而愈弱的情況感到不滿，他認為兵不患寡而患不精，所以主張施行精兵政策，以裁汰冗弱之兵，上以寬朝廷，下以寬州縣。首先，葉適指出「竭朝廷之力使不得寬者，四駐箚之兵也」。這種軍隊有三十萬人，為北宋所無，原靠經總制、和買、折帛等收入來維持；如今這些苛捐雜稅必須減除，同樣地，這個疲盡南宋財力以養的軍隊，也應徹底精簡。使各總領「不過三四萬」，務使「一人得一人之用」，「以一當一，則精兵也」，在葉適看來如此可裁減一半的冗兵，維持約十五萬的駐屯兵。然後再「與之以數州地使自食，而餘州得寬焉」（《水心別集》卷十五〈外稿・終論二〉）。葉適以為若能行此改革之法，二年之後即可收效。其次，葉適也指出「竭州縣之力使不得寬者，廂、禁軍、弓手、士兵也」。他認為必須依次先解放廂軍，而後禁軍，最後再解散兵費需求較少的弓手、士兵，給與這些人一二年之依糧。都解散之後，再自各州縣三等戶以上，各抽「一人為兵，蠲其稅役，大州二千人而止，下州八百人而止。州縣各為之所，將校率其州人；秋冬而教，春夏則否，有警呼召，不用常法。然其為兵也，必有州縣四方三十里之近家者」（仝上）。這已是一種兵民合一的制度。葉適以為行此改革之法，三四年之後即可收效。透過此精兵政策，既可上寬朝廷、下寬州縣，

更可達到「兵省而精，費寡而富」（全上）的改革兵制目的。

恢復兵之常制及施行精兵政策，最終目標仍在恢復兵民合一的制度。因此，葉適晚年就有更清晰的寓兵於農、兵民合一的主張，認爲應該要以田養兵，以徹底消除以稅養兵之患。他說：

> 自府兵立而兵農分，自府兵廢而兵農不可合，遂遺唐、五代之患，而本朝渡江受其極弊。略計四總領之所給，歲爲錢六千餘萬緡，而米絹猶不預。百官群吏日夜鞭撻疲民以奉其費而不能安也，危乎殆哉！夫因民爲兵以田養之，古今不易之定制也，募人爲兵而以稅養之，昔人一時思慮倉猝不審，積習而致然爾，改之無難也。（《水心別集》卷十六〈後總〉）

具體施行的方法，葉適以爲邊地可募富民屯墾，自行守禦，凡是屯田五畝以上者，授以官職，屯民則一律接受軍事訓練。而各州則買田分配於兵，以爲贍養，不向國庫支領任何軍費。（見《水心別集》卷十六〈後總〉）葉適將這種構想具體落實，以溫州爲例，制定了一個細緻的計畫。（全上）由此可以看出他改革兵制、寬減民力的心志是何等強烈了。雖然南宋的黃震曾指出：「水心論恢復在先寬民力，寬民力在省養兵之費，其言哀痛激切。然〈後總〉一篇卒歸宿於買官田，則恐非必效之方也。」（《宋元學案》卷五十五〈水心學案下〉）而葉適的方法在法密文弊、吏卒貪暴的當時也確實難以施行，但是他的心志，用意則甚爲可取。更何況明代的衛所屯田制度，與葉適的議論頗爲相符，也未嘗不是受葉適的影響，足證其說未必終不可行。

（三）過江守江、過淮守淮，經營兩淮

葉適在軍事方面，除了重視用兵根本之道及兵制的改革外，對於地理形勢、城郭守禦之道也頗爲重視。也在探究古今守禦之道的變化後，指出南宋專意倚恃長江守禦，是不正確的。固然長江在江南而言確實爲一巨大防線，但江北兩淮之地仍是南宋所有，卻不重視其在防禦上的重要功能。葉適對這種「畫江爲守」（《習學記言序目》卷二十九〈晉書〉），自爲弱勢的專禦之道，極力反對；他認爲當前的正確守禦方法是「過江守江，過淮守淮」。他說：

> 「江漢爲池，舟楫爲用，利則陸鈔，不利則入水，中國長技，無所用之」，此袁淮稱江南地利也。既又言「孫權自十數年以來，大敗江北，敢遠其水，陸次平土，中國所願聞」，蓋權是時不止守江，而又欲爲取淮，漢以北之規故也。孫氏及五代江、淮攻守大略類此。自

吳、楊氏無爭淮北之勢，而淮不可守。唐李氏割淮臣周，不敢窺江
以北，而江不可守。建炎、紹興承用楊、李，以淮守淮，以江守江，
而孫氏及五代之故實遂不復講。余頃在制司，初亦循近轍，幾誤；
急易之，僅能自完。既將經畫江北以及兩淮，而上自卿相大夫，下
至偏校走卒，無一人以過江守江、過淮守淮爲事者，余亦病歸矣！
今因諸書簡錯見之。此今世大議論也，未有不知守江、淮而猶欲論
取中原者也。(《習學記言序目》卷二十七〈魏志〉)

而要「過江守江、過淮守淮」，則須經營兩淮。葉適指出說：

夫兩淮，國之牆垣，江之障蔽也。⋯⋯夫障蔽原則室家完，牆垣固
則外患息。紹興三十餘年，江淮無一日之政，故逆亮驟來而江左震
動，人不自保，此淮不固則江不安之驗也。(《水心文集》卷二十七
〈代人上書〉)

兩淮是江南的屏障，「淮不固則江不安」；因此葉適主張「經營瀕淮沿漢諸郡」。
他說：

所謂備成而後動，守定而後戰者，⋯⋯故臣欲經營瀕淮沿漢諸郡，
各做家計，牢實自守。虜雖擁眾而至，阻於堅城，彼此策應，首尾
相接，藩牆禦扞，堂奧不動，然後進取之計可言矣！(《水心文集》
卷一〈上寧宗皇帝劄子二〉)

果能過江守江、過淮守淮，經營兩淮，特別是瀕淮沿漢諸郡的話，葉適以爲
這才是針對地理形勢，所採取正確的守禦方法，如此一來「進取之計可言矣」！
開禧三年（1207），葉適任寶文閣待制，兼江淮制置史，他曾在兩淮地區實行
屯田和堡塢政策。將他主張的守禦方法，躬行實踐。結果先後於江北兩淮地
區，建立了四十七處團結山水寨，又在沿江地區建立了定山、瓜步、石跋三
大堡塢，使緩急應援，首尾聯結。又招集流民，給以田舍，平時則教習射，
以與官兵守。(見《水心文集》卷二〈定山瓜步石跋三堡塢狀〉)經過葉適的
經營，兩淮地區的邊防乃大爲鞏固，江北民心也有所依恃，而流民也漸次歸
附。由此可知，葉適的主張是具體可行的；亦可見葉適同薛季宣、陳傅良一
樣，既是經世理論家，也是經世實踐家。

綜觀葉適的經世致用學說，在道德義理不在實際事功之外，及通古今之
變，明治國之意這兩個待人接物的基本主張下，於政事、厚生、軍事各方面
漸次展開，形成一個非常有系統、彼此可以貫通的經世體系。而觀其歷任治

績，也都在他可能範圍內，盡可能躬行踐履，並非只是個空言經世濟民的理論家而已。

　　永嘉學派自薛季宣起，經陳傅良、葉適，都很重視在事物上理會，注意制度的探討；然後而薛、陳二人的主張工夫尚且偏於對實務的探究，到了葉適，乃進一步注意到制度的本原問題，以上接三代統緒，結合義理與事功之學為一，成為當時以經制言事功的代表學者。全祖望便說：

　　　　乾、淳諸老既歿，學術之會，總為朱、陸二派，而水心齗齗其間，

　　　　遂稱鼎足。（《宋元學案》案五十四〈水心學案上〉）

由於葉適使永嘉學派經世致用論的體系更為完整，乃在學術界佔有相當地位。董師金裕就曾經指出：「其實朱、陸之辯還只是一家之爭，至於葉適，則既精於制度，得浙學的真傳；又能言義理，遂成為閩學的勁敵。其與朱熹，蓋已成晉、楚爭霸之局，為宋代學術思想史上一支突起的異軍。」（《宋儒風範》，頁 86）葉適的確是一個使永嘉學派經義、經制和經世致用之學，發展到最高階段的人。葉適以後，永嘉學派也就走上日漸衰落的道路了。

第五章　陳亮經世致用之學

第一節　傳　略

　　陳亮，字同甫，小名汝能，上孝宗書時（淳熙五年，1178），更名爲同，學者稱爲龍川先生，南宋婺州永康（今浙江永康）人。陳亮生於南宋高宗紹興十三年（1143）癸亥九月七日，卒於南宋光宗紹熙五年（1194）甲寅，享年五十二歲。〔註1〕

　　陳亮的曾祖父陳知元在北宋宣和年間，以隸籍武弁前往京城開封守御，金人破城，隨大將劉延慶死于靖康國難。祖父陳益，性格豪放耿直，科舉不中，浮沈於鄉里；父親陳次尹，剛剛成年，便爲全家的生活奔波。母親黃氏生陳亮時，年方十四，於是陳亮的撫養和教育，全靠祖父和祖母黃氏。他們倆對於陳亮有很大的期望，希望他異日能夠中個狀元來光宗耀祖，「少則名亮以汝能，而字以同甫，惓惓懇懇之意」，「冀其必有立於斯世」（《陳亮集》卷二十二〈告祖考文〉）。陳亮的才氣超邁，俯視一世，多少都受到了祖父性情豪放，及死於抗金戰爭的曾祖父的事蹟所感染。

　　陳亮未冠時，就曾束書就學於何子剛的館舍。〔註2〕而陳亮的妻叔何茂恭素有文名，也曾教以古人文之。〔註3〕郡守周葵也很重視他，朝暮授以《中庸》、

〔註1〕　有關陳亮的生平資料，主要參考童振福《陳亮年譜》、顏盧心《陳龍川年譜》、《宋史》卷四三六〈陳亮傳〉，及何格恩〈陳亮的生平〉一文。

〔註2〕　《陳亮集》卷二十三〈祭何子剛文〉曾提到：「方亮未冠時，束書就學於公之館舍，公不以凡兒待之；歲時之顧遇，杯酒之殷勤，未嘗不倍於倫等也。」

〔註3〕　《陳亮集》卷二十五〈祭妻叔母喻氏文〉說到：「念不肖之疇昔，嘗受知於夫君……教以古人之文。」

《大學》的學說。〔註4〕而王梓材在《宋元學案》卷五十六〈龍川學案〉的案語中指出：「龍川在太學嘗與陳止齋等為芮祭酒門人。又先生〈祭鄭景望龍圖文〉稱之曰『吾鄭先生』，則先生亦在鄭氏之門矣。」因此，陳亮就是「鄭氏、芮氏門人」（〈龍川學案〉）了。

陳亮自少就有文才，議論風生，下筆數千言立就。嘗考究古人用兵成敗之跡，寫成《酌古論》四卷，共二十一篇；那年是紹興三十一年（1161），陳亮不過十九歲。郡守周葵得之此書「相與論難，奇之曰：『他日國士也。』請為上客。及葵為執政，朝士白事，必指令揖亮，因得交一時豪俊，盡其議論」（《宋史》卷四三六〈陳亮傳〉）。

孝宗隆興元年（1163），陳亮二十一歲，當時宰相湯思退力排眾議，與金人訂立隆興和約，天下忻然，以為可得以蘇息，只有陳亮，薛季宣等人反對。乾道元年（1165），陳亮二十三歲，就姻於義烏何茂恭家，娶何茂宏的次女為妻；同年，陳亮母親病逝。乾道二年（1166），陳亮父親又「以胃罥困於囚繫」，〔註5〕祖父母憂思成疾，乃相繼不起，同於乾道三年逝世。陳亮妻子自小生長於富室，罹此奇禍，娘家竟將她帶回；而陳亮又得奔走營救父親，家中只剩下他的妹妹和一婢守此三喪，令人看了也覺可憐。（見《陳亮集》卷二十五〈祭妹文〉）乾道四年（1168），陳亮二十六歲，四月父親終於出獄；九月，易名為亮，考中婺州解元，繼而補為太學生。第二年，也就是乾道五年，陳亮二十七歲，先應試於禮部，落第之後乃上《中興五論》，深切期盼國君能立志復仇雪恥，恢復中原；並提出了一套政治、厚生、軍事的改革方案，反映了陳亮的經世致用思想。可惜奏入不報，陳亮就「退修于家，學者多歸之，益力學著書十年」（《宋史·陳亮傳》）。像《三國紀年》一書，便是完成於淳熙二年（1175），陳亮三十三歲的時候。淳熙四年（1177），陳亮年已三十五歲，再次參加科考，仍舊落榜。第二年，即淳熙五年（1178），陳亮入京上書，然而「時兩學猶用秦檜禁，不許上書言事」（《四朝聞見錄》乙集），由於陳亮曾在太學，於是更名為陳同，再次將他的經世理論向孝宗皇帝陳述。大意是：首先反對

〔註4〕《陳亮集》卷二十二〈祭周參政文〉提及到：「亮昔童稚，縱觀廢興，大放於辭，願試以兵。狂言撼公，一見而驚。……《中庸》《大學》，朝暮以聽。隨事而誨，雖愚必靈。行或木力，敢忘其誠！」

〔註5〕接《陳亮集》卷二十五〈祭妹文〉只說：「（母）未終喪而吾父以胃罥困於囚繫。」並未明言其父親是那年下獄。今暫依童振福《陳亮年譜》說法，為乾道二年。

通知苟安，勸孝宗慨然與金絕交，誓必復仇。接著敘述唐代肅宗以後，經北宋以至南渡天下形勢的消長。反對建都臨安，主張移都建業，作行宮於武昌。最後敘述自己自少即有驅馳四方之志，對當時低頭拱手以談性命的學者；揚眉伸氣以論富強的術士都加以批評，期盼皇帝能「接之而不任以事」、「察之而不敢盡用」。（見《陳亮集》卷一〈上孝宗皇帝第一書〉）書奏上去，孝宗看了大為感動，想將此篇奏章公布懸掛在朝堂，以策勵群臣；並援用真宗時種放的先例，召令上殿，加授官職，不次擢用。這時倖臣曾覿知道孝宗要用陳亮，「將見亮，亮恥之，踰垣而逃。覿以其不詣己，不悅」（《宋史‧陳亮傳》）；而左右大臣也厭惡陳亮直言無諱，交相阻撓，於是叫陳亮先赴都堂審察，「宰相臨以上旨，問所欲言，皆落落不少貶，又不合」（仝上）。過了十天，陳亮見不到皇帝，便又再次上書，重申前意。接著又三次上書，將他改革變通之道，歸納為三大問題：一為士氣問題，二為國家體制問題，三為用人問題。可惜這兩次上書在「倖臣恥不詣己，執政尤不樂」的情況下，「復不報」（《陳亮集》附錄一，葉適〈陳同甫王道甫墓誌銘〉）。並且「乃議與一官，以塞上意」（《陳亮集》卷十九〈復何叔厚〉）。陳亮聽了笑笑說：「吾欲為社稷開數百年之基，寧用以博一官乎！」（《宋史‧陳亮傳》）立刻渡江而歸。他上書的目的、志行的堅毅都可由此看出。

　　淳熙九年（1182），陳亮四十歲，開始和朱熹往來書信；尤其淳熙十一年到十三年（1184～1186）這三年的書信往返，更是以辯論「王霸義利」問題為主要內容，這些書信也正好反映了陳亮的王霸觀、義理觀、歷史觀等，對認識陳亮在整個待人接物方面的看法、原則，都有很大的幫助。

　　淳熙十三年（1186），陳亮曾寫信給丞相王淮推薦葉適，後來果被召用。第二年，淳熙十四年（1187），十月乙亥太上皇高宗皇帝逝世，全國派遣使臣來弔祭，禮數十分簡慢，陳亮感念孝宗皇帝對他的知遇之恩，先至金陵察看形勢，進而於淳熙十五年（1188）第五度上書給孝宗皇帝，縱論復仇之義，想要激發孝宗圖恢復的心志；然而當時孝宗將要內禪，陳亮的上書依舊不報，而且還引起了朝廷大臣們的怒恨，認為是個狂人、怪人；而陳亮在臨安待了二十多天，也就失望地回家去了。

　　陳亮屢次上書改革，得罪了許多既得利益的朝廷大臣；因此，便想盡辦法陷害陳亮，先後兩次入獄的陳亮，都與政治迫害有密切關係。〔註6〕淳熙十

〔註6〕關於陳亮入獄的次數，若依《宋史‧陳亮傳》的敘述，將多達四次；經近人

一年（1184），當時陳亮四十二歲，一日「鄉人爲讌會，末胡椒，特置同甫羹　蓞中，蓋村俚敬待異體也。同坐者歸而暴死，疑食異味有毒，已入大理獄矣」（《陳亮集》附錄一〈陳同甫王道甫墓誌銘〉）。後來「推獄百端，搜尋竟不後一毫之罪」（《陳亮集》卷二十〈又甲辰秋書〉），便在同年五月被釋出獄。到了光宗紹熙元年（1190），又發生「民呂興、何念四毆呂天濟，且死，恨曰：『陳上舍使殺我。』縣令王恬實其事，臺官論監司選酷吏訊問，數歲無所得，復取入大理。眾意必死。少卿鄭汝諧直其冤，得免。」（《陳亮集》附錄一〈陳同甫王道甫墓誌銘〉）陳亮被釋出獄已是紹熙三年（1192）的春天了。

紹熙四年（1193），陳亮五十一歲，光宗殿試進士，策問禮樂刑政的要道，陳亮應試，以君道、師道答對；在對策中曾提及「臣竊歎陛下之於壽皇蒞政二十有八年之間，寧有一政一事之不在聖懷，而問安視寢之餘，所以察辭而觀色，因此而得彼者其端甚眾，亦既得其機要而見諸施行矣。豈徒一月四朝而以爲京邑之美觀也哉」！那時候光宗已經許久未去重華宮朝見孝宗了，大臣們一再勸諫，都不聽，看到了陳亮的對策，大加讚賞，以爲善處父子之間。結果本爲第三名的卷子，光宗特別把它擢置爲第一；後來拆開密封得知是陳亮時，便很高興說：「朕擢果不謬」。（《宋史·陳亮傳》）當時在重華宮的孝宗，在東宮的寧宗，得知此事也都很高興。同年七月，任命爲建康軍節度判官廳公事；本可一展才華抱負的陳亮，卻不幸在紹熙五年（1194）暮春前後，〔註7〕還未來得及上任，就因「憂患困折，精澤內耗，形體外離」（《陳亮集》附錄一〈陳同甫王道甫墓誌銘〉）而去世了。享年五十二歲，諡號文毅。

陳亮個性率直，議論政事往往直言無諱，以致與人多忤不合；然而他也「志存經濟，重許可，人人見其肺肝」，「雖爲布衣，薦士恐弗及。家僅中產，畸人寒士衣食之，久不衰」（仝上）。因此，也結交了許多學術界、政治界的

鄧廣銘先生的考證，陳亮入獄次數應爲兩次。第一次入獄，除了置毒殺人的罪名外，還有干與州縣貪求賄賂一項；而當時當政者立意懲治所謂「道學」，陳亮也被視爲其中人士，於是特別加重治罪。第二次入獄，除了嗾使殺人的罪名外，平日率意直言，任俠豪強的行爲，也是遭致忌恨而謀加摧殘的原因。內容詳見鄧廣銘《陳亮獄事考》一文。

〔註7〕陳亮的確切死亡日期，史書都未加記載；近人顏虛心先生在〈陳同父生卒年月考〉一文中，指出陳亮最一篇作品爲〈呂夫人夏氏墓誌銘〉（《陳亮傳》卷三十），寫作時間爲紹熙五年二月二十七日。因此，顏氏以爲陳亮是死於當年三月。按顏氏所言也是推測，所以本文謂陳亮死於詔熙五年暮春前後，表示不甚確定之意。

朋友；葉適，薛叔似等人的被推薦，陳亮自己的屢脫巨獄，都可看出陳亮交友的廣闊了。前面提到陳亮曾問學於何子剛、周葵、鄭伯熊、芮煜等人，其中鄭伯熊對陳亮影響較大，他和鄭伯英兄弟二人，都是陳亮最敬重的人。此外，永嘉另一位較年長的學者薛季宣，自從乾道四年（1168）在鄭伯熊家中得陳亮文章讀之，不久，陳亮就寫信向薛季宣請教問題，薛氏所謂「道器一元」論就見於回信中；〔註8〕後來兩人見面，暢談所學，非常投機。至於和陳亮最為熟識往來的，莫過於呂祖謙、陳傅良、葉適三人了，陳亮曾說：「四海相知惟伯恭一人，其次莫如君舉，自餘惟天民、道甫、正則耳。」（《陳亮集》卷二十一〈與吳益恭安撫〉）呂祖謙是陳亮生平最知心的朋友，兩人往來書信也非常頻繁，陳亮《三國紀年》寫成後，也曾請善長史學的呂祖謙評閱，二人交誼之深由此可見。陳傅良也是陳亮的要好朋友，二人常討論學問，互相通訊，今人常以「功到成處，便是有德；事到濟處，便是有理」四句十六字形容陳亮的學術主張，這十六字正是出自陳傅良《答陳同甫書》信中的話。至於葉適也是陳亮的好朋友，除了時相往來及詩詞酬贈外，陳亮曾推薦葉適給丞相王淮，盛稱其文學和為人；而葉適在陳亮死後，也曾向朝廷請命，補與一子官；又為陳亮作祭文、墓誌銘；寧宗嘉泰四年（1204），陳亮兒子陳沆將其父親作品，編為四十卷，也是請葉適作序；陳亮、葉適二人當算是莫逆交了。鄭氏兄弟，薛、呂、陳、葉諸氏，可說是對陳亮經世致用的主張，有互相影響的幾個人。此外，陳亮和學術方向不同的朱熹，辛棄疾也有很好的交情；尤其是和朱熹雖有王霸義利的爭辯，但自始至終，都維持良好的友誼，實屬難能可貴。

陳亮的著作有《龍川文集》四十卷，今僅存三十卷。《三國紀年》一卷，存於文集中，另有單行本，收入《函海》中。《龍川詞》四卷，存於文集有七十四闋，另有單行本，分別收入在上海商務排印的《百家詞》，《續金華叢書》，及《中國文學珍本叢書第一輯》當中。《春秋屬辭》三卷，佚。《中興遺傳》，佚。《通鑑綱目》二十三卷，佚。《伊洛正源書》，佚。《伊洛禮書補亡》，佚。《三先生論事錄》，佚。《高士傳》，佚。《忠臣傳》，佚。《義士傳》，佚。《辯士傳》，佚。《英豪錄》，佚。《謀臣傳》，佚。《二列女傳》，佚。《龍川詩》，一卷，存。《陳龍川書牘》，存。另編有《歐陽文粹》二十卷，佚。〔註9〕

〔註8〕見薛季宣《浪語集》卷二十三〈答陳同父書〉一文。
〔註9〕有關陳亮的著作資料，主要參考劉建國《中國哲學史史料學概要》上冊《陳

　　由陳亮的著作可知，要探討他的經世致用論，就只有從《龍川文集》中去發掘了。《龍川文集》最初乃其子陳沆在父親去世十年後，即寧宗嘉泰四年（1204）整理出遺著四十卷；而後由葉適作《龍川文集序》，寧宗嘉定六年（1213），由婺州太守邱眞長刻印出版，葉適又作《書龍川集後》。《龍川文集》經過明朝「世遷板燬，書亦散佚」（《陳亮集》附錄三〈王世德舊跋〉），原本早已亡佚。如今以明成化間刻本爲最早，但只有三十卷了。在現存的《龍川文集》中，參閱各樣版本、重新校補、標點，較其他本優越的是一九七四年，由北京中華書局出版的《陳亮集》，在台灣，漢京文化公司也有影印本，本文即採此版本。

第二節　經世致用說

一、道德持養

（一）重視道德修養

　　陳亮自幼即有經略四方的胸懷大志，年方十八、九歲，就已致力於「考古人用兵成敗之跡」（《宋史・陳亮傳》），寫成了一部年輕時代表作品──《酌古論》。自此以後，陳亮除了依舊在軍事上的興衰成敗下功夫外，也對政事上的各種問題，加以研究。乾道五年（1169），二十七歲的陳亮，在應試落第之後，乃將這些年來在政事、軍事上的研究所得，寫成〈中興五論〉向孝宗上書，以期朝廷能去除時弊，革新政治，進而使國家收復失土，重新統一。然而這些努力和期待，卻因所上之書「奏入不報」（仝上）而遭受挫折、打擊；陳亮感受到有再進修的必要，乃回到永康家鄉，杜門讀書。他說：

> 此己丑歲余所上之論也。距今能幾時，發故籃讀之，已如隔世。追十八九歲時，慨然有經略四方之志。酒酣，語及陳元龍周公瑾事，則抵掌叫呼以爲樂。間關世途，毀譽率過其實。雖或悔恨，而胸中耿耿者終未下臍也。一日，讀楊龜山《語錄》，謂「人住得然後可以有爲。才智之士，非有學力，卻住不得」。不覺恍然自失。然猶上此論，無所遇，而杜門之計始決，於是首尾蓋十年矣，虛氣之不易平也如此。（《陳亮集》卷二〈中興論〉跋）

亮的思想史料》部分，何格恩〈陳亮的生平〉一文，及童振福《陳亮年譜》所附〈著述一覽表〉部分。

這樣的轉變，讓陳亮正視到道德修養的重要性；因此，在這段「力學著書」（《宋史·陳亮傳》）的時間裡，陳亮一方面仍舊探究古今沿革之變，另一方面則彌補過去對道德修養的忽略。〔註10〕如此一來，陳亮的思想也變得更爲寬廣、成熟了。所以光宗紹熙四年（1193），陳亮參加殿試，在被問及君道、師道時，就清楚指出：

> 夫天祐下民，而作之君，作之師，禮樂刑政所以董正天下而君之也，
> 仁義孝悌所以率先天下而爲之師也。二者交脩而並用，則人心有正
> 而無邪，民命有直而無枉，治亂安危之所由以分也。……夫天下之
> 事，孰有大於人心之與民命者乎？而其要則在夫一人之心也。人心
> 無所一，民命無所措，而欲論古今沿革之宜，究兵財出入之數，以
> 求盡治亂安危之變，是無其地而求種藝之必生也，天下安有是理哉！
> （《陳亮集》卷十一〈廷對〉）

陳亮認爲治國、平天下的大事有二：一爲「一人心」，二是「措民命」。所謂「一人心」實質上就是指仁義孝悌的道德修養；而「措民命」實質上則是指禮樂刑政的治世方法。這兩大事「交脩而並用」，不可偏廢，「而其要則在夫一人之心」；由此可知陳亮雖曾經忽略道德修養的重要性，但隨著思想的日益成熟，乃指出「欲論古今沿革之宜，究兵財出入之數，以求盡治亂安危之變」的話，就必須先重視道德修養；因此，道德修養和經世致用有著密切的關係，想要收經世濟民的效果，就必須在道德修養上去下功夫了。

（二）內外兼備的修養方法

　　陳亮重視道德修養的主張，乍看之下，似乎和理學家的論調非常相似；其實陳亮和理學家相近的，只是在表面上和理學家都強調道德修養的重要性，但在實際內容上，無論是修養方法或是目的，都和理學家有所差別。首先在道器關係上，陳亮認爲道具有普遍性、客觀性，他說：「天地之間，何物非道；赫日當空，處處光明。閉眼之人，開眼即是。」（《陳亮集》卷二十〈又乙巳秋書〉）而道乃寓於形器事物之中，不是超然於具體事物之外、獨立存在。他說：

> 夫道非出於形氣之表，而常行於事物之間者也。（《陳亮集》卷九〈勉

〔註10〕陳亮在乾道八、九年（1172、1173），曾將周敦頤、二程和張載等人的著作編輯爲《伊洛正源書》、《三先生論事錄》、《伊洛禮書補亡》等書，以備日覽。由他對周、張、二程諸人的敬重，可知陳亮已注意到了道德修養的重要性，而非僅在政事、軍事等方面下功夫。

　　彊行道大有功〉〉

　　舍天地則無以爲道。(《陳亮集》卷二十〈又乙巳春書之一〉)

陳亮認爲道乃是貫穿於形、氣之中的,離開了天地萬物,道也就無法存在了。
這是一種道在事中、道在物中的一元論道器觀。而非像程朱等理學家,認爲
道(理)乃形而上、在未有天地萬物以前,就本已存有,而器(氣)乃是依
理而有,從理所出;這是一種道本器末、理氣不離不雜的道器觀。既然陳亮
在道器關係上和理學家有所差別,自然地,由道器觀發展出來的修養方法,
也就有所不同了。

　　陳亮既然主張道在事物之中,因此論及修養方法,自然也和葉適等人一
樣,認爲當從實際的日常生活處下功夫。陳亮說:

　　夫道之在天下,何物非道,千塗萬轍,因事作則,苟能潛心玩者,

　　於所已發處體認,則知「夫子之道,忠恕而已」非設辭也。(《陳亮

　　集》卷十九〈與應仲實〉)

所謂「因事作則」、「於所已發處體認」,即是在實際的生活中,去體認各種事物
的規則;在向外體認的同時,又能配合「潛心玩省」,也就是「開啓思慮,發揮
事業,通此心於天地萬物」(《陳亮集》卷九〈揚雄度遇諸子〉)的話,那麼「性
命道德之理,乃於時日分數而得之」(仝上),而孔子盡己、推己及人的忠恕之
道,也就能夠眞正掌握了。這就是陳亮內外兼備的修養方法。這種以外入工夫
爲基礎,並配合內心思慮的修養方法,和葉適內外交相成、學思兼進的修養方
法非常地相似;卻和以居敬、涵養、靜坐等向內的心地功夫爲主要修養方法的
理學家,有著極大的差別。因此,陳亮對理學家不重事物上理會,離器談道德
修養的方法非常不滿,他感慨指出:「夫淵源正大之理,不於事物而達之,則孔
孟之學眞迂闊矣。」(《陳亮集》卷九〈勉彊行道大有功〉)

　　在修養方法的差別下,理學家對欲望始終採取排斥的態度,「滅人欲,存
天理」成爲重要的修養大端。而陳亮則和葉適一樣,認爲人的欲望來自人的
本性,只能節制欲望,沒有滅除人欲的道理。陳亮以爲應當「因其欲惡而爲
之節」、「敍五典,秩五禮,以與天下共之」(《陳亮集》卷四〈問答〉七)。五
典是指父義、母慈、兄友、弟恭、子孝五種道德規範;而五禮則是指吉、凶、
軍、賓、嘉五種禮制。這些道德規範和禮制,正是實際生活事物中,事物的
規則所在;透過這種道德禮制規範的約束,配合「彊勉行道以達其同心」(《陳
亮集》卷九〈勉彊行道大有功〉)的思慮功夫,便能合理的節制欲望了。這就

是一種內外兼備的修養方法。此外，陳亮重視道德修養的目的，乃在求一人心、措民命，以期經世致用；而理學家談道德心性持養的目的，則在求窮理盡性知天命，以期天人合德。在修養目的上也是有很大的差別。

　　陳亮雖然如此重視道德修養，但是後世的人，卻對他晚年殿試，不勸諫光宗當朝見重華宮，反倒以爲不必徒具形式的言行，頗有微詞；如《龍川學案》附錄中，有一條便指出：「危驪塘曰：『陳同甫上書氣振，對策氣索，蓋要做狀元也。』」（《宋元學案》卷五十六）陳亮似乎不能躬行踐履他的道德修養主張，〔註11〕我以爲這是不對的看法。首先，陳亮曾先後在乾道五年（1169）、淳熙四年（1177），兩次參加科考，他清楚指出參加考試的原因並沒有「一毫攫取爵祿之心」（《陳亮集》卷一〈上孝宗皇帝第三書〉），一心只想尋求機會施展其才能，以期國家能富強，恢復中原；而實際上也因爲如此，考試不肯隨聲附和，兩次應考都未能上榜。他說：「仕將以行其道也，文將以載其道也。道不在我，則雖仕何爲！」（《陳亮集》卷二十一〈復吳叔異〉）道德操守是何等的堅持！其次，陳亮在對策中所言朝見壽皇一段（引文見傳略），重點是擺在「既得其（孝宗）機要」，而要能夠「見諸施行」；和陳亮一貫重實用的態度也是一致的，雖和當時大臣們勸諫的重點不同，但也不能據此謂陳亮奉承迎合，以求取功名。第三，陳亮自幼家境貧窮，祖父母都希望陳亮能夠中個狀元以光宗耀祖；有此才學實力的陳亮，卻因個性粗豪；直言無諱，非但不能考上進士，而且還兩次入獄，險遭殘害，如今歷經波折，終於中第，又豈能以干求祿位，不重道德操守看待陳亮。葉適說得好：「使同甫晚不登進士第，則世終以爲狼疾人矣。」（《陳亮集》附錄三〈龍川文集序〉）基於以上三點，配合陳亮一生的言行操守，我們可以確定，陳亮是能夠踐履他的修養主張的。

二、待人接物

　　陳亮在待人接物上的看法，主要表現在和朱熹的王霸義利爭辯上。陳亮曾說：

> 非專徇管蕭以下規摹也，正欲攬金銀銅鐵鎔作一器，要以適用爲主耳。亦非專爲漢唐分疏也，正欲明天地常運而人爲常不息，要不可以架漏牽補度時日耳。（《陳亮集》卷二十〈又乙巳春書之一〉）

〔註11〕全祖望在〈龍川學案序錄〉中，也認爲陳亮「晚節尤其慚德」。

這段話頗能將陳亮和朱熹二人，往返書信辯論的兩大方面道出，本單元即從這兩方面來看陳亮在待人方面的主張，來瞭解陳、朱王霸義利之辨的主要內容。〔註12〕其一：道不捨人的歷史觀。其二：經世致用的務實觀。今分述如下：

（一）道不捨人的歷史觀

陳亮在上《中興五論》奏入不報之後，就返家杜門讀書，除了開始重視道德修養外，也繼續考察了歷史的興衰發展，他指出：「辛卯（乾道七年，1171）、壬辰（乾道八年，1172）之間，始退而窮天地造化之初，考古今沿革之變，以推極皇帝王伯之道，而得漢、魏、晉、唐長短之繇。」（《陳亮集》卷一〈上孝宗皇帝第一書〉）由此得出的結論就是道不捨人的歷史觀。陳亮說：

> 人之所以與天地並立而爲三者，非天地常獨運而人爲有息也。人不立則天地不能以獨運，捨天地則無以爲道矣。夫「不爲堯存，不爲桀亡」者，非謂其捨人而爲道也。若謂道之存亡非人所能與，則捨人可以爲道，而釋氏之言不誣矣。（《陳亮集》卷二十《又乙巳春書之一》）

> 道非賴人以存，則釋氏所謂千劫萬劫者，是眞有之矣。（仝上）

陳亮在凸顯了人在歷史中的地位，他認爲人與天地並立爲三，「人不立則天地不能以獨運」；而道不捨人、賴人以存的觀念，則是在強調人能弘道，非道弘人；在陳亮看來，將道視爲形上、脫離人事而亙古常存的話，那麼「釋氏之言不誣矣」。陳亮這種由道在事中的道器觀，發展出來的道不捨人的歷史觀，主要是針對以朱熹爲代表的理學家歷史觀而立說。朱熹歷史觀的基礎是理欲之辨，他認爲堯、舜、三代是「惟有天理而無人欲」（〈寄陳同甫書〉八，《陳亮集》卷二十附錄）的歷史黃金時代，三代以後，天理失傳，漢唐之君可說是「無一念之不出於人欲」（〈寄陳同甫書〉六，仝上），歷史走向黑暗。前者天理流行，爲義，是王道；後者人欲橫流，爲利，是霸道；歷史被朱熹裁成絕不相同的兩截，「堯、舜、三代自堯、舜、三代，漢祖、唐宗自漢祖、唐宗，終不能合而爲一也」（〈寄陳同甫書〉八，仝上）。這是王霸義利之辨的中心問題。陳亮對這種「三代專以天理行，漢唐專以人欲行」（《陳亮集》卷二十〈又甲辰秋書〉）的看法，表示非常不滿，他認爲人生而有欲，「耳之於聲也，目之於色也，鼻之於臭也，口之於味也，四肢之於安佚也，性也，有命焉。出

〔註12〕想要深入探究陳、朱王霸義利之辨的話，可參考簡貴崔《陳亮與朱熹之辯論》一文，師大國文研究所七十二年碩士論文；亦載於《國立台灣師範大學國文研究所集刊》第二十八期。

於性，則人之所同欲也」(《陳亮集》卷四〈問答〉七)，因此，三代以前，亦有人欲，只是「經孔子一洗，故得如此淨潔」(《陳亮集》卷二十〈又乙巳秋書〉)。至於漢唐以後，道（天理）也未曾捨人而去，只是「三代做得盡者也，漢唐做不到盡者也」(《陳亮集》卷二十〈又乙巳春晝之二〉)。其次，理學家們本著理欲之辨的歷史觀，認爲漢唐享國久長的原因，乃在「其間有與天理暗合者」，陳亮以爲此說將使「千五百年之間，天地亦是架漏過時，而人心亦是牽補度日，萬物何以阜蕃而道何以常存乎」(《陳亮集》卷二十〈又甲辰秋書〉)，因此，陳亮本著道不捨人的歷史觀指出，三代以下不僅不是「二千年之間有眼皆盲」(《陳亮集》卷二十〈又乙巳秋書〉)的黑暗時代，而且「以爲漢唐之君本領非不洪大開廓，故能以其國與天地並立，而人物賴以生息」(《陳亮集》卷二十〈又甲辰秋書〉)。

　　陳亮在探究古今沿革之變，推極皇帝王伯之道以後，所提出的道不捨人歷史觀，和先前提到的道在事中的道器觀，內外兼備的修養方法，都可發現一個共同的基本原則，那就是道德義理不在實際事功之外，這也是陳亮經世思想的根本理念；基於此理念，在王霸義利之辨中，陳亮又提出了重視經世致用的務實主張。

（二）經世濟民的務實觀

　　陳亮同葉適等人，都非常重視實際事功的展現，因此，無論是讀書受教或是爲人處世，都當落實到實際日用生活中，以致用爲目標。在讀書受教方面，陳亮便指出古代經書，都是極爲平易的日常事物記載而已。例如他說：「夫盈宇宙者無非物，日用之間無非事。古之帝王獨明於事物之故，發言立政，順民之心，因時之宜，處其常而不惰，遇其變而天下安之。」(《陳亮集》卷十〈經書發題〉)在陳亮看來，《書經》所載不過如是。而「聖人之於《詩》，固將使天下復性情之正，而得其平施於日用之間者」(全上)。至於「《周禮》一書，先生之遺制具在」(全上)。《春秋》之作，亦不過爲「盡事物之情，達時措之宜」(全上)。而「《論語》一書，無非下學之事也」(全上)。由此都可看出陳亮務實的態度。

　　在爲人處世方面，陳亮曾自述他自己的處世態度。他說：

　　　　研窮義理之精微，辯析古今之同異，原心於秒忽，較禮於分寸，以
　　　　積累爲功，以涵養爲正，睟面盎背，則高亮於諸儒誠有愧焉。至於
　　　　堂堂之陣，正正之旗，風雨雲雷交發而並至，龍蛇虎豹變見而出沒，

推倒一世之智勇，開拓萬古之心胸，如世俗所謂儱塊大儱，飽有餘
而文不足者，自謂差有一日之長。(《陳亮集》卷二十〈又甲辰秋書〉)

陳亮以做「推倒一世之智勇，開拓萬古之心胸」的英雄豪傑自勉，期望能夠
經國濟世；而不願做一個「以積累爲功，以涵養爲正」的道學先生。陳亮這
種經世濟民的務實態度，和當時許多知識分子，只講道德性命之說，而輕視
實際事功，有著密切的關係；他對當時道德性命之學的泛濫，有著清楚的描
述和批評。他說：

二十年之間，道德性命之說一興，迭相唱和，不知其所從來。後生
小子讀書未成句讀，執筆未免手顫者，已能拾其遺說，高自譽道，
非議前輩，以爲不足學矣。世之爲高者，得其機而乘之，以聖人之
道爲盡在我，以天下之事無所不能，能麾其後生以自爲高而本無有
者，使惟己之向，而後欲盡天下之說一取而教之，頑然以人師自命。
(《陳亮集》卷十五〈送王仲德序〉)

自道德性命之說一興，而尋常爛熟無所能解之人自託於其間，以端
愨靜深爲體，以徐行緩語爲用，務爲不可窮測以蓋其所無，一藝一
能皆以爲不足自通於聖人之道也。於是天下之士始喪其所有，而不
知適從矣。爲士者恥言文章行義而曰「盡心知性」，居官者恥言政事
書判而曰「學道愛人」，相蒙相欺以盡廢天下之實，則亦終於百事不
理而已。(《陳亮集》卷十五〈送吳允成運幹序〉)

陳亮認爲，知識分子應該以其所學對社會、國家、民生發生直接的實際效用，
不應該離開實際事物而空言「盡心知性」、「學道愛人」，空談心性的結果，只
是「廢天下之實」而「百事不理」。因此，當朱熹在來信中，希望陳亮「紬去
義利雙行、王霸並用之說，而從事於懲忿窒慾、遷善改過之事，粹然以醇儒
之道自律」(〈寄陳同甫書〉四，《陳亮集》卷二十附錄)的時候，陳亮便清楚
指出，只要做一個務實的人就好，又何必要人人都是醇儒。他說：

天地人爲三才，人生只是要做個簡人。聖人，人之極則也。……學
者，所以學爲人，而豈必其儒哉！……今世儒者無能爲役，其不足
論甚矣，然亦自要做箇人。……要以適用爲主耳。(《陳亮集》卷二
十〈又乙巳春書之一〉)

由此可知，陳亮爲學做人都以經世致用爲目標，重視實際事功，然而陳亮也
並非只是重視實際功效的功利之徒，他曾說：

　　辛卯、壬辰之間，始退而窮天地造化之初，考古今沿革之變，以推
　　極皇帝王伯之道，而得漢、魏、晉、唐長短之縣，……始悟今世之
　　儒士自以爲得正心誠意之學者，皆風痺不知痛癢之人也。舉一世安
　　于君父之讎，而方低頭拱手以談性命，不知何者謂之性命乎！……
　　又悟今世之才臣自以爲得富國強兵之術者，皆狂惑以肆叫呼之人
　　也。不以暇時講究立國之本末，而方揚眉伸氣以論富強，不知何者
　　謂之富強乎！（《陳亮集》卷一〈上孝宗皇帝第一書〉）

除了空談心性的學者遭陳亮批評外，徒言富國強兵、重視治術卻忽略道德持
養的才臣，也是陳亮所反對的。因此，陳亮乃是本著道德義理與實際事功合
而爲一的基本原則，來倡導重視實際事功、爲學做人切合實際效用。

　　陳傅良曾以「天到成處，便是有德，事到濟處，便是有理」（〈致陳同甫
書〉，《陳亮集》卷二十一附錄）這十六字形容陳亮的學問主張，歷來學者大
多贊成此說，甚至有將此四句話視爲陳亮所說；〔註 13〕事實上這四句話只說
明了陳亮重視實際事功的展現，卻忽略了陳亮也重視與事功同根同源、合而
爲一的道德修養。如此很容易使人誤解陳亮的學術主張，以爲他是個只重效
果、不問動機，以成敗論英雄的功利主義者；這是和陳亮的實際主張，有所
差距的。此外，朱熹認爲陳亮是「義利雙行，王霸並用」（《陳亮集》卷二十
〈又甲辰秋書〉），陳亮依據他道德義理和實際事功合一的原則，乃指出：「如
亮之說，卻是直上直下，只有一箇頭顱做得成耳。」（仝上）由此可知陳亮和
葉適一樣，都是主張義利統一的。

　　道不捨人的歷史觀，經世致用的務實觀，都是陳亮在道德義理不在實際
事功之外的經世原則下，所提出待人接物的二個基本理念，也是陳、朱王霸
義利之辨的兩大方面。本此理念，陳亮乃在政事、厚生、軍事各方面提出他
的經世主張。

三、政　事

（一）圖復中原、中興國家

　　陳亮一生的思想，從最初寫《酌古論》時，只重視軍事用兵成敗的思想，

〔註 13〕例如非常讚賞永嘉、永康學派的林尹先生，在《中國學術思想大綱》中，便
　　　　說：「同甫每攻許伊洛，輒曰：『功到成處，便是有德；事到濟處，便是有理。』」
　　　　（頁 216）即是誤以爲此四句話出自陳亮之口。

中間經過上〈中興五論〉時，兼重政事和軍事改革的思想，到後來四次上孝宗皇帝書及和朱熹往返辯論，所展現講體講用的成熟思想，可分為三個發展時期。然而「恢復中原、中興國家」這個基本主張，卻始終未曾改變。而這個基本主張，也正是陳亮經世致用論的一貫目標。他在乾道五年（1169）二十七歲時，上〈中興五論〉，本論一開始就指出：「臣竊惟海內塗炭，四十餘載矣。赤子嗷嗷無告，不可以不拯；國家憑陵之恥，不可以不雪；陵寢不可以不還；輿地不可以不復。」（《陳亮集》卷二〈中興論〉）這分收復失地，復仇雪恥的心志，在杜門讀書近十年之後，於淳熙五年（1178）所上孝宗皇帝的書中，依舊強烈。陳亮說：

> 臣竊惟中國，天地之正氣也，天命之所鍾也，人心之所會也，衣冠禮樂之所萃也。百代帝王久所以相承也，豈天地之外夷狄邪氣之所可奸哉！不幸而奸之，至於挈中國衣冠禮樂而寓之偏方，雖天命人心猶有所繫，然豈以是為可久安而無事也！使其君臣上下苟一朝之安而息心於一隅，凡其志慮之經營，一切置中國於度外，如元氣偏注一肢，其他肢體，往往萎枯而不自覺矣，則其所謂一肢者，又何恃能久存哉！天地之正氣，鬱遏於腥羶而久不得聘，必將有所發泄，而天命人心固非偏方之所可久係也。（《陳亮集》卷一〈上孝宗皇帝第一書〉）

陳亮對當時「君臣上下苟一朝之安而息心於一隅」表示憂慮，他指出：「一日之苟安，數百年之大患也。」（仝上）期盼君臣上下都能以恢復中原、中興國家為目標，否則「舉一世而忘君父之大讎，此豈人道之所可安乎」（仝上）！陳亮此一經世基本主張，在先後四次上孝宗皇帝的書中，都隨處可見。光宗紹熙四年（1193），陳亮已經五十一歲了，仍以復仇雪恥，中興宋室為他平生最大的心志；〈龍川學案〉附錄記載說：

> 其（陳亮）生平議論，以敵仇未雪為國大恥，六詣天闕上書，皆主于恢復，故及第後（紹熙四年），謝恩詩有云：「復讎自是平生志，勿謂儒臣鬢髮蒼。」（《宋元學案》卷五十六）

而正待陳亮一展抱負的時候，卻不幸在及第後第二年，即紹熙五年的暮春前後逝世了。奮鬥終生，力倡經世致用的學說，以恢復中原、中興國家為經世目標的陳亮，給人留下「壯志未酬身先死」的無限感慨。

（二）集權體制的改革

面對南宋苟且偏安，委靡不振的局面，要如何才能改變，以漸次達成中

興國家的目標呢？陳亮在〈中興五論〉的首篇〈中興論〉中提出了一個改革
的綱要。他說：

> 今宜清中書之務以立大計，重六卿之權以總大綱，任賢使能以清官
> 曹，尊老茲幼以厚風俗；治進士以列選能之科，革任子以崇薦舉之
> 實；多置臺諫以肅朝綱，精擇監司以清郡邑，簡法重令以澄其源，
> 崇禮立制以齊其習；立綱目以節浮費，示先務以斥虛文；嚴政條以
> 覈名實，懲吏奸以明賞罰；時簡外郡之卒以充禁旅之數，調度總司
> 之贏以佐軍旅之儲。擇守令以滋戶口，戶口繁則財自阜；揀將佐以
> 立軍政，軍政明而兵自強。置大帥以總邊陲，委之專而邊陲之利自
> 興；任文武以分邊郡，付之久而邊郡之守自固。右武事以振國家之
> 勢，來敢言以作天子之氣；精間諜以得虜人之情，據形勢以動中原
> 之心。（《陳亮集》卷二〈中興論〉）

這個綱要，共計二十四項，包括了政事、厚生、軍事各方面。陳亮對他自己
改革時弊的綱要深具信心，以爲只要依此綱要加以改革，那麼「不出數月，
紀綱自定；比及兩稔，內外自實，人心自同，天時自順」，如此一來，「中興
之功，可蹻足而須也」（仝上）。

到了淳熙五年（1178），在〈上孝宗皇帝第三書〉中，陳亮把他的改革措
施，歸納爲三項，除了第一項是振作士氣，收復中原的問題外，另外兩項分
別是集權體制和用人問題。此處先討論集權的體制。

關於集權體制的問題，陳亮稱之爲「國家之規模」（《陳亮集》卷一〈上
孝宗皇帝第三書〉）。宋朝實行的是高度的中央集權制度，陳亮對這種制度的
現象有清楚的描述。他說：

> 列郡以京官權知，三年一易。財歸於漕司，兵各歸於郡。而士自一
> 命以上，雖郡縣管庫之微職，必命於朝廷。（《陳亮集》卷十一〈銓
> 選資格〉）

> 朝廷以一紙下郡國，如臂之使指，無有留難，自管庫微職，必命於
> 朝廷，而天下之勢一矣。故京師嘗宿重兵以爲固，而郡國亦各有禁
> 軍，無非天子所以自守其地也。兵皆天子之兵，財皆天子之財，官
> 皆天子之官，民皆天子之民，綱紀總攝，法令明備，郡縣不得以一
> 事自專也。（《陳亮集》卷一〈上孝宗皇帝第一書〉）

對此種制度，陳亮認爲，在宋太祖開國之初，爲了糾正唐末五代以來藩鎮割

據，「兵財之柄倒持於下」（《陳亮集》卷一〈上孝宗皇帝第三書〉）的局面，
而「束之於上以定禍亂」（仝上），鞏固國家的統一，是完全必要的。但後來
的國君不去體會宋太祖削藩的本意，不僅力行中央集權制度，而且變本加厲，
「發一政，用一人，無非出於獨斷，……今朝廷有一政事，而多出於御批，
有一委任而多出於特旨」（《陳亮集》卷二〈論執要之道〉）；君主如此的集權
專決，終於造成國勢「委靡而不振」、「郡縣空虛而本末俱弱」（《陳亮集》卷
一〈上孝宗皇帝第三書〉）的衰敗局面。

　　面對如今體制的弊端，陳亮以爲改革之道，首在於君臣對國家政治的起
源、立君長的眞意要有所認識。他說：

　　昔者生民之初，類聚群分，各相君長。其尤能者，則相率而聽命焉。
　　曰皇曰帝。蓋其才能德義，足以爲一代之君師，聽命者不之焉則不
　　厭也。世改而德衰，則又相率以聽命於才能德義之特出者。天生一
　　世之人，必有出乎一世之上者主之，豈得以世次而長有天下哉！（《陳
　　亮集》卷三〈問答〉一）

　　方天地設位之初，類聚群分，以載其尤能者爲之長君，奉其能者爲
　　之輔相。彼所謂后王君公，皆天下之人推而出之，而非其自相尊異，
　　以據乎人民之上也。（《陳亮集》卷三〈問答〉六）

由此可知，陳亮以爲國家君主最初乃由「天下之人推而出之」，而被推舉爲國
君的，都是「才能德義之特出者」。這種行於太古時代的「君由民推」制度，
在他看來是國家政治最初的體制，也是最合於「天下爲公」（《陳亮集》卷三
〈問答〉一）的制度。其後，「以至於堯，而天下之情僞日起，國家之法度亦
略備矣。君臣有定位，聽命有常所，非天下之人所得而自制也」（仝上）。傳
賢以至傳子的制度，取代了君由民推的制度。陳亮指出，後世這種世襲的制
度，只要國君能像堯、禹、湯一樣，凡事皆本利民之心而爲之，那麼天下爲
公的精神，仍舊會存留在君主世襲的國家政治體制當中，如此也算是符合太
古時代國家政治起源時，立君長的眞意了。（仝上）

　　其次，國君在建立國以民本、公天下的觀念後，就必須對集權體制的各
種弊端加以改革。改革辦法在確實分權給底下群臣。他說：

　　臣願陛下操其要於上，而分其詳於下。凡一政事，一委任，必使三
　　省審議取旨，不降御批，不出特旨，一切用祖宗上下相維之法。使
　　權固在我，不蹈曩日專權之患，……得操要之實而鑑好詳之幣。（《陳

亮集》卷二〈論執要之道〉）

> 以宰相爲腹心，以臺諫爲耳目，以將帥爲爪牙，以尚書爲喉舌。（《陳
> 亮集》卷十〈上光宗皇帝鑒成箴〉）

無論是中央各部門，或是地方郡縣，都能付予其實權，這也就是在《中興五論》中所說：「重六卿之權以總大綱；……置大帥以總邊陲，委之專而邊陲之利自興；任文武以分邊郡，付之久而邊郡之守自固。」（《陳亮集》卷二）陳亮以爲，如此一來便可充分發揮中央各部門和地方官吏的作用，那麼集權專決的弊病，就可逐漸革除了。

陳亮論集權體制的問題，在實際改革的辦法上，似乎只強調了分權於中央及地方，對如何落實分權的主張，各部門之間如何協調，都缺少進一步的探討。然而因反對中央集權，而追溯國家政治的起源，提出「君由民推」、「天下爲公」的制度，在君尊臣卑的傳統社會，特別是集權專決的宋代社會下，則深具意義；也看出陳亮一心只爲國富民強，不顧個人死生的偉大氣度。

（三）用人問題

關於用人問題，也可稱之爲「以儒立國」（《陳亮集》卷一〈上孝宗皇帝第三書〉）的問題。宋朝以儒道治天下，重文輕武，陳亮對此種現象也有所說明。他說：

> 本朝以儒道治天下，以格律守天下，而天下之人知經義之爲常理，科舉之爲正路，法不得自議其私，人不得自用其智，而二百年之太平繇此而出也。至於艱難變故之際，書生之智，知議論之當正而不知事功之爲何物，知節義之當守而不知形勢之爲何用，宛轉於文法之中，而無一人能自拔者。陛下雖欲得非常之人以共斯世，而天下其誰肯信乎！（《陳亮集》卷一〈戊申再上孝宗皇帝書〉）

陳亮認爲，在宋太祖開國之初，爲了「易武臣之任事者」（《陳亮集》卷一〈上孝宗皇帝第三書〉）所造成的亂象，而「用天下之士人」，使「儒道之振獨優於前代」（仝上），這在當時是完全必須的。然而後來國君卻不去體會宋太祖以儒立國的本意，墨守格律，科舉取士單憑經義的記誦，使士人「宛轉於文法之中，而無一人能自拔」；結果造成所取之士、所用之人，「知議論之當正而不知事功之爲何物，知節義之當守而不知形勢之爲何用」，完全脫離現實事務的嚴重弊端。

除了上述用人取士的弊端外，當時「除授必資格」（《陳亮集》卷一〈戊申再上孝宗皇帝書〉）的用人制度，使既得權位的官僚和皇族宗至的子孫，以恩蔭制度而入仕，更加堵塞了人才的進取。「士以尺度而取」（《陳亮集》卷一〈上孝宗皇帝第一書〉）的科舉取士制度，「官以資格而進」（仝上）的用人制度，成為當時的兩大用人問題。它所帶來的結果是「徒使度外之士，擯棄而不得騁，日月跎而老將至矣」（仝上）；「才者以跅弛而棄，不才者以平穩而用；正言以迂闊而廢，異言以軟美而入；奇論指為橫議，庸論謂有典制」（《陳亮集》卷一〈戊申再上孝宗皇帝書〉）。陳亮的剖析，可說是切中時弊。

基於這些用人制度產生的弊病，陳亮在〈中興論〉中曾提及「任賢使能以清官曹」，「減進士以列選能之科」，「革任子以崇薦舉之實」，「多置臺諫以肅朝綱」，「精擇監司以清郡邑」，「懲吏奸以明賞罰」，「嚴政條以覆名實」等直接、間接的改革主張。不過，最具特色的要算是在〈論開誠之道〉中所提，人主虛懷開誠以求用非常之才了。

面對金人盤據中原，宋室偏安江南，陳亮深感「程文之士，資格之官，不足以當度外之用也」（《陳亮集》卷一〈上孝宗皇帝第一書〉）。處此非常之時期，自然需要非常之人才了。他說：

> 臣聞有非常之人，然後可以建非常之功。求非常之功而用常才，出常計，舉常事以應之者，不待智者而後知其不濟也。（《陳亮集》卷一〈戊申再上孝宗皇帝書〉）

在宋代，除科舉外，尚有「制舉」，正是「所以待非常之才也」（《陳亮集》卷十一〈制舉〉）。陳亮認為這個徵求人才的良好制度，但是國君必須清楚，可以爵祿誘致的人，絕非雄偉英豪之士。他說：

> 人主而有矜天下之心，則雖高爵厚祿日陳於前，而雄偉英豪之士有窮餓而死爾，義有所不屑於此也。夫天下之可以爵祿誘者，皆非所謂雄偉英豪之士也。陛下勿以其可以爵祿誘，奴使而婢呼之。天下固有雄偉英豪之士，懼陛下誠心之不至而未來也。（《陳亮集》卷二〈論開誠之道〉）

因此，國君一定要能夠本著虛懷開誠的態度，招攬雄偉英豪之士；疑則勿用，用則勿疑的原則，任用雄偉英豪之士。陳亮說：

> 何世不生才，何才不資世，天下雄偉英豪之士，未嘗不延頸待用，而每視人主之心為如何。使人主虛心以待之，推誠以用之，雖不必

> 高爵厚祿而可使之死，況於其中之計謀乎！（仝上）
>
> 臣願陛下虛懷易慮，開心見誠，疑則勿用，用則勿疑。與其位，勿
> 奪其職；任以事，勿問以言。大臣必使之當大責，邇臣必使之與密
> 議。才不堪此，不以其易制而姑留；才止於此，不以其久次而姑遷。
> 言必責其實，實必要其成。君臣之間，相與如一體，明白洞達，豁
> 然無隱，而猶不得雄偉英豪之士以共濟大業，則陛下可以斥天下之
> 士而不與之共斯世矣。（仝上）

所謂「虛懷易慮，開心見誠，疑則勿用，用則勿疑。與其位，勿奪其職；任
以事，勿問以言」；才是正確的用人方法。雄偉英豪非常之才，也方不致受阻
於科舉的弊病，和資格的限制；得以在國君「相與如一體」的高度信任和大
力支持下，充分施展其才華，以收治國安邦之效。果能如此，恢復中原、中
興國家的經世目標，也指日可待了。

　　陳亮在政事上，所提出的集權體制和用人問題，都起因於國君只知維持
太祖舊制，而不思變通。他曾說：

> 臣竊惟藝祖皇帝經畫天下之大略，蓋將上承周漢之治。太宗皇帝一
> 切律之於規矩準繩之內，以立百五六十年太平之基。至於今日，而
> 不思所以變而通之，則維持之具窮矣。（《陳亮集》卷一〈上孝宗皇
> 帝第三書〉）

陳亮認爲，中央集權，以儒立國，在宋初立國之際，絕對必要；然而如今要
想收國民富強的成果，就必須懂得通古今之變，探究「變通之道」，以期各種
制度都能與現實環境密切配合。陳亮分權、任用非常之才的見解，就是在這
樣的認識下，所提出具體可行的經世主張。

四、厚　生

　　陳亮有關國計民生的主張，遠比政事、軍事方面的主張要少，這或許是
陳亮過分重視恢復中原這個經世目標，以致一生探究的重點，都擺在政事、
軍事上面，所造成現象。

（一）官民相恤、農商相通

　　最足以代表陳亮在國計民生上的主張，莫過於提出官民相恤、農商相通
的見解。他指出：

> 古者官民一家也，農商一事也。上下相恤，有無相通，民病則求之
> 官，國病則資諸民，商藉農而立，農賴商而行，求以相輔，而非求
> 以相病，則良法美意，何嘗一旦不行於天下哉！《周官》以司稼出
> 斂法，旅師頌興積，廩人數邦用，合方通財利。此其事甚切而其職
> 甚微，所宜曲為之防，而周家則一切付之，使得以行其意而舉其職，
> 展布四體，通其有無，官民農商，各安其所而樂其生。夫是以為至
> 治之極，而非徒恃法以為防也。後世官與民不復相知，農與商不復
> 相資以為用，求以自利，而不恤其相病。故官常以民為難治，民常
> 以官為屬己；農商盼盼相視，以虞其壟斷而已。利之所在，何往而
> 不可哉！故朝廷立法日以密，而士大夫論其利害日以詳，然終無補
> 於事者，上下不復相恤也。（《陳亮集》卷十一〈四弊〉）

陳亮有鑑於當代「官常以民為難治，民常以官為屬己」的現象，乃提出官民
相恤的主張；又見到當時「農與商不復相資以為用」，「盼盼相視」的情景，
乃提出農商相通的主張。果能「上下相恤，有無相通」的話，那麼官民農商
便可「各安其所而樂其生」了。

　　陳亮官民相恤的主張，提昇了「民」地位，這和他以為凡事皆本利民之
心為之的見解，是相關的。而他農商相通的主張，則提昇了「商」的地位；
這是他本著義利一致的觀念，所衍生出來的主張。因此，陳亮同葉適一樣，
都認為當重視工商業，重視富民商賈，以促進社會經濟的發展。他曾指出：「青
苗之政，唯恐富民之不困也；均輸之法，唯恐商人之不折也。」（《陳亮集》
卷一〈上孝宗皇帝第一書〉）對王安石與民爭利、限制商人的做法，提出了批
評。陳亮官民相恤、農商相通的主張，在官尊民卑、重農輕商的傳統社會，
特別有其價值在。

（二）土地改革

　　南宋時期，林勳作了一部《本政書》，深受朱熹、張栻等人的稱贊；此書
乃講井田之法，內容大要是：占田五十畝以上的為良農，不足五十畝的為次
農，沒田地又不是工商的，為隸農，使隸農分耕良農五十畝正田之外的羨田，
與佃戶一樣納租。良農不得買田，祇得賣田。次農、隸農則可以買良農的羨
田，使其均有五十畝之數，變為良農。（見《宋史》卷四二二〈林勳傳〉）由
此可知，林勳對改革土地的方法，是一種限田法。

　　陳亮對此書頗為推崇，他指出：「勳為此書勤矣，考古驗今，思慮周密。

世之爲井牧之學，所見未有能易動者。」(《陳亮集》卷十六〈書林勳本政書後〉)不過陳亮也提出了三點不同的意見，從中便可看出，陳亮對改革土地問題的看法。

第一，陳亮認爲「隸農耕良農之田，納租視其俗之故，經賦（錢穀）出於良農，而隸農出軍賦，疑非隸農所利」(仝上)。

第二，陳亮以爲周制並沒有將所有土地都行井田，漢制「定墾田直十五分之一耳」(仝上)，如今林勳欲使所有土地盡用井田之制，是無法實現的。陳亮以爲「宜於山林、川澤、邑居、道路之外，以三分計之」(仝上)；其中一分行林勳所定之法，另外二分則爲「餘夫間田及士工賈所受田」(仝上)。陳亮並主張「凡朝廷郡縣之官，皆使有田，參定其法，別立一官掌之，并使其屬以掌山林川澤，大爲之制」。如上一來，將「使民得盡力於其間而收其貢賦，以佐國用，以蘇疲民」(仝上)。這是陳亮所提出的一個重要修正主張。

第三，陳亮反對「驟而行之」的驟變，主張「成順致利」(仝上)的漸變辦法。

上述三點，便是陳亮對土地改革的看法。按陳亮雖在厚生上的言論較少，但並不表示他不重視人民生計；如在〈中興五論〉所提及二十四項改革綱要中，就曾列「尊老慈幼以厚風俗」、「擇守令以滋戶口，戶口繁則財自阜」(《陳亮集》卷二)等項，一爲教化人民，一爲保養人民。陳亮又有「輕刑」以保養人民的主張。〔註14〕凡此都可看出，陳亮還是頗爲重視教養人民的，只是和其政事、軍事言論相比，就不夠突出。

五、軍　事

恢復中原、中興國家是陳亮既定的經世目標，因此，他在軍事方面的主張，便是爲達此目標，而擬定的各種方案。

（一）絕金以振士氣

陳亮以爲要恢復中原，復仇雪恥的話，第一步就在振作士氣，使人人都能有「如報私讎」的信念。他說：

　　二聖北狩之痛，蓋國家之大恥，而天下之公憤也。五十年之餘，雖

〔註14〕《陳亮集》卷十一〈廷對〉云：「凡可出者悉皆出之矣，其所謂怙終賊刑者，蓋其不可出者也，天下之當刑者能幾人！後世之輕刑，未有如堯舜之世者也。願陛下考堯舜之所以輕刑之緣，則民命之全可必矣。」

天下之氣銷鑠頹惰，不復知讎恥之當念，正在主上與二三大臣振作
其氣，以泄其憤，使人人如報私讎。此《春秋》書「衛人殺州吁」
之意也。若祇與一二臣爲密，是以天下之公憤而私自爲計，恐不足
以感動天人之心，恢復之事亦恐茫然未知攸濟耳。（《陳亮集》卷一
〈上孝宗皇帝第三書〉）

在當時，由於通知的緣故，造成「上下之苟安」，「忘君父大之讎，而置中國
於度外」（《陳亮集》卷一〈上孝宗皇帝第一書〉），種種苟且偷安、委靡不振
的景象。因此，陳亮感漢道：「恢復之事亦恐茫然未知攸濟耳。」那麼要如何
改變這種景象呢？陳亮提出了絕金以振士氣的辦法。他說：

陛下何不明大義而慨然與虜絕也！貶損乘輿，卻御正殿，痛自克責，
誓必復讎，以勵群臣，以振天下之氣，以動中原之心。雖未出兵，
而人心不敢惰矣。（《陳亮集》卷一〈上孝宗皇帝第一書〉）

以絕金取代通和，以振天下之氣替代苟且偷安之風，「使朝野常如虜兵之在
境，乃國家之福」（仝上）。陳亮以爲，只有絕金以振士氣，恢復中原之事，
方有達成的可能。

（二）遷都、作行宮、守荊襄

絕金以振士氣之後，陳亮以爲第二步工作，即爲遷都。陳亮於高宗紹興
末年在臨安時，曾經環視錢塘，喟然嘆曰：「城可灌耳！」（《宋史·陳亮傳》）
臨安的地勢，竟然較諸西湖爲低下。後來，到了孝宗淳熙五年（1178），上書
孝宗時，陳亮便說：

夫吳蜀，天地之偏氣也；錢塘，又吳之一隅也。……一隅之地，本
不足以容萬乘，而鎮壓且五十年，山川之氣蓋亦發泄而無餘矣。故
穀粟桑麻絲枲之利歲耗於一歲，禽獸魚鱉草木之生日微於一日，而
上下不以爲異也。（《陳亮傳》卷一〈上孝宗皇帝第一書〉）

陛下據錢塘已耗之氣，用閩浙日衰之士，而欲鼓東南習安脆弱之眾，
北向以爭中原，臣是以知其難也。（仝上）

因此，陳亮乃主張遷都建業，作行宮於武昌。他說：

下慨然移都建業，百司庶府，皆從草創，軍國之儀，皆從簡略。又
作行宮於武昌，以示不敢寧居之意。（仝上）

縱今歲未爲北舉之謀，而爲經理建業之計，以震動天下而與虜絕，

陛下即位之初志，亦庶幾於少伸矣。(《陳亮集》卷一〈戊申再上孝宗皇帝書〉)

陳亮在淳熙十五年（1188），五度上書給孝宗前，曾先至金陵（建業）察看形勢，以爲建業地勢險要，不但可守；倘若天下有變，也可長驅至中原。因而在上書中，又獻議：「命東宮爲撫軍大將軍，歲巡建業，使之兼統諸司，盡護諸將。……以應無窮之變。」(《陳亮集》卷一〈戊申再上孝宗皇帝書〉) 此外，重視地理形勢的陳亮，又主張利用荊襄，以爭衡於中國。他說：

荊襄之地……況其東通吳會，西連巴蜀，南極湖湘，北控關洛，左右伸縮，皆足爲進取之機。今誠能開墾其地，洗濯其人，以發泄其氣而用之，使足以接關洛之氣，則可以爭衡於中國矣。是亦形勢消長之常數也。……常以江淮之師爲虜人侵軼之備，而精擇一人之沈鷙有謀、開豁無他者，委以荊襄之任，寬其文法，聽其廢置，撫摩振厲於三數年之間，則國家之勢成矣。至於相時弛張以就形勢者，有非書之所能盡載也。(《陳亮集》卷一〈上孝宗皇帝第一書〉)

此一階段的目標，乃在藉移都建業，作行宮於武昌，以及利用荊襄以制中原這三項行動，以充分利用、掌握地理形勢，爲收復失土，做好一切軍事預備工作。

（三）戰略應用

士氣已振，又已完成遷都，作行宮、守荊襄的預備工作，第三階段就是實際的戰略應用了。在陳亮的計畫中，宋室既已遷都建業，同時又鎮撫荊襄，屯田練兵；那麼金人必定以爲宋人之志在京洛，則京洛陳許汝鄭之備當日增，而東西之勢分。東西之勢一分，則齊秦之間便有機可乘；撫定齊秦，京洛就可收復了。陳亮說道：

四川之帥親率大軍以待鳳翔之虜，別命驍將出祈山以截隴右，偏將繇子午以窺長安，金、房、開、達之師入武關以鎮三輔，則秦地可謀矣。命山東之歸正者往說豪傑，陰爲內應，舟師繇海道以搗其脊。彼方支吾奔走，而大軍兩道並進以揕其胸，則齊地可謀矣。吾雖示形於唐、鄧、上蔡而不再謀進，坐爲東西形援，勢如猿臂，彼將愈疑吾之有意京洛，特持重以示不進，則京洛之備愈專，而吾必得志於齊秦矣。撫定齊秦，則京洛將安往哉！(《陳亮集》卷二〈中興論〉)

陳亮又指出，即使沒有撫定齊秦，而多方牽制、主動之權仍然掌握在我方手

中。他說：

> 就使吾未爲東西之舉，彼必不敢離京洛而輕犯江淮，亦可謂乖其所
> 之也。又使其合力以壓唐蔡，則淮西之師起而禁其東，金、房、開、
> 達之師起而禁其西，變化形敵，多方牽制，而權始在我矣。（仝上）

陳亮以爲如此一來，恢復中原、中興國家的經世目標，便可在配合政事的改
革下，儘早達成！

綜觀陳亮在各方面提出的經世學說可知，他同永嘉諸子一樣，都是以道
德義理與實際事功合一的經世原則，藉著探究古今沿革之變的經世方法，去
展現他經世致用的理論。嚴格說來，由於陳亮未曾有實際任官的治績表現，
因此只能算是講體講用的經世理論家；但是清人姬肇燕曾說：

> 功雖未大就，而其心即鞠躬盡瘁、死而後已之心。臥龍、龍川，千
> 古一轍。（〈姬肇燕序〉，《陳亮集》附錄三）

觀乎陳亮一生，可知其已盡最大的努力，在可能範圍內，實踐了他的經世主
張。明人方孝孺曾感慨說，當時孝宗如能「用同甫，聽其言，從其設施，則
未必無成功」（〈讀陳同甫上孝宗四書〉，《陳亮集》附錄二）。因此，陳亮還是
可算爲一位身體力行的實踐家。

第六章 結 論

第一節 經世致用之學的新趨向

　　經由上面諸章對薛季宣、陳傅良、葉適、陳亮四人經世學說所作的分析，可以證明永嘉永康學者確實都以「經世致用」為重，將此視為作學問的核心，一切思想行為都依此一核心觀念展開。而在此觀念主導下，他們對各種國計民生問題所提改革之道，雖有小差異，但大抵上都呈現出一致的思想方向；特別在當時的時代背景下，表現了相當的創造性和開拓性；這經世思想的新趨向，今從三方面來說明：

　　第一，義理不在事功之外的經世原則

　　薛季宣、陳傅良、葉適、陳亮四人經世學說，最大的特色即在於提出了「義理不在事功之外」的經世原則。此一原則一方面說明了義理與事功是合一、同根同源、不容割離的；如薛季宣所謂「道揆法守，渾為一途」（《浪語集》卷二十三〈與沈應先書〉）即是此意；葉適也清楚指出唯有此二者合而為一才能上接三代至孔子之統緒。另一方面，則更強調了唯有藉著實際事功之展現，才能發現、把握道德義理的真諦；如葉適曾說「既無功利，則道義者乃無用之虛語爾」（《習學記言序目》卷二十三〈漢書‧列傳〉），陳亮亦云「禹無功，何以成六府？〈乾〉無利，何以具四德」（《宋元學案》卷五十六〈龍川學案〉）？都說明了此一看法。

　　貫通義理事功的經世原則，首先在南宋政風頹壞、民生凋散、軍隊渙散的環境中，表現了挽救南宋危亡的時代意義。其次，在理學流弊滋生，和一

些自附道學之士,「語道乃不及事」(《浪語集》卷二十五〈抵楊敬仲〉)、「不知事功之為何物」、「不知形勢之為何用」(《陳亮集》卷一〈戊申再上孝宗皇帝書〉)種種脫離實務的思想潮流下,具有了矯正空談道德性命的時代意義。此外,也因重視事功,反映了南宋永嘉、永康學派和程朱理學派在思想上的根本差異。朱熹曾說:「江西之學只是禪,浙學(指永嘉永康學派)卻專是功利。禪學後來學者摸索一上,無可摸索,自會轉去。若功利則學者習之,便可見效,此意甚可憂。」(《朱子語類》卷一二三)陸象山的心學,雖為朱熹所不喜,但畢竟都以道德性命為中心,根本方向並無二致;而永嘉永康之學,則以政治經濟為中心,認為道德性命需在實際事功之內體認與展現,便與朱熹的基本觀點差別甚大而遭深斥。這種對義理、事功二者關係不同的看法,最明顯地表現在陳亮、朱熹王霸義利之辨中;歸結二人爭論的焦點,其實就是:義理是否在事功之中;在陳亮以為是,而朱熹則否的情形下,展開了一場歷經數年的書信辯論。由此可知此一經世原則具有特殊的時代義涵。

薛氏等四人便在此基本原則下,提出了道寓於器、道在事中的道德觀,以利和義、義利一致的義利觀,經世濟民、重視事功的務實觀、道德修養必在日常生活中展現的修養觀等基本的經世主張。

第二,以經制言事功的經世方法

薛季宣、陳傅良、葉適、陳亮四人,在如何落實經世原則的方法上,也表現一致的主張。都認為道要從事上理會,他們考察探究歷代政事各方面的得失興衰,禮樂刑政法度的損益同異,以求改革現實社會,達致經世濟民、開物成務的經世目的。這正是以通古今之變的「經制之學」,作為經世方法。

理學家在治世方法的主張上,有兩個特點。其一是尊崇經典,其二則是傾向恢復三代古制。這兩點彼此關係密切。理學家推崇四書、五經,往往將其視為當代兼備治世理論和治世法術的唯一政典;這些經典皆是記載三代的禮樂典章制度,因此又都有恢復古制的傾向;像朱熹和陳亮辯論王霸義利,朱熹就一再推崇三代以前是何等道義光明,和專以人欲行的漢唐以後,是有多麼大的差別,因此對三代之治是何等嚮往了。然而理學家這種理想崇高的治世主張,在實際執行上,卻有困難。此因治世原則重在理論與恆常性,經典固具備此特色;但治世法術卻重在實踐與通變性,經典自然無法涵蓋歷代一切治法,此即葉適所謂的「經者所以載治,而非所以為治」(《水心別集》卷五〈進卷・總義〉)的原因。因此,理學家在面對南宋時局,有關種種歷史

難題時，缺乏有效對策，就有言之過高而不切實際的現象產生。

　　薛氏等四人以「經制之學」爲經世方法的主張，乃在理學尊經復古的觀念下，凸顯了其中蘊含的通變性和務實性。首先，以經制言事功，乃基於義理不在事功之外的經世原則，和道（理）本存在事（物）中的基本觀念而提出，深信透過探究歷代政事的得失興衰，便可掌握其中的治世義涵。因此，薛氏等四人除了重視經典外，也都非常重視史學，即在於史學對當今世務，也具有興滯補敝的實際功用。這和理學家重經輕史，認爲「看史只如看人相打，相打有甚好看處」（《朱子語類》卷一二三）的觀念，差異極大。其次，以經制言事功，目的乃在考察古今事物沿革得失後，加以改進，以收致用之效。亦即在「考前世興衰之變，接乎今日利害之實」（《水心別集》卷十五〈自跋〉）。因此，他們主張法古之精義，以求施於南宋當世，而非泥於古代制度。這和理學家復古傾向的主張，也是完全不同。此外，由於以經制之學爲經世方法，故其四人所學所長，都非常廣泛，如薛季宣「禮樂兵農」「六經百氏」以至「方術兵書」（《宋元學案》卷五十二〈艮齋學案〉）無所不通。因此，實事求是、不主一家，也是他們的特色。至於因重事上理會道理，所提出重視客觀事物的格物觀，在強調格物窮理，以盡性知命的程朱格物論思潮下，也顯出永嘉永康學派思想更加務實的新趨向。

　　第三，永嘉永康諸子的學說差異

　　由本論各章對永嘉、永康四人經世致用學說的闡述。可以看出他們的主張，都表現出一致的思想方向；可是在其彼此之間，仍有些差異。就永嘉學派來說，薛季宣開啓了經世致用之學，但富有洛學色彩。陳傅良則最稱醇恪平實，對於道器問題不太提及。又薛、陳二人都很重視對實務的考訂、變通，以期可施之實用；而葉適則較重視理論與實務的合一。三人雖都強調以經制言事功，但薛、陳二人較爲務實，注重制度的現實利害；而葉適則往往專力於制度的本源問題，雖理論體系最爲完備，但卻不如薛季宣和陳傅良的功夫來得紮實。這是永嘉學派間的小差異，其不同之處多只在程度的高低深淺而已。至於永嘉學派和永康學派的陳亮差異之處又爲何？全祖望在〈龍川學案序錄〉中指出：「永嘉以經制言事功，皆推原以爲得統于程氏。永康則專言事功而無所承，其學更粗莽掄魁。」（《宋元學案》卷五十六）這段話常被引爲永嘉、永康二派的根本差異所在；但透過本論對陳亮經世致用之學的探討可知，陳亮也是以經制言事功，只是不像薛季宣、陳傅良二人那樣注重經制的

考訂,而是著重在經制「因時制宜」的變通性上,這一點事實上和葉適頗爲相近。那麼陳亮和永嘉諸子的差異處究竟爲何?筆者認爲主要有兩點。第一:永嘉諸子的經世致用論,都能兼顧政事、厚生、軍事各方面的問題;而陳亮卻明顯地忽略了厚生問題的探討。第二:永嘉諸子基於義理不在事功之外的經世原則,儘管強調事功,但也不忽略義理;而陳亮雖也本此原則,但其言論學說,卻有過分重視事功成敗,忽略義理是非的傾向,這從陳、朱王霸義利之辨,陳亮過度推尊漢祖、唐宗便可看出。此二差異,都是因過分強調恢復中原、中興宋室所造成;由此可知,陳亮經世學說不若永嘉諸子完備和豐富;但是整體上,陳亮的經世原則和方法,各項改革主張仍舊是和永嘉諸子一致的。

第二節　永嘉永康學派的式微與影響

　　永嘉永康經世之學,雖然在當時的環境思潮下,有許多開創性的主張,並且蘊含著豐富的時代意義;然而卻因學術體系過晚建立、後繼乏人、形勢限制、程朱理學定于一尊等四大因素,使得此二學派,於葉適、陳亮之後,就日趨式微了。

　　就學術體系過晚建立而言,由於永嘉永康經世學說,乃是基於時勢的刺激以及理學末流的空疏而提出;因此,當初興起背景的時代性本就十分強烈,因而本身學術理論基礎相對減弱許多。而薛季宣、陳傅良又本著實事求是、不喜爭辯的態度,在實務上下功夫,以致皆未能建立其學術理論體系。直到葉適,方致力揭櫫義理與事功合一的工作,爲其經世之學旨賦與理論之依據;然而此一學術系統的建立,也已是葉適晚年思想臻至「大成」(《四朝聞見錄》甲集〈止齋陳氏〉)的時候了。至於永康學派的陳亮,其學理較永嘉爲粗豪,也並未建立一完整的理論體系。因此,思想基礎之未能及早建立,一方面反映了他們對實務的重視,另一方面則說明了永嘉、永康經世之學終不免於衰竭的內在因素。此外,葉適學術理論,往往爲其經世學旨所限,規模有欠宏闊(見董師金裕《宋永嘉學派之學術思想》,頁 28),對經世致用學說的衰落,也有一定的影響。

　　就後繼乏人而言,由於經世之學著重在事物上理會,因此在學術上,多不主一家,弟子得其精神,也往往不尊從師說,對經世學說的傳揚,自有影

響。而學術系統的遲遲未能建立，缺乏明確理論根據，終究無法滿足學者的心；於是或有兼習他師，或終於謝去。如胡大時嘗受業於陳傅良，又「往來於朱子……最後師象山……於象山最稱相得」(《宋元學案》卷七十一〈嶽麓諸儒學案〉)。沈有開「薛艮齋、陳止齋至常……從之訪經制之學。而歸宿於求仁，終謝去」(仝上)。後來雖經葉適建立了理論體系，但規模仍欠宏闊；因此，在沒有突出高才的弟子下，便產生後繼乏人的現象。又水心「弟子多流于辭章」(《宋元學案》卷五十四〈水心學案〉上)，像陳耆卿、王象祖、周南、戴栩、葉紹翁、吳子良等皆以詩文見長(見《宋元學案》卷五十五〈水心學案〉下，卷六十九〈滄州諸儒學案〉)。經世之學發展至此，豈有不走向衰落之理？至於永康的沒落，除了前述諸因素外，更因陳亮個人屢受牢獄之苦，以致真正能發揚其說的弟子少之又少。《龍川學案》曾載：「同甫之得罪也，先生(同甫弟子喻南強)義形於色，罵其同門，言：『先生無辜受禍，吾曹為弟子，當怒髮衝冠，乃影響昧昧，是得為士類邪！』」(《宋元學案》卷五十六)後繼乏人，此一衰落原因，在永康學派更為明顯。

就形勢限制而言，永嘉永康經世學說，立論完全以當時的政治經濟為中心，時代性極為濃厚。義理不在事功之外的經世原則定好了，以經制言事功的經世方法預備好了，一切就等待付諸實現；然而薛季宣、陳傅良、葉適、陳亮四人，仕途全都坎坷不順，以致各項改革措施多無法展現；縱使薛季宣的從子薛叔似嘗為兵部尚書，陳傅良的弟子蔡幼學曾任兵部侍郎，曹叔遠則權禮部侍郎等(見《宋元學案》諸人傳)，但都歷時甚短、或限於時勢，仍舊無法落實各種建樹。而南宋國內形勢，在集權法密且變本加厲的情況下，政事、厚生、軍事各方面的弊端，積習更深，已到沈疴難療的地步；富國裕民、恢復中原的經世主張也就只是徒託空言了。經世學說本即針對時勢立論，一旦時過境遷，各種理論的價值也就跟著降低，當南宋滅亡了，時代背景不同，永嘉、永康經世致用之學，自無不衰落之理。形勢的限制，是此二經世學派衰落的外在最大因素。

就程朱理學于一尊而言，自從寧宗嘉定四年(1211)十二月，著作郎李道傳上奏，請求下詔崇尚道學；並以朱熹《四書集註》頒之太學後，理學在朝廷的地位，也日益提高。到了理宗寶慶三年(1227)正月，皇上正式下詔，特贈朱熹為太師，追封信國公。淳祐元年(1241)正月，又追封周敦頤、張載、程顥為伯。(見《宋史紀事本末》卷八十〈道學崇黜〉)至此，程朱理學

經由政府表彰，遂定于一尊。主義理在事功之內，提倡實事實功的永嘉、永康學派，在朱熹生前即已被視爲「功利之學」(《宋元學案》卷五十二〈艮齋學案〉，黃百家案語)，如今朱子學被定爲一尊，自然更被朱熹弟子們所排斥，於是加速了衰落式微的到來。

　　永嘉、永康經世致用之學，雖然因爲種種因素，而衰落下來。然而此一經世致用之學的影響力卻至爲深遠；後代只要有遇到與南宋類似的環境和思潮，此種經世致用的學說，便會立刻受到重視。今觀南宋以後，時代處境和學術思潮最爲類似的，莫過於明末清初了。牟宗三先生曾說：「外王學一面亦常因迫切之需要而爲人所注意，而且常在華族受欺凌于夷狄而覆亡于夷狄時，如南宋時永嘉派之薛士龍、陳君舉、葉水心，以及永康之陳同甫，明末時之顧亭林、黃梨洲、王船山，以及顏習齋、李恕谷等皆甚著重此一面。」(《心體與性體》一，頁 194) 所謂外王學即指經世致用之學，牟先生在此說明了永嘉、永康學派的時代處境同明末清初極爲相似；至於學術思潮，南宋面對的是理學末流之離器言道，空談心性；而明末清初面對的則是王學末流之束書不觀，游談無根。在極爲相近的環境思潮下，明末清初的諸大儒，遂亦標舉「經世致用」爲一切學問的核心，在此一觀念主導下，提出各種經世主張。林聰舜先生在《明清之際儒家思想的變遷與發展》一書中，指出當時思想的新趨向有「批評宋明理學」、「尊崇經史之學」、「重氣重器的宇宙觀」、「重工夫重氣質人欲的人性論」、「正視知識問題」、「反專制的政治理想」、「重商重功利思想」、「重行的知行觀」(第六章第一節) 等。仔細觀之，這些所謂「新」趨向，都或多或少、或深或淺的在南宋永嘉、永康經世致用之學中呈現。由此可知，明清之際諸大儒的思想，確實有受到南宋永嘉、永康學派經世學說的影響及啓發。

第三節　研究成果

　　經由本文對薛季宣、陳傅良、葉適、陳亮四人經世學說的探討，大致獲得以下成果：

　　第一，本文以經世致用之學統攝此四人學術思想範疇，在以經世致用爲此四人最核心的觀念下，藉著道德持養、待人接物、政事、厚生、軍事五方面，清楚展現了他們的經世理論。在道德持養方面，都指出道德修養的重要

性，但更強調從日常生活行事中做起；而在持養方法上，從薛季宣仍偏向正心、明誠等內修工夫，到葉適內外交相成、學思兼進的工夫，反映了永嘉學派由含洛學色彩到經世理論系統建立的歷史發展軌跡。在待人接物方面，都表現了重視事物上的理會，探究古今沿革之變、重實踐等特色。而於政事、厚生、軍事三方面，則都能正視南宋當代種種糾結在一起的歷史難題，提出兼顧經世原則的治世法術。這些具體可行的經世主張，像反專制集權、重理財、重商賈等主張，都表現了傳統儒學少見的新趨向。此外，陳亮過分重視恢復中原，造成對厚生問題的忽略，也藉著對陳亮經世學說的討論，看出其粗疏之處。

　　第二，就永嘉、永康經世理論，拿來與緒論所言經世之學三大意涵逐一對照檢視，所謂淑世精神、講體、講用，都完全地蘊含在他們的經世主張中；由此可知，他們四人都是體用兼顧、貫通義理與事功的經世理論家。此外，更透過他們實際事功和任官治績，來判斷他們有否身體力行；結果發現，他們都在自己儘可能的範圍內，實踐了他們的主張；因此，他們四人同時也是躬行踐履的經世實踐家。對於頗受爭議的陳亮未勸光宗朝重華宮一事，論者常以此事來責備陳亮，以為其為求功名而晚節有失；第者從三種不同的角度來詮釋此一歷史事件，在查明真相後，陳亮還是能履行其道德修養主張。

　　第三，義理不在事功之外的經世原則，及以經制言事功的經世方法，是永嘉永康經世之學兩大開創性的主張。其中貫通義理事功的經世理論，蘊含著挽救南宋危亡、矯正空談性命的時代意義；也反映了經世之說和義理之學的根本差異。至於經制之學，則在理學尊經復古的觀念下，更加凸顯了其中所蘊含兼重經史、法古不泥古的通變性和務實性。

　　第四，經世主張都表現出一致思想方向的永嘉、永康四人，彼此學說的差異，也就在程度的高低深淺精粗而已。至於學術體系過晚建立、後繼乏人、形勢受限、程朱理學已定於一尊，都是此二學派日趨衰落的相同原因。而明清之際諸大儒的經世致用學說，永嘉、永康經世之學所展現的新趨向，當對其有相當的影響與啟發。

　　綜觀南宋永嘉、永康學派的經世致用論，不故步自封，不妄自菲薄，經史子集以外又能兼顧客觀事物、制度的探討，這些思想，言行，皆值得今日士人深思。他們貫通義理與事功的經世致用學說，反映了一個事實，那就是儒學的生命力，不僅有高度覺醒的道德心，更有能面對現實、改變環境的外

在性質。今日的知識分子，自當走入社會現實，爲復興中華文化貢獻一己心力，一位眞正能獨善其身的人，也必有兼善天下的心志；否則便非通達的儒者。

參考書目

一、書　籍

（一）古籍部分

（1）南宋永嘉永康學者著作

1. 《書古文訓》，宋‧薛季宣，漢京文化公司影印通志堂經解本。
2. 《浪語集》，宋‧薛季宣，台灣商務印書館文淵閣四庫全書本。
3. 《春秋後傳》，宋‧陳傅良，漢京文化公司影印通志堂經解本。
4. 《歷代兵制》，宋‧陳傅良，文友書局影印博古齋墨海金壺本。
5. 《永嘉先生八面鋒》，宋‧陳傅良，新文豐公司叢書集成新編。
6. 《止齋文集》，宋‧陳傅良，台灣商務印書館四部叢刊初編。
7. 《習學記言序目》，宋‧葉適，北京中華書局。
8. 《習學記言》，宋‧葉適，台灣商務印書館四庫全書珍本三集。
9. 《葉適集》，宋‧葉適，河洛出版社。
10. 《水心文集》，宋‧葉適，永嘉叢書本。
11. 《水心別集》，宋‧葉適，永嘉叢書本。
12. 《陳亮集》，宋‧陳亮，漢京文化公司。
13. 《龍川文集》，宋‧陳亮，台灣中華書局四部備要本。

（2）經　部

1. 《周易》，藝文印書館十三經注疏本。
2. 《尚書》，仝上。
3. 《詩經》，仝上。

4. 《周禮》，仝上。

5. 《禮記》，仝上。

6. 《春秋左氏傳》，仝上。

7. 《論語》，仝上。

8. 《孟子》，仝上。

9. 《四書集注》，宋‧朱熹，漢京文化公司。

（3）史　部

1. 《史記》，漢‧司馬遷，鼎文書局二十五史新校本。

2. 《漢書》，漢‧班固，仝上。

3. 《宋史》，元‧脫脫等，仝上。

4. 《史記會注考證》，日‧瀧川龜太郎，洪氏出版社。

5. 《史記索隱》，唐‧司馬貞，新文豐公司叢書集成新編。

6. 《資治通鑑》，宋‧司馬光，世界書局新校本。

7. 《續資治通鑑》，清‧畢沅，仝上。

8. 《建炎以來繫年要錄》，宋‧李心傳，文海出版社影印本。

9. 《宋史紀事本末》，明‧陳邦瞻，鼎文書局新校本。

10. 《道命錄》，宋‧李心傳，藝文印書館影印知不足齋叢書本。

11. 《宋元學案》，清‧黃宗羲等，華世出版社新校標點本。

12. 《朱子年譜》，清‧王懋竑，台灣商務印書館。

13. 《陳文節公年譜》，清‧孫鏘鳴，台灣商務印書館敬鄉樓叢書本。

14. 《浙江通志》，清‧沈翼機等，華文書局影印乾隆元年重修本。

15. 《景定建康志》，宋‧周應合，嘉慶七年重刻本（金陵孫忠愍祠藏版）。

16. 《萬曆溫州府志》，明‧王光蘊，萬曆三十三年乙巳刊本。

17. 《乾隆溫州府志》，清‧齊召南等，同治四年重刊本。

18. 《金華府志》，明‧王懋德等，學生書局影印明萬曆間刊本。

19. 《永嘉縣志》，清‧王棻等，光緒八年刊本。

20. 《瑞安縣志》，清‧黃徵乂等，嘉慶十三年刊本。

21. 《南宋館閣錄》，宋‧陳騤，商務印書館四庫全書珍本別輯。

22. 《南宋館閣續錄》，宋‧陳騤，仝上。

23. 《宋宰輔編年錄》，宋‧徐自明，文海出版社影印本民國十八年永嘉黃氏校印本。

24. 《文獻通考》，元‧馬端臨，上海圖書集成書局據武英殿版校印本。

25. 《宋會要輯稿》,清‧徐松等,世界書局。

26. 《直齋書錄解題》,宋‧陳振孫,漢京文化公司。

27. 《四庫全書總目提要》,清‧紀昀,台灣商務印書館。

28. 《經義考》,清‧朱彝尊,台灣中華書局四部備要本。

29. 《溫州經籍志》,清‧孫詒讓,廣文書局。

30. 《宋論》,清‧王夫之,台灣商務印書館人人文庫。

31. 《文史通義》,清‧章學誠,華世出版社。

(4) 子 部

1. 《荀子》,周‧荀卿,藝文印書館王先謙集解本。

2. 《老子注》,魏‧王弼,世界書局。

3. 《莊子集釋》,清‧郭慶藩集釋,華正書局新校本。

4. 《儒志編》,宋‧王開祖,台灣商務印書館四庫全書珍本四集。

5. 《周敦頤集》,宋‧周敦頤,北京中華書局。

6. 《張載集》,宋‧張載,仝上。

7. 《二程集》,宋‧程顥、程頤,仝上。

8. 《朱子大全》,宋‧朱熹,台灣中華書局四部備要本。

9. 《朱子語類》,宋‧黎靖德編,華世出版社。

10. 《近思錄》,宋‧朱熹、呂祖謙,台灣商務印書館人人文庫。

11. 《陸九淵集》,宋‧陸九淵,北京中華書局。

12. 《黃氏日抄》,宋‧黃震,台灣商務印書館四庫全書珍本三集。

13. 《黃宗羲全集》,清‧黃宗羲,里仁書局點校本。

14. 《存學編》,清‧顏元,廣文書局顏李叢書本。

15. 《言行錄》,清‧顏元,仝上。

16. 《朱子語類評》,清‧顏元,仝上。

17. 《習齋記餘》,清‧顏元,仝上。

18. 《孫子》,周‧孫武,世界書局諸子集成本。

19. 《尉繚子》,周‧尉繚,續古逸叢書本。

20. 《日知錄》,清‧顧炎武,台灣商務印書館人人文庫。

21. 《玉海》,宋‧王應麟,光緒九年浙江書局重刊本。

22. 《建炎以來朝野雜記》,宋‧李心傳,文海書局影印本。

23. 《四朝聞見錄》,宋‧葉紹翁,新興書局影印筆記小說大觀六編。

24. 《癸辛雜識續集》,宋‧周密,日本京都中文出版社影印上海博古齋本。

25. 《夷堅志》，宋‧洪邁，明文書局影印本。

26. 《林下偶談》，宋‧吳子良，藝文印書館寶顏堂秘笈本。

27. 《鶴林玉露》，宋‧羅大經，開明書店。

（5）集　部

1. 《浮沚集》，宋‧周行己，永嘉叢書本‧四庫全書珍本別輯。

2. 《橫塘集》，宋‧許景衡，永嘉叢書本，四庫全書珍本別輯。

3. 《劉左史集》，宋‧劉安節，永嘉叢書本，四庫全書珍本別輯。

4. 《劉給諫集》，宋‧劉安上，永嘉叢書本。

5. 《竹軒雜著》，宋‧林季仲，台灣商務印書館四庫全書珍本別輯。

6. 《梅溪集》，宋‧王十朋，台灣商務印書館四部叢刊初編。

7. 《攻媿集》，宋‧樓鑰，仝上。

8. 《山房集》，宋‧周南，台灣商務印書館四庫全書珍本三集。

9. 《呂東萊文集》，宋‧呂祖謙，新文豐公司叢書集成新編。

10. 《說齋文鈔》，宋‧唐仲友，續金華叢書本。

11. 《止堂集》，宋‧彭龜年，台灣商務印書館四部叢刊初編。

12. 《澹園集》，明‧焦竑，金陵叢書本。

13. 《鮚埼亭集》，清‧全祖望，華世出版社。

14. 《宋文鑑》，宋‧呂祖謙，世界書局。

（二）近人著作部分

1. 《中國歷代思想家——葉適》，陳麗桂，台灣商務印書館。

2. 《中國古代著名哲學家評傳續編第三卷——葉適》，樓宇烈，齊魯書社。

3. 《葉水心先生年譜》，周學武，大安出版社。

4. 《中國歷代思想家——陳亮》，林耀曾，台灣商務印書館。

5. 《中國古代著名哲學家評傳第三卷（上）——陳亮》，劉宏章，齊魯書社。

6. 《陳亮年譜》，童振福，台灣商務印書館。

7. 《宋陳龍川先生亮年譜》，顏虛心，台灣商務印書館。

8. 《浙東學派溯源》，何炳松，北京中華書局。

9. 《宋明理學概述》，錢穆，學生書局。

10. 《理學纂要》，蔣伯潛，正中書局。

11. 《宋明理學》，吳康，華國出版社。

12. 《理學綱要》，呂思勉，華世出版社。

13. 《兩宋思想述評》，陳鐘凡，華世出版社。

14. 《新儒家思想史》，張君勱，弘文館出版社。

15. 《宋明理學史》，侯外廬、邱漢生、張豈之主編，人民出版社。

16. 《心體與性體》，牟宗三，正中書局。

17. 《宋明理學（北宋篇）》，蔡仁厚，學生書局。

18. 《宋明理學（南宋篇）》，蔡仁厚，學生書局。

19. 《宋儒風範》，董金裕，東大圖書公司。

20. 《洛學源流》，徐遠和，齊魯書社。

21. 《李覯與王安石研究》，夏長樸，大安出版社。

22. 《朱熹》，周予同，台灣商務印書館人人文庫。

23. 《朱子新學案》，錢穆，作者自印。

24. 《朱熹》，陳榮捷，東大圖書公司。

25. 《朱熹與閩學淵源》，武夷山朱熹研究中心，上海三聯書店。

26. 《中國哲學史》，勞思光，三民書局。

27. 《中國哲學史》，鍾泰，台灣商務印書館。

28. 《中國學術思想大綱》，林尹，台灣商務印書館。

29. 《中國哲學思想史》，羅光，學生書局。

30. 《中國哲學原論〈原教篇下〉》，唐君毅，學生書局。

31. 《中國思想史》，韋政通，大林出版社。

32. 《中國思想通史（四下）》，侯外廬主編，人民出版社。

33. 《中國哲學史》，北京大學哲學系中國哲學史教研室，北京中華書局。

34. 《中國哲學史》，蕭萐父、李錦全，人民出版社

35. 《哲學大辭典，中國哲學史卷》，馮契主編，上海辭書出版社。

36. 《中國哲學三百題》，夏乃儒主編，上海古籍出版社。

37. 《中國哲學範疇史》，葛榮晉，黑龍江人民出版社。

38. 《歷代哲學文選（宋元明）》，不著撰人，木鐸出版社。

39. 《中國哲學史新編（第五冊）》，馮友蘭，人民出版社。

40. 《中國哲學史論文二集》，馮友蘭，上海人民出版社。

41. 《中國哲學史概論》，渡邊秀方著、劉侃元譯，台灣商務印書館。

42. 《中國古代思想史論》，李澤厚，人民出版社。

43. 《易學哲學史（中冊）》，朱伯崑，北京大學出版社。

44. 《中國近世儒學史》，宇野哲人著、馬福辰譯，中華文化出版事業委員會。

45. 《中國學術思想變遷之大勢》，梁啓超，台灣中華書局。

46. 《清代學術概論》，梁啓超，台灣中華書局。

47. 《中國近三百年學術史》，梁啓超，華正書局。

48. 《中國近三百年學術史》，錢穆，台灣商務印書館。

49. 《明清之際儒家思想的變遷與發展》，林聰舜，學生書局。

50. 《中國經學發展史論（上）》，李威熊，文史哲出版社。

51. 《尚書學史》，劉起釪，北京中華書局。

52. 《周禮今註今譯》，林尹，台灣商務印書館。

53. 《讀經示要》，熊十力，明文書局。

54. 《中國通史》，傅樂成，大中國圖書公司。

55. 《宋史》，方豪，中國文化大學出版部。

56. 《《宋史》比事質疑》，顧吉辰，北京書目文獻出版社。

57. 《宋代史事質疑》，林天蔚，台灣商務印書館。

58. 《史論集》，呂振羽，人民出版社。

59. 《兩宋史研究彙編》，劉子健，聯經出版公司。

60. 《宋代興亡史》，張孟倫，台灣商務印書館人人文庫

61. 《中國邏輯思想史》，汪奠基，上海人民出版社。

62. 《中國倫理學史》，蔡元培，台灣商務印書館。

63. 《中國倫理學史》，三浦藤著作、張宗元、林科棠譯，台灣商務印書館。

64. 《中國倫理思想史》，陳瑛等，貴州人民出版社。

65. 《中國傳統倫理思想史》，朱貽庭主編，華東師大出版社。

66. 《中國教育思想史》，任時先，台灣商務印書館。

67. 《宋元教學思想》，王雲五，台灣商務印書館。

68. 《中國考試制度史》，沈兼士，台灣商務印書館人人文庫。

69. 《中國政治思想史》，陶希聖，全民出版社。

70. 《中國政治思想史》，蕭公權，中國文化大學出版部。

71. 《中國政治思想史》，薩孟武，三民書局。

72. 《中國政治思想史》，呂振羽，人民出版社。

73. 《中國歷代政治得失》，錢穆，東大圖書公司。

74. 《宋元民權思想研究》，謝信堯，正中書局。

75. 《中國經濟思想史》，劉紹輔，中央書局。

76. 《中國經濟思想史》，周金聲，作者自印。

77. 《中國經濟思想史》，侯家駒，中華文化復興運動推行委員會。
78. 《中國經濟思想史》，胡寄窗，上海人民出版社。
79. 《中國財政思想史稿》，周伯隸，福建人民出版社。
80. 《中國財政思想史》，胡寄窗、談敏，中國財經出版社。
81. 《中國古代貨幣思想史》，蕭清，人民出版社。
82. 《宋元經濟史》，王志瑞，台灣商務印書館。
83. 《宋代經濟史》，漆俠，上海人民出版社。
84. 《中國商業小史》，商務編審部，台灣商務印書館人人文庫。
85. 《中國文化要義》，梁漱溟，里仁書局。
86. 《文化學大義》，錢穆，正中書局。
87. 《中國文化之精神價值》，唐君毅，正中書局。
88. 《中國文化精神的探索》，李威熊，黎明文化事業公司。
89. 《國故論衡》，章太炎，世界書局。
90. 《飲冰室合集》，梁啟超，上海中華書局。
91. 《政道與治道》，牟宗三，廣文書局。
92. 《歷史與思想》，余英時，聯經出版公司。
93. 《中國思想傳統的現代詮釋》，余英時，聯經出版公司。
94. 《宋人傳記資料索引》，昌彼得等編，鼎文書局。
95. 《宋元理學家著述生卒年表》，麥仲貴編，新亞研究所。
96. 《中國歷代名人年譜總目》，王德毅編，華世出版社。
97. 《宋人軼事彙編》，丁傳靖輯，源流文化公司。
98. 《中國哲學史史科學概要（上）》，劉建國，吉林人民出版社。
99. 《中國哲學辭典大全》，韋政通主編，水牛出版社。
100. 《中國哲學辭典》，韋政通，水牛出版社。
101. 《宋史研究論文與書籍書目》，宋晞編，中國文化大學出版部。
102. 《中國史研究指南——宋史、遼金元史》，高明士主編，聯經出版公司。

二、學位論文

1. 《南宋永嘉學派的經世思想》，張元，台大歷史研究所五十八年碩士論文。
2. 《陳同甫的思想》，吳春山，台大中文研究所五十九年碩士論文。
3. 《葉適研究》，周學武，台大中文研究所六十四年博士論文。
4. 《宋代理學家的歷史觀》，張元，台大歷史研究所六十四年博士論文。

5. 《宋永嘉學派之學術思想》，董金裕，政大中文研究所六十六年博士論文。

6. 《呂祖謙研究》，吳春山，台大中文研究所六十七年博士論文。

7. 《宋儒春秋尊王思想研究》，倪天蕙，政大中文研究所七十一年碩士論文。

8. 《陳亮與朱熹之辯論》，簡貴雀，師大國文研究所七十二年碩士論文。

9. 《葉適經世思想研究》，曹在松，台大歷史研究所七十八年博士論文。

三、一般論文

（一）論文集部分

1. 〈南宋浙東的史學〉，宋晞，《國際漢學會議論文集》，中研院編，中研院，民國 70 年 10 月。

2. 〈陳亮葉適學派性初探〉，陳玉森，《論中國哲學史：宋明理學討論會論文集》，袁爾鉅主編會，浙江人民出版社，1983 年。

3. 〈試論宋儒關於"人欲"問題的爭辯〉，周寶珠，《宋史研究論文集》，鄧廣銘、酈家駒等主編，河南人民出版社，1984 年。

4. 〈宋明以來儒家經世思想試釋〉，張灝，《近世中國經世思想研討會論文集》，中研院近史所編，中研院近史所，民國 73 年 4 月。

5. 〈關於陳亮上《中興五論》的年代〉，姚瀛艇，《宋史研究集》，河南師大宋史研究室編，河南師範大學，1784 年。

6. 〈宋儒關於《周禮》的爭議〉，姚瀛艇，《宋史研究集》，河南師大宋史研究室編，河南師範大學，1984 年。

7. 〈宋明的實學及其源流〉，岡田武彥著、張桐生譯，《日本漢學研究論集》，王孝廉編譯，時報文化公司，民國 75 年。

8. 〈試論薛季宣的事功思想〉，周夢江，《宋史研究集刊》，宋史研究室編，浙江古籍出版社，1986 年。

9. 〈唐型文化與宋型文化〉，傅樂成，《中國通史集論》，查時傑編，華世出版社，民國 76 年 9 月。

10. 〈略談宋學──附說當前國內宋史研究情況〉，鄧廣銘，《宋史研究論文集》，鄧廣銘、徐規等主編，浙江人民出版社，1987 年。

11. 〈薛季宣的生平、著作及其對道學思想的意義〉，周夢江，《宋史研究論文集》，鄧廣銘、徐規等主編，浙江人民出版社，1987 年。

（二）期刊論文部分

1. 〈儒家出於司徒之官說〉，劉師培，《國粹學報》三十三期，光緒 33 年 8

月。

2. 〈陳同父生卒年月考〉，顏虛心，《國學論叢》一卷一期，民國 16 年 6 月。

3. 〈陳亮的生平〉，何格恩，《嶺南學報》二卷二期、三期，民國 20 年 7 月、21 年 6 月。

4. 〈浙江學術源流考〉，碧遙，《大陸雜誌》一卷二期，民國 21 年 8 月。

5. 〈葉適在中國哲學史上之位置〉，何格恩，《嶺南學報》二卷四期，民國 22 年 6 月。

6. 〈陳同甫先生學說管窺〉，陳豪楚，《文瀾學報》一卷一期，民國 24 年 1 月。

7. 〈陳亮之思想〉，何格恩，《民族雜誌》三卷八期，民國 24 年 8 月。

8. 〈呂東萊、薛艮齋、陳止齋、葉水心先生學派論〉，唐文怡，《學術世界》一卷六期，民國 24 年 11 月。

9. 〈宋狂生五論四書〉，張天疇，《越風》十六期，民國 25 年 6 月。

10. 〈浙學中之永嘉宗派〉，孫延釗，《國風月刊》八卷九、十期，民國 25 年 10 月。

11. 〈浙江學術之淵源與其經世精神〉，王鯤徒，《國風月刊》八卷九、十期，民國 25 年 10 月。

12. 〈江南文化與兩浙人文〉，賀昌群，《國風月刊》八卷九、十期，民國 25 年 10 月。

13. 〈兩浙學術考〉，張壽鏞，《光華（大學）》半月刊五卷二三四五期，民國 25 年 10 月、26 年 1 月。

14. 〈南宋金華三派學說概述〉，駱允治，《文瀾學報》三卷二期，民國 26 年 6。

15. 〈陳傅良之寬民力說〉，徐規，《學術季刊》一卷四期，民國 36 年 9 月。

16. 〈宋代士大夫對商人的態度〉，宋晞，《學術季刊》一卷四期，民國 42 年 6 月。

17. 〈兩宋學風的地理分佈〉，何佑森，《新亞學報》一卷一期，民國 44 年 8 月。

18. 〈中興三策陳同甫〉，朱珊，《海風》三卷二期，民國 47 年 2 月。

19. 〈關於葉適 —— 葉適墓碑記介紹〉，張一純，《文史哲》，1958 年 4 期。

20. 〈論葉適思想〉，呂振羽，《歷史研究》，1960 年一卷二期。

21. 〈葉適思想批判〉，華山，《山東大學學報》，1961 年四期。

22. 〈永嘉學派的經世致用思想〉，徐哲萍，《學園》五卷十二期，民國 59 年 8 月。

23. 〈略論宋代國計上的重大難題〉，王德毅，《中華文化復興月刊》四卷一

期，民國 60 年 1 月。

24. 〈黃宗羲與清代浙東史學派之興起（上）〉，杜維運，《故宮文獻》二卷三期，民國 60 年 6 月。

25. 〈南宋雜稅考〉，王德毅，《史原》第二期，民國 60 年 10 月。

26. 〈宋後浙中學術源流概述〉，高越天，《浙江月刊》四卷一期，民國 61 年 1 月。

27. 〈略述宋代吾浙學派〉，高越天，《浙江月刊》四卷八期，民國 61 年 8 月。

28. 〈宋孝宗及其時代〉，王德毅，《國立編譯館館刊》二卷一期，民國 62 年 6 月。

29. 〈南宋朱陸葉三家說「克己復禮」〉，周學武，《書目季刊》九卷二期，民國 64 年 9 月。

30. 〈陳亮民族思想之研究〉，劉高陳，《復興崗學報》十五期，民國 65 年 6 月。

31. 〈葉適哲學思想的評價問題〉，包遵信，《社會科學戰線》，1978 年 3 期。

32. 〈永康狀元陳龍川〉，姚振昌，《浙江月刊》十一卷一期，民國 68 年 1 月。

33. 〈陳朱“王霸義利”之辯始末〉，欒保群，《天津師院學報》，1979 年一期。

34. 〈理學的名義與範疇〉，董金裕，《孔孟月刊》二十卷九期，民國 71 年 5 月。

35. 〈理學的先導——韓愈與李翱〉，董金裕，《書目季刊》十六卷二期，民國 71 年 9 月。

36. 〈陳亮愛國主義思想的哲學基礎〉，孫音音，《浙江師範學院學報》，1983 年四期。

37. 〈《習學記言序目》正名〉，陳金生，《中國哲學史研究》，1983 年四期。

38. 〈陳亮詞對傳統寫法的打破〉，鄭謙，《思想戰線》，1984 年四期。

39. 〈經世思想之義界問題〉，王爾敏，《近代史研究所集刊》十三期，民國 73 年 6 月。

40. 〈陳傅良的著作及其事功思想述略〉，徐規、周夢江，《杭州大學學報》，1984 年增刊。

41. 〈葉適思想及其對理學的批判〉，李經元，《中國史研究》，1984 年一期。

42. 〈理論型的經世之學〉，朱鴻林，《食貨復刊》十五卷三、四期，民國 74 年 9 月。

43. 〈洛學與永嘉學派〉，周夢江，《中州學刊》，1985 年 5 期。

44. 〈試論陳亮的人才觀〉，倪士毅、徐吉軍，《杭州大學學報》十五卷四期，1985 年 12 月。

45. 〈宋代經世思想與行動研討會〉，黃俊傑，《漢學研究通訊》五卷二期，民國 75 年 6 月。

46. 〈南宋浙江文化的大發展〉，方如金，《浙江師範大學學報》，1986 年一期。

47. 〈實學辨析〉，衷爾鉅，中州學刊，1987 年六期。

48. 〈傳統儒者經世思想的困境〉，林聰舜，《哲學與文化》十四卷七期，民國 76 年 7 月。

49. 〈明末清初思想家對經學與理學之辨析〉，柯冠彪，《九州學刊》三卷二期，1989 年 6 月。

50. 〈論陳亮與道學的關係〉，田浩，《大陸雜誌》七十八卷二期，民國 78 年 2 月。

51. 〈論儒家的經世之學〉，李焯然，《大陸雜誌》七十九卷四期，民國 78 年 10 月。

52. 〈「經世」觀念與宋明理學〉，李紀祥，《書目季刊》二十三卷期，民國 78 年 12 月。

53. 〈論陳亮的哲學歷史觀〉，方如金，《浙江師範大學學報》，1990 年一期。

54. 〈葉適思想淺說〉，內山俊彥，《東洋史研究》四十九卷一號，1990 年 6 月。

55. 〈實學是什麼〉，葛榮晉，《國文天地》六卷四期至六期，民國 79 年 9 月至 12 月。

（三）報紙論文部分

1. 〈浙東學派探源〉，鄧廣銘，《天津益世報》，民國 24 年 8 月 29 日。

2. 〈陳亮獄事考〉，鄧廣銘，《天津益世報》，民國 25 年 3 月 12 日。

3. 〈「陳亮年譜」糾謬〉，匡明，《天津益世報》，民國 25 年 11 月 26 日。

4. 〈辨陳龍川之不得令終〉，鄧廣銘，《天津益世報》，民國 26 年 3 月 25 日。

博識以致用──王應麟學術的再評價

林素芬　著

作者簡介

林素芬，1965 年生於福建省金門縣烈嶼鄉。台灣大學中國文學系學士（1990）、碩士（1994）、博士（2005）。現任慈濟大學東方語文學系專任助理教授。研究領域為宋明儒學、儒學思想史。著有《北宋中期儒學道論類型研究》（2008），及相關論文十數篇。

提　　要

　　本書研究南宋末學者王應麟，論述主線為：一、尋繹王應麟學術與當時學術的對應關係，以展現其學術的精神與特色；二、檢討前人對王氏學術的評價。

　　王應麟之學屬於理學脈絡，篤信儒學可以化成世界，基於經世抱負而發憤投考博學宏詞科，立志成為一個博學通儒。王氏堅信經由廣博的歷史知識可以求得三代聖王之「道」，因此特別重視由「知識」以求「道」的學問之路。所以王氏的「小學」教育著重記誦歷史知識，進一步注重整理歷史知識，考索各種名物制度，以及古代文獻、注疏的彙整、考證等等。由「知識」以求「道」是王氏經世精神的展現。

　　王應麟學術在當時並不甚顯，然而到了清代初期，由於徵實學風興起，王氏《困學紀聞》一書，成為乾隆時代學者的每日課程。可見學術評價與學風轉變息息相關。全祖望《宋元學案》認為王氏學術是「私淑東萊」、「呂氏世嫡」，忽略王氏與朱子之學的淵源。《四庫全書總目》則拘於考證學的視域，對道學懷有偏見，因而將王氏納入漢學一脈，忽略了王氏學術中的義理面向。通過辨析論證，本書主張王氏學術的精神在於「博識以致用」，可以代表「理學的經世之學」的一個面向。

目

次

序

　　筆者的研究領域主要是宋代學術。本書可以代表筆者學術研究階段第一個十年的主要成果。「博識以致用——王應麟學術的再評價」，是民國八十三年（1994）在台灣大學中國文學研究所完成的碩士論文。後附二單篇論文，一爲〈《宋元學案》之〈深寧學案〉及相關問題研析〉（原刊載於《中國文學研究》第 11 期，1997.5），是對王應麟學術研究的延伸；一爲〈呂祖謙的辭章之學與古文運動〉（原刊載於《國立中央圖書館館刊》第 28 卷第 2 期，1995.12），是因王應麟的辭章之學往上追溯，探索兩宋辭章之學發展之研究。重新檢視已經寫成或刊佈的著作，雖然不滿意，但是爲了如實呈現個人階段性的研究成果，除了編輯上的少數校正之外，本書儘量保持多年前的原貌，未做內容上的修訂。

　　兩宋文化資產豐富多元，文人學士如何在學術述作之中安其身，立其命，從而開創一代文化，建立人文典範，值得探討。筆者將持續地在這一方向上進行研究，既發明古人志行之光，同時也返照自身，期有以自立。

　　由於林慶彰教授的召集與花木蘭出版社的協助，使本書能夠印行。謹此致上最深謝忱。

林素芬　序於花蓮慈濟大學
公元二○○九年三月

第一章　緒　論

第一節　問題的提出

　　王應麟，字伯厚，號厚齋，又號深寧居士，南宋末慶元府鄞縣人，生於宋寧宗嘉定十六年（1223），卒於元成宗光貞二年（1296），是當時的重要學者之一。關於他的學術，《宋史》本傳記載二事：一、王應麟由於感慨當時讀書人徒知獵取功名，不習制度典故，「非國家所望於通儒」，因此以「通儒」自期，立志投考「博學宏詞科」；二、著錄王應麟著作二十三種〔註1〕。《元史》稱譽他「以文學師表一代」〔註2〕；明末清初以來，王氏學術更受到學者的推崇〔註3〕。據現代學者考定，他的著作有三十種之多〔註4〕；著作之中，表現出兩種治學特長：一、擅長資料彙整，二、擅長考訂。然而若以王氏當時的學術背景來看，其時正當理學學風盛行之際，彼時，「第一流學術人才主要都在心性辨析上用功夫」〔註5〕，為什麼王應麟反而致力從事於古文獻知識的整理、考訂工作？這是引發我對王氏學術產生興趣的第一個原因。

　　其次，從南宋末造到清代，中間經過了大約四百年的時間，兩個時代的學術風氣已經大大不同了，王氏學術卻於清代開始大受學者的重視，尤其乾

〔註1〕參見本章第三節〈王應麟著作概述〉。
〔註2〕見宋濂等：《元史・戴表元傳》（北京：中華書局點校本，1990年）。
〔註3〕參見本書第四章第一節。
〔註4〕此據呂美雀《王應麟著述考》（臺北：台大中興大學研究所士論文，1971年）。
〔註5〕余英時：《歷史與思想》〈從宋明儒學的發展論清代思想史〉（臺北：聯經出版事業公司，1976年），頁95。

嘉時代學者，莫不尊崇王氏的考證學〔註6〕。究竟王氏的學術，和清代學者有何相應？他的考證之學，又和清代的考證學，有何異同？其對清代考證學，是否有那些層面的影響？這是我第二個感興趣的問題。

近人及今人對王氏學術的研究，主要成果約有以下著述考、學術思想、文獻學、史學幾個方面：

一、著述考

呂美雀《王應麟著述考》，求考王氏著作，計三十種，其中完整留存者計十六種，亡佚者十一種，殘缺者三種〔註7〕。呂書大略記述各書的版本源流及傳佈狀況，並略述各書著作大旨，雖嫌簡略，對於研究王氏學術，具有奠定基礎之功。本文論及王應麟著作，大抵依據此書。

二、學術思想方面

這方面的研究又可以分作兩個面向：第一、著重於思想源流的研究：將王氏歸於朱熹學派，認爲王氏學術乃淵源自朱熹學統，而比較偏向經史之學。這方面的論文有錢穆〈王深寧學述〉一文，主要在駁斥清代全祖望歸王氏學術爲呂祖謙學統的說法，及論述王氏博文約禮之學與清代學術（以顧炎武爲主）的異同，而比較著重二者相同之處〔註8〕。又有何澤恒《王應麟之經史學》，一則承錢氏之說，對王氏的師承及學術淵源，作更深入的分析；再則，以王氏的著作《困學紀聞》爲主要研究對象，全面地論述王氏在經學、史學上的成就；最後，並討論王氏學術對清儒的影響〔註9〕。何氏研究《困學紀聞》中的經學與史學，頗爲詳盡。

第二、關於王應麟的考證學，最近陳仕華《王伯厚及其玉海藝文部研究》

〔註6〕 閻詠〈困學紀聞箋序〉云：「家大人（案：閻若璩）以博洽聞……或有問說部書最便觀者，誰第一家？家大人曰：『其宋王尚書《困學紀聞》乎！……』由是海內始知尊尚此書。」傅增湘《藏園群書題記》卷4〈錢竹汀校本困學紀聞跋〉亦云：「乾隆老輩多以讀《紀聞》爲程課」。」

〔註7〕 同註4。

〔註8〕 見氏著《中國學術思想史論叢》（七）（臺北：東大圖書公司，1978年），頁31～46。

〔註9〕 何澤恒《王應麟之經史學》（臺北：台大中國文學研究所博士論文，1971年）。

一書中，專闢一章概略介紹了一番〔註10〕。王氏的考證學，自來就很受學者重視，然迄未有專門的研究。之所以形成這種現象，大概因為王氏學術以資料取勝，考證工作頗為零碎，因此其考證學成績不易整理出來。

三、文獻學方面

　　由於王氏擅長整理文獻材料，其著作在文獻學上頗有貢獻。這一方面，學者注意到的有輯佚、目錄學、文獻考索等。王氏《周易鄭康成注》與《詩考》二書，具開啓輯佚之學的功勞，早就受到學者注意〔註11〕。其次，《玉海・藝文部》在目錄學上的貢獻，也受到目錄學者矚目，王重民認為王氏在目錄學上的成就主要有二：（1）將中國目錄學帶向了「主題目錄」的新方向；（2）《玉海・藝文部》下所蒐集有關圖書目錄的歷史文獻材料，參考價值很高〔註12〕。前引陳仕華《王伯厚及其玉海藝文部研究》一書，則就這方面作更進一步的研究，主要貢獻在分析〈藝文部〉的目錄編排及分類，及對〈藝文部〉徵引文獻的討論。

四、史學方面

　　史學家對王氏的重視，多著眼於王氏著作中龐大資料的史料價值，以及王氏考辨史料的功力。王德毅特別推重《玉海》綜貫群典、取材宏博而採擇精粹之功，認為其中所徵引有關宋代的史料，「其史料價值之高，幾已無他書可取代」〔註13〕。其他史學家如近人劉節、楊燕起、日人內藤虎次郎等，也都推崇王氏在考證派史學中的地位〔註14〕。

〔註10〕陳仕華：《王伯厚及其玉海藝文部研究》〈王伯厚之考據學〉（臺北：商務印書館，1993年初版）

〔註11〕如張舜徽：《中國文獻學》（臺北：木鐸出版社，1983年9月初版），頁192～193，王叔岷：《斠讎學》（臺北：台聯國風出版社，1972年3月重刊本），頁71、74等，都盛推王應麟輯佚之功。

〔註12〕王重民：《中國目錄學史論叢》（北京中華書局，1984年）。

〔註13〕王德毅：〈王應麟《玉海》之研究〉，《中國歷史學會史學集刊》第二十四期，1992。

〔註14〕劉節：《中國史學史稿》十一〈兩宋史學概觀〉（臺北：弘文館，1986年），頁204～208。楊燕起、高國抗合編：《中國歷史文獻學》（北京：書目文獻出版社，1989年），頁95，110～111；內藤湖南（虎次郎）著，蘇振申譯：〈宋代史學的發展〉《文藝復興月刊》第一卷第七期。

以上這些研究，對於瞭解王應麟學術，已經有一定的累積，特別是著眼於王氏龐大著作中的表面材料，以求發掘出王氏學術的「成就」，比如：王氏學術的內容、對後世學術的貢獻、對後世學術的啓發等等比較屬於「外在脈絡」的研究。進言之，前人對於王氏學術的形成原因，及其對當時文化界、學術界的意義等問題的研究，還不夠全面。因此，以上的研究，雖有助於學術史骨幹的建立，至於學術史的血肉，則有待補充。

本文嘗試由不同的取徑，來解決以下的疑問：在理學盛行的時代，王氏爲什麼獨衷於文獻整理的工作？他爲什麼提倡通儒之學？爲什麼作考證？他的考證學內容爲何？他的學術和清代學術有什麼相應和差異的地方嗎？

第二節　研究取徑與方法

一般「學術史」的研究，是指學術源流、演變的研究。如鄭樵所云：「學問之苟且，由於源流不分。」又云：「類例既分，學術自明。」〔註15〕黃宗羲所云：「爲之分源別派，使其宗旨歷然。」〔註16〕章學誠所云：「辨章學術，考鏡源流。」〔註17〕都是說做學問要分別源流，要知道不同學問的走向；對於後代學術紛陳而導致源流不明者，更要爲立類例，以尋根索源，使各門學術都能宗旨明朗、源流清晰。「考鏡源流」，固可說是研究學術派別之分合演變的基本方法，然而，「學術史」的研究，往往也由於重視學術「源流」，而有一個趨向，就是著重於一種「線」的考索；所有「點」的研究，都依附在「線」的脈絡上講。所以，比如研究顧炎武的思想，便要歸結到朱熹，研究朱熹的思想，便要歸結到二程……，顧炎武是個「點」，程朱思想是「線」；「點」依附於「線」，在異中求同，又在同中求異，以瞭解學術的源流演變與發展。這種以「線」爲主的研究方式，對於思想的「內在開展」往往可以作到極精微的剖析；然而，相對的，在這種研究方式裏，由於研究主題已經早由「線」所事先決定了，「點」的研究往往只是附庸於「線」而不能獨立。於是這種研究路向，一般比較容易傾向以討論觀念演變發展的「思想史」的研究，更甚者則不免流於見樹不見林之弊。

〔註15〕鄭樵：《校讎略》（臺北：商務印書館《國學基本叢書》，1934年）。
〔註16〕黃宗羲：《明儒學案》〈明儒學案序言〉（臺北：世界書局，1984年），頁1。
〔註17〕章學誠：《文史通義校注》〈校讎通義敘〉（臺北：里仁出版社，1984年），頁945。

　　班傑明・艾爾曼（Benjamin A. Elman）在〈中國文化史的新方向〉〔註18〕一文中，提出了一個看法：一般中國思想史的研究，往往走的多是「觀念史」的取向，因此，「通常只是較爲淺顯的『中國哲學史』」，這種取向，大體上承認思想（或「觀念」）有其「自主性」，可以和社會、政治與經濟的脈絡脫節，而獨立發展。艾氏認爲，在這種情況下，「中國思想史只能以敘事方式進行，精於哲學卻短於歷史脈絡」，而短於歷史脈絡，將會使思想家「掌握不到他們所欲描述的事件、人物和觀念的重要面向」。所以，艾氏建議，今後從事中國思想史研究，應該引用文化、政治和社會史，以「擴大思想史的範域」。換言之，研究者要拋開「現代化敘事」——依據「現代化」的量尺，對中國的過去所做的「正面」或「負面」解讀——觀點，而「進入觀念在特定歷史脈絡裏在政治、社會和經濟上如何被運用的層次」，去解明這些觀念與在特定歷史脈絡之下的「當事人」的關係，「因爲他們的行動本是由這些觀念所指導和支持的」。要之，艾氏認爲「單面地」從「觀念史」來研究中國思想史，是不足的；在同一時代當中，政治、社會、經濟層面與學術發展之間的「辨證」關係，也不容忽視，因此強調解讀「觀念」在「特定歷史脈絡」之下的意義。

　　事實上，艾氏所強調引用文化、政治和社會史等各方面，來進行思想史研究的治學取徑，並不全是艾氏的新見。歷來有許多學者，在從事思想史研究時，總能觀照到歷史環境的面向，他們的研究，絕非所謂「單面地從觀念史來研究中國思想史」一語可以盡之〔註19〕。然而，艾氏的這個提法，是針對他所特別關注到的問題而發的。而他所關注的問題之一，就是在研究中國學術的發展時，有些學者從純粹思想演變的角度來解釋由宋明理學到清代考證學的興起，而這樣的解釋，大多是忽略了思想（或「哲學」）問題的社會與政治脈絡〔註20〕。即此而言，艾氏的提法，對於本文討論南宋學者王應麟，就更饒富啓示了。

　　本文研究王應麟學術，經由艾氏之文所得的啓發，至少有二。第一，如前面筆者所言，由「線」決定「點」的學術史研究，導致「點」的研究不能

〔註18〕班傑明・艾爾曼：〈中國文化史的新方向〉，《臺灣社會研究季刊》，第十二期，（1992年5月），頁1～26。

〔註19〕如錢穆及其後學的思想史研究，頗能顧及歷史上政治、文化等因素對思想的影響。

〔註20〕艾氏文中提及的這方面論著，有王汎森：《古史辨運動的興起：一個思想史的分析》（臺北：允晨文化，1989年），黃啓華：〈錢大昕經學要旨述評〉，（《故宮學術季刊》第九卷第一期，1991年）等。

獨立;「點」的研究不能獨立,則此一「點」在學術史中的獨立意義就無法突顯出來。我們研究王應麟學術,無論是以清代考證學為主軸,或是以宋代理學為主軸,而為他在學術史的骨幹之上,架出一個地位來,都不是王氏學術本身所支起的「立體」的「點」。進言之,本文要避免運用後見之明的「現代化敘事觀點」,而進入王氏學術脈絡當中,而直接以足以爬梳王氏自身脈絡的史料,去瞭解王氏自身學術內的支點。第二,艾氏提醒了我們去思考一個問題:有學者從思想演變的角度來解釋清代考證學的興起;若以這樣的論點來面對深受清代考證學者推崇的宋代學者王應麟的學術,則應該作何解釋呢?

在如前節所述的許多研究基礎上,本文再重新閱讀一次王氏學術,並著重於特定脈絡下的一些事件及觀念的考察通釋。其次,王氏所處時代的理學環境、後人的評價,都有助於王氏學術地位的釐清,這些也都是我們討論的支點。

以下略述本論文的章節安排。

本論文共分五章,除了緒論與結論,正文有三章。第二章首先分析王應麟學術內蘊,旨在鉤勒王氏學術的內在脈絡。文分三節,第一節論述王氏致力於「博學」與其經世致用的抱負;第二節分析王氏學術中「歷史知識」的作用;第三節則從理學家的文學觀,及王氏的「文詞之臣」的角色,談王氏學術彙通「文、道、史」的自我期許。

第三章討論王氏的考證學。王氏重博學而好考證,考證學在他的學術中是怎樣的角色?第一節主要在對「博學」、「玩理」、「考證」三個觀念的通釋,第二節則整理出王氏學術中的考證學成就。

第四章檢討清代學界對王氏學術的評價。第一節先略述從元明到清,王氏著作在學術界的流傳狀況;第二節討論全祖望在《宋元學案》中對王氏學術的定位;第三節檢討《四庫全書總目》對王氏學術的評價。本章目的在於指出異代評價與學術定位的不易。

要之,本文在前人的研究基礎上,企圖再回到王氏學術的自身脈絡當中,重新傳演王氏學術的內蘊,瞭解王氏學術的成就,並檢討前人對王氏學術的評價,俾能對於王氏學術對當時及後代的意義與價值,有進一步的認識。

第三節　王應麟著作概述

王應麟的著作,根據呂美雀《王應麟著述考》的統計,共三十種;目前

完整留存者計十六種，殘缺者三種。下表將三十種著作依各書的內容，概略區分為十一類：

1	科試參考書	玉海 200 卷 辭學指南 4 卷	**辭學題苑 40 卷 **筆海 40 卷
2	小　學	小學紺珠 10 卷 補注急 6 就篇 4 卷 **蒙訓 44 卷	姓氏急就篇 42 卷 **小學諷詠 4 卷
3	名　物	**尚書草木鳥獸譜	**詩草木鳥獸蟲魚廣疏
4	地　理	詩地理考 6 卷 **通鑑地理考 100 卷	通鑑地理通釋 14 卷
5	制　度	漢制考 4 卷	六經天文編 2 卷
6	文獻目錄	漢藝文志考證 10 卷	
7	經　說	輯周易鄭康成注 1 卷 **古易考 1 卷 補注周書王會篇 1 卷	詩考 1 卷 集解踐阼篇 1 卷
8	經文異同	**春秋三傳會考 36 卷	
9	史　評	通鑑答問 5 卷	
10	雜　考	困學紀聞 20 卷	
11	文　集	*玉堂類稿 23 卷 *深寧集 100 卷	*掖垣類稿 22 卷
12	其　他	**詩辨	**通鑑義例考

說明：1. **記號——此書已經亡佚；*記號——此書殘缺。

　　　2. 亡佚諸書的歸類，由於內容無從察考，或就書名（如《蒙訓》歸小學），或依呂美雀的考察（如《古易考》歸經說）而歸類。

　　　3. 殘闕的文集三種，散見於明初鄭真所輯《四明文獻集》中五卷（多制誥），及清代道光年間葉熊所輯《深寧文鈔摭餘篇》三卷（多序跋雜文），今俱見於近人張壽鏞所編《四明叢書》。

　　　4. 《詩辨》、《通鑑義例考》由於內容性質不明，故暫置「其他」。

　　經由上表的歸類，已經可以略見王氏學術的面貌。以下正文部份將有詳細論述，這裏僅舉出幾點重要特色：

　　首先，是王氏學術與國家考試的關係。十一類中第一類「科試參考書」，其中《玉海》達二百卷，卷數之龐大冠於王氏其他著作，內容則著重於國家的典

章制度；《辭學指南》更詳載肄習博學宏詞科的方法。無論就著作份量、學術內容或治學方法上看，王氏學術與《玉海》等著作，都有頗爲密切的關係。

其次，是王氏著作大部份採主題式地整理編纂。如「地理」類中《詩地理考》，以《詩經》中的地名、地理位置等爲主題，彙整古籍中的相關資料，加以通釋考證；《通鑒地理通釋》則以《資治通鑑》中的地名、地理位置等爲編纂主題，彙集古籍中的相關資料，加以編整通釋。並且，著作之書名往往直接使用「考」（七見）、「考證」（一見）、「辨」（一見）等字眼，則可以見出王氏學術的考證旨趣；其中，又以《困學紀聞》一書的考證成績最受注意。

其三，就編纂的主題而言，大部份多屬於歷史文獻知識，有少數是發揮義理之作。以「經說」類爲例，《周易鄭康成注》、《詩考》及《古易考》三種爲輯佚之作，即屬整理歷史文獻知識；《集解踐祚篇》、《補注周書王會篇》二書雖名爲「集解」、「補注」，其中多引理學家言，而間下己意，可視爲發揮義理之作。又如「小學」類，前三者屬文獻知識之彙編，後者爲兒童蒙養育德之書。

上述三點特色極其細部分析，將在後文陸續展開。此處尚須補充者，由於本文重在王氏學術內在脈絡的分析，及後代學者對王氏學術評價的檢討，因此關於王氏生平，本文不擬作傳記式的說明，重要事蹟則隨文附記。其次，引文方面，本文在引用王氏著作時，皆直書書名，唯有《困學紀聞》一書，由於是筆記之作，雖有分卷，然而資料零散，不易尋檢。本文爲檢核之便，行文中不以卷數爲標誌，而標以原書所列主題，及該主題下的第幾條資料。如卷九有〈天道〉、〈歷數〉二主題，若徵引〈天道〉下的第十條資料，則作〈天道‧010〉，餘可類推。

第二章　王應麟學術內蘊

　　本章首先從王應麟的實際成學經過談起，然後再一步步地爬梳出其內在思想、學術的脈絡。文分三節：第一節論述王氏的博學與經世意圖。首先從王氏投考博學宏詞科的經歷做為分析起點。王氏的博學，乃得力於編題式治學法；而其投考博學宏詞科及立志追求知識，則是出於經世致用的抱負。第二節承第一節，繼續討論王氏「博學以經世」觀念的內蘊。王氏善於掌握「歷史知識」，而「歷史知識」在王氏學術中既最具重要性，也最能表現出王氏學術的特色。第三節則從理學家的文學觀尋繹出王氏學術中匯通文、道、史的內在要求；由此可以發現歷史知識在理學時代所扮演經世實踐角色的一個面向。本文經由這些脈絡的深層鉤勒，來瞭解王氏學術的價值與意義。

第一節　博學與經世

　　王氏投考博學宏詞科的經歷，對其學術的形成，影響頗大。

　　首先，投考博學宏詞科需要十分紮實的肄習工夫，這樣就養成了王氏的博學基礎；其次，王氏求學本著經世的動機，此一動機影響了他往後的學術面向。試論如下。

一、博學的養成與編題治學法的初步形成

　　根據《宋史·王應麟傳》，王氏十九歲登進士第，三十四歲中博學宏詞科。由於參加是科考試務必要博學強記，此一肄習工夫對王氏學術的形成有重要影響，因此下文先對博學宏詞科考試作一概略介紹。

　　宋代朝廷專爲振拔代言人才的取士科目，有宏詞、詞學兼茂、博學宏詞三科，一般通稱詞科或宏詞科〔註1〕。投考宏詞科一般需要進士出身，通過者往往可以就此晉身高位，正如《文獻通考・卷三三・選舉六》所云：「自復（宏詞）科以來，所得鴻筆麗藻之士，多有至卿相翰苑者。」因此這幾種考試很受讀書人的重視。

　　三種詞科當中，又以博學宏詞科行之最久，最見重要，自紹興五年（1135）首科，至開慶元年（1259）末科，施行期間前後一百二十五年。博學宏詞科原則上三歲一科，由於錄取標準嚴格，其間或無人投考，或開科而無錄取，一百二十五年之間，總計有取士的只有二十五科,而二十五科總計僅取四十人〔註2〕。

　　博學宏詞科的考試門類，計有制、詔、露布、箴、記、頌、誥、表、檄、銘、贊、序，共十二種。考試時，出六題，分作三場，每場二題，限一古一今──古，謂歷代故事；今，謂時事或本朝故事〔註3〕。應試者，若非泛觀博

〔註1〕關於宋代的詞科考試，參見聶崇岐《宋史叢考・宋詞科考》（臺北：華世出版社，1986年）；林瑞翰：〈宋代詞科考〉（收入許倬雲編《中國歷史論文集》，臺北商務印書館1985年）。

〔註2〕四十人是：王璧、石延慶、詹叔義、洪遵、沈介、洪适、湯思退、王礮、洪邁、周麟之、季南壽、莫沖、、頁謙亨、莫濟、王端朝、周必大、唐仲友、呂祖謙、魯可宗、姜凱、許蒼舒、傅伯壽、湯邦彥、李巘、趙彥中、周洎、倪思、莫叔光、李拱、陳現、陳晦、陳宗召、陳貴謙、眞德秀、陳貴誼、王應麟、王應鳳。參見王應麟：《辭學指南》（《玉海》附刻本）。

〔註3〕聶崇岐據《宋會要輯稿》及王應麟：《辭學指南》，（《玉海》附刻本）將歷屆考題，統計如下表：

門類	題數	題材
制	六十	本朝故事
詔	十二	本朝故事
露布	四	1晉故事，3唐故事
箴	十九	5先秦故事，12漢故事，2本朝故事
記	六十九	10先秦故事
頌	四十五	5先秦故事，12漢故事，5唐故事，23本朝故事
誥	一	本朝故事
表	六十八	本朝故事
檄	三	1唐故事，二本朝故事
銘	三十二	10先秦故事，14漢故事，2唐故事，6本朝故事
贊	二十七	1先秦故事，2漢故事，1三國故事，2唐故事，21本朝故事
序	五十三	7先秦故事，2漢故事，1晉故事，20唐故事，11本朝故事

計三百九十三題，用歷代故事者一百六十七題，其中七十六爲漢故事，五十爲唐故事，三十八爲先秦故事，爲晉故事，一爲三國故事。

覽,通知古今,出入經史,熟習歷代掌故,往往難望膺選之列。以王應麟應考的寶佑四年（1256）試題為例,第一場為:1.〈昭慶軍承宣使左金吾衛大將軍荊湖北路安撫副使兼知鄂州授寧武軍節度使龍神衛四廂都指揮使夔路安撫兼知夔州兼提領措置屯田兼控扼瀘敘昌合四州邊面加食邑食實封制〉,2.〈周山川圖記〉;第二場為:1.〈代皇子謝御書孝經十六句表〉,2.〈堯衢室銘〉;第三場為:1.〈天禧編御集序〉,2.〈漢華平頌〉。三場皆前為今題,後為古題;今題在考對當代新制的瞭解,古題則非熟悉歷史知識者難為功。並且,由試題所牽涉到的知識層面看來,與試者所應熟習的,不僅止於典章之沿革,制度之興廢,即使器物的形製,州郡的異稱,也絲毫不可忽略。其次,就時代而論,根據聶崇岐的統計（參見註 3）,古題中又以漢、唐二代的出題比例最高,蓋因此二代文治武功最盛之故。相對的,應試者在肄習過程當中,必須在漢、唐故事上面,下最深的功夫。王應麟對漢代掌故極為熟悉,很可能是此時奠下的深厚基礎。

　　貫通經史子集,涉獵各門學問——要掌握這樣龐大的知識,絕非短期之內可能達到。王應麟自登進士第（1241）之後,「閉門發憤,誓以博學宏詞科自見」〔註4〕起,至寶佑四年（1256）中是科,準備的時間達十五年之久。其準備方法,是用編題法,將資料作地毯式的搜集,元孔齊〈至正直記〉記載說道:「（王應麟）每以小冊納袖中,入秘府,凡見典籍異聞,則筆錄之,復藏袖中而出。」〔註5〕王氏便是這樣日積月累,孜孜勤習,其具體的成果,即著手開始編輯《玉海》。中科之後又編輯《辭學指南》四卷,作為指導肄習博學宏詞科的參考書,其內容包括:詳細解說博學宏詞科十二類文體的格式、作法,並錄範文;博採呂祖謙、真德秀等先輩所教導的編題及記誦之法;詳列歷屆博學宏詞科考試的試題。肄習者若能熟習《玉海》與《辭學指南》二書的配合,就能夠具體掌握博學宏詞科考試。

　　以下我們就透過對《玉海》體例與《辭學指南》（以下簡稱「指南」）內

〔註 4〕 脫脫:《宋史·王應麟傳》（北京:中華書局點校本,1990 年）云:「初,應麟登（進士）第,言曰:『今之事舉子業者,沽名譽,得則一切委棄,制度典故漫不省,非國家所望於通儒。』於是閉門發憤,誓以博學宏詞科自見,假館閣書讀之。」

〔註 5〕 此條,張大昌《王深寧先生年譜》繫於辛丑十九歲,以為是王氏習詞科時之事。陳僅《王深寧先生年譜》繫於乙巳二十三歲。二譜見於《四明叢書》（中華大典編印會,1966 年）。

容的分析,來瞭解王氏編題式治學法的初步形成。

　　肄習博學宏詞科,必須講求一定的順序。首先,是「編題」的工夫。《指南·卷一·編題》引呂祖謙教習編題法,曰:

> 初編時須廣,寧汎濫,不可有遺失。再取其體面者分門編入。……
> 所以兩次編者,蓋一次便分門,則史書浩博難照顧;又一次編則文
> 字不多易檢閱。

編題工夫分作兩層,初編是地毯式的蒐羅、抄寫各類資料,次編則篩選出「體面者」——指具有體統的、雅正的制度、文物,即《四庫全書總目》所謂的「鉅典鴻章」、「吉祥善事」〔註6〕——進行分門。王重民先生曾對這一種編題法有所描述:

> 在廣泛閱讀四部書的時候,凡是認爲其中的一些重要資料都一條一
> 條的抄出來,並且給每條做出一個題目(題目可以先擬,也可以後
> 擬或改擬),這是第一步,叫做「初編」。等到抄錄的材料漸多了,
> 就可把相同相近的資料,整理成更大的條,編成更完整的一題一題
> 的資料,這就叫做編題。〔註7〕

編題首先是定一個題目。王應麟引眞德秀的話:

> 凡編題目,須其上可著朝代字,如夏如殷如周,方可作題出。且如
> 〈曲禮〉所載「德車結旌」,「德車」二字,豈不是題目,然〈曲禮〉
> 非純是周制,不可加周字,則不可以爲題,但當收入「漢德車」類,
> 以爲引援之用。若徒知〈曲禮〉「德車」不可爲題而略之,或出「漢
> 德車」題,不知援〈曲禮〉,亦不可也。舉此一例,他皆可以類推。

編題目最重視資料的時代問題,以今日而言,這是一種歷史的眼光,其必求沿革確鑿的求眞態度,十分嚴謹。然而王氏這種追求歷史眞實的的學術態度,與今日自覺地從事歷史事實的考證的學者之態度,是完全等同的嗎,恐怕還值得再進一步琢磨。進行編題時需要十分謹慎,應麟又引呂祖謙云:

謂如歷法,則凡經史百家所載歷事,悉萃爲一處,而以年代先後爲次第。如黃

〔註6〕 見紀昀等:《四庫全書總目》(臺北:藝文印書館影本,1989年1月六版),「玉
　　　　海」條,頁2664。
〔註7〕 王重民《中國目錄學史論叢》(北京:中華書局,1984年),第三章第八節,
　　　　頁152～159。

帝歷爲先，顓帝歷次之，夏、殷、周、魯歷又次之……凡題有數出處者，須合爲一，如高祖五星聚東井，纔缺一處便不可。而抄類中，復要認得出處端的。

> 這裡再一次強調，對資料，第一要明其沿革，第二要講求完整，第三要詳其出處。處理資料的嚴格，毫不遜於清代講究考證史料者處理資料的工夫。

至於編題的取材範圍，則從經史諸子到集部，從古代典籍到當代新制，凡可能做爲考試題目者，皆不可遺漏。《指南・卷一・編題》引眞德秀曰：

> 始須將累擧程文熟讀，要見如何命題用事，如何作文。既識梗概，然後理會編題。

> 經史諸子，悉用遍觀。……經書中周禮題目最多，官名皆可作箴，制度名物皆可爲銘、爲記，……工夫多在三禮；有題目處須參注疏。

> 次及國語、戰國策、史記、兩漢書、荀悅袁宏漢紀、三國志、晉書、隋書、唐書、唐朝諸帝實錄、舊唐書、通典、唐六典、唐會要、貞觀政要。……

> 子書則孟、荀、揚、管、淮南、孔叢、家語、莊、列、墨、韓非子、華、亢倉、文中、鶡劉諸子、汲塚周書、呂氏春秋、賈誼新書、説苑、新序。

> 兵書則六韜、司馬法、孫吳、尉繚、李靖問對，皆有題目，須涉獵抄節。集則文選、文粹、韓柳文、文苑英華、古文苑、皇朝文鑑……

這些必讀書目，幾乎囊括了所有古代的典籍，包括注疏，只要可能出題的都不放過；唯獨文學類中單取古文，未及詩賦，因爲博學宏詞科是試义不試詩賦的。至於當代題目，應該重視的則是：

> 本朝題目須是盛德大業、禮樂文物、崇儒右文等事方可出。（不必汎記）

因此當代文獻則多取自諸帝《實錄》、《會要》、《記注》等。

王重民云：「這樣，長時期的閱讀，長時期的記筆記，整理筆記，長時期的編排，就會成爲一個整的體系，而無所不通了。」〔註8〕王氏的博學，就是這樣培養起來的。

《玉海》運用編題法，全書共分二十一部：天文、律歷、地理、帝學、

〔註8〕同上。

聖文、藝文、詔令、禮儀、車服、器用、郊祀、音樂、學校、選舉、官制、兵制、朝貢、宮室、食貨、兵捷、祥瑞、總瑞。每部之下又有分類，二十一門共二百四十八類。體例嚴明，內容紮實。

南宋的確經由投考博學宏詞科，而造就出不少博學之士。著名的學者，除了王氏（寶祐四年，1256），又如洪氏三兄弟：洪遵、洪适（紹興 12 年，1142），洪邁（紹興 15 年，1145）；又周必大（紹興 27 年，1157），唐仲友（紹興 30 年，1160），呂祖謙（隆興元年，1163），真德秀（開禧元年，1205）等皆是（參見註 2）。而這些學者的特長，多在於博通經史、精熟歷代掌故制度，能夠旁徵博引；此外，由於熟悉龐大古籍及編題法，他們擅長於根據某一主題而掌握相關資料。其著作也往往同具此一特色。如洪邁著有《史記法語》、《南朝史精語》、《經子法語》，呂祖謙著有《十七史精華》、《東漢精華》，及王氏的《六經天文編》等，皆屬抄書類；如洪遵《翰苑群書》，呂祖謙《歷代制度詳說》，周必大《玉堂雜記》，及王氏《漢制考》等，皆屬職官制度的考證；又如呂祖謙的《詩律武庫》，唐仲友的《帝王經世圖譜》，王氏的《玉海》、《小學紺珠》等，都屬於類書。其餘不待繁舉。總而言之，這些著作，第一，在方法上，都擅長擷取一個主題，進行相關資料的蒐集；第二，內容上，都傾向文獻知識、制度名物的蒐集考訂。在這種重資料蒐集、排比的治學方式之下，自然做出了不少考證、徵實的工作。這些工作大可以歸功於在肄習博學宏詞科時所奠下的博大知識。

然而，由於這種「編題法」是以一個題目為中心，再進行蒐集相關的材料，因此難免有所限制：第一是限制於它的實用範圍，凡當時不可能出現的考題，就不是編題的對象；換言之，最常見的考題類型，則編題最為詳盡。第二，這種為了投考博學宏詞科而發展出來的治學法，其所掌握的龐大資料是要在敷寫成文時應用；由此衍成的著作習慣，使得這些著作中的考證趣味大大降低。當然，我們不得不承認，考證本來就不是他們的目的。至於是否有學者在運用這種治學法之後，轉而發現考證學也是一門重要的學問，則是另一層面的問題了。

二、經世的動機——通儒之路

博學宏詞科本是朝廷為揀選詞臣而設，並且由於宏詞科出身者往往可官至卿相、翰苑，應麟在父親的期盼之下，很早就開始肄習詞學。

應麟自幼跟隨父親王撝讀書，奠下深厚的治學基礎。王撝官至吏部郎中兼國史院編修官，並曾說書直祕閣。由於與時相史彌遠相忤，仕途並不得意，

但是立朝頗有直聲〔註9〕。王撝性情耿介嚴急，課子尤然，《宋史·王應麟傳》說應麟「九歲通六經」，足見王撝督促之力。

應麟十七歲時，王撝借到同年余天錫家藏「周益公、傅內翰、番陽三洪公，暨其餘習詞學者凡二十餘家」的「尺牘」——即「範文」之屬——用來課子，這是應麟與弟應鳳習「詞科之學」的開始〔註10〕。周（周必大）、傅（傅伯壽）、三洪（洪邁、洪遵、洪适三兄弟）皆南宋通過「博學宏詞科」，而官至極品者。王撝親自督導二子習文，「每授題，設巍座，命坐堂下，刻燭以俟，少緩，輒詞譴之。」〔註11〕應麟經此嚴格訓練，爲文日益敏捷。

歷來膺選博學宏詞科的學者，有許多父子檔或兄弟檔，因爲肄習博學宏詞科很需要一套現成的資料記誦，因此往往可以蔚成「家學」。王撝教二子重在習文，是不夠的。所以在淳祐元年，應麟登進士（十九歲）之後，開始從學王埜（？～1260）、徐幾〔註12〕。王、徐二人皆是眞德秀（號西山，1178～1235）的學生。眞氏於開禧元年（1205）中博宏科，應麟即經由王埜與徐幾承續了眞氏的詞科之學。前一部份分析應麟詞科肄習及《詞學指南》一書，已論及。由於徐幾的資料缺乏，固此處主要討論眞、王二氏。

眞氏出自朱熹門人詹體仁門下，其學以朱熹爲宗，以「嗣往聖，開來哲」爲志，欲接續「道統」，發揚理學。其時適主導「慶元學禁」的時相韓侂冑在軍事、政治上失敗，被禁絕二十餘年的朱熹理學得以復甦，眞氏乃「慨然以斯文爲己任，黨禁開而正學明，回狂瀾於既倒」，被譽爲「朱子後之一人」〔註13〕。眞氏侍讀經筵，講明理學，深得理宗（1225～1264）的信任。朱學能明於天下後世，學者多稱眞氏之功〔註14〕。

〔註9〕見張大昌：《年譜》，淳祐五年。

〔註10〕見錢大昕：《深寧先生年譜》、陳僅、張大昌：《年譜》，嘉禧三年。

〔註11〕同上。

〔註12〕舊說從徐鳳，是誤從袁桷：《清容居士集》〈陳志仲墓銘〉（四部叢刊初編本）所云：「宋季詞科，呂成公、眞文公傳諸徐鳳，徐鳳傳諸王公應麟。」據麥仲貴《宋元理學家著述生卒年表》（香港：《新亞研究所專刊》之三，1969年），徐鳳生卒年爲1177～1224，而王應麟生於1223，絕非從學之年。《宋元學案》卷八十一、八十五之學案表，咸謂應麟爲徐進齋門人。案學案表爲吳梓材、馮雲豪二氏所作，蓋二氏已有見於全氏之疏失。

〔註13〕見〈心經政經合編序〉。

〔註14〕脫脫等《宋史·眞德秀傳》：「自侂冑立僞學之名以錮善類，凡近世大儒之書，皆顯禁以絕之。德秀晚出，獨慨然以斯文自任，講習而服行之。黨禁既開，而正學遂明於天下後世，多其力也。」

　　眞氏在當時擁有很高的聲望，全祖望題《眞西山集》云：「乾淳諸老之後，百口交推，以爲正學大宗者，莫如西山。」我們要注意的是，眞氏是第一位爲理學取得政治上正宗地位的學者，誠如其於所著《大學衍義》首章標舉的題目：「帝王爲治之序」所謂，眞氏學術直可稱爲理學的帝王之學、經世之學〔註15〕。而王氏所承自王、徐的，除了眞氏的詞科之學外，應該還有更重要的經世之學。

　　《宋史‧王埜傳》記載：

　　　　（王埜）仕潭時，帥眞德秀一見異之，延致幕下，遂執弟子禮。德
　　　　秀欲授以詞學，埜曰：「所以求學者，義理之奧也。詞科惟強記者能
　　　　之。」德秀益器重之。

王埜在學問上最重「義理」，登進士第之後，並未繼續投考博學宏詞科，而用心於地方管理，尤擅長軍事守備〔註16〕。這或許是因爲王埜欲實現其「義理」之學於修身行事，而無意於博學宏詞科此等強記之學。在宋代，這一類理學家大有人在〔註17〕。雖然，義理之學與博學宏詞科的理想，其實並不相牴觸，表現在眞德秀的學術上可知。

　　朱榮貴先生在《眞德秀與「政經」──新儒家政治理論時代的來臨》（*Chen Te-hsiu and the "Classicon Goverance": Thecoming of Age of Neo-Confucian Statecraft*）一書〔註18〕中，深入分析了眞氏如何將朱子的政治理想──德治；以格君心來改善政治──發展成具體可行的政治理論。「由於朱子門人，選擇隱遁者遠超過選擇仕宦之途者」（頁143），眞氏的積極投入政治，關心社會及

〔註15〕　關於眞德秀的學術，相關研究有日人間野潛龍：《明代文化史研究》（京都：
　　　　同朋社，1979年），頁138～149；Wm. Theodorede Bary（狄百瑞）：*Neo-Confucian Orthodoxy and the Learning of the Mind-and-Heart* （New York: Columbia University Press, 1981），pp.67-185；Ctu, R-G（朱榮貴）*Chen Te-Hsiu and the "Classis on Governance": The Cooming of Age of Neo-Confucian Statecraft*, （《眞德秀與「政經」──新儒家政治理論時代的來臨》）1988, Columbia University。單篇論文則有朱鴻林：〈理論型的經世之學──眞德秀大學衍義之用意及其著作背景〉，《食貨》，月刊第15卷3、4期，1985年。

〔註16〕　見脫脫等：《宋史‧王埜傳》，《眞西山文集‧跋平寇錄》等。

〔註17〕　《宋史‧劉清之傳》云：「初，清之既舉進士，欲應博學宏詞科。及見朱熹，盡取所習焚之，慨然志於義理之學。」又云：「其所講，先正經，次訓詁音釋，次疏先儒議論，次述今所紬繹之說，然後各指其所宜用，人君治天下，諸侯治一國，學者治心治身治家治人，確然皆有可舉而措之之實。」即此而言，所謂義理之學，或可稱之朱鴻林所謂「理論型的經世之學」（參見註15）。

〔註18〕　朱榮貴書，見註15。

政治等實務問題，將道德帶入政治，於是成爲朱子學派在政治上的代言人。王埜所謂的「義理」之學，所指應該就是這一種發展自朱子政治理想的結合道德之學與治國經略的學問。

眞氏、王埜，他們的學術重心都是在實現道德政治，因此積極投入實際的政治運作，以發展道德政治理想爲己任。即此而言，眞德秀與王埜師徒之間，其相互激勵、影響，是可以想見的。而王埜、眞德秀等志在義理，行在事功的行述，對王應麟應該也有影響。就師承脈絡而言，王應麟與眞氏的確是有淵源的，然而經世之學在南宋本極盛行，如與朱熹學派相鼎立的浙東金華、永嘉、永康等學派，經世特徵更爲明顯，王應麟受到影響的可能性也是很大的。

青年時期的應麟，就已經表現出頗爲明顯的經世意圖。他初登進士時，曾經感慨：「今之事舉子業者，沽名譽，得則一切委棄，制度典故漫不省，非國家所望於通儒。」（參見註 4）認爲唯有成爲一個嫻熟於制度典故的學者，才能夠有貢獻於國家社稷。之後他或任地方官，或執笏在朝，乃至執掌兩制，無不兢兢業業。他相信唯實學有助世道，《困學紀聞》中有云：

> 元祐中，李常寧對策曰：「天下至大，宗社至重，百年成之不足，一日壞之有餘。」擢爲第一。景定中，有擢倫魁者，其破題云：「運一心之乾，開三才之泰。」可以觀世道之消長。（〈考史‧345〉）

他從國家選才的策論中，發現異代讀書人用心的不同，感歎世道的消長。由上引文可以見出王氏對當時空談玄理之風的不滿，他之所以戮力從事於典章制度之學，是有所爲而爲的。《困學紀聞》又云：

> 先儒論本朝治體，云：「文治可觀，而武績未振；名勝相望，而幹略未優。」然考之史策，宋與契丹八十一戰，其一勝者，張齊賢太原之役也，非儒乎？一韓一范，使西賊骨寒膽破者，儒也。……儒豈無益於國哉？搢紳不知兵，介冑不知義，而天下之禍變極矣。（〈考史‧346〉）

惟有通知古今，識兼文武的「通儒」，才能有用於國家。而北宋之建國，儒臣的功勞大焉，〈考史‧329〉云：

> 孟子曰：「天下可運於掌。」又曰：「以齊王，猶反手也。」豈儒者之空言哉！……藝祖用儒臣爲郡守，以收節度之權；選文臣爲縣令，以去鎮將之貪。一詔令之下，而四海之內，改視易聽。運掌反手之言，於是驗矣。

他又稱舉永康學派的陳亮的科舉之文〈楊雄度越諸子論〉，云：

「天下不可以無此人，亦不可以無此書，而後足以當君子之論。」

又曰：「天下大勢之所趨，天地鬼神不能易，而易之者人也。」此龍

川科舉之文，列於古之作者而無愧。(〈評文‧053〉)

王氏相信人文世界的化成，唯人可以掌控，他更將這個責任肩在儒者身上。青年王應麟發憤投考博學宏詞科，立志成為一個通儒，正是基於這樣一種經世的抱負。

通儒以經世〔註19〕，在宋代儒者心目中一直是個重要的課題。誠如張灝所說：「就儒家人文主義而言，經世這一觀念之重要性不下於修身。」〔註20〕然而就程朱學派而言，其哲學重點主要在心性，及建立「道統」，因此蘊涵在整個義理系統之中的「實務」問題，並未能得到充分的發揮。如二程雖然也鼓勵讀書，卻頗不屑「史書」、「記問之學」的必要〔註21〕。朱子雖重視讀書，「知行」問題上也頗多發揮，但是對於實務問題，所論多限於理想的寄託。程朱的經世之學，到了真德秀才發展成具體的政治理論。反而是以務實為特色的金華學派，及與朱熹學派的哲學論點相對立的永嘉、永康學派，其經世之學更為顯著，王氏恐怕也受到他們的影響。要之，王氏是在經世的理想下做學問的，致力於博採各家學問，利用編題法，從經史子集中整理出各種歷史知識，而達到通洽的境地。

第二節　對「歷史知識」的掌握──「小學」與「大學」；「知識」與「道」

如上節所言，王氏擅長運用「編題法」以掌握龐大的知識。由於王氏所掌

〔註19〕 要晚至十六世紀，「經世」一詞始有「經世濟民」、「經世致用」的具體義涵，如李贄《藏書‧經世名臣》條，其義已近於「經世致用」。其後「經世」的觀念乃愈來愈確定而普遍。這是「名詞」上的問題，事實上「經世精神」在傳統儒家裏，一直是一個重要觀念。本文用「經世」一詞，正是本於這個精神與觀念。參見余英時：《中國思想傳統的現代詮釋》〈清代學術思想史重要觀念通釋〉(臺北：聯經出版事業公司，1976 年)，頁 420～426，張灝：〈宋明以來儒家經世思想試釋〉(收入《近世中國經世思想研討會論文集》，臺灣：中央研究院近代史研究所，1984 年)。

〔註20〕 見張灝：〈宋明以來儒家經世思想試釋〉(收入《近世中國經世思想研討會論文集》，臺灣：中央研究院近代史研究所編印，1984 年)。

〔註21〕 《宋元學案‧上蔡學案》「附錄」記載謝良佐之事，曰：「胡文定云：『先生初以記問為學，自負該博，對明道舉史書，不遺一字。明道曰：「賢卻記得許多，可謂玩物喪志。」謝聞之，汗流浹背，面發赤。』」

握的這些知識（或曰「材料」），大部份是前人的著作、或是已經經過前人整理的文獻資料，包括經傳注疏、諸子百家，乃至詩文議論等著作性材料，並不同於其他供作歷史研究的原始「素材」；這些材料在王氏學術系統之下，又經過再一次有意識、有主題的擷取、彙整；為方便指稱，本文皆稱之為『歷史知識』〔註22〕。換言之，「歷史知識」意指的範圍，就是：凡王氏著作中所涉及的「過去的」知識，包括各類文獻、典章制度及政治、道德文化知識（包括思想觀念的體系）等皆是；這些知識被王氏大量而有系統地整理、歸類和運用。

　　而王氏在掌握「歷史知識」的取向上，有相當濃厚的「現實涵義」。也就是說，這些知識必須對現實有作用——無論是義理上的教化、警誡作用，或是實務上的改革、鑑誡作用，如其所云：「約不膚陋，博不支離，蓄德致用，一原同歸。」（〈爾雅翼後序〉）「致用」是他學術的目的，因此，在他的著作中，「歷史知識」佔了很大的比重，可以說是他一生學術很重要的關懷對象；而他的經世精神正可由此展現出來。以下的討論正在呈顯出此一特色。

　　在王氏學術中，所有「歷史知識」——小至草木名物，大至社稷制度，甚至學術、思想等——都在同一個義理的（哲學的）基礎之上被闡述、運用。而通過以下的分析，我們還可以瞭解，何以王氏考證學的內容，是制度、地理、名物，而不是聲韻、文字、訓詁；這正是王氏考證學和清代考證學最大的差別，本節的討論將有助於瞭解造成此一差別的因素。

　　我們從王應麟的著述中，找出他所掌握的「歷史知識」。在〈緒論〉第三節，筆者曾經依著作內容，替王氏的著作做了一個分類表。表分十二類，其中第二至第八等七類（詳下）即這裡所謂的「歷史知識」。我們將這八類再一次區分做三大類：第一大類是語文教育，包括第二類「小學」及第三類「考名物」。「小學」類中，除了《蒙訓》是「集古今言行」以為訓蒙育德之書以外，其餘皆是為兒童語文教育編纂的專書；「考名物」之屬，依傳統分類亦可入「小學」；惜皆亡佚。第二大類，是第四及第五類的著作，則可見出他對歷代典章制度，乃至天文地理之學的著力：

〔註22〕本文所意指的「歷史知識」，是學者著作，或是已經學者整理過後的文獻知識，其學術性質可以是歷史、政治、文學、思想……等，王氏所運用的知識屬之。不同於所謂未經整理的「歷史材料」——「所有歷史的，以及相關的知識——關於語言及實物的知識。」（朵伊森〔Johann Gustav Droysen〕著，胡昌智譯：《歷史知識的理論》〔History〕（臺北：聯經文化事業公司，1986 年），頁 26。

2	小　學	小學紺珠 **小學諷詠	姓氏急就篇 **蒙訓	補注急就篇
3	名　物	**尚書草木鳥獸譜	**詩草木鳥獸蟲魚廣疏	
4	地　理	詩地理考	通鑑地理通釋	通鑑地理考
5	制　度	漢制考六經天文編		

說明：**表該書已佚失。（下表同）

再次，第六至第八等三類，則是對古代文獻、包括注疏的整理彙集，間及考證：

6	文獻目錄	漢藝文志考證		
7	經　說	輯周易鄭康成注 補注周書王會篇	詩考 集解踐阼篇	**古易考
8	經文異同	**春秋三傳會考		

又，《困學紀聞》在十二類中屬於「雜考」一類，因其寫法多種，性質不一，內容涵括了以上各類，在此我們也將在討論中依需要而採用，不另作歸類。以下就進行分析。

首先，我們要從王氏的小學教育談起。

王應麟強調循序漸進的讀書法，如其於〈急就篇補注·後序〉所云：「夫物有本末，理無大小，循序致精，學之始事也。」基本上，此一想法和朱熹的格物致知之學，有其類似之處。不同的是，朱熹的格致之學是「大學」裏面的功夫，王氏則是將這個思想放在他的「小學教育」當中。而且，此處的「循序致精」的「精」，與朱熹「格物致知」的「知」應有所不同。其次，朱熹的「小學」是格致以前的事，是「禮樂射御書數，及孝悌忠信之事」﹝註23﹞，主要放在德行修身之上，王氏則較專注於知識（所謂「名數之學」）的學習。因此「小學」一詞的涵義，在朱熹和王氏的學問裏，並不等同。然而「並不等同」，並不意味著二者完全不同，事實上，王氏的小學之教深深受到朱熹的影響；我們可以說，王氏在繼承朱熹小學之教的同時，也繼承了傳統學問裏（《漢書·藝文志》以來）的小學內容。而在繼承傳統小學的脈絡裏，又處處受到朱熹哲學的影響。爲釐清此一傳承關係，以下需要先對朱熹「小學」作一說明。

﹝註23﹞ 黎靖德：《朱子語類》（臺北：華世出版社，1987年）卷七〈小學·學一〉，頁124。

「小學」一詞的涵義，雖然在各種書志的目錄分類上頗有歧異，總不外乎訓詁、聲韻、書體、金石、蒙求……幾項〔註24〕；直到南宋朱熹，才有了較大的變化。《四庫全書總目》說：古小學所教，不過六書之類，故《漢志》以《弟子職》附《孝經》，而史籀等十家四十五篇，列爲小學。……自朱子作小學以配大學，趙希弁《讀書附志》遂以弟子職之類，併入小學，又以蒙求之類，相參並列，而小學益多歧矣。(「小學類」小序)

朱熹立「小學」之目以與「大學」對舉，所著《小學之書》，內容專講子弟灑掃進退應對等儀節，與《漢志》的「小學」涵義不同。《總目》這段話即在指出「自朱子作小學以配大學」之後，《小學之書》、《弟子職》等幼儀之屬，以及專以記誦爲主的「蒙求」類等皆併入小學類的錯誤。因此，《總目》乃以《漢志》的「初旨」爲準，爲紛雜的小學範疇，重新區辨：

> 今以論幼儀者，別入儒家；……以蒙求之屬隸故事，以便記誦者，
> 別入類書。惟以《爾雅》以下，編爲訓詁，說文》以下，編爲字書，
> 《廣韻》以下，編爲韻書。(同上)

《四庫全書總目》的「小學類」只包括訓詁、字書、韻書之屬。段玉裁曾駁《總目》之說，云：「或又謂漢人之言小學謂六書耳，非朱子所云也，此言尤悖。夫言各有當；漢人之小學，一藝也；朱子之小學，蒙養之全也。」〔註25〕其實，朱熹提倡「大學」以與「小學」對舉，本有其歷史淵源〔註26〕，並且又深化了傳統小學裏「室家長幼之節」之教，並寄之以塑造聖人坯模的教化理想，因此，「小學」一門在朱學中佔有非常重要的地位〔註27〕。朱熹強調「小學」的重要，以爲教育程序，必由小學以進大學。他要後生初學，「且看《小學之書》，那是做人底樣子。」又說：

> 古者初年入小學，只是教之以事，如禮樂射御書數及孝悌忠信之事。

〔註24〕關於「小學」一詞的涵義，可參見陳昭容：〈從目錄學的角度考察「小學」一詞涵義的轉變〉，《中華文化復興月刊》第 16 卷 12 期（1983 年 12 月）。

〔註25〕見氏著《經韻樓集》卷八，〈博陵尹師所賜朱子小學恭跋〉。

〔註26〕《白虎通·辟雍章》曰：「古者八歲入小學，始有試，知入學，學書計。十五成童，志明，入大學，學經術。」班固等：《漢書·食貨志》（北京：中華書局點校本，1990 年）曰：「古者八歲入小學，學六甲五方書計之事，始知室家長幼之節。十五入大學，學先聖禮樂，而知朝廷君臣之禮。」可知「小學」本就與大學相對，而小學所教的不外是「書計」和「幼儀」兩大項。

〔註27〕關於朱熹由小學以進大學的思想，具見黎靖德：《朱子語類》卷八（臺北：華世出版社，1987 年）。

自十六七入大學，然後教之以理，如致知、格物及所以爲忠信孝悌者。〔註28〕

此即朱熹一再強調的，小學重在日常之漸化，由修持德行的實習過程貫注聖人人格「坯模」之塑造，是通過「修身」達到體現「道」的基本橋樑。是故教育的第一件事在「化成」：

古者小學……皆所以爲修身、齊家、治國、平天下之本。而必使其講而習之於幼稚之時，欲其習與智長，化與心成，而無扞格不勝之患也。〔註29〕

小學階段乃是導引學童邁向聖人完整人格的初級教育，作爲進入大學之道的預備教育。

由於朱熹的影響，南宋學者爲童蒙寫作幼儀書的風氣，十分普遍。這些著作在《宋史・藝文志》的歸類並不一致，除了其中三部置於經部小學類中，其它都歸於子部儒家類。置於小學類的三部，是：（1）朱熹《小學之書》，（2）呂本中《童蒙訓》，（3）王應麟《蒙訓》。此外，馬端臨的《文獻通考》也將蒙求之書、幼儀之書，歸入小學類。這些，到了《四庫全書總目》，都分入了類書類或儒家類〔註30〕。

〔註28〕同註2。
〔註29〕見朱熹：《小學集解》〈小學書題〉（臺北：世界書局，1962年），頁1。
〔註30〕陳昭容文（見註2）有「歷代志書小學類內容分析簡表」，載志書十三種，分訓詁、文字……等十一類；此處僅摘取「訓誡、始學」（即幼儀之屬）及「蒙求」二種的歸類情形：

	訓誡、始學	蒙求
漢書藝文志	孝經	
隋書經籍志	○	
舊唐書經籍志	○	
新唐書藝文志	○	雜家
崇文總目		類書
通志藝文略	○	雜家
直齋書錄解題	儒家	類書
郡齋讀書志	儒家	類書
文獻通考	○	○
宋史藝文志	○	類書
焦竑經籍志	○	○
明史藝文志	○	○
四庫提要	儒家	類書

　　《四庫全書總目》的分類，一方面顯示學術後來轉精、專門之學日益確定的趨勢；另一方面也表現出《四庫全書總目》好古崇漢的學術取向。此非本文重點，故不深論〔註31〕。然而有趣的是，純就目錄分類的角度而言，《總目》將原本在《宋志》、趙希弁《郡齋讀書志附志》及馬端臨《通考》中列入「小學類」的弟子職、蒙求之屬，悉數重新歸類，本無可議。但是我們若相信每個時代的學術各有其特殊的學術脈絡，那麼當我們面對宋代的學術，或許可以暫時撇開《總目》的分類方式，而相信：《宋志》等三書的分類容有含糊未當之處，但是在一定程度上應該有其道理可尋。也就是說，他們在目錄學尚未成熟、分類法尚未清楚之時，之所以會做這樣的分類，或許是依循某種脈絡而來。這個脈絡，就是當時施行小學教育的部份實況，許多蒙書顯示同時要求學童學習幼儀、語文及常識記誦之學〔註32〕。所以，我們可以這樣理解：《宋志》、《郡齋讀書志附志》及《文獻通考》之所以將弟子職、蒙求之屬，與聲韻、訓詁、文字之書同歸小學類，不能只視作目錄分類的問題，反而可以當作學術史的問題來思考。亦即，在寫作《宋志》等三書的時代裏，由於這些不同種類的著作曾經在同一小學教育的學術脈絡當中被使用，所以才會出現這樣的歸類〔註33〕。換言之，宋代有部份學者，是同時提倡「修身」與「語文教育」的小學教育；而其中朱子學派，是以求「道」為教育宗旨，即無論是修身之教或語文教育，皆以「道」為宗旨。

　　由朱熹所明確提出的具有修持育德涵義的「小學」，我們可以逕稱之為「修身的小學教育」。這一型態的小學教育，在宋元以後愈來愈受重視，而王氏正是處於這個學術脈絡之下，所以自然極重視蒙養育德之學，從他編輯《蒙訓》四十四卷可知。《蒙訓》已佚；王氏〈浚儀遺民自誌文〉云：「集古今言行為

說明：「○」記號表示該類書籍在該書志中屬小學類；若不屬小學類，則標明其所屬類別。

〔註31〕可以參見胡奇光《中國小學史・緒論》（上海：上海人民出版社，1987年初版），頁3。
〔註32〕如程端禮（1271～1345）《程氏家塾讀書分年日程》，記「朱子讀書法」有：一曰學禮，二曰學坐，三曰學行，四曰學力，五曰學言，六曰學揖，七曰學誦，八曰學書。程書中且詳細計畫兒童誦書習字之次序。
〔註33〕當然也有另一個可能，即，《宋志》等書的作者，同時面臨傳統小學，又要因應新出現的小學，乃將二者勉強合之。我們不採此說的原因，《宋志》以前，將幼儀之屬歸入儒家類者大有人在（參見註10）；其二，朱熹學派並非完全忽略兒童的語文教育。可見《宋志》等書如此分類必有其道理。

《蒙訓》。」〔註34〕據呂美雀考訂，此書是採摭古籍中古人之嘉言懿行，集以成編，以爲訓蒙育德，是繼承呂本中《童蒙訓》之作〔註35〕。

所以，王應麟在小學教育上，無疑是肯定由「修身」體現「道」的重要性的。但是他更著力於由「知識」以求「道」的爲學工夫。事實上朱熹的小學教育，也重視語文的訓練，只是在次序上，日用修身是第一義，所以相較於人格陶養的規範主義〔註36〕，其學童語文教育上的提倡，就顯得簡單得多〔註37〕。

就「小學——大學」的脈絡而言，朱熹對知識的重視，主要是在「大學」階段，在「格物致知」論上發揮。「小學」，在學事物的「所當然」，「當然之則主要是指道德準則和禮節規範」〔註38〕，所以小學教育首在日用實踐之間；「大學」則在學事物的「所以然」，以格物爲求知方法，要去瞭解事物的本質與規律，最後並將所有事物的本質與規律，都歸宿到「天命之性」上〔註39〕。朱熹對古典知識的掌握，最後總不免歸納至其哲學體系之下，其重視知識，一方面是爲了「個人修身和國家治理」〔註40〕。在此脈絡之下，古代經籍是在以修身爲核心課程的教育體制內之文獻研究，它不能只是與個人體驗毫無相關的知識，學者要藉它體會聖人的智慧，就義理上要直契聖人之心，就事件上要見歷代「興衰治亂之端」〔註41〕。所以，閱讀「歷史事件」（不等同於本文所謂「歷史知識」），在朱熹的眼中，「只如看人相打」〔註42〕，他之所以研究歷史，並不是對其中根據權力邏輯而發生的事件有興趣，而是因爲瞭解

〔註34〕見陳僅：〈王深寧先生年譜〉附〈浚儀遺民自誌文〉，（中華大典編印《四明叢書》）。

〔註35〕呂美雀：《王應麟著述考》（臺北：台大中國文學研究所碩士論文，1971年），頁28。

〔註36〕「規範主義」一詞見杜維明著，林正珍譯：〈宋儒教育觀念的背景〉一文，載《史學評論》第九期，（1985年1月）。

〔註37〕參註11，又朱熹：《朱文公文集》（臺灣：商務印書館四部叢刊初編本）卷七十六〈小學題辭〉云：「行有餘力，誦詩讀書，詠歌舞蹈。」又，《朱子語類》卷七（臺北：華世出版社，1987年），訓示教小兒要：「授書莫限長短，文理斷處便住。若文勢未斷者，雖多授數行，亦不妨。」

〔註38〕陳來：《朱熹哲學研究》（北京：中國社會科學出版社，1987年）第三部份〈格物致知論〉，頁222。

〔註39〕同上，頁218～239。

〔註40〕同上，頁227。

〔註41〕黎靖德編：《朱子語類》卷四（臺北：華世出版，1987年），頁175。

〔註42〕《朱子語類》卷一二三（臺北：華世出版社，1987年）。

歷史可以幫助他省思當前事物，評判當代問題。「歷史事件」具有鑒古知今的
功能。

　　職此之故，朱熹必然也重視「歷史知識」。「歷史知識」背後所蘊涵的義
理，也是朱熹哲學中的「當然之則」；通過對一切「聖王」所製定的禮法制度、
歷律地理等知識的考求，自可以求得聖人製作的「所以然」──即合乎天命
的意義。朱熹學問的最終關懷是道德經世，「歷史知識」的考求可以體會到聖
人「制物尚象」的意義。這種經世要求下所從事的知識追求，範圍不免有了
侷限性。朱熹所提倡的知識，就是「傳統儒家所規定的、統治國家所需要的
天文知識、基本農業知識，以及爲禮制服務的律歷知識」〔註43〕，經由這些
「歷史知識」，可以更加瞭解國家體制結構。朱熹由於重心在哲學體系之建
立，晚年又傾全力於教育，雖不曾輕視歷史知識的教授，但究竟只能寄經世
理想於講學之中了。例如在幾處提及國家考試時，就曾強調歷史知識的重要
性：〈學校貢舉私議〉指出諸經子史，皆學者所當知，皆不可不之習〔註44〕；
《語錄》中說爲了「取科第之計」，必須理會一些「刑名度數」、「天文地理」、
「五運六氣」之類的學問〔註45〕。朱熹這方面的關懷，爲王應麟所發揮。

　　如前所言，王氏十分著力於藉由「知識」以求「道」的的工夫，和朱熹
一樣，他也說：「小學者，大學之基。」（《小學紺珠・序》）但是他更強化了
朱熹小學脈絡中語文教育的層面。首先，在童養豫教之學裏，他加入朱熹的
認識論，如〈爾雅翼・後序〉所云：「格物致知，萬物備於我，廣大精微，一
草木皆有理，可以類推，卓爾先覺，即物精思，體用相涵，本末靡遺。」又
云：「理無窮書，有隤未窺。」在此，很明顯的朱熹的格致思想都成了王氏小
學教育的理論基礎。

　　其次，他又進一步說：「君子恥一物之不知，倫類不通，不足謂善學。」
（〈急就篇補注・後序〉）〈小學・007〉亦云：「君子所以貴乎多識也。然《爾
雅》不釋菽，字書不見栯橕，學者恥一物之不知，其可忽諸？」王氏一再強
調「君子恥一物之不知」，在在表明了他不但以「通儒」自期，尤其視成爲「通
儒」爲使命。試觀他在〈急就篇補注後序〉將《急就篇》的內容區分爲「姓
氏名字」、「服器百物」、「文學法理」三個部份，云：

〔註43〕同註17，頁228。
〔註44〕朱熹：《朱文公文集》（臺灣：商務印書館四部叢刊初編本）。
〔註45〕《語類》卷十，頁174。

> 嘗觀眾仲對氏族，師服、申繻論名子；籍談忘司典之後，景王以為識；衛侯以辟疆為名，周人不肯受；繫之以姓，著於世本，字而不名，貴於春秋，故始之以姓氏名字。學詩多識鳥獸草木之名，論語備錄衣服飲食之制，陶宏景讀書萬卷，尤明醫術本草，韓文公謂禮樂名數方藥之書，未有不通，此而為大賢。致知在格物，觀物以觀我生，故次之以服器百物。

> 周書言「學古入官」，子產云「學而後入政」，董仲舒以春秋斷獄，雋不疑以經術決事；若受之以政，不達，宋泉之勳級，蘇威之五教，人到於今羞之。故終之以文學法理。器無非道，學無非事，其義不可須臾舍也。(〈後序〉)

這一大段文章，揭示出「歷史知識」與「道」的必然關係。內容意指：第一、「姓氏名字」之學，有助於研究古代典籍、瞭解古代文化，這和他編纂《姓氏急就篇》的意義一樣。〈姓氏急就篇跋〉云：「韻屬句摹，輯為此書；希鏡百帙，指掌可述；對息問董，若龜五總……稽經訂傳，蒙士用勸。」說明此書的功用是在「稽經訂傳」，便利讀書。第二、草木鳥獸、服器百物之學，是就日用眼前事而言，是民生實用的知識範圍。第三、「文學法理」之學，是從政者必備的各種傳統知識。這三方面所強調的，無論名物制度、文學法理之用途，或傳統倫理層面、或生活實用層面、或政治經世層面，其中或涵有文化的意義，或可以施諸人倫日用、政治教化，大都屬於讀書求理的「歷史知識」範圍。

王氏既強調「博學」的可貴，又說「器無非道，學無非事」，來總括這些知識的意義；「事」「物」皆「器」，學者要經由掌握這些「器」——即知識對象，以通「道」。

在朱熹哲學中，「物」指天地之間、眼前所見一切事物，故云：「聖人只說格物二字，便是要人從事物上理會。且有一念之微，以至事事物物，若靜若動，凡居處飲食言語，無不是事。」〔註46〕換言之，朱熹所謂「格物」的「物」，是指「一切可以被人當作思維對象」的事事物物〔註47〕，而比較傾向於生活層面、自然界的事事物物。而王氏所指的「器」、「事」，則比較偏向「歷史知識」而言，表現在王氏小學教育中，則是其重「知識」的傾向，已經超

〔註46〕《語類》卷十五，頁287。
〔註47〕陳來：《朱熹哲學研究》（北京：中國社會科學出版社，1987年），頁219。

乎朱熹小學中純粹記誦的語文教育了。〈爾雅翼後序〉亦云：

> 覽故考新，揆敘物宜，根極六藝，冰渙昔疑；囊括百家，抉廋撟疵。……
> 由是進大學之道。

「覽故考新」，可以「揆敘物宜」；「根極六藝」，可以「冰渙昔疑」。「覽故考新」、「根極六藝」是對歷史知識及經義知考索，；「揆敘物宜」、「冰渙昔疑」是知識之運用及義理之理解。整個過程即「循序致精」的求知過程。這裏同時透露出王氏學術之所以具有考證趣味的原因。（關於義理與考證的關係，詳見第三章第一節。）

在此由「知識」以求「道」的工夫上，王氏尤其嚮往三代所留下的文化遺產。〈補注急就篇後序〉又云：

> 古者保氏教六書，外史達書名，漢猶有課試舉核之法，故馬尾之書必謹。自篆而隸，自隸而稿，鍾、王之後，以意行書，先漢遺文古事，浸以淹昧。急就雖存，而曹壽、劉芳、豆盧氏、顏之推注解，軼而不傳。昔以是爲童蒙之學，今有皓首未覿者。俗書溢於簡牘，訛音流於諷誦，襲浮踵陋，視名物度數若弁髦，而大學之基不立。

這段話是說：由識字習字進而認識古代名物度數，這是三代以來至漢的小學教育；然而後代由於字體屢變，流傳過程中，發生「俗書」、「訛音」的混淆，導致「先漢遺文古事，浸以淹昧」。因此雖有《急就篇》留傳下來，並有諸家注解，然而這些注解如今也都散而不存。終於，古代的童習讀物，今日學者卻「皓首未覿」；再加上當時讀書風氣不重視名物度數之學，乃導致「大學之基不立」。這裡我們要注意的是，第一、「名物度數」是通往大學之道的基礎，而由於書籍面貌今非昔比，必須揭去混淆「名物度數」真貌的「俗書」、「訛音」，使學者可以憑此「循序致精」，以進大學之道。第二、王氏所欲求者，乃三代之遺文古事，因爲「三代」代表了其義理的歸宿。試續論之。

王氏於〈漢制考序〉云：

> 君子尚論古之人，以爲漢去古未遠，諸儒佔畢訓詁之學，雖未盡識三代舊典，而以漢制證遺經，猶幸有傳注在也。……蓋自西晉板蕩之後，見聞放失，習俗流敗，漢世之名物稱謂，知者鮮焉，況帝王制作之法象意義乎！此漢制之僅存於傳注者，不可忽不之考也。……自流溯三代之禮，庶乎其可識矣。

這段文字清楚說明王氏考漢制的目的，是爲了「證遺經」，爲了「識三代舊典」，

以求「帝王制作之法象意義」。在宋儒心目中，三代是聖王的時代，是道統之所繫。這是何以宋儒解經要擺落漢唐的原因。王氏爲學並不贊成「擺落漢唐，直詣道心」，他相信道在三代，欲求此道，應自漢人傳注求之，因爲「漢去古未遠」。但是王氏藉漢人傳注以求三代典制，與默守漢唐舊注者又絕不相同，他是通過「交叉參照」的方式，對材料進行考索。所以他的學術成果有不同的面貌。（關於「交叉參照」的考證方法，俟第三章第二節再論。）

透過上面的分析，我們歸納出以下幾點看法：

一、王氏在使用「小學」一詞時，既繼承了傳統小學重視語文訓練的層面，同時也繼承朱熹「由小學以進大學」之教，以小學教育是道德教育的根本，由「知識」以求「道」是根本之路。此或是王氏本身觀念含混之處，然而由於王氏更加強調的是語文教育的層面，因而此一含混處卻導引出他強調由「知識」以求「道」的這一條爲學之路；

二、由「知識」以求「道」的強調是王氏小學教育的特色。由「知識」以求「道」是藉由掌握「歷史知識」而達成，其中「小學」教育包括記誦歷史知識，奠定求道的基礎。所以王氏爲傳統童蒙肄習用的小學著作《急就篇》詳細補注，又編纂了《小學紺珠》十卷、《姓氏急就篇》二卷等。

三、由「知識」以求「道」的理想，又包括整理歷史知識的基本工夫，從各種名物典章的考索，乃至古代文獻、注疏的彙整、考證等，都不是學童所能勝任，而在王氏學術體系裏，卻是非常重要的工作。而王氏的大部分著作，就是在作這樣的工作，這些我們在後面還會陸續論及。

四、「歷史知識」在王氏的學術體系當中，包涵了三種意義：第一，知識本身即蘊涵「道」；第二是知識可以作爲求「道」的階梯；第三是知識可以作爲講述、發揮「道體」的工具。可見王氏的學術，基本上仍在理學的脈絡之中。

五、由「知識」以求「道」是藉由對「歷史知識」的掌握而達成的，王氏的經世精神正可由此呈顯出來。王氏除了彙整歷史知識，在文道一體的理學家文學觀之下，更發展出「文道史匯通」的學術境界，這是第三節將要論述的。

六、我們既知王氏由「小學」進入「大學」的內涵，和朱熹相比，在修身與求知上，觭重觭輕的不同。關於這一點，第三章討論王氏的考證學時，還會再作進一步的分析。

七、無論是通過「覽故考新」或「根極六藝」等方式，王氏都是藉由「歷史知識」之蒐集考證以達到「知識──→道」的理想。在他的知識系統裡，並未考慮到去考索有關歷代音韻或文字的演變的客觀規律，事實上，就其經世致用的治學動機而言，他更不可能去從事音韻文字的研究。這裡，就很明顯的說明了王氏考證之學與清代考證學的別所在了。

第三節　文詞之臣──文、道、史的匯通

本文嘗試從王氏學術中，抽繹出「文、道、史匯通」的學術特色。討論當中，牽涉到以下這些問題：第一，何謂「文」？「文」在王氏學術中的意義爲何？第二，「文」與「道」的關係爲何？第三，何謂「史」？「史」與「文」、「道」的關係又如何？由於王氏著作大多是歷史文獻知識的歸類匯整的工作，對於以上這些觀念並未有系統性的討論，以致於本文在申說其「文、道、史匯通」的學術特色時，比較著重於：1. 觀念的承接與學風的相互影響上，以及 2. 王氏是以怎樣的角色參與此一學風等二方面的分析。本文是以王氏「文詞之臣」的身份作爲觀察的起點，並及其擅長運用「歷史知識」的特色，來討論王氏學術與當時的理學學風、文學風氣如何相應的問題，以呈顯出王氏學術特色之一隅。

一、文章與道──「文道一體」觀的發展

認爲文章可以達道，或認爲不徒以文采勝而其旨必歸於正道的文章才是有價值的文章的這種觀念，在宋代已經十分普遍。其中，又以程朱一脈理學家對文道關係的論斷，最爲明顯。王應麟自然受了這種觀念的影響。

「文學」主於表達情性，因此文學家所以講求文詞的鍛鍊，是爲了適切表達心中感受，所謂「心聲心畫」是也。然而在儒家思想裏，往往更重視與其入世精神結合，而特別講求文學的實用性，講求發揮政治、教化的作用。荀子思想重質尚用，反對華而不實，已經蘊涵有「文學功用論」的主張。〔註48〕之後

〔註48〕王先謙：《荀子集解》〈儒效篇〉：「聖人也者，道之管也。天下之道管是矣，

如東漢的揚雄，更提出以儒道六經為主的文學觀〔註49〕。自此而後，儒家的實用文學觀不絕如縷；在魏晉南北朝的唯美文學、形式主義文學思潮大流下，形影隱約〔註50〕；直到唐代，才有古文家提出較為明確的「道統文學」理論〔註51〕。

　　北宋由於理學家的出現，韓愈一脈儒家的道統文學觀，乃有了更加極端〔註52〕的發展。理學家本有重道輕文的傾向。周敦頤在《周子通書‧文辭第二十九》提出：「文，所以載道也」的「文以載道」說，這個主張強調以道為主，文以載道的文學，基本上和唐以來並無大異。徇至程頤、程顥，竟至有「文章害道」〔註53〕之說，且云：

　　書云：「玩物喪志。」為文亦玩物也。(《二程遺書》卷十八)由於二程標舉「道」這個嚴肅的主題，而擯棄了一切有礙修養聖賢之道的學術活動，其云：「有德，然後有言。」〔註54〕完全否定文學創作的意義，而將文藝之事擯入「異端」之列：

　　今之學者有三弊：一溺於文章，二牽於訓詁，三惑於異端。苟無此

　　三者，則將何歸，必趨於道矣。(《二程遺書》卷十八)

文章與訓詁、異端（釋、道二氏）一樣，皆有害追求聖道，因此，專力文學的人，便是「玩物喪志」，文學與悅人耳目的俳優無異。換言之，文學是「道」外之物。

　　　　百王之道一是矣，故詩書禮樂之歸是矣。」(臺北：華正書局，1988年8月)，頁84。又云：「凡言不合先王，不順禮義，謂之姦言。」將著述、文章之事與聖人之道、政治禮義緊密結合。

〔註49〕《法言‧吾子》云：「或曰：『君子尚辭乎？』曰『君子事之為尚。事勝辭則伉，辭勝事則負，事辭稱則經。足言足容，德之藻也。』」其謂「事稱辭則經。足言足容，德之藻也」，直可視為「文以載道」說的前身！

〔註50〕「魏晉是文學的自覺時代」(劉大杰：《中國文學發展史》(臺北：華正書局，1986年)，頁243，文學始與經、史、子分途而取得獨立的地位，形式主義的文學思潮跟著十分發達。相對的，這個時期的儒家思想受到老、莊及佛、道思想的衝擊而有式微之象，儒家的載道文學亦聲音較弱。

〔註51〕以下意見參見劉大杰：《中國文學發展史》「唐代古文運動」，頁371～381：王通的《中說》是唐代排擊六朝纖麗文學，建立教化、實用文學的先聲；柳冕則是初步建立了道統文學的理論；李漢〈昌黎先生文集序〉為韓愈歸納出「文學為貫道之器」的理論，則為道統文學確立了指標；和南北朝最大的不同，是唐代進一步提出以文貫道的文學觀，確定了「道」的意義凌駕於「文」的趨勢。

〔註52〕「極端」二字為劉大杰用語。見劉大杰：《中國文學發展史》，頁606。

〔註53〕《二程語錄》卷十一。

〔註54〕《二程遺書》卷十八。

這種觀念到了朱熹而有所轉變。朱熹的轉變是他在周敦頤、二程的道統文學說之內，又提出「文道一體」〔註55〕的觀念。

質言之，朱熹所肯認的「文」，仍是「道」內之文，而不是「道」外之文。此一觀念對儒家「經世文論」的形成與發展，有關鍵性的影響〔註56〕。而朱熹此一觀念，應是由其讀書求理的經驗體會而來的。

朱熹的哲學喜從極平易處入手，他並不視經典爲極艱難。他總說要「平心讀聖賢之書」，要先「放下自家心」（《語錄》卷一百二十）。又說：

> 今人言道理，說要平易，不知到那平易處極難。被那舊習纏繞，如何便擺脫得去！譬如作文一般，那個新巧者易作，要平淡便難。然須還他新巧，然後造於平淡。（《語錄》卷八）

要去舊習，然後從平易處起，因此他常常讀經書猶如讀文章。《朱文公文集·卷42·答石子重》有云：

> 人之所以爲學也，以吾之心未若聖人之心故也。心未能若聖人之心，是以燭理未明，無所準則，……而不自知也。若吾之心即與天地聖人之心無異矣，則尚何學之爲哉。故學者必因先達之言以求聖人之意，因聖人之意以達天地之理。求之自淺以及深，至之自近以及遠。循循有序，而不可以欲速迫切之心求也。夫如是，是以浸漸經歷，審熟詳明，而無躐等空言之弊。

這段文字簡潔地說明朱熹讀書的目的、方法——目的，爲了求吾之心與天地聖人之心無異；方法，第一，要因先達之言以求聖人之意，因聖人之意以得天地之理；第二，學問要自淺以及深，自近以及遠，循序詳審，不可躐等空言。其中最緊要的，就是「由淺至深，由近至遠」的平易功夫，所以他總說讀經要「涵詠文理」、「反復體驗」、「著實讀書」，以達到通體浹洽，然後可以見「本文本意」、可以得「聖賢之指」〔註57〕，因爲聖人言語自有「語脈」，不明「語脈」，則無由體當聖人旨意。因此，他解經最忌高論浮談，而由經書的「文脈」、「文理」處漸次領略，這便是等於把經書當作平常文章來吟詠、

〔註55〕關於朱熹「文道一體」的觀念，參見錢穆先生：《朱子新學案》第五冊〈朱子的文學〉（臺北：三民書局，1971年）。

〔註56〕關於這個論題，非本文重點，故筆者亦未深究。而林保淳《經世思想與文學經世——明末清初經世文論研究》，亦未討論及此，特此提出，或可參考（臺北：文津出版社，1991年）。

〔註57〕見《朱子大全集》卷四十八。

體會。這種從平易處入手的讀書態度，使他在讀經、解經上能屢有心得，時有創獲。如其所云：

> 讀書且要虛心平氣，隨他文義體當，不可先立己意，作勢硬說。(《文集・卷五十三・答劉季章》)

> 讀書如論孟，是直說日用眼前事，文理無可疑。(《文集・卷四十八・答呂子約》)

> 逐字逐句，一一推窮。逐章反覆，通看本章血脈；全篇反覆，通看一次篇第。(《文集・卷五十二・答吳伯豐》)

> 大抵觀書先須熟讀，使其言皆若出於吾之口，繼以精思，使其意皆若出於吾之心。(《文集・卷七十四・讀書之要》)

這種「虛心平氣」、「通看文理」、「反覆吟詠」、「使其意皆若出於吾之心」的讀書法，是要經由涵詠熟玩而能對聖人之旨「自得於心」。又云：

> 《中庸》一篇，某妄以己意分其章句，是書豈科章句求哉！然學者之於經，未有不得於辭而能通其意者。

解《中庸》不倚傍經注舊說，而靠學者本身去閱讀體會，由「辭」以通其「意」。

　　不只朱熹，同時的理學宗師陸九淵，也主張涵詠、「操戈入室直接掌握作者『立言之意』的精讀法」〔註58〕：

> 讀書之法，須是平平淡淡去看，仔細玩味，不可草草。所謂優而柔之，厭而飫之，自然有渙然冰釋，怡然理順底道理。(《語錄下・卷三十四》)

> 今之學者讀書，只是解字，更不求血脈……須是血脈骨髓理會實處始得。(同上，卷三十五)

陸氏究心心學，但是他精讀聖典、潛心向學的學習精神，也絕不含糊〔註59〕。就是以史學見長的呂祖謙，也曾經主張涵詠的讀書法〔註60〕。由此我們發現到南宋理學家──至少反映在朱、陸、呂三位大學者身上──有一個特色：他們讀經都重視經由「文理」、「文義」、「血脈」以求經旨之顯現與貫通；他們喜歡以文讀經、解經，他們視經為文，以文視經，他們的讀經講究的是經由「涵詠」、

〔註58〕 杜維明：〈論陸象山的實學〉(收錄於《中央研究院第二屆國際漢學會議論文集歷史考古組》，1989年6月)，頁845。

〔註59〕 同上，頁844。

〔註60〕 《呂東萊先生文集・答潘叔昌書》云：「為學工夫，玩養之久，釋然心解，平帖的確，乃為自得。」

「體驗」，以求聖人本心、聖經本意。這一種平易的讀書態度，與其心性哲學息息相關；一切都是以本心為起點。朱陸不同之處只在體道的途徑上，朱熹比陸氏更強調經由經典的精讀，以契道心；此即所謂「道問學」的工夫。

一旦「吾之心與聖人之心無異」，則吾之文即道之顯現，所以朱熹講文與道的關係，曰：

> 道者文之根本，文者道之枝葉。惟其根本乎道，所以發之於文皆道也。三代聖賢文章，皆從此心寫出，文便是道。(《文集》卷三十〈與汪尚書〉)

三代聖賢文章皆道之顯現，「文章──心──道」渾為一體，這

是文章的最高表率；這些必須從「內在」功夫做起。朱熹反省時人讀書、作文風氣，則云：

> 學須做自家底看，便見切己。今人讀書，只要科舉用；已及第，則為雜文用；其高者，則為古文用。皆作外面看。(《語錄》卷十一)

科舉之文、雜文、古文，都沒有達到他對文章的要求。所以他辨蘇軾之病，說：

> 今東坡之言曰「吾所謂文必與道俱」，則是文自文而道自道，待作文時旋去討個道來放若裏面，此是他大病處。(同上)

文即道而道即文，「道」豈待外來？所以朱熹認為，如果「文是文，道是道，文只如吃飯時下飯耳」，那是「把本為末，以末為本」(《語類》卷一三九)，本末倒置了！朱熹云：「這文皆是從道中流出。」(同前)他所要求的「文章」，可以說是「經」的擴大──文章已經不止是經的從屬、附庸而已了〔註61〕。我們雖然不必推求過甚地說，朱熹認為文與道處於平等的地位，然而可以推論的是，朱熹這一派理學家，很可能已經重視到：書面文辭表達或口語講說的語辭表達之方式，與他們的「傳道」事業息息相關。如「講學家」欲「講明」道，「講明」便是文辭表達；王應麟講究「修辭立其誠」，則包括文字、語辭二種表達途徑。(關於此點，下文再論)

我們發現，這樣的文辭理論，是「主於論理而不論文的」〔註62〕。朱熹所

〔註61〕我們若把朱熹「文便是道」、「文道一體」的主張，放在他的整個思想脈絡中去看，而不是孤立地討論「朱熹的文學觀」，那麼經由這個角度，或許也可以對朱熹的思想得到一個平易的瞭解。

〔註62〕林保淳：《經世思想與文學經世──明末清初經世文論研究》第一章第三節〈文學與經世〉(臺北：文津出版社，1991年)，頁53。

謂「三代聖賢文章，皆從此心寫出」、「這文皆是從道中流出」，林保淳先生云：「『流』、『寫』（瀉）二字，所強調的是一種自然的流衍，由『道』成『文』之間，並沒有一個居間協調，苦心經營的作者在內。……只要『學道有成』，所謂『有德者必有言』，自可『攄發胸中所蘊』而成文了。」〔註63〕雖然說作文不講「苦心經營」，但是由於前提在於「學道有成」，所以在這個理論體系裏，「道」是必要條件；因此，換一個角度來講，朱熹對文章的要求也是很嚴格的。

朱熹「文道一體」觀念如是。其後，「到了朱熹的再傳弟子眞德秀，他選了一部《文章正宗》同《昭明文選》對立，有意識地來貫徹理學家的文學主張」〔註64〕。眞德秀在〈文章正宗綱目〉中說：

> 正宗云者，以後世文辭之多變，欲學者識其源流之正也。……夫士之於學，所以窮理而致用也；文雖學之一事，要亦不外乎此。故今所輯，以明義理、切世用爲主，其體本乎古，其旨近乎經者，然後取焉。否則，辭雖工亦不錄。

文中明標「其旨近乎經」的取捨標準。劉大杰云：「這部書在後代雖不流行，但在當日理學盛時，是很有影響的。」〔註65〕值得注意的是，這部書在理學當令時，曾經作爲「時文」的範本，因而帶動了讀書人肄習理學家文章的風氣。王應麟就是在這樣的風氣之下習文的。

《辭學指南·序》有一段話，最可以表現王氏承續朱熹一脈「文道一體」的觀念：

> 朱文公謂是科（案：指宏詞科）「習詔諛誇大之辭，競駢儷刻雕之巧，當稍更文體，以深厚簡嚴爲主」。然則學者必涵泳六經之文，以培其本云。

朱熹這段話出自〈學校貢舉私議〉一文。王氏既承朱子「深厚簡嚴」之教〔註66〕，乃更進一步徑以經書爲模範之文，以爲六經最是深厚簡嚴，學者必藉由六經以養根本。「涵詠」、「培養根本」是宋儒很普遍的一種思惟方式。一切以蘊含「道」的經書爲最高標準，蒙養用「培養漸化」以立「本」（即道體），讀經用「涵詠」以體道，即使寫作文章，也要這麼做來，必使通體浹洽，內容與形式渾融爲一。

〔註63〕 同上。

〔註64〕 劉大杰：《中國文學發展史》第十七章〈宋代的社會環境與文學發展〉，頁605。

〔註65〕 同上。

〔註66〕 應麟字伯「厚」，號「深」寧、「厚」齋，竊臆即出自朱熹「深厚簡嚴」中「深厚」二字之教；若然，則應麟推服朱熹之深尤可見。

所以王氏有以經法為文法的意思，曾云敘事當以《書》為法：

> 〈夏小正〉、〈月令〉、〈時訓〉詳矣，而〈堯典〉命羲和，以數十言
> 盡之；〈天官書〉、〈天文志〉詳矣，而〈舜典〉璣衡，以一言盡之。
> 敘事當以《書》為法。（〈書・009〉）

這是就敘事的簡當而言。又引王質（字景文，？～1189）事：

> 王景文謂：「文章根本在六經。」張安國欲記考古圖，曰：「宜用〈顧
> 命〉。」遊盧山序所歷，曰：「當用〈禹貢〉。」（〈書・144〉）

這是就體例而言。若是古文家，則考古圖、遊盧山，無論用考證、或寫景、抒情，總不至學文於〈禹貢〉、〈顧命〉！應麟一則身為朝廷的文詞之臣，所以對典誥之體反省最深，對《尚書》的文體也最熟玩；再則承深厚簡嚴之教，所以有此做法。這是王氏對文道一體的繼承。

二、文、道、史的匯通

就文道關係而言，如上所言，是指文與道一、以道學義理為本的語文陳述。王應麟在文道一體之上，又加上「歷史知識」之應用，這就是這裡要討論的「文道史匯通」的觀念。王氏的時代，有些學者有此一自覺的觀念，王氏也是其中之一。王氏對文詞要求十分嚴格，〈評文・048〉曰：

> 邱宗卿謂場屋之文，如校人之魚，與濠上之得意異矣。慈湖謂文士
> 之文，止可謂之巧言。

全祖望箋云：「引宗卿語，見場屋之文不足觀；引慈湖語，見凡為詞章之學無所得。是兩層。」場屋之文與詞章之學的確都不是王氏理想所寄，他對文章的理想，是匯通文、道、史。身為文詞之臣，使他有足夠的敏銳度思考並從事這樣的事業。王氏在「深厚簡嚴」、以經法為文法的觀念下，反對誇詼巧言，而主張「修辭立其誠」。〈易・002〉云：

> 修辭立其誠，修其內則為誠，修其外則為巧言。《易》以辭為重，上
> 〈繫〉終於「默而成之」，養其誠也；下〈繫〉終於六辭，驗其誠不
> 誠也。辭非止言語，今之文，古所謂辭也。

《易・文言・乾・九三》曰：「『君子終日乾乾，夕惕若厲，無咎』，何謂也？子曰：君子進德修業，忠信所以進德也，修辭立其誠，所以居業也。」「修辭立其誠」五字，孔穎達《正義》云：「辭謂文教，誠謂誠實也。外則修理文教，內則立其誠實，內外相成，則有功業可居。」鄭子瑜歸納二說，以為：「修理

文教,指進德修業而言,和我們現在所說的修辭無關;王氏謂『修其外則爲巧言』,則是有關了。」〔註 67〕其實,孔氏釋「修辭」爲「修理文教」,雖及進德而未及文辭,與王氏之意不符。然而王氏之「修辭」也並不等同於文學創作中的文字修飾功夫。

王氏曰:「辭非止言語,今之文,古所謂辭也。」其所謂「修辭」,主要指文辭而言。「修其內則爲誠」,是進德功夫;修辭立其誠,是人文化成的道德境界。因此,這裡的「辭」(即「文」),已不限於文章之事,整個人文世界,凡出之以文辭者皆是。「文辭」本來是外在的屬性,如今要通過道德修養,使外在的「文辭」等同於內在的「道德」;這可以說是將道德文學論發揮到了極致。

王氏此說亦承自朱熹,而又續有發揮。翁元圻注引朱熹〈答鞏豐〉云:

> 修辭豈作文之謂哉?設若盡如《文言》之本旨,則猶恐此事在忠信進德之後,而未可以遽及;若如或者詩賦之所詠歎,則恐其於乾乾夕惕之意,又益遠而不相似也。

翁注云:「厚齋今文古辭之語,似與朱子意未合。」在此,朱子意謂:修辭非指作文之事,詩詞歌賦之詠歎,與「乾乾夕惕」的進德功夫,是遠不相似的。而朱子「修辭」的「辭」,就是「言語」。《語類》記載:

> 問:「居業當兼言行言之,今獨曰『修辭』,何也?」曰:「此只是上文意。人多因語言上,便不忠信。」因言:「忠信進德,便只是《大學》誠意之說。『如惡惡臭,如好好色』,有此根本,德方可進。修辭,只是『言顧行,行顧言』之意。」(卷六十九)

朱子之意,「修辭立其誠」就是「言顧行,行顧言」的具體實踐。朱子只就「言語」上講「修辭」,王氏則更進一步推廓到文辭。那麼,王氏是如何用文辭達到「修辭立其誠」的境界呢?我們可以由其對「歷史知識」的運用談起。

《文心雕龍·事類》篇曰:

> 事類者,蓋文章之外,據事以類義,援古以證今者也。

用事本屬文章修辭的一種,藉徵引古事成辭以類事推理,所以說「據事以類義,援古以證今」,其功用一則可以「利用世人對史實先例之尊重及對權威輿論之崇奉心理,以加強自己言論的說服力」,二則藉用古事成辭,「自可增益文章之典贍氣氛」〔註 68〕。王氏爲文用典自然有修辭的目的,然而這並不是

〔註 67〕見劉子瑜:《中國修辭學史》第七篇(臺北:文史哲出版社,1990 年),頁 356。
〔註 68〕李曰剛《文心雕龍·事類》「題述」,頁 1693。

王氏的唯一目的，他運用這些「歷史知識」，不止是爲了豐富文辭而已，清何焯（1661〜1722）曾諷王氏學術「喜誇多鬥靡」，不過一「才士」而已〔註69〕，尤非實情。王氏在宋代被譽爲「以博學雄文聞於時」〔註70〕，《元史》中更稱譽他「以文學師表一代」，這樣的稱譽實際上還內含了思想上的意義，不可等閑視之。

如我們在前面所說，「文學」（或「文辭」）在王氏學術中蘊含有傳道的使命。王氏既繼承朱子之學，而又能夠「以文學師表一代」，則其文學又豈是「博學雄文」、「一宏詞人耳」一語可以盡之！所以，以下我們要說明《元史》「以文學師表一代」此一稱譽的具體內涵。換句話說，王氏「文學」究竟具備了什麼內涵，而得以「師表一代」？本文根據當時文風，推論出王氏學術試圖達到文、道、史匯通的境界，這種做法是對「文道一體」的進一步發展，既體現出理學思想積極入世的一面，又滿足了宋末學者通經致用的經世要求。雖然在王氏現存的著作中，並不見有這方面的具體言論，然而通過當時與他交遊的學者對他學術的詮釋，或可見出其「文、道、史匯通」的學術境界來。

一般而言，文章表達講求情理、事義、文辭三者的配合。王氏的學術，即以「情理」爲本，以「事義」爲骨幹，以「文辭表達」爲枝葉。唯此處的「情理」不是一般文學中的「情」，而是理學家的「理」。袁桷（1266〜1327）〈王先生困學紀聞序〉的一開始，就用了一大段文字討論「辭—理—事」三者的關係。〈序〉云：

> 世之爲學，非止於辭章而已也。不明乎理，曷能以窮夫道德性命之蘊；理至而辭不達，茲其爲害也大矣。…夫事不燭，不足以盡天下之智；物不窮，不足以推天下之用。考於史冊，求其精粗得失之要，非卓然有識者不能也。若是，其殆得之矣。在易之居業，則曰修辭立誠；而畜德懿德，必在乎聞見之廣，旁曲通譬。是則經史之外，立凡舉例，屈指不能以遽盡也。

這段話是說明：（1）爲學在明理，理至必求辭達；（2）格物方能致知，致知方能致用。欲求事物精粗得失之要以致用，必考諸史冊；（3）儒者的事業，

〔註69〕何焯箋〈易‧007〉，云：「宏辭人說經，徒欲誇多鬥靡耳。」〈易0179〉又云：「劉屏山云：『愚夫昧易，才士口易，賢人玩易。』……此卷其諸口易乎！」
〔註70〕牟應龍〈困學紀聞原序〉。

在綰合（1）與（2），所謂「修辭立誠」，一要文辭表達通透，二要「畜德懿德」，文章以道體爲本，三要聞見廣博，於經史諸子，皆能「旁曲通譬」。這段話有幾個關鍵字：

四個層次各自的關係是：辭至則理達，事燭則盡智，窮物則可以推天下之用，考史則可以識精粗之要；而辭、理，事、智，物、用，史、識，四者之間又是相濟關係，如：欲明理必由辭章表達，要表達通透則須用事，欲用事精當則要窮物考史。其中，居關鍵地位的是道德涵義的「理」，以「理」爲中心向另外三個層次擴大、吸收；當理至辭達，辭至理達，則涵道德涵義的「辭」也成爲中心，向另外三個 2 層次幅射、擴大、吸收。經此吸收，則一切學問皆內化爲有道德意義，制度名物亦然。此即文、道、史匯通。

這是王氏在「文道一體」之上，又貫通以「歷史知識」的表現。當時除了王氏，與王氏交遊的許多文士、學者，也都具有這種匯通文、道、史的認識與學力。例如戴表元（1244～1310），《元史》卷一九〇本傳說他：

> 初，表元閱宋季文章，氣萎靡而辭骳骳，骳弊已甚，慨然以振起斯
> 文爲己任。時四明王伯厚、天台舒岳祥，並以文章師表一代，表元
> 皆從而受業焉。故其學博而肆，其文清深雅潔……至元大德間，東
> 南以文章大家名重一時者，唯表元而已。〔註71〕

戴表元曾師事王氏，方回（桐江 1227～1306）稱二人爲「四明二先生」〔註72〕，或許正是就學術相近而言。戴氏作過《急就篇註釋補遺》，於〈自序〉曾云：

> 古之君子，不以道廢物，……後之君子，平居侈然論古先王之道，
> 若不足爲，而問之以目睫之事，……有日與之接而不知名義者焉。
> 豈不大惑耶？〔註73〕

可見也很重視名數之學。戴氏的文學觀，略見〈紫陽方使君文集序〉一文：（案：方使君，即方回。）

〔註71〕宋濂等：《元史・戴表元傳》。
〔註72〕見《經義考》卷二四五，〈應氏經傳蒙求〉引。
〔註73〕戴表元：《剡源戴先生文集》（四部叢刊初編本）。

蓋其爲物也，停涵盤薄，鬱積之者厚，則其周於用也不竭。人之精
氣，蘊之爲道德，發之爲事業，而達之於言語辭章，亦若是而已矣。
竊獨怪夫古之通儒碩人，凡以著述表見於世者，莫不皆有統緒……
近世以來，乃至寥落散漫，不可復續……故嘗考之，自夫子之徒沒，
言道者不必貴文，言文者不必兼道，如此幾二千年。迨新安子朱子
出，學者始復不敢雜道於文。子朱子沒，其書大行，最有力者，建
安眞希元、臨邛魏華父二公……使君生子朱子之鄉，而於眞魏二公
書，縷析銖校，無復遺憾。禮樂刑名度數之規，天人性命智識之奧，
詢之靡不知，知之靡不樂。

這段文字表現出一種致用的文學觀，直可視爲一篇小小的理學文章史，敘述
自古「通儒碩人」的著述事業，至近世而寥落散漫，直到朱子出，復紹承古
賢之業。其所崇奉的道學文章，講的是「禮樂刑名度數之規，天人性命智識
之奧」。其中透露出名物制度與文、道的關係，正是文、道、史匯通的意思。

　　方回（1227～1306），是宋末元初的著名文章家，與王氏也有論學之誼
〔註74〕；其文、道、史合一的思想，概見於下文：

竊嘗謂道一而已矣，而物有萬古。聖賢之學，不專在語言文字。日
月星辰，與天爲體，運而不已；山川草木，與地爲體，生而不窮；
言語文字，與聖賢爲體，傳而不朽。體，物也；所以用之者，道也。
道不離物，《易》究休咎，《書》紀治亂，《詩》美刺，《春秋》褒貶，
《三禮》辨上下，《論》專言仁，《孟》兼言義，皆以語言文字與道
爲體。……而以其道日月星辰山川草木之物，故曰道不離物。聖賢
之心，欲使千萬世之人爲善不爲惡，以復其有善無惡之性，則不容
不著之書。此言語文字所以爲斯道有形之體，而無形之道所以用乎
有形之體而寓於言語文字之中也。顧可忽諸？〔註75〕

此文由「日月星辰，山川草木」之爲「物」，至經書所蘊含的「道」，而云「無
形之道所以用乎有形之體而寓於言語文字之中」，正是這個理論的最佳說明。
　　由以上討論，我們發現，在理學風氣之下的學者，並不像《四庫全書總

〔註74〕張大昌：《年譜》：咸淳六年（1270），王氏「嘗造邑人方回家，與談論彌日。」
　　　　方回嘗作〈小學紺珠序〉云：「浚儀王公厚齋先生應麟，長回六歲，……守歙
　　　　嘗造回家，談論彌日，其該洽，今無復有斯人矣。」
〔註75〕同註24。

目》所評，「一切國計民生，皆視爲末務」〔註76〕。王氏等這些學者，頗有綰合文、道、史三者，以成就其經世之業的意思。

經過以上分析，我們對王應麟學術的內蘊，有這樣的瞭解：

一、王應麟以通儒自許，欲由博學以通道，其云：「約不膚陋，博不支離，畜德致用，一原同歸」（〈爾雅翼後序〉），其博學乃是出於經世致用的抱負。

二、由「知識」以求「道」的理想是王氏學術的重心。求道藉由掌握「歷史知識」而達成。首先，「小學」教育包括記誦各種歷史知識，以奠定求道的基礎；其次是整理歷史知識的的工作，從各種名物典章的考索，乃至古代文獻、注疏的彙整、考證等，在王氏學術體系裏，都是非常重要的工作。由「知識」以求「道」是藉由對「歷史知識」的掌握而達成的，王氏的經世精神正可由此呈顯出來。

三、王氏除了彙整歷史知識，又在文道一體的理學家文學觀之下，更發展出「文道史彙通」的學術境界。狹義而言，文、道、史彙通是一種致用的文學觀，廣義來說，則文、道、史彙通表現了以「道」爲最高理想的人文化成境界。

─────────────

〔註76〕見紀昀等：《四庫全書總目》卷八，〈史部・小學史斷續集〉。

第三章　考證學的分析

　　王應麟重視由「知識」以求「道」的爲學途徑。則考證的工夫在其學術中的角色如何？本章第一節首在釐清王氏學術中幾個有關考證的觀念，第二節整理出王氏比較具體的考證學成績。

第一節　「博學」、「玩理」與「考證」

　　王氏學術的最大特色是「博學」。就其本身而言，王氏每以「通儒」自許；而王氏爲當時學界所歎服者亦在於此——當代（或稍後）的學者多以「博學」、「強記」稱譽他。對王氏而言，「博學」是必要功夫；而由於「博學」需要面臨龐大、紛雜的各類知識，當中或涉及知識在流傳過程中發生訛繆、佚失或是缺乏系統整理等問題，王氏於是對在古籍中所發現、所關心的問題，一一進行董理考證。《玉海》就是其早年整理各種「歷史知識」的最具體成績。這些在前一章已經有詳細的論述。

　　王氏爲董理各種「歷史知識」而編纂一本類書《玉海》，其編纂本意，是「重在輯錄故實，供習詞科者檢尋，並非在著書立說」〔註1〕，因此對於後代學術的主要貢獻，乃在豐富的史料。如梁啓超所云：

> 類書者，將當時所有之書分類抄撮而成，其本身原無甚價值，但閱
> 世以後，彼時代之書多佚，而其一部份附類書以倖存，類書乃可貴
> 矣！……類書既分類，於學者之檢查滋便，故向此中求史料，所得

〔註1〕王德毅：〈王應麟《玉海》之研究〉，《中國歷史學會史學集刊》第二十四期，（1992年）。

往往獨多也。〔註2〕

就實用面而言，《玉海》在當代作爲作文者檢尋故實之用，在今日則是史學研究者求取史料之淵藪。〔註3〕

然而除了史料的價值，《玉海》尚有其他的學術意義。日人內藤虎次郎認爲，宋末興起的史學著作，對後世史學影響深遠者主要有二，其一便是王應麟的《玉海》〔註4〕。內藤氏認爲，《玉海》是脫胎自自古以來的類書，爲迎合當時政治情況需要、應運而生的產物──「《玉海》爲詞學所必具之書，王應麟即爲此目的而作」；並且，「以王應麟之才，撰寫此類書，其能力是在此書所必要的學問以上的。由必要而終成博學，很自然的便想作經學、史學及其他方面的考證。考證學問之形成，較完備者可說始自王應麟。」內藤氏強調《玉海》的特殊價值所在，是它不同於一般的類書，它可以和王氏的其他著作如《困學紀聞》及《玉海》附錄十三種等配合，而呈現出王氏整體的學問是充滿考證趣味的。所以內藤又說：「《玉海》常被認爲與《文獻通考》一樣，只是一種類書而已；即令如此，其類書以外之目的，後世學者也應加贊揚。」其所謂「類書以外的目的」，指的就是王氏學術中的考證方法及其成果。近人劉節在論及宋代史學時，認爲歷史考證學到了宋代特別發達，是「因爲從殷周以來到了唐、宋，史籍漸多，學者考論史事之際，時時發生名物制度、文字訓詁、乃至版本目錄等問題」，王應麟正好面臨到這個文獻數量大大超過前代的時代，乃發揮其特殊才能來整理、編輯這些史料，成爲後人推尊的宋代考據派史學家中之最著者〔註5〕。

就史學研究而言，劉氏的意見基本上和內藤氏並無大異，他們咸認王應麟爲考據派史學的先鋒，其所運用的考證方法「在研究古代史實上乃屬必要的方法」（內藤語）。內藤尤其強調王氏的考證功夫，並且將王氏之所以從事考證，歸諸其個人才智的表現，因爲這種學問，「並非完全爲應當時之需要而產生」；既然由於「有些與時代不能相應，故至元、明時代即告中斷；清代又

〔註2〕 見梁啓超：《中國歷史研究法》（臺北：中華書，1990 年臺八版）第四章〈說史料〉，頁 51。

〔註3〕 關於王應麟《玉海》的史料價值，可參見王德毅先生〈王應麟《玉海》之研究〉（《中國歷史學會史學集刊》第二十四期，1992 年）。

〔註4〕 〈宋代史學的發展〉，蘇振申譯。譯自內藤虎次郎（內藤湖南）《中國史學史》的宋代部份。刊載於《文藝復興月刊》第一卷第七、八、十期。

〔註5〕 劉節：《中國史學史稿》（臺北：弘文館，1987 年）。

復行此法」，其所謂的「與時代不能相應」處，指的是流行的心性哲學與王氏重歷史知識的學術途徑的差異。所以內藤氏認為由王應麟所開出的考證的史學，到了清代乾隆以後才重新得到發展。

內藤氏的話給我們一個啓示：王氏學術之所以運用考證，是因為他的博學；這是內藤氏以為王氏之所以足以從事考證的原因。但是內藤接下來的推論卻令我們產生疑竇：內藤以為，王氏由於博學，「很自然的便想作經學、史學及其他方面的考證」。內藤氏爲王氏從事考證的動機，找了一個簡便的解釋。然而，「博學」與「考證」之間的關係，眞的有那麼「自然」嗎？那麼歷代都有許多博學之士，爲什麼要等到王應麟，考證之學才能「較爲完備」呢？其次，內藤認爲王氏的考證學「並非完全爲應當時需要而產生」，因爲考證之學是實證的學問，當然無法和當時顯學——理學思想「相應」。經過前一章的討論，我們已經可以確定內藤氏的說法，是過於簡化了王氏考證學的形成原因。內藤氏僅從「由考試之必要而博學，由博學而考證」的單面關係分析，而認爲王氏學術「並非完全爲應當時之需要而產生」，這樣的角度使他根本忽略了王氏本身就是一個理學思想的信徒。

從前一章開始，本文就嘗試由王氏學術本身的特殊脈絡來探討王氏學術的意義與價值。本章討論其考證學，仍然不能離開此一脈絡。王氏爲什麼從事考證？王氏認爲考證與義理有怎樣的關係？博學與考證、博學與義理又有怎樣的關係？此即本節要疏通的幾個問題。

一、「考」、「考證」的具體涵義

首先，我們先查考一下「考」、「考證」二辭在王氏學術中的具體涵義爲何。

《漢書藝文志考證》徑用「考證」爲書名，此外，用「考」字爲書名者（包括佚書）還有七種之多：《漢制考》、《詩考》、《詩地理考》，及已亡佚的《通鑑地理考》、《古易考》、《春秋三傳會考》、《通鑑義例考》。書名雖未用「考」，而著作體例近似的則有《周易鄭康成注》（近似《詩考》，皆屬輯佚之作）、《通鑑地理通釋》（近似《詩地理考》，皆考地理）、《六經天文編》（近似《漢制考》，考歷法，亦屬制度），試觀察這些著作的內容性質：

（一）文獻目錄：《漢書藝文志考證》

廣採相關資料、議論，不僅考證目錄、篇章之異同而已，亦間及義理。

（二）考制度：《漢制考》

經由古籍之「傳注」求漢制。〈後序〉說明此著作的用意，在藉漢制以求「帝王製作之法象意義」，以「溯源三代之禮」。

《六經天文編》，裒集六經之言天文者，彙為一書，以諸經注釋為主，而參以史志、緯書、類書等。

（三）考古籍散佚：《詩考》、《古易考》

《詩考》由古籍中輯漢代三家詩說。〈序〉云：「網羅遺佚，……萃為一篇，以扶微學，廣異義，亦文公之意云爾。」自謂繼承自朱熹「一洗末師專己守殘之陋，學者諷詠涵濡而自得之」的治學精神。

《古易考》，佚。

同性質著作：《周易鄭康成注》，輯鄭康成《周易注》。〈序〉云：「李鼎祚云：『鄭（案：鄭玄）多參天象，王（案：王弼）全釋人事，易道豈偏滯天人哉？』今鄭注不傳……」，〈後序〉云：「庶幾先儒象數之學，猶有考焉。」王氏以為象數、義理二者乃「渾全之體」，不可偏廢〔註6〕，這一點是承自朱熹。而宋代《易》學讀程《傳》的舊業多，王氏此舉則頗有振興鄭學之意。

（四）考地理：《詩地理考》、《通鑑地理考》

《詩地理考》採自《詩經》的傳、箋、義疏，及古籍中有關《詩經》地理的資料，及古今學者的解說。〈序〉云：「在稽風俗之薄厚，見政化之盛衰，感發善心而得性情之正，匪徒辨疆域云爾。」

《通鑑地理考》，佚。

類似性質著作：《通鑑地理通釋》十四卷，最可以表現博學、義理、考證三種學問的匯合。〈序〉云：「所敘歷代形勢，以為興替成敗之鑒，大《易》設險守國，《春秋》書下陽、彭城、虎牢之義也。」說明著作此書的重大意義。又云：「不可謂博識為玩物而不之考也。」

（五）考經文異同：《春秋三傳會考》，佚。

呂美雀云：「朱文公以《公》《穀》二家異於《左》者，類多人名地名，非大義所繫，故不及之，然猶盼有能繼成其志之人，則厚齋之《春秋三傳會考》，豈非紹述文公之事者乎？」〔註7〕

〔註6〕見〈易‧115〉云：「然義理象數，一以貫之，乃為盡善。」又〈易‧116〉引馮當可語：「判渾全之體，使後學者無以致其思，非傳遠之道。」

〔註7〕呂美雀：《王應麟著述考》（臺北：台大中國文學研究所碩士論文，1971年），

（六）考史法：《通鑑義例考》，佚。

此外，《困學紀聞》也經常使用「考」、「考證」二辭，如〈考史‧001〉所記：

> 《戰國策》，張儀說秦王曰：「世有三亡。而天下得之。姚氏（戰國策後序）云：「韓子第一篇〈初見秦〉文，與此同。」鮑氏失於考證。

翁元圻注云：「《戰國策》張儀說秦王，與韓子同。鮑彪注云：『此上原有張儀字，而所說皆為張儀死後事。……』惜哉！此鮑氏知此說不出於張儀，而不知其出於韓非也，故王氏以為失考。」這是王氏對史實的考證興趣。〈書‧002〉又云：

> 《呂氏春秋‧序意》曰：「嘗得學黃帝之所以誨顓頊矣。爰有大圓在上，大矩在下，汝能法之，為民父母。」不韋《十二紀》成於秦八年，歲在涒灘。上古之書猶存，前聖傳道之淵源，猶可考也。

這是對義理之學的考證興趣。由此可知王氏何以偏好蒐集古籍中的聖人遺訓。（如〈書‧004〉）

這些著作中的「考」或「考證」的概念，大約是：

（1）以某一主題為中心，根據相關史料，或探討源流，或比較異同；甚而有編採名儒言論、發揮儒學義理者。這種治學法，王氏統稱之曰「考」。可見王氏「考」、「考證」二辭用得十分寬泛，除了客觀知識的考索外，甚至主觀義理的發揮，也應用之。

（2）考證不一定是為了求「歷史（知識）的真」，有時也為了證成「義理的真」，於是旁徵博引，以證明聖人訓示乃不朽圭臬，也被稱為「考」。如此寬泛的「考證」定義，正意味著王氏追求學問（「知識」和「義理」）的熱切。

（3）「考」字蘊涵著「追問根源」的興趣，在王氏學術中，是既要追問義理的根源，也要追問知識的根源。但是二者又不是截為兩段工夫。

二、「博學」與「玩理」

以上所舉的王氏著作，除去已經亡佚而無從得知者，其餘諸書多有序跋，

頁 16。

由序跋內的表述，可以見到王氏著作的動機，有稽考政化風俗者，有探討興替成敗之義者，有紹述朱熹文章事業者，有稽求三代道統者——統稱之為「義理的動機」（「義理」，相對於「客觀知識」而言）。然而正如王氏所云：「行己有恥，尚志仁義，士之實也；為君子儒，夙夜強學以待問，儒之實也。」〔註8〕王氏認為道德實踐與博聞強識是儒者應當「實」下工夫的兩個方向，所謂「始於離經辨志，終於知類通達」〔註9〕是也。王氏的學術使命是將義理與博學綰合為一。

談到義理與博學的關係，我們必須瞭解一下王氏的「博約」觀。「博」與「約」是理學思想中的重要觀念，而王氏的博約觀，基本上承自朱熹。所以以下要先說明朱熹的博約觀。朱學中「博約」的涵義，仍要由其「讀書玩理」的脈絡上來瞭解。朱氏有一段話，最可見出其學術脈絡中的博約義：

> 為學須是先立大本。其初甚約，中間一節甚廣大，到末稍又約。孟子曰：「博學而詳說之，將以反說約也。」故必先觀《論》《孟》《大學》《中庸》，以考聖賢之意；讀史，以考存亡治亂之跡；讀諸子百家，以見其駁雜之病。其節目自有次序，不可踰越。近日學者多喜從約，而不於博求之。不知不求於博，何以考驗其約！〔註10〕

細繹朱氏之意，博與約並非純指「學問方面」「客觀知識的領域」而言〔註11〕。所謂「先立大本」，就是先見「聖賢之意」，即是「其初甚約」的「約」處；由此約處，「有次序」地讀書博學，隨時可以回頭「考驗其約」。因此，「其初甚約，中間一節甚大，到末稍又約」的意思，應該要體貼到「讀書玩理」的義理脈絡上來進行理解，方能得其實。朱熹又云：

> 學者觀書，先須讀得正文，記得注解，成誦精熟。注中訓釋文意、

〔註8〕見鄭眞：《四明文獻集》〈慶元路重建儒學記〉（中華大典編印《四明叢書》）。

〔註9〕同上。

〔註10〕黎靖德：《朱子語類》卷十一，頁358。

〔註11〕余英時以為朱熹是「從道問學方面說博與約的交互作用」，所謂「先立大本」乃就學問方面而說，非指陸象山在德行上的「先立其大」義。「所以將博與約的觀念應用於客觀知識的領域之內，其事已始於朱子」。余氏從「尊德行」、「道問學」的差異上談博約問題，與本文從朱熹「讀書玩理」的讀書態度上來談博約問題，理解頗有差異。余氏說見氏著二文：《中國思想傳統的現代詮釋》〈清代學術史重要觀念通釋〉（臺北：聯經出版事業公司，1976年），頁448～449；《歷史與思想》〈從宋明儒學的發展論清代思想史〉（臺北：聯經出版事業公司，1976年），頁111～113。

> 事物、名義，發明經旨相穿紐處，一一認得，如自己做出來一般，
> 方能玩味反覆，向上有透處。若不如此，只是虛設議論，如舉業一
> 般，非為己之學。〔註12〕

從「先須讀得正文，記得注解」，到文意、事物、名義，一一認得，即是「中間一節甚大」的博學意思，所以朱熹又強調「看文字不可落於偏僻，須是周匝。看得四通八達，方有進益」〔註13〕。這一段話的關鍵處在「如自己做出來一般」一句，唯有如此深切的體會，抓住「自己」這個「大本」，讀書才不致於像「舉案」那麼零碎而外在；這才是「為己之學」。所以，博學，還要「玩味」、涵詠，才能「向上有透處」；所謂「向上有透處」，即通向前所言「大」者、「約」者，即聖賢之學的精神所在，也就是「理」。

我們從「讀書玩理」的脈絡上來瞭解朱熹的博約觀，也就更能掌握王氏的博約觀。王氏云：

> 約不膚陋，博不支離，蓄德致用，一原同歸。〔註14〕

這十六個字直可視為王氏為學的樞紐，王氏學術大抵不離這十六個字的宗旨。「約不膚陋」，是說「約」還要求「深」；「博不支離」，是說「博」還要有所「本」。博與約的工夫，都為「蓄德」，以求「致用」；博與約是同原（德）而殊途（義理與知識），殊途而同歸（致用）。王氏又云：

> 聖人作經載道，學者因經明道，學博而不詳說，無以發群獻之眇指；
> 說詳而不反約，無以折眾言之淆亂，故必□正學之源，而後能通乎
> 聖人之海。〔註15〕

這一條是就讀書講理發揮的。「學博而不詳說，無以發群獻之眇旨」，道出「講學家」「講」字的涵義——講明聖經義理。其謂「發群獻之眇旨」，基本上已先肯定經書中蘊涵著「至理」；「說詳而不反約，無以折眾言之淆亂」，則道出對講學宗旨的堅執，是以闡揚「至理」為職志。

由此我們發現，王氏與朱子，就義理層次上的由「博」而反「約」而言，是相同的。然而，我們細繹前文，可以發現朱熹是將博約問題放置在他的哲學體系當中，與「理」一脈相通，是故朱熹十分著重「玩理」。反觀

〔註12〕《語類》卷十一，頁191。
〔註13〕《語類》卷十一，頁184。
〔註14〕〈爾雅翼後序〉。
〔註15〕〈諸經通義序〉。

王氏，則比較側重於「發群獻之眇旨」（博）與「折眾言之淆亂」（約）的
爲學工夫上。朱熹建立起「讀書與玩理」一脈相通的理論，王氏則在這個
理論之下，在肯定「理」的前提之下，從事讀書考證之事。王氏博約觀的
考證層面有二：第一、前文所引，欲「發群獻之眇旨」與「折眾言之淆亂」，
若非經過考證工夫，求得徹底明白以斷龐雜，則難免流於臆度懸斷，此正
王氏所深嫌者。這是讀書考證的層面。第二、是博學致用的層面：王氏〈急
就篇後序〉云：

> 器無非道，學無非事，其義不可須臾舍也。鴻生鉅儒不敢以小書忽
> 焉。輯州名，摭奇字，悉放其體。諸經義疏引之者五，《後漢書》引
> 之者一，韻書亦援以言姓氏；班孟堅之用襐飾，潘安仁之用乘風，
> 王禹玉之用奇觚，宋景文之用鏾嶜，朱文公之用老復丁；至於「不
> 借緣簑，亀翁無等雙」之語，臨川、山谷詩皆采掇之。博觀而約取，
> 此難與耳學者言也。

「器無非道，學無非事」，將讀書玩理一下子拉到現實事務上來，《急就篇》
中的名物，皆鴻生鉅儒所當習。所謂「博觀而約取」，雖只是就著作取材而言，
然而順著全文脈絡看來，王氏無疑是肯定名物之學與義理之學的關係的（參
見第二章第二節）。因此王氏在〈通鑑地理通釋後序〉乃直言地理之學：「不
可謂博識爲玩物而不之考也。」

所以，基本上朱熹、王氏的博約觀，最後還是要歸宿到「格物窮理」的
認識論上去。王氏就是在這一個義理基礎之上，定位傳統知識的價值，換言
之，傳統知識也是格物窮理的對象，是體悟聖道的憑藉；而王氏「扶微學，
廣異義」（〈詩考後序〉）的胸襟，或者也可以說是出自格物窮理的精神。

經過以上這一番分析，則可以明白：「考證」是王氏由「博」而「約」的
途徑之一。

三、義理與考證

王氏既爲了義理的動機而致力於博學，博學又不免於考證，因此在王氏
學術中，義理之學與考證之學不可截爲二事。這一點也是繼承自朱熹而猶有
過之。朱熹曾云：

> 熹竊謂生於今世而讀古人之書，所以能別其眞僞者，一則以其義理
> 之所當否而知之，一則以其左驗之異同而質之，未有捨此兩塗而能

直以臆度懸斷之者也。〔註16〕

所謂「義理之所當否」，是一種「道德判斷」〔註17〕；「左驗之異同而質之」則是指史料的比較、考據，朱熹在此提出「左驗異同」的治學法，似乎頗有涉及純粹知識的興趣──所謂「歷史的真」的追求，然而僅止於此一模糊一語，此後並未再見到進一步討論客觀知識有獨立意義的理論〔註18〕。朱氏又云：

> 讀書玩理外，考證又是一種工夫，所得無幾，而費力不少。向來偶自好之，固是一病，然亦不可謂無助。〔註19〕

「向來偶自好之」，可見朱熹亦頗有「醉心」於考證的時候〔註20〕，這也是朱熹「好學」態度的一端。然而朱熹仍不免指考證工夫是「一病」。朱熹十分博學，然其博學的目的在「讀書玩理」，所以認為考證之事往往徒費力耗神而無益於「玩理」，是一種「外馳之學」；因此他又說讀書要「不能無可疑處，只當玩其所可知而闕其所不可知」〔註21〕，「所不可知」者，萬不可以「臆度懸斷」，寧可闕疑；然而此一「闕疑」，又由於「好學」精神的趨使，使之不免從事於考證。「玩理」是他讀書的目的，「考證」則是讀書遇疑難時所難免，聰明的朱熹已經意識到二種途徑或不相侔，然而仍有合二途於其心性哲學體系之下的意圖，如他與人辨「河圖洛書是否偽作」，云：「熹於世傳河圖洛書之舊，所以不敢不信者，正以其義理不悖而驗證不差。」其所謂「驗證不差」，其實多半是在義理的「先見」的影響之下〔註22〕。他說考證工夫「不可謂無助」，所助者義理也。「玩理」與「考證」，朱熹無疑是以「玩理」為本的。如其又云：

〔註16〕朱熹：《朱文公文集》卷三十八，〈答袁機仲〉，頁308。

〔註17〕牟宗三：〈道德判斷與歷史判斷〉，《東海學報》1959：1。

〔註18〕見劉人鵬：〈論朱子未嘗疑《古文尚書偽作》〉，《清華學報》1992年12月，頁412。劉以為朱子所求「義理的真」（義理之所當否）與「歷史的真」（左驗之異同而質之），二者「並不相干」；此說頗值商榷。詳下。

〔註19〕朱熹：《朱文公文集》卷五十四，〈答孫季和・來教疑河圖洛書是後人偽作〉。

〔註20〕余英時云：「朱熹有驚人的考證學成就。」誠非虛語。可參見錢穆：〈朱子的考據學〉，《朱子新學案》第五冊。

〔註21〕同註10。

〔註22〕同註19，〈答孫季和〉，又曰：「……爾來教必以為偽，則未見有以指其義理之繆、驗證之差也，而直欲以臆度懸斷之……是不議於室而謀於門，不味其腴而咬其骨也。政使辨得二圖端的真偽不差，亦無所用，又況未必是乎！□且置之，而於熹所推二圖之說，少加意焉，則雖未必便是真圖，然於象數本原，亦當略見意味有歡喜處，而圖之真偽，將不辨而自明矣。」尤見朱熹是以義理為決定真偽的優先考慮。

> 曆象之學自是一家。若欲窮理，亦不可不講。然亦須大者先立，然
> 後及之，則不至難曉而無不通矣。〔註23〕

所謂「大者先立，然後及之」者，正明白點出義理與考證的先後本末關係。

我們說王應麟之學在考證與義理二學的聯繫上，繼承自朱熹而更加強化之，首先是從王氏明確提倡「博學」上著眼的。明白地說，朱熹在「玩理」與「考證」之間，還偶有猶豫，因為一是義理之所在，一是讀書的興趣，朱熹的最大成就當然是在哲學體系之建構上，然而他也的確做出了許多純粹考證的成績，其之所以受到陸九淵學派的排擊，一部份原因可以說在於朱熹無法割捨後者。王氏則毫不猶豫、直接肯定了「博學」、「考證」對義理之學的重要，他將整理客觀知識的興趣，擺在「格物致知」──「格物窮理」──「窮理以致用」的義理脈絡之內，因而將義理之學與博學、考證之學直接聯繫起來，由積極的「格物」精神推廓出「經世致用」的精神。這一點在朱熹學中尚引而未發〔註24〕，也是王氏學術出自朱熹而又面貌迥殊朱熹後學的一個重要原因。

總而言之，王應麟的學術重心在由義理之學推廓出致用之學，其學術途徑為博學、考證。前云朱熹認為讀書若要辨別古人之書的真偽，有辨其「義理之當否」（義理）與「左驗之異同而質之」（考證）二途，然而仍然重在「玩理」，並未進一步肯定客觀知識的獨立價值。他雖然曾經明眼絕識地說出「考證又是一種工夫」、「曆象自是一家」的話，然而他終於還是將之納入其心性哲學體系之下，其於「玩理」與「考證」之間所出現的猶豫，也未曾由後學繼承下來繼續辯證，而是義理之幟獨張。王應麟雖以博學、考證為治學途徑，且學術中心並不在於「玩理」，但是他也不是將考證工夫獨立於義理之學之外，而是將整理客觀知識的興趣，擺在「循序致精」的歷史知識之學習、窮理以致用的義理脈絡之內。因此，其學術的主要精神，仍在理學心性哲學體系的環扣之內。他是在肯定群獻中蘊含聖人所寄之「眇旨」的前提下，從事博學與考證。因此他要追求「群獻」的「真」貌，包括了歷史知識的真與義理的真。就是在這樣的動機之下，王氏乃致力於博學、考證的工夫，這就是

〔註23〕 朱熹：《朱文公文集》卷六十，〈答曾無疑〉。
〔註24〕 關於朱子經世之學的研究，可以參見張灝：〈宋明以來儒家經世思想試釋〉，《近世中國經世思想研討會論文集》；李紀祥：〈「經世」觀念與宋明理學〉，《書目季刊》（第二十三卷第三期）。

何以王氏以博學著稱，王氏學術以資料豐富、充滿考證學興趣爲特色的原因。王氏考證學的意義，與清代乾隆、嘉慶時代純粹爲考證而考證的學問，實不相同。至於其考證學的成就，由於在朱子學強大的哲學體系之下，成就也難免有其限制了。

第二節　考證學的成就

　　根據王氏現存十五種著作，我們發現，王氏考證學的主要成就在兩個方面：（一）編立「主題」以組織歷史知識，將龐雜的歷史知識予以條理化；（二）通過交叉參照的方式，對古籍中的文字文句（text）進行考辨整理。王氏在這兩個方面都有突破前人的地方，而爲後代的考證學奠下重要的基礎。下面就對這兩方面進行論述。

一、主題式的編纂

　　本文第二章第二節曾經提到：「王氏所掌握的這些知識（或曰『材料』），大部份是前人的著作、或是已經經過前人整理的文獻資料，包括經傳注疏、諸子百家，乃至詩文議論等著作性材料，並不同於其他供作歷史研究的原始『素材』；這些材料在王氏學術系統之下，又經過再一次有意識的擷取、彙整；爲方便指稱，本文皆稱之爲『歷史知識』。」所謂「主題的編纂」，就是針對古籍中各種各類的歷史知識，分門別類地，編列出一個個的「題目」，然後在各個題目之下，羅列排比出相關的歷史知識。這種編纂方式，第一步是割裂群書，將認爲重要的歷史知識彙集起來；接著，將這些歷史知識條理化，用「主題」組織起來。

　　主題式編纂的著作方式，其實是從「編題繫事法」發展而來的。這個方法的最初用意，本是爲了方便記誦龐大紛雜的歷史知識，這些在第二章第一節討論王氏肄習博學宏詞科時，已經做過分析，其具體成績爲《玉海》的編纂。第二章第一節同時還舉出南宋許多中博學宏詞科的學者的學術特長，「多在於博通經史、精熟歷代掌故制度，能夠旁徵博引」，並且，由於熟悉龐大古籍及編題法，他們擅長於根據某一主題而掌握相關資料，其著作也往往同具此一特色。可見這些學者並不僅以此一肄習功夫作爲晉身之階，他們還延伸此一治學工夫，做出許多紮實的學問。而我們也可以由此察覺到此一「編題

法」終於發展成主題編纂的著作型態的軌跡。

在王氏現存著作中，屬於「主題編纂」的，就有七部之多：《玉海》、《小學紺珠》、《漢制考》、《詩地理考》、《通鑑地理通釋》、《六經天文編》、《姓氏急就篇》。其中，《玉海》、《小學紺珠》是類書之屬，《漢制考》等五部雖然也具分類彙編的性質，然而由於題目及取材範圍的限制，稱為專題著作較為合適。

《玉海》二百卷，是供臨文尋檢的工具書，是王氏「主題式編纂」的典範之作，其取材範圍最廣，內容最為複雜，而編纂體例也最完整（詳下）。《小學紺珠》十卷，是小學蒙養之書，內容分門別類，每門之中以數目為綱以繫事；始於三才，終於萬物。二書功用雖然不同，但是其全面採摭資料、分門繫事的方法則一。其它五種，《詩地理考》是以《詩經》中的地名為題；《通鑑地理通釋》是以《資治通鑑》中的地名或地理位置為題；《六經天文編》則以六部經書中的天文曆法知識為題；《姓氏急就篇》乃王氏所編纂，以姓氏諸字排纂成章，並協聲韻，以便記誦，其用意也是為了提供童蒙諷詠之便。以姓氏為題，每句之下，各記受氏之由來，與歷代知名人士。《漢制考》的體例較為複雜，然而仍是主題編纂之屬。著作方式是透過《三禮》、《詩》、《書》、《論語》、《孟子》、《國語》、《說文》七部古籍中的傳注，來求考漢制。如，卷一《周禮》第一條「胥徒」：

胥徒，注：此民給徭役者。若今衛士矣。

疏：衛士亦給徭役，故舉漢法況之。

禹貢傳：諸離宮及長樂宮可減太半，寬徭役。

其體例是以每一古籍中的制度為題，目的則在明乎三代乃至漢代的制度的沿革、異同關係。

其次，是王氏這一類型著作在取材上的特色。仍從《玉海》講起。〈類書〉類序云：

學古貴乎博，患其不精；記事貴乎要，患其不備。古昔所專，必憑簡策，綜貫群典，約為成書。

這段文字可以說明王氏編纂類書的原則，在於博而能精，要而能備。此外，〈類書〉類最後又有一段批評的文字：

《藝文類聚》，薈萃小說，則失之雜；《群書理要》（案：即《群書治要》），事止興衰，則病乎簡。《修文御覽》，門目紛錯，又不足觀矣。

我們參看這兩段文字，可以概知王氏對類書編纂的要求：

1. 博而能精：取材雖求宏富，但是小說叢談、不可信者皆不取。

2. 要而能備：必求體例完備；只記興衰事者，失之太簡。

3. 門目必求條理清晰。

以《玉海》而言，這三點可以說都做到了。其中第一點，即王氏類書的取材標準。

《玉海》如何做到博而能精？《玉海》最初的編纂目的，是為了應博學宏詞科的需要，歸納其編纂要點有二（參見第二章第一節）：

1. 「經史諸子，悉用遍觀」。

2. 利用編題法，將採摭自古籍的所有歷史知識，編在一個個主題之下。

這裡要再做補充的是，第一，博學宏詞科是朝廷為揀選詞臣而設的考試，當時應考者所必備的知識，最重要的是在典章制度方面，所以雖然是「經史諸子，悉用遍觀」，其中最受重視者仍在經史二部。第二，王氏編纂此書的立場是以儒家思想為宗的。〈諸子〉類小序引歐陽修云：

> 仲尼之業，垂之六經，其道宏博，君人治物，王氏之用，微是無以
> 為法，故自孟軻揚雄荀卿之後，又駕其說，抉而本之；歷世諸子，
> 傳相祖述，自名一家，異端其言，或破碎大道，然訂其作者之意，
> 要之孔氏，不有殊焉。

〈著書·別集〉類序云：

> 古之君子，立言以明道，修辭以成文，文以貫道，斯不朽矣。

〈諸子〉類曰本之夫子之說，〈別集〉類曰修辭以貫道，都是儒家的立場。其實我們檢驗《玉海》各門類，一樣可以發現其以儒家典正之學為宗的特色。換言之，《玉海》之所以著重典正的制度文獻，一則是為了應考的需要，再則是基於王氏本身篤信儒家的學術立場，因此，子、集中許多異聞小說的材料，是《玉海》所不摭取的。

編纂目的及儒家立場影響了取材傾向，取材傾向則影響了體例之編排，因此《玉海》在體例、內容上都頗異於一般類書。就體例而言，《玉海》的分類較其他類書要嚴謹而清晰。一般類書都是先分部，部下再分類，以《藝文類聚》為例，第一部「天部上」，其下分「天、日、月、星、雲、風」六類。《玉海》第一部「天文」，其下分「天文圖、天文書、儀象、圭景」四類，每類之下又各有子目，如「天文圖」下有「中宮、二十八舍、周易分野星圖、漢天文圖籍……」等。這樣的分類自然較一般類書易於尋檢。

就內容而言，類書採擇經史子集中的語詞、詩文、典故以及其他各種資料，彙集成書，頗近於百科全書，多以「雜」見稱。唯王氏《玉海》因為是為博學宏詞科科而設，而此科在求朝廷的代言人才，因此尤重視國家體制法統之知識整理。書共分二十一部：天文、律歷、地理、帝學、聖文、藝文、詔令、禮儀、車服、器用、郊祀、音樂、學校、選舉、官制、兵制、朝貢、宮室、食貨、兵捷、祥瑞、總瑞。每部之下又有分類，二十一部共二百四十八類。多典章制度、吉祥善事之記載，無怪乎《四庫全書總目》謂之「與他類書體例迥殊」〔註25〕。

《小學紺珠》十卷，可以說是《玉海》的具體而微：

卷一　天道律歷
卷二　地理
卷三　人倫性理人事
卷四　藝文
卷五　歷代聖賢
卷六　聖賢
卷七　氏族
卷八　職官
卷九　制度
卷十　器用儆戒動植

這十卷的內容，與上列《玉海》二十一類比較，十分接近。取材上亦無大異。《小學紺珠》用「以數繫事」的方式，編列出供童蒙誦基本的歷史知識。如卷一「天道」類：

三才　天、地、人
九紀　辰以紀日、宿以紀月、日以紀德、月以紀刑、春以紀生、夏以紀長、秋以紀殺、冬以紀藏、歲以紀終。

每條資料之下，有雙行夾注記出處或釋義。

其他五種著作也都具備了擅長掌握資料的特色。不一一解說。要之，這些主題編纂之著作的優點，乃在於有一套掌握資料、運用資料的具體辦法，這一套方法是王應麟長時間摸索出來的。總之，王氏這一類型著作的優點：一、編題法，指出掌握資料及整理資料的方法。二、豐富了主題編纂類型的

〔註25〕見紀昀等：〈子部類書類一〉，《四庫全書總目》卷一三五。

著作。三、保存許多罕見的材料。這三點對後人學術研究有一定貢獻。

二、古籍中文字文句之參照整理

　　王氏另一項考證學的成就，亦與其博學、善於掌握龐大歷史知識有關。王氏在從事主題編纂的工作時，面對龐雜的歷史知識，最常遇見的問題，應該是一些古籍中的矛盾記載，或是一些「名亡而實存」的零碎材料等。處理這些材料，王氏運用的方法是通過交叉參照的方式，對之進行董理考辨所謂交叉參照，是蒐集不同古籍中的相關記載，或考辨其訛誤，或整理流傳中佚失的材料。這種處理方式，在《困學紀聞》中所見不少；此外的現存著作中，《補注周書王會篇》、《集解踐祚篇》、《漢書藝文志考證》、《急就篇補注》、《詩考》、《周易鄭康成注》，也都屬於這類型作品。王氏在這一方面取得最顯著的成績，約有二種：1.校讎，2.輯佚。茲分別論述於下。

（一）校　讎

　　《風俗通義》云：

> 案劉向《別錄》：「讎校：一人讀書，校其上下，得謬誤，爲校；一
> 人持本，一人讀書，若怨家相對，爲讎。」〔註26〕

無論是一人自校，或二人對讎，所謂「校讎」，就是指「校定字句」的治學工夫。這一門學問起源很早，〔註27〕到了十二、十三世紀，古代圖書累積到一定的程度，整理古籍的工作日形需要，板本、校讎的問題乃日形重要。當時學者，已經有很進步的校讎觀念。〔註28〕

　　王氏認爲校讎的必要，是爲了糾正「郢書燕說」。而造成郢書燕說的原因，一是由於學者對文字文句的錯誤理解〔註29〕，二是由於古籍在流傳過程發生訛誤，遂模糊了本來面目。前者是訓詁的問題，後者即是校讎的問題。〈急就篇後序〉云：

> 古者保氏教六書，外史達書名，漢猶有課試舉核之法，故馬尾之書
> 必謹。自篆而隸，自隸而稿；鍾王之後，以意行書，先漢遺文古事，
> 浸以淹昧。

〔註26〕見李善注引《文選・左太沖魏都賦》。
〔註27〕參見王叔岷《校讎學》第二章〈探原〉（臺北：台聯國風出版社，1972年）。
〔註28〕見胡適：《校勘學方法論》。
〔註29〕〈諸經通義序〉云：「□□詭辨，稽古蔓詞，燕說郢書，吾道荂矣。」

王氏已經注意到歷代由於書體屢變而造成古籍傳寫發生訛謬的問題。而其所導致的結果，是「先漢遺文古事，浸以淹昧」。又〈小學‧018〉，王氏指出多位學者對幾個金文的不同考釋，而感歎：「古文難考，幾於郢書燕說。」

王氏糾正郢書燕說，仍是基於義理的目的。〈急就篇後序〉又云：「俗書溢於簡牘，訛音流於諷誦，襲浮踵陋，視名物數度若弁髦，而大學之基不立。」糾正古籍上書體的訛陋問題，可以幫助步向大學之道；就像若不糾正經書上訓詁的郢書燕說，則難免「吾道蕪矣」〔註30〕。道之真存乎古籍之真，所以必須認真求古籍之真，古籍之訛謬決不可臆斷。基於這一種對古籍義理的信任，王氏校讎古籍的態度乃十分謹慎。〈急就篇後序〉云「實事求是，不敢以臆說參焉」，〈左氏傳‧068〉云「經史校讎，不可以臆見定」，可見其態度之謹嚴。

其次，王氏如何做校讎呢？王氏在作校讎的工作時，是憑恃著豐富的文獻知識，才能夠做出很不錯的成績。他的這些工作，全靠材料重於經驗：材料充足，自然發現問題；而往往發現問題的同時，解決問題的方法也已經找到了。校讎的方法要進步，需要經驗累積，王氏當時雖有進步的校讎觀念，然而校讎之學既未發達，無論是發現問題或解決問題，都還不夠全面。一門學問盛行之初，總是如此，這是我們不能強求於王氏的。

王叔岷先生曾云：「斠書甚難，何從著手？欲明此道，須重方法。」叔岷先生《斠讎學》詳論七種斠書之法：（一）選擇底本，（二）廣求輔本，（三）參覈本書注疏，（四）檢驗古注類書，（五）左證關係書，（六）熟悉文例，（七）通訓詁。〔註31〕對於王氏的校讎成績，叔岷先生亦頗多贊揚（詳下）。王氏校讎古籍的方法雖然未能具備，然而已經大體得之。以下就其著作中常見的校讎方法，論述於後：

第一、已經注意到板本的問題。〈小學‧024〉云：

> 徐楚金《說文繫傳》有〈通釋〉、〈部敘〉、〈通論〉、〈袪妄〉、〈類聚〉、〈錯綜〉、〈疑義〉、〈系述〉等篇，呂太史謂元本斷爛，每行減去數字，故尤難讀，若得精小學者，以許氏《說文》參繹，恐猶可補也。今浙東所刊，得本於石林葉氏蘇魏公本也。

是讀書注重板本參校。〈左氏傳‧068〉又云：

> 雍熙中校九經，史館有宋藏榮緒、梁岑之敬所校左傳，諸儒引以為

〔註30〕同上。

〔註31〕王叔岷：《斠讎學》第五章（臺北：台聯國風出版社，1972年），頁57～105。

證。孔維謂不可按據。杜鎬引正觀敕，以經籍訛舛，由五胡亂華，學士多南遷，中國經術浸微。今並以六朝舊本爲證，持以詰維，維不能對。（原注：見《談苑》）太平興國中校漢書，安德裕取西域傳山川名號，字之古者，改附近人集語。錢熙謂人曰：「予於此書，特經師授，皆有訓說，豈可胸臆塗竄，以合辭章！」觀鎬、熙之言，則經史校讎，不可以臆見定也。

校讎不可臆定，要講求證據：

〈曲禮〉：隋王劭勘晉宋古本，皆無「稷曰明粢」一句，立八疑十二證，以爲無此一句。（〈禮記・032〉）

又校讎第一事在選擇底本，叔岷先生云：「底本當選較古而完整，且少訛誤，即古、全、精三者兼備者。」〔註32〕王氏對於底本的選擇，似尚未體會切當。其《急就篇補注》選擇宋太宗御書本爲底本。《急就篇》的古本，自從顏之推注行世之後，魏晉以來舊本俱廢。顏氏當時所見，尚有鍾繇、皇象、衛夫人、王羲之所書，及崔浩、劉芳所注本。到了宋代，僅存鍾、皇、索靖三本；宋末王應麟所見，則惟皇象碑本而已。王氏《補注急就篇》，不選最古的皇象碑本爲底本，而選擇了宋太宗御書本。〔註33〕王氏雖未選擇最古之本，卻能廣求輔本，而以皇象碑本、顏之推注本，及宋代的黃山谷本、李仁甫本、朱子所刊越本，凡五本校之。

第二，取材自古注、類書。

叔岷先生云：「王氏（應麟）討治故籍，而注意取材於古注、類書，以校補正文，收輯佚文，最爲有識！此對後人有極大之啓示。」〔註34〕先生舉《困學紀聞・諸子》兩條筆記：

〈天運篇〉：「孔子見老聃，歸，三日不談。弟子問曰：『夫子見老聃，亦將何規哉？』孔子曰：『予乃今於是乎見龍。龍，合而成體，散而成章，乘乎雲氣，而養乎陰陽。予口張而不能嗋，予又何規老聃哉！』」《太平御覽》引「莊子曰」云云，「孔子曰：『吾與汝處於魯之時，人用意如飛鴻者，吾走狗而逐之；用意如井魚者，吾爲鉤繳以投之。』」

〔註32〕同上，頁57上。
〔註33〕王氏書前引《太宗實錄》云：「先是（案：端拱二年）下詔求先賢墨跡，有以鍾繇書《急就章》爲獻。字多踳駮。上親草書一本，仍刻石分賜近臣。」
〔註34〕同註32，頁71下。

「吾今見龍」云云，「余口張不能噏，舌出不能縮。又何規哉！」與
今本異。（062）

這一條取材自《太平御覽》；又

「支離疏鼓筴播精。」《文選注》作「播（糈）」。（072）

這一條取材自《文選注》。今再增一例：

〈東都賦〉：「正予樂」（原注：依識文改樂爲大予。）

《文選李善注》，亦引「大予」，五臣乃解爲「正樂」，今本作「雅樂」。
亦誤。

這一條是以《文選李注》糾正五臣注及今本。至於叔岷先生所言王氏據類書
收輯佚文方面，下面「輯佚」部份再談。

其次，王氏取材於古注、類書，除了用來校補古籍中的訛誤，有時也反而
用較早的古籍資料，來糾正晚出的古注、類書的錯誤記載。如〈諸子·181〉云：

杜牧注《孫子》，序云：「孫武著書數十萬言，魏武削其繁剩，筆其
精切，凡十三篇，因注解之。」考之《史記》本傳，闔廬曰：「子之
十三篇，吾盡觀之矣。」（原注：非筆削爲十三篇也。）

杜牧說不知何所本。王氏舉《史記》本傳，卻是有力的證據。

第三，通訓詁：

叔岷先生云：「讎定古書，須通訓詁，或以聲求；或由義證。涉獵當廣，
印證必多。」〔註35〕王氏在這方面的表現亦頗突出。茲舉二例明之。〈書·
049〉

〈書序〉八卦之說，謂之八索，求其義也。而賈逵以爲八王之法，
張平子以爲《周禮》八議之刑，索，空也，空設之。唯馬融以爲八
卦，杜預但云「古書名」，蓋孔安國序猶未行也。愚案：《國語》史
伯曰：「平八索以成人。」韋昭注，謂八體以應八卦也，謂「乾爲首，
坤爲腹，震爲足，巽爲股，離爲目，兌爲口，坎爲耳，艮爲手」，此
足以證孔馬之說。

若非熟悉古訓，恐無力斷如此多岐之說解。

又一例，〈小學·013〉云：

《急就篇》，「長樂無極老復丁」，顏氏解爲「蜀其子孫之役」，非也。

〔註35〕同註32，頁93上。

即《參同契》所謂「老翁復丁壯」。

王氏不贊成改字以訓詁，如〈易・129〉云：

> 旅初六，斯其所取災。王輔嗣注云：「爲斯賤之役。」唐郭京謂：斯
> 合作漸。愚案，後漢左雄傳：「職司祿簿」，云：「斯，賤也。」不必
> 改漸字。

又反對鄭康成注經改字：

> 康成箋詩多改字，注易亦然。如包蒙爲彪，……一握爲笑之握讀爲
> 屋，其說近乎鑿，學者盍謹擇焉。（周易鄭康成注序）

對於古籍文字的歧異，王氏喜考而不喜臆斷：

> 吳才老《書稗傳考異》云：「伏氏口傳，與經傳所引，有文異而有益
> 於經，有文異而無益於經，有文異而音同，有文異而義同。才老所
> 述者，今不復著，……（〈書・007〉）

這一條，王氏從《史記》、《周禮》等古籍中輯出伏生尚書與經傳所引不同者，以補吳域《考異》的遺漏。這種但考之而不懸斷的態度，是王氏治學嚴謹篤實的表現。

以上是講王氏的校讎方法，必須一提的是，王氏並不是很有系統的運用這些方法。如前所言，王氏所作的這些工作，都是材料重於經驗：他是在蒐集材料的過程中發現問題的，而只要材料足夠，發現問題就等於解決問題。這和清代學者主動去發掘問題、再尋求資料以解決問題的過程，是很不同的。學術後來者轉精，良有以也。

雖然，王氏態度的嚴謹，及運用資料、掌握資料的能力，對後來學者仍多啓發。

（二）輯 佚

中國古代書籍，在流傳過程中散佚了很多。散佚的原因，或因朝代更迭燬於兵燹禍亂，或因傳播書籍的方法和工具簡陋而導致書籍本身的散佚殘闕等〔註36〕。好古之士乃從事輯佚的工作。

章學誠《校讎通義・補鄭篇》云：

> 昔王應麟以易學獨傳王弼，《尚書》止存僞孔傳，乃采鄭玄《易》注、
> 《書》注之見於群書者，爲《鄭氏周易》、《鄭氏尚書注》。又以四家

〔註36〕 參見張舜徽〈關於搜輯佚書的問題〉，收入《中國圖書文獻學論集》（臺北：明文，1986年）。

之詩，獨《毛傳》不亡，乃采三家詩說之見於群書者，爲《三家詩
考》。嗣後好古之士，踵其成法，往往綴輯佚文，搜羅略遍。

自章氏說出，學者多持輯佚始於王氏之見。其後又有異說，〔註 37〕張舜徽乃
爲作調停，云：「這幾家見解雖各不同，但輯佚的工作，畢竟是宋代學者開其
端，這是大家所公認了的。」〔註 38〕究其實，輯佚之風雖不必始於王氏，輯
佚之作則是王氏最早交出具體成績。

王氏輯佚之作，有《詩考》、《周易鄭康成注》二書，此外，間見於《困
學紀聞》者還有不少。今略述如下。至於取材對象，自隨文而附論。

王氏輯《詩考》，是得自朱熹啓發。《朱子語類》卷八云：

> 李善注《文選》，其中多有《韓詩》章句，嘗欲寫出。易直子諒，《韓
> 詩》作慈良。

朱熹的意思，想從《文選注》中整理出其中的《韓詩》章句，案其文意，其
用意是爲了參考義理。王氏受此啓發，乃欲由輯佚以補義理。所以《詩考》
可以說是王氏善繼朱熹治學精神之作也。〈詩考語略序〉云：

> 漢言《詩》者四家，師異旨殊，貫逵撰齊魯韓與毛氏異同，梁崔靈
> 恩采三家本爲集注。今惟毛《傳》鄭《箋》孤行。韓僅存《外傳》，
> 而齊魯《詩》亡久矣。諸儒說《詩》，一以鄭爲宗，未有參考三家者。
> 獨朱文公閎意眇指，卓然千載之上，言〈關雎〉則取匡衡；〈柏舟〉
> 婦人之詩，則取劉向；笙詩有聲無詞，則取《儀禮》；上帝甚神，則
> 取《戰國策》；何以恤我，則取《左氏傳》；抑戒自警，昊天有成命，
> 道成王之德，則取《國語》；陟降庭止，則取《漢書注》；賓之初筵，
> 飲酒悔過，則取《韓詩序》；不可休思，是用不就，彼岨者岐，皆從
> 《韓詩》；禹敷下土方，又證《楚詞》。一洗末師專己守殘之陋，學
> 者諷詠涵濡而自得之，躍如也。

朱熹《詩經學》突破毛傳鄭箋，兼收博採，剖辨昭晰，涵詠眾說，以求自得
於心，要在體當聖人之意而後已。〔註 39〕此一治學精神與其心性哲學，是相

〔註 37〕如清，頁德輝：《書林清話》卷八〈輯刻古書不始於王應麟〉，條；近人劉咸
　　　　新炘《目錄學》上編〈存佚篇〉亦主此說。

〔註 38〕同註 37，頁 328。

〔註 39〕參見錢穆：《朱子新學案》第四冊〈朱子之詩經學〉（臺北：三民書局，1971
　　　　年）。

貫通的。〔註40〕王氏深諳朱熹之意，輯佚之作是有意為之。《詩考序》云：

> 文公語門人《文選注》多《韓詩》章句，嘗欲寫出，應麟竊觀傳記
> 所述三家緒言，尚多有之，罔羅遺佚，傅以《說文》、《爾雅》諸書，
> 梓為一編，以扶微學廣異義，亦文公之意云爾，讀《集傳》者或有
> 考於斯。

《詩考》一卷，分五個部份：（一）韓詩，（二）魯詩，（三）齊詩，（四）
詩異字異義。（五）逸詩。前三部份，各輯出三家詩說之見於古籍者；徵引文
獻浩博，從經史子集，乃至類書。然而一書往往數例而止。蓋隨翻隨記，並
非從頭鉤索披覽，因此僅得一卷。然而此路既開，清儒循此線索而上，則成
就可觀。〔註41〕

第四部份「詩異文異讀」，因為王氏懷疑《詩》也有今古文之別。〈後序〉
云：

> 許叔重《說文》謂其稱《詩毛氏》皆古文，而字多與今詩異，豈《詩》
> 之文亦如《書》之有古今歟？併綴而錄之。

「詩異字異義」以《毛詩》為底本，徵考古籍之中的引詩，考《詩》之異文。
數量雖少，但發凡起例，清代繼續此事者，有馮登府《三家詩異文疏證》六
卷，陳喬《四家詩異文考》五卷等。

第五部份「逸詩」，或僅得詩名，或有得詩句；聊備而已。逸詩之說，在
宋代眾說紛紜，王氏則僅做資料之揀擇，而不輕易議論。〔註42〕

〔註40〕參見狄百瑞《中國的自由傳統》第二講〈朱熹與自由教育〉，（李弘祺譯，聯
　　　　經，1983年），及陳來《朱熹哲學研究》第三部份第二章〈格物與窮理〉（北
　　　　京：中國社會科學，1987年）。

〔註41〕關於清代學者《詩經》學輯佚，參見梁啟超：《中國近三百年學術史》（臺北：
　　　　華正書局，1984年）第十四章，頁292。。

〔註42〕《詩考》著作年代為宋理宗景定五年（1264），為王氏早年（42歲）作品，也
　　　　是首次輯佚之作。其中對「逸詩」只存而不論，「刪詩」之說，在宋代談論者
　　　　眾，獨王氏不輕議之。直到晚年《困學紀聞》出，仍然如此。如〈詩・005〉
　　　　云：「逸詩篇名，若貍首、驪駒、祈招、轡之柔矣、皆有其辭。唯采薺、河水、
　　　　新宮、茅鴟、鳩飛無辭。或謂河水，沔水也；新宮，斯干也；鳩飛，小宛也。」
　　　　周子醇《樂府拾遺》曰：「孔子刪詩，有全篇刪者，驪駒是也；有刪兩句者，
　　　　月離於畢，俾滂沱矣，月離於箕，風揚沙是也。有刪一句者，素以為絢兮是
　　　　矣。愚考之周禮疏，引春秋緯云，月離於箕，風揚沙，非詩也。素以為絢兮，
　　　　朱文公謂碩人詩四章，而章七句，不應此章獨多一句，蓋不可知其何詩。然
　　　　則非刪一句也。若全篇之刪，亦不只驪駒。」

王氏另一部重要的輯佚之作《周易鄭康成注》，則可以見出王氏治《易》，欲「義理象數，一以貫之」〔註43〕，〈易康成注序〉云：

> 《易》有聖人之道四焉，理義之學以其辭耳，變、象、占其可闕乎。
>
> 李鼎祚云：「鄭參天象，王全釋人事，易道豈偏滯於天人哉！」

所用的材料，如序所云：「今鄭注不傳，其說間見於鼎祚《集解》及《釋文》，《詩》、《三禮》、《春秋》義疏，《後漢書》、《文選注》，因綴而錄之。」

《困學紀聞》中亦頗多輯佚之事，最可觀者爲《莊子》佚文三十九條。卷十〈諸子081～119〉一共三十九條，題爲「莊子逸篇」。王氏曰：

> 漢《七略》所錄，若《齊論》之〈問王〉、〈知道〉，《孟子》之〈外書〉四篇，今皆亡傳。《莊子》逸篇十有九，《淮南鴻烈》多襲其語。唐世司馬彪注猶存，《後漢書》、《文選》、《世說注》、《藝文類聚》、《太平御覽》間引之。斷圭碎璧，亦足爲籯櫝之珍，博識君子，或有取焉。(〈諸子・119〉)

其謂「逸篇十有九」，蓋因《漢書藝文志》著錄「莊子五十二篇」，而今本止三十三篇故也。叔岷先生云：「王應麟據《後漢書注》、《文選注》、《世說新語注》、《藝文類聚》、《太平御覽》輯存《莊子》逸文三十九條，取材雖未廣，其影響於後人者則極大。」〔註44〕

《困學紀聞》卷二〈書〉中記載有關《尚書》鄭康成注一共十二條，分別是：019、061、062、066、068、095、100、110、115、122、137、149〔註45〕，多引自孔穎達《尚書正義》、《禮記正義》等，並且大多不是純粹輯佚，而是引與其他經解比較。如：

> 鄭康成云：「祖乙居耿，後奢侈踰禮，土地迫近，山川嘗圮焉。至陽甲立，盤庚爲之臣，乃謀徙居湯舊都。上篇是盤庚爲臣時事，中篇下篇是盤庚爲君時事。」《正義》以爲繆妄。《書禆傳》云：「鄭大儒必有所據而言。」(068)

世傳《輯尚書鄭注》，疑後人僞託，不是王氏所作〔註46〕。

〔註43〕〈易・115〉。

〔註44〕同註32，頁74下。

〔註45〕與呂美雀：《王應麟著述考》，頁43，略有不同：呂氏遺「115」一條，「100」條呂分爲「二監」、「二亳」。

〔註46〕孫貽穀云：「此書非深寧所輯，疑惠棟託名。」(見《抱經堂集》卷二)。呂美雀先生亦有辨，見氏著《王應麟著述考・附編》。

　　此外，又如卷十一〈考史・005〉輯「《太平御覽》引《戰國策》」，謂「今本無之」；〈易・099〉輯「《鹽鐵論・文學》引《易》」及「《說文》引《易》」，曰「今《易》無之，疑《易傳》及《易緯》。佚失的古代經解，在王氏學術中，似乎都可以得到一定的位置。這些對清儒應都深有啓發。

　　附帶一提者，王氏又頗好聖人格言之輯佚，如〈書・004〉條，輯賈誼〈修政語〉中引黃帝、帝舜、湯等聖人言語，及《淮南・人間訓》引堯戒，而曰：「此帝王大訓之存於漢者，若高帝能除挾書之律，蕭相國能收秦博士官之書，則倚相所讀者，必不墜焉。」又如〈大戴禮記・004〉由《後漢書・朱穆傳》、〈崔駰傳〉及「《太平御覽》諸書」，輯出逸乎〈踐阼篇〉所載武王十七銘之外的銘文。這一類輯佚，可以見王氏之愛重義理，然而也見出王氏考證精神之限圍。如〈書・004〉，何焯注云：「皆似戰國諸子之語，若上古之書，必更簡直。」王氏則曰：「此帝王大訓之存於漢者」，毫不疑其晚出。

　　要之，王氏學術，雖不脫時代理學風氣之影響，然而其輯佚之作，對於輯佚風氣之開啓，及方法之啓發，對後來清代輯佚學的發展，無疑奠下了重要的基礎。章學誠以爲自王氏開輯佚之風，「嗣後好古之士，踵其成法，往往綴輯佚文，搜羅略遍。」（見前引文）又云：「此於史學所補，實非淺鮮。」〔註47〕即有見於王氏在這方面的貢獻。

〔註47〕見氏著《史籍考要略・逸篇宜採》條。

第四章 清代學界對王應麟學術的評價

　　本章將討論清代學界對王應麟學術的評價。誠如英國當代歷史學家卡耳（Edward H. Carr）所云：「歷史家也是人；和其它個人一般，他也是一個社會現象；他既不單是所屬社會的產物，亦是該社會有意識或無意識的發言人；他是用這種身份來研究過去歷史的事實。……歷史家是屬於歷史的。他在這行列裡所佔的位置就決定他在觀察過去上所採的視角。」〔註1〕這裏說的是一種「史」的自覺：每個時代有每個時代不同的環境背景，以及環境背景對當代人價值觀的形塑力量。通常，評價者很難意識到自己的時代限制──因為他的價值觀正是由那個時代環境所賦予的，就像一個行走的人一樣，他很難知道自己行走姿態的特色，除非有一面鏡子或有一個人「從旁」提示他。本文要檢討清代學界對王氏學術的評價，就是扮演這「一面鏡子」的角色。當然，本文也要有一種自知：這「一面鏡子」，也只是一個角度而已，它必須承認還可能存在著其他一面或多面鏡子。

　　同時，所謂的學術評價，必定要在同樣的學術「視域」（field ofvision）之內，才可能深入、開展。是故當我們要求「深中肯綮」的公正批評時，執卷求教的對象自然是同一「學術視域」內的權威學者。而所謂的權威，相對於其它「學術視域」，又只能算是一種「立場」而已了。他的權威是有「範圍」的。並且，其「範圍」需要一套嚴格的評價標準來「建構」，愈嚴格則說服力愈高。

　　以本文所要討論的《四庫全書總目》為例，《四庫全書總目》是以考證學的角度來評騭王應麟的學術，頗能掌握王氏的考證學成就，卻無法掌握王氏學術

〔註 1〕 Edward. H. Carr 著，王任光譯：《歷史論集》（*What is History*）（臺北：幼獅文化事業公司，1980 年五版），頁 28。

中的義理面向。王氏學術到了清代重新受到重視，然而從宋末至清代，中間經過將近四百年的時間，學術情況已有許多不同，因此，異代之評價乃有許多值得重新檢討的地方。本章將以《宋元學案》與《四庫全書總目》二書為主要討論對象，由於評價立場不同，他們對王氏學術的評價既各得其實，又各有所蔽，本章的目的即在分析他們的所見與所蔽，及造成其所見與所蔽的原因。

討論後代學者對王氏學術的評價，為什麼跳過元、明兩朝，而直接進入清代呢？因為王氏學術在元、明二代不甚彰顯，到了清代才受到明顯的推崇〔註2〕。所以以下第一節，只初步地先就《玉海》與《困學紀聞》二書在元明二代的流傳、消長情形，略作說明；接著，將清代學者對王氏學術的評價，大概介紹一番。俾對於明末清初徵實學風的興起、學術風氣之轉向，有一大略的瞭解。

其次，第二節、第三節分別討論《宋元學案》與《四庫全書總目》對王氏學術的評價。之所以選擇這兩本著作，一是因為雖然清代學者大多十分重視王氏〔註3〕，然而對於王氏學術有具體評價者，並不多見；而《宋元學案》、《四庫全書總目》二書中，對王氏學術有較為具體的評價。其次，二書都是出現於清代的重要學術史著作，其評價有一定的代表性。而二書所代表的觀點則頗為不同，《四庫全書總目》偏向考證學的角度，《宋元學案》偏向史學的角度；不同的學風，反映出不同評價，這是一個非常有趣的問題。本文謹針對此二書做討論，其他學者的意見。則隨文附論。

第一節　元明至清──徵實學風的興起

王氏的著作，未能及其身而刊行；最早付梓的《困學紀聞》，刊行時間在元泰定二年（西元1325），當時王氏已經去世三十年了。王氏著作刊行之初，流傳很有限，到了清代，才開始得到較為廣泛的重視。之所以如此，與明末清初徵實學風的興起，有密切關係。此即本文欲說明者。

王氏學術以博學見稱，《玉海》的編纂原本是為博學宏詞科而設，此科雖然在元明二代不再施行，然而《玉海》做為考試用工具書的功用，卻未改變。

〔註2〕但是本文並不是認為王氏學術對元明完全沒有影響，然而由於問題複雜，限於學力，無法在本文作深入探討，願俟諸將來。

〔註3〕見傅增湘：〈錢竹汀校本困學紀聞跋〉《藏園群書題記》卷四云：「乾隆老輩多以讀《紀聞》為程課」（臺北：廣文，1980）。

以下就王氏著作在元明至清初的流傳情形，分兩部份論述之：一、王氏著作在元明至清初的刊行情形；二、清代學者對王氏學術的重視面向。

一、王氏著作在元明至清初的刊行情形

王氏著作留存至今者，有《困學紀聞》、《玉海》及其附刻十三種，以及文集中殘佚剩餘的少量篇章，其他皆佚（詳緒論第三節）。這些著作中，在元、明比較受注意的，是《玉海》與《困學紀聞》。

《玉海》目前的可考板本（含修、補本）計十六種〔註4〕。《玉海》由於

〔註4〕 《玉海》的刊刻及修板情形，參考呂美雀《王應麟著述考》，（臺北：臺灣大學中國文學研究所碩士論文，1971年）及陳仕華：《王伯厚及其玉海藝文部研究》，（臺北：商務印書館，1993年初版）二書。略如下表：

刊 刻 時 間	序 跋	備 註
元後至元六年（1340）慶元路儒學刊本	胡助序李桓序 薛元德序 王應麟四言題辭 王厚齋跋語	內容：玉海二百卷辭學指南四卷別附十三種六十一卷；下同
同上刊本、至正十一年（1351）修補本	阿殷圖埜堂序 王介序	王厚孫校讎誤漏六萬字鳩工修補
同上刊本、修補本、明正德南監遞修本（1507）	戴鏞序	
同上刊本、修補本、明正德嘉靖南監遞修本（1550）		
同上刊本、修補本、明正德嘉靖萬曆南監遞修本（1589）	趙用賢序	
同上刊本、修補本、明正德至崇禎間遞修本（？）		
同上刊本、修補本、明正德至清康熙間遞修本（1687）	李振裕序	
同上刊本、修補本、明正德至清乾隆遞修本（1738）	熊本序 張莘年序	嘉慶十年，（1805）此板遇火全燬
清文淵閣四庫全書本		僅玉海、辭學指南二書合錄
清嘉慶十一年（1806）江寧藩署刊本	康基田序	以元至元印本為底本
清道光六年（1826）長白覺羅氏刊本		
成都志古堂本		
清光緒九年（1883）浙江書局本		載：四庫提要、元刻玉海指揮
民國六十六年（1977）大化書局影印至正十二年本	方豪序	
梁氏慕眞軒藏鈔本		

以下凡引用各版序跋，只注明年份，不另註出處。

卷帙龐大（二百卷），鋟梓不易，在元後至元六年（1340）由官方主持慶元路儒學刊本之後，此板經歷三代，七次修補，八次刊行。直至清嘉慶十年（1805）板燬於學宮，才有江寧藩署刊本（1806）新板的刊刻。從元板到清板，《玉海》每次刊行都由官方支持，原因之一在於卷帙繁重，「非一家之力所能刊行」（胡助序，1338）；原因之二，因為《玉海》內容為官方所重視。

　　《玉海》因為內容可以做為科試晉身的津梁，因而受到士人的矚目，根據〈元刻玉海指揮〉（1336）所云，〈玉海〉在刊刻之前，就已經有鈔本「傳錄於世」，李桓〈玉海序〉（1340）亦云：「夫其篇次之多，不免於淆舛；傳錄之久，或至於遺脫。士以不獲睹其完書為恨。」而此書刊印之前，原稿還曾因為遭竊而名噪一時〔註5〕，遭竊原因應與「天下士子久慕是書」不無關係。

　　《玉海》受重視的原因，一則可以做為辭章資助。胡助〈玉海序〉（1340）謂之「其殆集文學之大成者」，李桓〈玉海序〉為之釋名曰：「夫玉可寶而有用，海之藏無所不具，名之而無愧，其惟是書乎。」皆就其為辭章資助而言。再則，《玉海》又可供朝廷禮儀的備索。薛元德後序（1340）曰：「極天地萬物，與夫古今禮樂制度，咸備於此」，是著眼於其對於各種名物、古今禮樂制度的蒐求；〈玉海指揮〉謂之「上可備朝廷禮官之討論，下可資學校士子之考索」，允為「古今稀有之奇書」──皆就官方的需求而言。「朝廷討論禮制之資，士子投考國家考試之備覽」──此即《玉海》在當時官方學界所具備的功能。

　　到了清代，《玉海》的功能又有不同。康熙年間〈補刊玉海例言〉（1687），以之與馬端臨《文獻通考》並舉，云：「是書與《文獻通考》同源異流，《通考》綜其要，是書核其詳，故兩書相為表裏。」又曰：「貴與（案：馬端臨字）之書，與涑水《通鑑》相為表裏；而先生之書（案：指《玉海》），又與番陽《通考》相為經緯，二者均有功於史學。」則《玉海》已經從科舉津梁，一躍成為史學津梁，從一般類書之屬，躋身而為政書之屬。李振裕〈補刊玉海序〉（1687）則認為《玉海》是「探本於六經，沿流於諸史，旁搜夫諸子百家」，乃「經史之學，有裨治道者」。乾隆三年熊本〈補刊玉海序〉（1738）則云：「宋有類書四種，其大有俾經濟實學者，曰《冊府元龜》、曰《玉海》。《冊府元龜》……禮樂兵農，用人行政，歷朝因革損益，靡不畢具。……《玉海》……蒐羅典故，囊括舊聞，凡天文地理，以及臺閣宮室、服食器用，分門排纂，考據精詳，與《冊府元龜》相捋。是二書者，皆經世之文學者所宜究心者也。」

〔註5〕元後至元六年（1340）慶元路儒學刊本《玉海‧王厚孫跋語》。

又將《玉海》與《冊府元龜》並列爲「有裨經濟實學」的兩部類書。

　　根據這些資料，我們發現元明和清代對《玉海》的重視層面明顯不同：元明仍重其制度整理的資料性及工具性，清代學者一則較重視「有裨治道」、「有裨經濟實學」的經世功能，再則強調這樣的學問是由經、史、百家等古代典籍蒐羅考索而來，有助史學研究。可見進入清代以後，一自經世思想的普及，一則學者開始援《玉海》治史學，《玉海》的學術價值才顯出來。

　　至於《困學紀聞》的刊刻、流行情形，在元明二代，又不及《玉海》。《困學紀聞》是王氏著作中較晚成書，卻最早刊行者。因爲王氏本人最重視此書，所以其子王昌志秉父志而首刊之。王昌世曾說：「吾父平生書最多，唯《困學紀聞》尤切於學者。」〔註6〕王氏〈浚儀遺民自誌文〉則自云：「嗜學老不倦，爲《困學紀聞》。」袁桷〈困學紀聞·序〉亦云：「先生年未五十，諸經皆有說，晚歲悉焚棄，而獨成是書。」又云：「王先生出，知濂洛之學，淑於吾徒之功至溥。然簡便日趨，偷薄固陋，瞠目拱手，面牆背芒，滔滔相承，恬不以爲恥；於是爲《困學紀聞》二十卷。」認爲王氏之所以作《困學紀聞》，是有感於學術風氣日趨偷薄固陋，而抱著矯正學風的嚴肅心理從事著作的。

　　然而，《困學紀聞》在元、明顯然影響有限，傅增湘謂「深寧《紀聞》，在明代尚不甚顯」〔註7〕，應是有據之說。《困學紀聞》屬「考據辨證類」筆記〔註8〕，這種型態的筆記出現得很早，劉葉秋以爲「始於漢代而發展於唐宋；因爲在漢代，這種筆記還是經傳的附庸，至唐宋才漸漸『由附庸蔚爲大國』。」〔註9〕宋代這類型的筆記，較有名的又如沈括《夢溪隨筆》、洪邁《容齋隨筆》等，然而就內容體例之純駁而言，《困學紀聞》只論經史詩文，不記風俗瑣聞，內容、體例都單純專門得多。王氏是有意識地運用筆記的方式來記錄並解決讀書時遇見的疑難。然而試觀後來元明二代的筆記著作，仍難免於駁雜，尤以明代爲然〔註10〕。據林慶彰先生的研究，明代考證學的特色是「好奇炫博」〔註11〕，反映在筆記著作上更爲明顯〔註12〕。可見《困學紀聞》這一種專門

〔註6〕見牟應龍〈困學紀聞原序〉。
〔註7〕見傅增湘《藏園群書題記》卷四〈全謝山手校困學紀聞跋〉。
〔註8〕見劉，頁秋《歷代筆記概述》第四章〈宋代的筆記〉第三節〈考據辨證類的筆記〉，頁121。
〔註9〕同上，第一章，頁9。
〔註10〕同註8，參見第五、六章。
〔註11〕參見林慶彰《明代考據學研究》，林氏云：「明人之考據實可用『好奇炫博』四字該之」（臺北：臺灣學生書局，1983），頁33。

考訂經史子集的讀書筆記，並未爲元明學者所特別留意。這類筆記，要等到明末清初，才突然地空前進步，乾嘉以後，更蔚爲風氣；而且很明顯的，受《困學紀聞》的啓發很大。

二、清代學者對王氏學術的重視面向

明末以來，王氏學術才開始受到學者的重視。直到清代乾嘉考證學盛行，學者對王氏學術的重視大約可以分爲兩個方面，其一是重視其經世致用的特色，其二是重視他的博學精考。試舉數例明之。

首先是明末大儒顧炎武（亭林，1613～1682）。自來學者最喜舉亭林與王氏相提並論，一因身世相似，二因學術相近﹝註13﹞。顧氏雖未曾直接稱許王氏，然而其學無疑受到王氏許多影響。顧氏的重要著作《日知錄》，體例與《困學紀聞》十分相近；而據顧氏弟子潘耒（1646～1708）〈日知錄原序〉所云，顧氏的學問是與宋元時代明體適用的通儒之學，一脈相承的。潘〈序〉云：

> 自宋迄元，人尚實學，若鄭漁仲、王伯厚、魏鶴山、馬貴與之流，著述俱在，皆博極古今，通達治體，曷嘗有空疏無本之學哉！明代人才輩出，而學問遠不如古……先生（案：顧炎武）著書不一種，此《日知錄》，則其稽古有得，隨時箚記，久而類次成書者……學博而識精，理到而辭達，是書也，意惟宋元名儒能爲之。

其謂此書「學博而識精，理到而辭達」，與牟應龍（1247～1324）〈困學紀聞原序〉說《困學紀聞》「辭約而明，理融而達，該遂淵綜」，二書皆強調學術淵博、義理圓融、文辭明達的特色。潘耒並且以爲《日知錄》的最大價值，並不在於「考據之精詳，文辭之博辨」，而在於經世致用之志。其講「實學以經世」，與《困學紀聞》可以說是志同而道合。

稍晚於顧炎武，而以辨僞考證學起家的閻若璩（1636～1704），也十分推重王氏的《困學紀聞》，以爲是「說部第一家」﹝註14﹞，首先爲作箋注；據其子閻詠〈困學紀聞序〉云：

> 大人（案：指閻氏）自壯至老，手自校讎，不啻五、六過，訛者正

﹝註12﹞ 同註10。

﹝註13﹞ 參錢賓四〈王深寧學述〉一文，及何澤恒《王應麟之經史學》第四章第三節〈王應麟與顧炎武〉。

﹝註14﹞ 見《困學紀聞‧閻詠序》。

之，遺者補之。常謂詠曰：「苟無訛可正，無遺可補，天下之能事畢
矣。」

閻氏重視《困學紀聞》，完全因爲是書的博學與精考。閻氏是打開清初考證學
風的重要學者，由於他的推重，「由是海內始知尊尙此書」〔註15〕。自從閻氏
箋注《困學紀聞》之後，踵事增華者不下十家〔註16〕，尤見此書對乾嘉考證
學者的意義。稍後的錢大昕（1728～1804）亦稱贊此書，云：「穿穴經史，實
事求是，雖議論不必盡同，要皆從讀書中出，異於游談無根之士，故能卓然
成一家言，而不得以稗官小說目之焉。」〔註17〕也是肯定王氏學術擅長考證
之功。

章學誠（1738～1801）則是從史學的角度來評價王氏學術，對王氏的評
價並不高。以爲「王氏諸書，謂之纂輯可也，謂之著述，則不可也。謂之學
者求知之功力可也，謂之成家之學術，則未可也。」〔註18〕王氏「求知之功
力」，不可謂是「成家之學術」，章氏曾云：「整齊排比，謂之史纂；參互搜討，
謂之史考，皆非史學。」〔註19〕因此批評當時專務考證的學者，曰：「今之博
雅君子，疲精勞神於經傳子史，而終身無得於學者，正坐宗仰王氏，而誤執
求知之功力，以爲學即在是爾。」要之，王氏之學只是史纂史考餖飣之學，
不是成家之學，這樣的學問卻受到考證學者的推崇——章學誠是藉王氏攻訐
考證學風〔註20〕。所以，章氏雖然「亦盛推深寧之博古通經」〔註21〕，然而
對於乾嘉學者僅推崇王氏學術中考索博識的一面，則深不以爲然。

由以上的分析，可見王氏學術之所以到了清代備受重視，主要原因是由
於清代學術風氣轉向了徵實之學。無論是顧炎武等人的「經世致用」之學的
傾向，或是閻若璩輩的考證學家，或是史學家章學誠，都重視實事求是的學
問。還有下兩節將要討論的《宋元學案》與《四庫全書總目》二書，儘管其
學術旨趣大不相同，然而反對「空談冥想」式的治學，則是一致的。

〔註15〕同上。
〔註16〕何焯、全祖望、方朴山、錢大昕、程瑤田、屠繼序、萬希槐、翁元圻、宋令
　　　　君、趙敬襄、張嘉祿等。參見何澤恒《王應麟經史學》第四章第二節〈《困學
　　　　紀聞》之箋注〉。
〔註17〕錢大昕：《潛研堂文集》卷二十五，〈嚴久能娛親雅言序〉。
〔註18〕見氏著《文史通義‧博約上》（臺北：里仁出版社，1984）。
〔註19〕同上，〈浙東學術〉。
〔註20〕同註18。
〔註21〕見何澤恒：《王應麟之經史學》，頁497。

第二節 《宋元學案》對王應麟學術的定位

《宋元學案》卷八十五〈深寧學案〉，專論王應麟學術，〈學案〉中對王氏學術特色的描述，主要是「和齊斟酌，不名一師」一語。

《宋元學案》的編纂，非出自一手，亦非成於一時。其始由黃宗羲（梨洲，1610～1695）初定規模，後經黃百家、全祖望（謝山，1705～1755）修補，最後有王梓材、馮雲祥校定，終於整理成為百卷定本，歷時近兩個世紀〔註22〕。其中，以全祖望的修補之功最大；而全氏修補中，又以〈序錄〉之編纂，最具特色與價值。〈序錄〉略述每一學案案主的學統及學術特色，今本既冠諸書前，又分載於各學案之端，使學者可以睹各學案之大要。侯外廬云：「祖望補撰的百卷學案〈序錄〉，實際上可以看成是宋元時期的學術史大綱。」〔註23〕由於今本《宋元學案》大體定於全氏，其中論點可以反映出全氏的學術觀點。所以，本文講《宋元學案》中王應麟學術的定位問題，其實是就全氏的觀點來討論。前云「和齊斟酌，不名一師」，即出自全氏〈序錄〉語。

黃宗羲《宋元學案》原本裏，將王應麟傳附在真德秀〈西山學案〉之下，黃氏的意思，以為王應麟繼承西山之學，是紹承朱熹之統的。黃氏的說法應是承自袁桷（清容，1266～1327）及貝瓊（清江，1314～？）。袁桷〈困學紀聞序〉云：

> 禮部尚書王先生出，知濂洛之學，淑於吾徒之功至溥。然簡便日趨，偷薄固陋，瞠目拱手，面牆背芒，滔滔相承，恬不以為恥。於是為《困學紀聞》二十卷，具訓以警。

又有〈挽伯厚先生詩〉云：「再世登龍舊，淵源可再窺，西山遺正緒，東澗結冥知」〔註24〕。據袁桷所云，王氏之學乃繼承自程朱、真德秀。貝瓊說宋代四明之學：

> 自厚齋尚書倡學者以考亭朱子之說，一時從之而變。故今粹然皆出於正，無陸氏偏駁之弊。然則四明之學，以朱而變陸者，同時凡三

〔註22〕 參見侯外廬主編：〈宋元學案及其對宋元時期理學的總結〉《宋明理學史》下卷第二十七章。

〔註23〕 同上，頁733～734。

〔註24〕 袁桷：〈挽伯厚先生詩四首〉之四，《清容居士集》卷十四（臺北：臺灣商務印書館四部叢刊初編本）。

人矣,史果齋也,黃東發也,王伯厚也。……厚齋著書之法,則在
西山眞爲肖子矣。〔註25〕

原來四明多宗陸學,有著名的「明州四先生」〔註26〕。自史蒙卿、黃震、王
應麟倡言朱學,四明學風始由陸而變爲朱〔註27〕。袁、貝二氏,皆以爲王氏
是紹眞德秀之學,而傳朱子之統。

全祖望重修《宋元學案》,始爲王應麟獨立出〈深寧學案〉。對於王氏的
師承,並不依從黃梨洲的說法,而著眼於王氏「和齊斟酌」、重視彙整文獻材
料的治學特色上,謂其「不名一師」。在全氏文集的二篇文章裏,全氏又進一
步將王氏歸諸呂祖謙學統(詳下)。全氏此說,錢穆頗不以爲然,而以爲王氏
學術的「精神血脈」乃紹述朱子,而比較偏向經史之學〔註28〕,其後何澤恒
承錢氏而更加條分縷析,詳備其說〔註29〕。由於他們的分析,特著眼於王氏
學術內容及師承關係上分辨王氏的朱學淵源,因此對於全氏的立論原由、背
景等問題,則未討論;其次,除了師承問題以外,全氏對王氏學術是否有恰
當理解,亦未見說。凡此皆本文所欲進一步推究者。

錢穆等人的文章,在這個問題上的討論,可以歸納爲三個重點:

(1)謝山《學案》,於史學有貢獻,於理學則爲皮外。

(2)謝山對朱子持偏見,因此決不承認王氏出於朱子。

(3)謝山說王氏於朱陸呂諸家,「和齊斟酌,不名一師」的話,是錯誤
的。王氏學術之精神血脈是來自朱熹,並非不名一師。

以下本文主要就全祖望的立場,對錢氏等人的說法作辨正或補充。討論
方向爲:其一是檢討師承問題,其二,釐清全氏對朱子的看法,其三,分析
全氏對王應麟學術的認識角度。

全謝山著作中屢屢稱述王氏學問〔註30〕,又三箋《困學紀聞》,譽爲「碎
金所萃」〔註31〕之作,對王氏學術涉獵不可謂淺〔註32〕。〈深寧學案・序錄〉

〔註25〕 轉引自〈深寧學案〉王梓材案語。
〔註26〕 參見何澤恒《王應麟的經史學》第一章,頁39~48。
〔註27〕 見〈深寧學案〉黃百家引貝瓊言。
〔註28〕 見《東方雜誌》復刊第八卷第五期。
〔註29〕 參見呂美雀:《王應麟著述考》;何澤恒《王應麟之經史學》。
〔註30〕 如氏著《經史答問》,謂王厚齋「精於釋地」(卷三),「考古最夥」(卷六)。
〔註31〕 見全祖望〈困學紀聞序〉。
〔註32〕 全祖望史學的特色,是「重當世,明近代,表章人物,尊崇文獻」(杜維運〈全
祖望之史學〉,《清代之史學與史家》,頁317~333,東大,1984)。

描述王氏的師承交遊，云：

> 四明之學多陸氏，深寧之父亦師史獨善，以接陸學，而深寧紹其家
> 訓，又從王子文以接朱氏，從樓迂齋以接呂氏，又嘗與湯東澗遊。
> 東澗亦兼治朱、呂、陸之學者也。和齊斟酌，不名一師。

這裡可見王氏的學術淵源包括陸、朱、呂。但是全氏所敘述的王氏師承關係
略有錯誤。從學樓昉（迂齋）的是王氏的父親王撝而不是王氏。以下再根據
相關資料，爲王氏做一個更詳細的師承表〔註33〕：

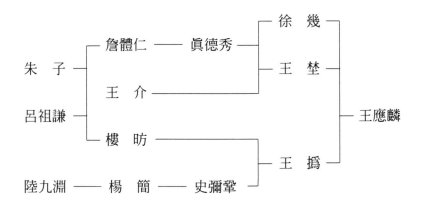

這個表顯示出，不名一師的情況，不只是發生在王應麟身上。王埜（子
文）的父親王介，同時遊學朱、呂之門，應麟的父親王撝，同時遊學呂、陸
之門。其實，據《宋元學案》所記，許多宋末學者都傾向兼治諸家，當時學
術界頗有融通合會之象。如〈絜齋學案〉中所記：

> 眞西山爲先生（案：袁燮）行狀，云：「東萊呂成公，接中原文獻之
> 正傳，公從之遊，所得益富。永嘉陳公傅良，明舊章、達世變，公
> 與從容考訂，細大靡遺。是先生嘗師東萊，友止齋。而究其所歸宿
> 者，則象山也。」〔註34〕

〔註33〕全氏誤以爲王氏師從樓迂齋（樓昉），此點錢先生早已訂正，見〈王深寧學述〉
一文。又「徐鳳」是誤從袁桷〈陳志仲墓銘〉所云：「宋季詞科，呂成公、眞
文公傳諸徐鳳，徐鳳傳諸王應麟。」據麥仲貴《宋元理學家著述生卒年表》，
徐鳳生卒年爲 1177～1224，而王應麟生於 1223，絕非從學之年。徐幾進齋，
《閩中理學淵源考》卷三十三，謂其「博通經史，尤精於易。景定間與何基
同以布衣召補迪功郎」，考何基生卒年爲 1188～1268，徐幾當不相遠；又《宋
元學案》卷八十一、八十五之學案表，咸謂應麟爲徐進齋門人。案學案表爲
吳梓材、馮雲豪二氏所作，蓋二氏已有見於全氏之疏失。

〔註34〕〈絜齋學案〉中王梓材引眞德秀文。

袁燮宗陸氏而兼師東萊、交遊止齋，「固不妨其學之尊陸」〔註35〕。曾與王氏論學的湯漢（東澗，1202～1272）〔註36〕，也是出於陸門而兼治朱呂。兼治諸學，是這些學者的特色〔註37〕。因此，若說他們「和齊斟酌」，其實頗合實情；但是基本上這些學者雖然兼採諸家，其學術仍有門戶，所以全氏雖然指出他們的兼治諸家的特色，卻未說他們是「不名一師」。在整部《宋元學案》當中，「不名一師」是呂氏家學的獨具特色。

　　《宋元學案》中，呂氏家學自呂公著（1018～1089）列於〈范呂諸儒學案〉起，登學案者七世十七人〔註38〕，依序見於〈滎陽學案〉、〈和靖學案〉、〈紫微學案〉、〈東萊學案〉。其學自呂公著（正獻公）起家，而呂希哲（滎陽1039～1116），而呂本中（紫微1084～1145），而呂祖謙（東萊），所傳者「中原文獻之統」也。何謂「中原文獻之統」呢？

　　〈滎陽學案・序錄〉記呂希哲學術，云：

　　　　滎陽少年不名一師，初學於焦千之，盧陵之再傳也。已而學於安定，
　　　　學於康節，亦嘗學於王介甫，而歸宿於程氏。集益之功，至廣且大。

〈紫微學案・序錄〉則記呂本中，云：

　　　　大東萊先生爲滎陽冢嫡，其不名一師，亦家風也。自元祐後，諸名
　　　　宿……皆嘗從遊。多識前言往行，以畜其德。

同上學案中案語又云：

　　　　愚以爲先生（案：紫微）之家學，在多識前言往行，以畜其德。蓋
　　　　自正獻以來，所傳如此……再傳而爲伯恭，其所守者亦世傳也。故
　　　　中原文獻之傳，猶歸呂氏，大儒弗及也。

呂希哲綜羅各家精粹，其學廣大；呂本中承此家風，治學「不名一師」。由此我們發現，呂氏家學的特色在博綜，而所謂「中原文獻之統」者，則是指「多識前言往行，以畜其德」的學問。在此，我們應把焦點放在「多識前言

〔註35〕何澤恒《王應麟之經史學》，頁43。
〔註36〕〈深寧學案・附錄〉：「咸淳元年七月，除著作郎。時湯文清公爲太常少卿，與先生鄰牆居，朝夕講道，言關、洛、濂、閩、江西之異同，永嘉制度、沙隨古易、蔡氏圖書經緯、西蜀史學，通貫精微，剖析幽渺，湯公曰：『吾閱世良廣，惟伯厚乃眞儒。』」
〔註37〕這種兼採諸家的學風是否有走向「擺脫門戶，深造自得」的路上去的可能，值得進一步研究。
〔註38〕卷十九〈范呂諸儒學案〉，王梓材案語。

往行」一語上，所以朱熹謂之「習典故」〔註39〕，《道命錄》謂之「文獻故家」〔註40〕。換句話說，不名一師的呂氏家學，其學術重心正在於典故、制度、文獻之合會綜羅。這種學問，頗近於史學，而呂祖謙學術在後世，正是以長於史學著名。

所以，全氏「和齊斟酌，不名一師」一語，其實是有兩個意思。和齊斟酌是指其博綜文獻的治學態度，其內容是整理文化典籍的博雅之學，治這種學問還具有經術致用的用心〔註41〕。不名一師，則在強調這門學問彙整文獻、不拘門戶的特色。全氏在此著眼點全在「文獻整理」上，而未涉及思想義理。現在我們再回過頭來看全氏對王應麟學術的說法。就文獻整理而言，王應麟的確稱得上是「和齊斟酌，不名一師」，而王氏治學，也的確抱持著經術致用的用心，全氏的說法似乎頗得其情。所以，全氏乃進一步將王氏之學，歸宿於呂祖謙學統。見於《鮚埼亭集》二文：

> 王尚書深寧，獨得呂學之大宗。或曰：深寧之學，得之王氏埜，徐氏鳳，王徐得之西山眞氏，實自詹公元善之門；而又頗疑呂學未免和光同塵之失，則子之推爲呂氏世嫡也，何歟？曰：深寧論學，蓋亦兼取諸家，然其綜羅文獻，實師法東萊。況深寧少師迂齋，則固明招之傳也。（〈同谷三先生書院記〉）

> 先生之學，私淑東萊，而兼綜建安、江右、永嘉之傳。（〈王尚書畫像記〉）

（案：徐鳳、樓昉之誤，已見註12）二文主要指出：王應麟具有「兼取諸家」、「綜羅文獻」的著作特色，這是承自東萊學統。

全氏此說顯然打破前人認爲王氏承朱子學的說法。究竟全氏對朱子學的看法如何？果如錢穆所云，是因爲對朱子持偏見，而不肯承認王氏學出朱子？

全氏的確對朱子後學不滿，但是並不排斥朱子。於〈橫溪南山書院記〉深責朱子後學之迂疏陳腐，云：

> 但欲奉章句傳注而默守之，不敢一字出於其外，以是爲弗畔。錮其神明，塞其知覺，而朱學反自此而晦。蓋博學、審問、愼思、明辨

〔註39〕《朱子語類》卷一三二，本朝中興人物下。
〔註40〕《知不足齋》《道命錄》。
〔註41〕見〈東萊學案〉，頁936。

之功，一切廢之，朱學豈其然乎？

要之，全氏是有見於朱、王後學之弊，但是他對於朱子教人「博學、審問、慎思、明辨」的治學法，卻深以爲然。全氏私淑黃梨洲，甚推崇黃氏，〈甬上證人書院記〉敘述黃梨洲對王陽明、劉蕺山之學的評論，云：

> 其（案：指黃宗羲）論王劉兩家，謂皆因時風眾勢以立教。陽明當建安格物之學大壞，無以救章句訓詁之支離，故以良知之説倡率一時。乃曾未百年，陽明之學，亦復大壞，無以絕蔥嶺異端（案：指佛學）之夾雜，故蕺山證人之教出焉。陽明，聖門之狂；蕺山，聖門之狷。其評至允。

原來王、劉之學是因「時風眾勢」以立教的；言下之意，如今時勢既異，學術自然不必再默守成規。黃氏早年的爲學途徑，是由蕺山上溯陽明，由陽明上溯象山。如此的爲學經歷，而能對於當時的學術發展有這樣深刻的反省，非具有突破門戶的眼光者不能言。有些學者認爲「全祖望的理學思想上最特出的一點就是：沒有門戶之見。」〔註42〕此一特點可以說得自黃梨洲的啓發。黃氏〈復秦燈巖書〉云：「建安無朱元晦，金溪無陸子靜，學者苟能自得，則上帝臨汝，不患其無所宗也。」〔註43〕能自得何患無「宗」！又云：「學術之不同，正以見道體之無盡。」〔註44〕這種廓然平易的學術心胸，已非昔日陸王心學的面貌，而是通過經史功深以後的所得。何佑森先生云：「其實梨洲晚年，思想有一大變，他既不宗陸，亦不尊朱，認爲學者貴在自得，能自得又何患無宗。」〔註45〕所以全氏謂梨洲「原本於經術」、「從事於有本之學」〔註46〕，正是對梨洲所謂「自得則不患無宗」的詮釋。

而所謂「有本」之學，除了指義理上的「宗旨」，更重要的是指有根有據的學問。全氏對於明中葉以來浮談無根的講學之風，深表不滿，所以盛推黃梨洲力矯疲弊的講學風氣的貢獻，說道：「先生始謂學必原本於經術，而後不爲蹈虛；必證明於史籍，而後足以應務。元元本本，可依可據。」〔註47〕又

〔註42〕此語引自夏長樸先生〈全祖望的學術思想〉一文。與此論點相彷彿的相關論文還有杜維運〈全祖望之史學〉（《清代史學與史家》，東大，1984）；甲凱〈由鮚埼亭集看全謝山之史學〉（《中國歷史學會史學集刊》第五期）。

〔註43〕《南雷文定》卷四。

〔註44〕《明儒學案・序》。

〔註45〕見氏著〈黃梨洲與浙東史學〉一文，《書目季刊》。

〔註46〕〈甬上證人書院記〉（《鮚埼亭集》外編卷十六）。

〔註47〕〈甬上證人書院記〉。

強調「經術所以經世，方不爲迂儒之學」〔註48〕。要之，全氏不是醉心於理學的學者，錢穆說他「於理學爲皮外」，更確切地說，是因爲他是立足於一個重視知識致用的徵實學風當中，所講究的學問是「必原本於經術」、「必證明於史籍」，然後「足以應務」；他重視的是「經術所以經世」的學問。

由此，我們知道，全氏對對朱子學的不滿，乃在於朱子後學的「格物之學大壞」、「章句訓詁之支離」，就像他對明中葉以後浮談無根的學術風氣不滿一樣。他所要求的，是有本有據的學問。所以他又贊揚梨洲「格物務極其要，其歸宿一衷以聖人之旨，醇如也」（〈甬上證人書院記〉），欲達到學術醇如，必以聖人之旨爲衷而致力於格物，所謂致力格物，即前文所謂「建安格物之學」，是朱子治學法，就是博學。這些都說明全氏並不輕視朱子。他甚至推崇朱子的博雅。所以他又讚美黃震（1213～1280）：「所造博大精深，徽公瓣香，爲之重振。」〔註49〕可見對朱學之能臻於「博大精深」的功夫，極爲肯定。

全氏雖然不輕視朱子，然而對呂祖謙學術似乎更具同情。《宋元學案》卷五十一〈東萊學案〉案語云：

> 小東萊之學，平心易氣，不欲逞口舌以與諸公角，大約在陶鑄同類，
> 以漸化其偏，宰相之量也。惜其早卒。晦翁逐日與人苦爭，並詆及
> 婺學。而宋史之陋，遂抑之於儒林，然後之君子，終不以爲然也。

全氏在此是強調東萊爲學平心易氣、陶鑄同類的雅量，而對於《宋史》因朱熹曾詆及婺學，於是將東萊置於〈儒林傳〉，地位下於朱熹，則表不滿。關於朱熹之詆婺學，馮雲濠《宋元學案補遺》亦云：

> 黎靖德所編（朱子）語類，論東萊者凡三十一條，惟病中論《論語》
> 一條，稍稱其善，其餘如云：「東萊博學多識則有之矣，守約則未也。」
> 又云：「伯恭之弊，盡在於巧。」又云：「伯恭教人看文字也粗。」……
> 可謂詆隙攻暇，不遺餘力。元人修《宋史》，因置東萊〈儒林傳〉中，
> 使不得列於〈道學〉。

《宋史》分立道學與儒林之舉，軒輊學者頗爲明顯。全氏、馮氏以爲呂祖謙之所以抑居儒林之列，是因爲朱子好詆東萊之學，而朱子在後代又聲望甚隆、地位甚高，導致後人跟著輕視呂學。所以，全氏有意在〈東萊學案〉爲東萊爭取平等地位；〈案語〉又云：

〔註48〕〈梨洲先生神道碑文〉。
〔註49〕〈東發學案‧序錄〉。

朱張呂三賢，同業同德，未易軒輊。張呂早卒，未見其止，故集大
成者歸朱耳。而北溪輩必欲謂張由朱而一變，呂則更由張以達朱，
而尚不逮張，何尊其師之過耶！

此文是針對陳淳（北溪，1153～1217）〈張呂合五賢祠說〉文中崇朱抑呂之說
〔註50〕，發不平之鳴。〈麗澤諸儒學案・序錄〉又云：

明招學者，自成公下世，忠公繼之，由是遞傳不替，其與嶽麓之澤，
並稱克世。長沙之陷，嶽麓諸生荷戈登陴，死者十九，惜乎姓名多
無考。而明招諸生，歷元至明末未絕，四百年文獻之所寄也。

一則以為朱、呂「並稱克世」，成就相當；再則對東萊學統在亂世之中傳文獻
之學，可以說寄予深切厚望。言下之意，似乎更肯定東萊學統留傳文獻的功
勞。

全祖望屬於清代浙東史學，浙東史學的特色是表章人物、尊崇文獻，而
全氏的治史，則更重視蒐訪文獻及表章氣節，對於易代之際而能以保存文獻
自任者，更是標舉不遺餘力〔註51〕。上舉「麗澤諸儒」，就是具備了保存故國
文獻之功。而宋遺民王應麟，在全氏眼中，也是此輩勁風剛節之士。〈宋王尚
書畫像記〉云：「先生之大節，如清天白日，不可掩也。」〔註52〕而箋注《困
學紀聞》，對於書中所寓身世之慨者，揭發尤多〔註53〕。或許正是基於這個原
因，全氏更願意將王氏歸諸重視文獻之統的呂氏之學。

然而，討論至此，全氏的論點都放在知識、文獻上，如其論朱子，推崇
朱子的博雅；討論呂學，著眼於文獻之傳上。皆未涉及思想義理。這或許因
為全氏學術的史學取向，或許因為全氏處於重知識的徵實學風當中，無論如
何，全氏的說法忽略了義理的面向。而就思想淵源言，王應麟受自朱熹的影
響很大，這些在前面第二、三章已詳言之。而朱熹學中，也並非沒有經世思
想。要之，全氏認為王氏學術中「綜羅文獻，實師法東萊」，這個觀點是可以
成立的。然而說王氏「私淑東萊」，是「呂氏世嫡」，則頗值商榷。要之，王
氏學術雖然有兼採各家的特色，然而其思想與朱子之學的淵源最深，這一點
是全氏所忽略的。經過以上的討論，我們得到下面兩點結論：

〔註50〕見〈東萊學案・附錄〉。
〔註51〕同註32。
〔註52〕見《鮚埼亭集》外編卷十九（臺北：華世出版社，1977）。
〔註53〕關於此，何澤恒論文已詳言，見第四章第一節，頁439～463。本文從略。

一、《宋元學案》中，「不名一師」、彙整文獻、傳中原文獻之統，是呂氏
家學的獨具特色。全氏在評價呂氏家學的幾個學案時，特表揚其留
傳文獻之功；〈東萊學案〉中，更譽其陶鑄同類、不爭門戶的雅量。

二、王應麟治學也確實具有綜羅文獻的特色。然而若問師承，就「綜羅
文獻的特色」而遽歸之呂祖謙，似欠妥當。就思想淵源言，王氏與
朱熹更相近，這些在前面第二、三章已詳言之。

三、就全氏的觀點而言，全氏並未輕視朱子，朱子的治學工夫顯然也是
他所肯定的。然而他更推崇東萊的文獻之統，因此，就其評價標準
而言，將王氏歸於東萊學統，其實對王氏的學術地位，是揚而不是
抑。

第三節　《四庫全書總目》對王應麟學術的評價

　　《四庫全書總目》（以下簡稱《總目》）一共著錄王應麟著作十三種，經
部有三種：《周易鄭康成注》、《詩考》、《詩地理考》；史部五種：《通鑑地理通
釋》、《漢制考》、《漢藝文志考證》、《通鑑答問》、《六經天文編》；子部四種：
《困學紀聞》、《玉海》、《姓氏急就篇》、《小學紺珠》；集部一種：《四明文獻
集》。沒有著錄的是《集解踐阼篇》、《周書王會篇補注》二書；《急就篇補注》
則附見於史游《急就篇》。十三種著錄的著作各有一則提要，介紹板本、體例、
內容及特色等，並給予評價。這些提要，《總目》一貫地採取考證學的「學術
視域」作爲評價標準。本文要討論的，就是《總目》在此學術視域之下，對
王氏學術的所見與所蔽。

　　《總目》竣稿於乾隆四十六年（1781），卷帙之龐大，可以號稱爲迄今爲
止，我國「最巨大的一部官修目錄」〔註54〕；「提要」又被許多學者稱譽爲「考
證精審，議論公平」〔註55〕，引爲學術史上一大重要著作，其學術評價往往
被當做定論引用。然而，近來也有愈來愈多的學者，開始注意到《總目》在
學術評價上的偏失〔註56〕。以下我們首先分析《總目》的「學術視域」，再進

〔註54〕見王重民《中國目錄學史論叢》（北京：中華書局，1984），頁 228。《四庫全
　　　書總目》200 卷，凡著錄圖書 10231 種，171003 卷。

〔註55〕如周中孚、郭伯恭等，見郭伯恭《四庫全書纂修考》，頁 222。

〔註56〕如郭伯恭《四庫全書纂修考》（臺北：商務印書館，1967），周積明《文化視
　　　野下的四庫全書總目》（南寧：廣西人民出版社，1991），黃愛平《四庫全書

一步檢討其對王氏著作評價的得失。

　　《總目》有一個關鍵性的觀點，即：以漢學、宋學二分法爲基本論點。議論王應麟學術時，有意將王氏學術歸諸「漢學」的路子。以下先釐清《總目》中漢學、宋學二分的觀點。

　　《總目》的學派二分最初是從〈經部總敘〉「經學六變」的說法中歸納出來的。六變是：

　　　　漢代專門經學，恪守所聞，其學篤實謹嚴，其弊在拘；

　　　　晉宋疑議經學，各自論說，不相統攝，其弊在雜；

　　　　兩宋道學，擺落漢唐，獨研義理，其學務別是非，其弊在悍；

　　　　元明繼續兩宋，務定一尊，見異不遷，其弊在黨；

　　　　晚明心學，激而橫決，各抒心得，其弊在肆；

　　　　清代博雅經學，徵實不誣，其弊在瑣。

自漢至明，經學之演變有六，「六變」的著眼點在解經途徑上：漢代經學嚴守門戶，恪守所聞；晉宋以下，多各自論說，各抒心得。清代經學則講究博雅徵實。接著，〈經部總敘〉又云：

　　　　要其歸宿，則不過漢學、宋學兩家，互爲勝負。夫漢學具有根柢，
　　　　講學者以淺陋輕之，不足服漢儒也；宋學具有精微，讀書者以空疏
　　　　薄之，亦不足服宋儒也。消融門戶之見，而各取所長，則私心袪而
　　　　公理出，公理出而經義明矣。

《總目》再次將經學六變歸納爲漢學、宋學二端；有些學者認爲這樣的歸納失於籠統〔註57〕，其實《總目》是有意這樣區分的。試整理如下：

　　（1）清代學術，遠與漢代相銜接，屬於漢學：

　　漢學的解經特色是具有根柢，訓詁相傳，恪守所聞；篤實謹嚴，徵實不誣；宋學者詆漢學者墨守古訓，就義理發揮而言，流於淺陋；

　　（2）自晉以降、迄晚明，皆屬宋學；

　　宋學的解經特色是具有精微，重視自出心得，擺落漢唐舊注；漢學者詆宋學者束書不觀，空談臆斷，流於空疏。

　　《總目》似有調和漢、宋之意，然而卻又很明顯的站在標榜漢學的立場上，

　　　　纂休研究》（北京：中國人民大學出版社）等。

〔註57〕周積明：《文化視野下的四庫全書總目》（南寧：廣西人民出版社，1991），頁
　　　　98。

如其於《孝經問》提要云：「守師傳者，其弊不過失之拘；憑理斷者，其弊或至於橫決而不可制。」認爲經學六變雖然各有弊病，但是宋學者顯然比較漢學者弊病更爲嚴重。漢、宋學之外，《總目》又有另一種分別學術面向的作法。

〈子部・儒家類一・案語〉云：

> 以上諸儒，皆在濂、洛未出以前，其學在於修己治人，無所謂理氣心性之微妙也。其說不過誦法聖人，未嘗別尊一先生，號召天下也。

繹其文意，是將「濂洛未出以前」別於「濂洛以後」，前者爲學在修己治人，誦法先聖；後者則講理氣心性，立門戶以號召天下。這是很明顯排擊理學的言論。另一條資料更詳言之：

> 古之儒者，立身行己，誦法先王，務以通經適用而已，無敢自命聖賢者。……迨托克托等修《宋史》，以道學、儒林，分爲兩傳，而當時所謂道學者，又自分兩派，筆舌交攻。自時厥後，天下惟朱、陸是爭。門戶別而朋黨起，恩仇報復，蔓延者垂數百年；明之末葉，其禍遂及於宗社；惟好名好勝之私心，不能自克，故相激而至是也。聖門設教之意，其果若是乎？……凡以風示儒者，無植黨，無近名，無大言而不慚，無空談而鮮用，則庶幾孔孟之正傳矣。（〈子部儒家類・序〉）

「古代儒者」與「宋代道學」判然不同。古代儒者傳孔孟正緒，行立身行己之教，既不空談，不自命聖賢，亦不植黨樹名，所求唯「通經」、「適用」。宋代道學則判立門戶，朋比而黨，好名爭勝，蔓延至明末，遂導致亡國。這裡《總目》將「古學」與「道學」視爲完全不同的兩種學問。古學所重在「致用」；道學所重在「門戶」。「古學」重視現實的問題，皆切人事而言；「道學」則務浮辭高論，以標榜聲名。《總目》對道學的嚴重偏見，於焉可見。

蘊藏在《總目》崇漢好古的背後，是對知識「實用」、「徵實」的要求。無論是分別漢、宋學，或分別古學、道學，《總目》的目的都是在於標榜漢學的「徵實」與古學的「致用」，而排斥宋學的浮辭高論。這就形成了《總目》的「視域」——就知識的徵實、致用效果作爲衡量學術價值的標準。關於王氏考證學的成就，前一章已經討論，這些成就，《總目》都注意到了，而比較著眼於材料、考索之功上。

（1）輯佚之功：

如——古書散佚，蒐採爲難，後人踵事增修，較創始易於爲力。篳路藍縷，終當以應麟爲首庸也。（經部「詩考」條）考元（案：玄）初從第五元先

受京氏易，又從馬融受費氏易，故其學出入於兩家，然要其大旨，費義居多，實爲傳易之正脈。……唐初詔修正義，仍黜鄭崇王，非達識也。應麟能於散佚之餘，蒐羅放失，以存漢易之一線，可謂篤志遺經、研心古義者矣。（經部「周易鄭康成註」條）

（2）淵洽之功：

如——所引自經史子集、百家傳記，無不賅具，而宋一代之掌故，率本諸實錄、國史、日歷尤多，後來史志所未詳。其貫串奧博，唐宋諸大類書，未有能過之者。（子部「玉海」條）論其該洽，究非他家之所及也。（史部「漢藝文志考證」條）

（3）考核之功：

如——其中徵引浩博，考核明確，而敘列朝分據戰攻，尤一一得其要領，於史學最爲有功。（史部「通鑑地理通釋」條）是編因漢書、續漢書諸志，於當日制度，多詳於大端，略於細目，因採摭諸家經注，及說文諸書所載，鉤稽排纂，以補其遺，頗足以資考證。……要其大致精核，具有依據，較南宋末年諸人，侈空談而鮮實徵者，其分量相去遠矣。（史部「漢制考」條）

《總目》對王氏的評價中，最高者爲《困學紀聞》，云：

> 應麟博洽多聞，在宋代罕其倫比，雖淵源亦出朱子，然書中辨正朱子語誤者數條……皆考證是非，不相阿附，不肯如元胡炳文諸人堅持門戶，亦不至如明楊慎陳耀文、國朝毛奇齡諸人肆相攻擊。蓋學問既深，意氣自平，能知漢唐諸儒，本本原原，具有根柢，未可妄詆以空言。又能知洛閩諸儒，亦非全無心得，未可概視爲弇陋；故能兼收並取，絕無黨同伐異之私，所考率切實可據，良有由也。

這裡全在強調考證的功效。在《總目》看來，「考證」工作具有一個相當理想性的「可能」——可以取得「公是公非」，可以避免黨同伐異之私。而王氏之所以可以做到既不「黨同伐異」，又能「漢宋兼取」，全靠「學問淵深」及「考證是非」二重功夫，而能突破門戶限囿。換言之，《總目》既謂王氏淵源朱子，又極力強調朱陸門戶之爭（如前所述）；則王氏之所以能夠突破當時學界習氣，不從事於黨私爭勝，正得力於他的博學與考證功夫，使他能夠從事於「客觀求眞」、「切實可據」的學問。因此，《總目》稱許王氏爲「學問既深，意氣自平」。

《總目》此一說法當然是有問題的。王氏當時學術界的黨私爭勝，豈是考證工夫可以解決的？當時的最大問題在朱陸尊德行、道問學之爭，並不是

漢學、宋學之爭。這是很明顯的事實。王氏之所以從事考證，是爲了解決讀書時遇見的疑難問題；他之所以提倡讀書，是感慨當時讀書人浮誇不學，其中亦有理學風氣的流弊。

另一方面，王氏有兩種著作未著錄於《總目》：《集解踐阼篇》、《周書王會篇補注》。未著錄的原因，或許因爲二書各僅一卷，卷帙短小；或許這二種著作不符合《總目》的著錄原則。因爲二書爲上古帝王訓戒之書，王氏的注解重在義理的發揮。這類著作《總目》不會欣賞。已經著錄的《通鑒答問》，因爲涵有王氏的理學思想，而受到《總目》的懷疑：

> 其所評騭，惟漢高白帝子事，以爲二家（案：司馬溫公與朱子）偶失刊削。孔臧元朔三年免太常一條，疑誤採《孔叢子》。其餘則尊崇新例，似尹起莘之發明；刻覈古人，似胡寅之管見。如漢高祖過魯祀孔子，本無可貶，乃反譏漢無眞儒；文帝除盜鑄之令，本不可訓，乃反稱仁及天下。與應麟所著他書，殊不相類，其眞贋蓋不可知。

或伯厚孫刻玉海時儳作此編以附其祖於道學歟？

尹起莘、胡寅，皆以理學治史，都被《總目》批評〔註58〕。由於王氏此書頗類似於尹、胡之作，好以義理褒貶抑揚古人，《總目》遂疑其「與應麟所著他書，殊不相類，其眞贋蓋不可知。」試觀所引二事：漢高祖事，見《通鑒答問》卷三，王氏云：

> 其（案：指漢高祖）天資暗合於儒，儻有眞儒若孟子者，引之當道，使之經綸大經，建立大本，正家以法，遇臣以禮，興起先王之遺文，措之事業，則孔子之道可以復行，漢其三代矣！惜也帝之所用，如事物孫通、陸賈之徒，陋儒俗學，不能以道致君，而尊崇前聖之美意，不得見於爲治之用，蓋非漢廷諭卑職淺，不足以佐丕風歟？

文帝事亦見卷三，王氏云：

> 漢興，以秦錢重難用，更令民鑄莢錢，文帝爲錢益多而輕，更鑄四銖，蓋以錢輕而多僞，非嚴刑峻法所能止，莫若更其制，而得輕重之中，弛其禁而省刑辟之繁。

〔註58〕紀昀等：《四庫全書總目》卷八十九〈史部·史評類存目一·讀史管見〉：「宋胡寅撰……案胡安國之傳《春秋》，於筆削大旨，雖有發明，而亦頗傷於深刻……寅作是書，因其父說，彌用嚴苛，大抵其論人也，人人責以孔顏思孟，其論事也，事事繩以虞夏商周。」

錢幣許民私鑄，賈誼以爲不可，當立法錢，全國統一；晁錯則以爲除盜鑄錢令，是寬大愛人。王氏以爲：「文帝除盜鑄之禁，以抒天下之民，豈不仁哉！」

其實王氏雖擅長考證史實（包括制度、名物、事件等），其評史更是注重義理，這是宋代史學的特色〔註59〕。王氏著作中，除《通鑑答問》表現了此一特色之外，《困學紀聞》中亦所見多有。

再則，王氏當時根本未有漢宋學的問題。《總目》認同王氏學術與自身爲同一脈絡，所以竟然懷疑《通鑑答問》爲僞作，這是《總目》受限於其學術視域的結果。

經過上面的分析，本章得到以下三點看法：

一、元明至清，王氏學術在不同時代，所得的評價各異。元明二代對王氏學術的重視，主要是在《玉海》上，因爲《玉海》一則可以做爲科試晉身的津梁，一則可以供朝廷禮儀的備索。到了明末清初，學者已經注意到《玉海》「有裨經濟實學」以及史學功能。《困學紀聞》中經世致用的特色也開始受到重視。然而更多的學者，是重視他的「博學精考」。

二、同樣王應麟的學術，爲什麼在不同時代評價各異？其實更確切的說，是在「不同學風」之下評價各異。當宋代時，王氏「以博學雄文聞於時」，《宋史·本傳》賈似道說他「以文學名」，當時學術界並不以他的擅長整理文獻知識及考證工夫而推崇他。元明二代亦然。明末清初，由於徵實學風的興起，學術界重視文獻考證的篤實之學，王氏乃受到空前重視，尤其《困學紀聞》一書，乾隆學者多以之爲每日課程。由此可見學術評價與異代學風的關係於一斑。

三、《宋元學案》中，全祖望以王應麟學術具有綜羅文獻的特色，而歸王氏之學於呂祖謙學統。由於全氏論學，多從知識、文獻著眼，即此而言，全氏不可謂無見。然而就此而以爲王氏學出呂氏，則結論不免粗率。

《四庫全書總目》則拘於考證學的視域，重視知識的「徵實」、致用效果。其評價標準是將古來學術分爲漢、宋二派：漢學講「通經」、「適用」，重視現實的問題，皆切人事而言；宋學則好爭門戶，務浮

〔註59〕參見牟潤孫：〈從中國的經學看史學〉；呂舉謙：〈宋代史學的義理觀念〉，收入《中國史學史論文選集一》。

辭高論，以標榜聲名。《總目》對道學懷嚴重偏見，而有意將王氏之學納入漢學一派。雖然《總目》對王氏考證之學十分肯定，然而拘於評價視域，忽略了王氏學術中的義理面向，對王氏仍是誤解了。

四、學術評價誠非易事。本文檢討清代學界對王氏學術的評價，並非要否定這些評價，而是希望藉此反省：王氏學術在學術史上的評價，是否真正反映了他在當代的學術意義與價值。而也唯有找到了王氏學術在他的時代的意義與價值，那麼才談得上他對後來學術的影響等等問題。

第五章　結　論

　　學術評價誠然不易。王應麟學術在學術史上已經有了一些定位與評價，然而這些定位與評價，是否足夠說明王氏學術在其時代及當時學術脈絡中的意義與價值呢？換言之，王氏學術有其與時代學術的對應關係，若能瞭解此一對應關係，則對於王氏學術的價值與意義，以及學術地位，就更能掌握了。

　　本文論述主要由兩條主線進行：（一）逐步尋繹王氏學術與時代學術的對應關係的內在脈絡，由其學術內蘊展現出其學術的精神與特色；（二）檢討前人對王氏學術的評價。經過前面的討論，本文初步得到以下的結論：

　　一、王應麟在理學脈絡之下，相信惟儒者可以協助人文世界的化成，青年王應麟發憤投考博宏科，立志成為一個通儒，正是基於這樣一種經世的抱負。由於這樣的抱負，王氏乃戮力從事於博學；而其博學的主要對象，是「歷史知識」。

　　二、王氏認為可以經由「歷史知識」，而求得三代聖王「道」之所存，所以他特別重視由「知識」以求「道」的求學之路。

　　首先，王氏承朱熹「由小學以進大學」之教，其小學教育不廢由「修身」以至於「道」的蒙養育德層面，而又強化了朱熹小學中語文教育的層面，強調由「知識」以求「道」的為學之路。所以王氏的「小學」教育更著重記誦歷史知識，以奠定求道的基礎。其次，由「知識」以求「道」並包含整理歷史知識的基本工夫，從各種名物典章的考索，乃至古代文獻、注疏的彙整、考證等，在王氏學術體系裏，是非常重要的工作。而王氏的大部分著作，就是在作這樣的工作。由「知識」以求「道」是藉由對「歷史知識」的掌握而達成的，王氏的經世精神正可由此呈顯出來。王氏除了彙整歷史知識，又在

文道一體的理學家文學觀之下，發展出「文道史匯通」的學術境界，這是一種以「道」爲最高理想的人文化成境界。

三、王氏學術在後代「不同學風」之下，評價各異。由明末至清初，由於徵實學風興起，學術界重視篤實之學，王氏開始受到空前重視，尤其《困學紀聞》一書，乾隆學者多以之爲每日課程。由此可見學術評價與異代學風的關係於一斑。

全祖望《宋元學案》中，認爲王氏學術是「私淑東萊」、「呂氏世嫡」。全氏的說法唯重在王氏學術綜羅文獻、兼採各家的特色，卻忽略了其思想與朱子之學的淵源。本文認爲，全氏在評價呂氏家學的幾個學案時，特表揚其留傳文獻之功；依全氏的標準而言，將王氏歸於東萊學統，對王氏的學術地位，是揚而不是抑。雖然，將王氏歸諸東萊學統，仍有未洽。

《四庫全書總目》則拘於考證學的視域，重視知識的「徵實」、致用效果。其評價標準是將古來學術分爲漢、宋二派：漢學講「通經」、「適用」，重視現實的問題，皆切人事而言；宋學則好爭門戶，務浮辭高論，以標榜聲名。由於《總目》對道學懷有偏見，而有意將王氏之學納入漢學一派。所以雖然《總目》對王氏考證之學十分肯定，然而拘於其評價視域，而忽略了王氏學術中的義理面向，對王氏仍是誤解了。

四、要之，本文認爲王氏學術的主要精神在於其「博識以致用」，如他所謂：「器無非道，學無非事」，任何「歷史知識」──包括經史思想、名物制度、文章修辭等──在他的學術體系當中，包含了三種意義：（1）知識本身蘊涵「道」，（2）知識可以作爲求道的階梯，（3）知識可以作爲講述、發揮道體的工具。所以，王氏雖然重知識，提倡通儒之學，但是他的學術仍在理學思想的環扣之中，他既不是引博綜文獻爲能事，更不是以考證學爲主要成就。並且，他的「博識以致用」的理想，主要仍表現在其文章著述事業之上，而不是在現實政治上的建功立業。其「博識以致用」的學術義蘊，正可以代表「理學的經世之學」的一個面向。

五、考察王應麟整理「歷史知識」的動機，與所謂的客觀求眞的科學方法是有距離的。他的考證學固然有方法，然而在他的著作中，並未能找到他自覺地提出有關客觀知識考辨的任何具體理論，反而是和「玩理」、「蓄德」等觀念結合在一起。縱使歷史知識之考證佔了他所有著作的大宗，這些著作仍在理學心性哲學體系的大纛之下而作爲其「蓄德致用，一原同歸」理想的

注腳。因此可以見出，王氏乃是藉由「歷史知識」之蒐集考證，以求實現藉由「知識」以求「道」的理想。那麼，有關歷代之文字、音韻、訓詁的演變的客觀規律，比較不會出現在他的知識體系之內。而這正可以說明王氏考證之學與清代考證學的差別所在了。

參考書目舉要

一、王應麟著作及相關資料

（一）王應麟著作

1. 《玉海》，日本中文出版社中日合璧本。
2. 《辭學指南》，《玉海》附刻本。
3. 《周易鄭康成注》，《玉海》附刻本。
4. 《詩考》，《玉海》附刻本。
5. 《詩地理考》，《玉海》附刻本。
6. 《周書王會篇補注》《玉海》附刻本。
7. 《踐祚篇集解》，《玉海》附刻本。
8. 《六經天文編》，《玉海》附刻本。
9. 《通鑑地理通釋》，《玉海》附刻本。
10. 《通鑑答問》，《玉海》附刻本。
11. 《漢制考》，《玉海》附刻本。
12. 《漢藝文志考證》《玉海》附刻本。
13. 《小學紺珠》，《玉海》附刻本。
14. 《急就篇補注》，《玉海》附刻本。
15. 《姓氏急就篇》，《玉海》附刻本。
16. 《困學紀聞》，商務印書館四部叢刊三編景印傅增湘雙鑑樓藏元刊本。

（二）相關資料

1. 翁元圻，《翁注困學紀聞》，臺北：中華書局四部備要本。

2. 鄭真,《四明文獻集》,臺北:中華大典編印《四明叢書》。

3. 葉熊,《深寧文鈔撫餘編》,中華大典編印《四明叢書》。

4. 錢大昕,《深寧先生年譜》,中華大典編印《四明叢書》。

5. 陳僅,《王深寧先生年譜》,中華大典編印《四明叢書》。

6. 張大昌,《王深寧先生年譜》,中華大典編印《四明叢書》。

二、史　料

(一) 經　史

1. 《十三經注疏》,臺北:藝文印書館影印嘉慶二十年阮元校刊本。

2. 班固等,《漢書》,北京:中華書局點校本,1990年。

3. 范曄,《後漢書》,北京:中華書局點校本,1990年。

4. 陳壽,《三國志》,北京:中華書局點校本,1990年。

5. 魏徵等,《隋書》,北京:中華書局點校本,1990年。

6. 劉昫等,《舊唐書》,北京:中華書局點校本,1990年。

7. 歐陽修等,《新唐書》,北京:中華書局點校本,1990年。

8. 脫脫等,《宋史》,北京:中華書局點校本,1990年。

9. 宋濂等,《元史》,北京:中華書局點校本,1990年。

(二) 文　集

1. 程頤、程顥,《二程集》,臺北:漢京文化事業有限公司,1983年初版。

2. 朱熹,《朱文公文集》,臺北:臺灣商務印書館四部叢刊初編本。

3. 方回,《桐江集》,文淵閣四庫全書本。

4. 戴表元,《剡源戴先生文集》,四部叢刊初編本。

5. 袁桷,《清容居士集》,四部叢刊初編本。

6. 貝瓊,《清江貝先生集》,四部叢刊初編本。

7. 全祖望,《鮚埼亭集》,臺北:華世出版社,1977年。

(三) 其　他

1. 陳振孫,《直齋書錄解題》,上海:上海古籍出版社,1987年。

2. 朱熹,《小學集解》,臺北:世界書局,1962年。

3. 黎靖德,《朱子語類》,臺北:華世出版社,1987年。

4. 馬端臨,《文獻通考》,臺北:新興書局,1985年。

5. 顧炎武,《日知錄》,臺北:明倫出版社,1960年。

6. 全祖望,《增補宋元學案》,臺北:世界書局,1983年。

7. 紀昀等,《四庫全書總目》,臺北:藝文印書館影印本。

8. 章學誠,《文史通義校注》,臺北:里仁出版社,1984 年。

9. 黃宗羲,《明儒學案》,臺北:世界書局,1983 年。

10. 王梓材、馮雲濠,《宋元學案補遺》,臺北:世界書局,1983 年。

三、近人論著

(一)專　書

1. 王叔岷,《斠讎學》,臺北:台聯國風出版社,1972 年。

2. 王重民,《中國目錄學史論叢》,北京:中華書局,1984 年。

3. 伍明清,《宋代之古音學》,台大中國文學研究所碩士論文,1989 年。

4. 任松如,《四庫全書答問》,天津:古籍出版社,1991 年。

5. 狄百瑞著、李弘祺譯,《中國的自由傳統》,臺北:聯經出版事業公司,1983 年 5 月初版。

6. 呂美雀,《王應麟著述考》,台大中國文學研究所碩士論文,1971 年。

7. 何澤恒,《王應麟之經史學》,台大中國文學研究所博士論文,1981 年。

8. 余英時,《史學與傳統》,臺北:時報文化出版公司,1982 年。

9. 余英時,《歷史與思想》,臺北:聯經出版事業公司,1976 年。

10. 余英時,《中國思想傳統的現代詮釋》,同上,1987 年。

11. 杜維運,《清代之史學與史家》,臺北:東大圖書公司,1978 年。

12. 李弘祺,《讀史的樂趣》,臺北:允晨文化,1991 年初版。

13. 林慶彰,《明代考證學研究》,臺北:學生書局,1976 年。

14. 林保淳,《經世思想與文學經世——明末清初經世文論研究》,北:文津出版社,1991 年。

15. 周積明,《文化視野下的四庫全書總目》,南寧:廣西人民出版社,1991 年。

16. 侯外廬主編,《中國思想通史》,北京:人民出版社,1954 年初版。

17. 侯外廬主編,《宋明理學史》,北京:人民出版社,1984 年初版。

18. 胡奇光,《中國小學史》,上海:上海人民出版社,1987 年初版。

19. 苗春德,《宋代教育》,河南大學出版社,1992 年。

20. 梁啓超,《中國近三百年學術史》,臺北:華正書局,1984 年。

21. 梁啓超,《中國歷史研究法》正編、補編,臺灣中華書局,1990 年臺八版。

22. 陳來,《朱熹哲學研究》,北京:中國社會科學出版社,1987 年。

23. 陳鼓應、辛冠潔、葛榮晉主編,《明清代實學思潮史》,齊魯書社,1989

年。

24. 陳仕華，《王伯厚及其玉海藝文部研究》台，北：商務印書館，1993 年初版。

25. 張以仁，《中國語文學論集》，臺北：東昇出版社，1981 年初版。

26. 張其成，《易學大辭典》，北京：華夏出版社，1992 年。

27. 張麗生，《急就篇研究》，臺北：商務印書館，1983 年。

28. 程元敏，《王柏之生平與學術》，民國五十九年台大中文研究所博士論文。

29. 郭伯恭，《四庫全書纂修考》，臺北：商務印書館，1967 年。

30. 黃愛平，《四庫全書纂修研究》，北京：中國人民大學出版社，1989 年。

31. 麥仲貴，《宋元理學家著述生卒年表》，香港：新亞研究所專刊之三，1969 年。

32. 麥仲貴，《明清儒學家著述生卒年表》，臺北：學生書局，1974 年。

33. 馮友蘭，《中國哲學史新編》，臺北：商務印書館，1993 年。

34. 葉國良，《宋人疑經改經考》，台大中國文學研究所碩士論文，1976 年。

35. 楊榮春，《中國封建社會教育史》，廣東人民出版社，1985 年。

36. 楊燕起、高國抗，《中國歷史文獻學》，北京：北京書目文獻出版社，1989 年。

37. 鄭子瑜，《中國修辭學史》，臺北：文史哲出版社，1990 年。

38. 鄭欽仁主編，《中國文化新論制度篇——立國的宏規》，臺北：聯經出版事業公司，1982 年。

39. 劉俊義主編、黃約瑟譯，《日本學者研究中國史論著選譯》第一卷《通論》，北京：中華書局，1992 年初版。

40. 劉葉秋，《歷代筆記概述》，臺北：木鐸出版社，1987 年。

41. 劉大杰，《中國文學發展史》，臺北：華正書局，1986 年。

42. 劉節，《中國史學史稿》，臺北：弘文館，1987 年。

43. 劉子健，《兩宋史研究彙編》，臺北：聯經出版事業公司，1987 年。

44. 劉昭仁，《呂東萊之文學與史學》，臺北：文史哲出版社，1986 年。

45. 謝國楨，《明末清初的學風》，臺北：仲信出版社，不著日期。

46. 聶崇岐，《宋史叢考》，臺北：華世出版社，1986 年。

47. 錢穆，《中國近三百年學術史》，臺北：商務印書館，1957 年。

48. 錢穆，《朱子新學案》，臺北：三民書局，1971 年。

49. 顧頡剛，《顧頡剛讀書筆記》，臺北：聯經出版社，1990 年。

50. 王任光譯，Edward. H. Carr 原著，"Whatis History"《歷史論集》，臺北：

幼獅文化事業公司，1980 年五版。

51. 胡昌智譯，朵伊森（JohannGustavDroysen）原著，《歷史知識的理論》（*History*），臺北：聯經文化事業公司 1986 年。

52. Benjamin A. Elman, *From Philosophy to Philology*, 1984, Harvard University.。

53. Chu,Ron-Guen, 朱榮貴, *Chen-Te-Hsiu and the "Classicon Governance": The Coming of Age of Neo-confucian Statecraft*, 1988, Columbia University. 。

（二）單篇論文

1. 王文華，〈王應麟輯佚書問題〉，《史學史研究》1983 年第一期。

2. 王文華，〈王應麟及其困學紀聞〉，《史學史研究》1986 年第四期。

3. 王德毅，〈王應麟《玉海》研究〉，《中國歷史學會史學集刊》第二十四期，1992 年。

4. 甲凱，〈全祖望之風骨與學術〉，《中央月刊》第五卷第二期 973.2。

5. 甲凱，〈由鮚埼亭集看全謝山之史學〉，《中國歷史學會史學集刊》第五期，1973 年 5 月。

6. 牟宗三，〈道德判斷與歷史判斷〉，《東海學報》第一期，1959 年。

7. 朱鴻林，〈理論型的經世之學——真德秀大學衍義之用意及其著作背景〉，《食貨》月刊第 15 卷 3、4 期 1986 年。

8. 班傑明·艾爾曼，〈中國文化史的新方向〉，《臺灣社會研究季刊》第十二期，1992 年 5 月。

9. 李弘祺，〈宋代教育及科舉散論〉，《思與言》第 13 卷第一期 1975 年 5 月。

10. 李紀祥，〈「經世」觀念與宋明理學〉，《書目季刊》第二十三卷第三期，1989 年 12 朋。

11. 何佑森，〈黃梨洲與浙東學術〉，《書目季刊》，第七卷第四期 1974 年。

12. 杜維明，〈論陸象山的實學〉，《中央研究院第二屆漢學會議論文集·歷史考古組》1989 年 6 月。

13. 杜維明著，林正珍譯，〈宋儒教育觀念的背景〉，《史學評論》第九期，1985 年 1 月。

14. 林瑞翰，〈宋代詞科考〉，收入許倬雲編《中國歷史論文集》，臺北：商務印書館，1985 年。

15. 林樂昌，〈實學觀念的歷史考察和現代詮釋〉，《哲學與文化》第二十卷第二期，1993 年 2 月。

16. 倉修建、呂建楚，〈全祖望和宋元學案〉，《史學月刊》，1986 年第二期。

17. 張灝，〈宋明以來儒家經世思想試釋〉，收入《近代中國經世思想研討會論文集》，中央研究院近代史研究史出版，1984 年。

18. 陳昭容,〈從目錄學的角度考察「小學」一詞涵義的轉變〉,《中華文化復興月刊》第十六卷十二期,1983 年 12 月。

19. 夏長樸,〈全祖望的學術思想〉,《北市女子師專暑期部學報》第四期,1974年。

20. 劉人鵬,〈論朱子未嘗疑《古文尚書》〉,《清華學報》1992 年 12 月。

21. 盧鐘峰,〈論《宋元學案》的編纂、體例特點很歷史地位〉,《史學史研究》1986 年第二期。

22. 盧鐘峰,〈元代理學與《宋史‧道學傳》的學術史特色〉,《史學史研究》1990 年第三期。

23. 內藤湖南（虎次郎）著,蘇振申譯,〈宋代史學的發展〉,《文藝復興月刊》第一卷第七期。

24. 宮崎市定著,黃約瑟譯,〈東洋的近世〉,《日本學者研究中國史論著選譯》第一卷《通論》,北京中華書局,1992 年。

附錄一：《宋元學案》之〈深寧學案〉
及相關問題研析※

一、前 言

　　學術史的研究當中，自來有所謂「學案體」一說，此種學術史體裁係興起於宋元、流行於明清、大備於《宋元學案》、衰微於清末〔註 1〕。學案體著作爲專記學派的傳承流衍，起初是述一家一派的學術源流，如最早的一部著作——南宋朱熹《伊洛淵源錄》即是；至清全祖望《宋元學案》，已演進成爲記數百年間眾多學派的傳承開展的著作。《宋元學案》被視爲研究宋、元兩代學術的重要參考書，書中對學者的學術評價也一直受到相當的重視。

　　在從事學術史的研究過程當中，筆者一直感興趣的正是「學術評價」的問題。評價者對其評價對象的了解，必然是從評價者本身出發；而「評價者本身」往往也就是其評價的客觀性的限制所在。換言之，評價者所採的視角，決定了他的「視域」；而既然有「視域」之差別，則學術評價之是非抑揚，便往往是「相對」、而非「絕對」的了。

　　《宋元學案》做爲學案體「大備」之作，其學術視域爲何?其視域突顯出

　　※　　本文原刊載於《中國文學研究》（國立臺灣大學中國文學研究所印行）第十一
　　　　　期（1997 年），頁 157～174。
〔註 1〕　參見梁啓超《中國近三百年學術史》，頁 48～50，（臺北：中華書局）；金毓黻
　　　　　《中國史學史》，頁 208～209，（臺北商務印書館）；錢穆《中國史學名著》，
　　　　　頁 285～317，（臺北：三民書局，1973 年）；陳祖武《中國學案史》「前言」，
　　　　　（臺北：文津出版社，1994）等。

怎樣的學術史意義？其在眾學案體著作中，價值若何？這些問題恐怕不是通論性的解答所能夠滿足，想要得到比較接近的答案，非得經過較為全面的歸納與研究；因此亦非一篇小文章可以為功。本文僅就〈深寧學案〉及幾個相關學案的考察，試對此一問題作一初步之分析討論，提出一隅之觀察，作為對以上這些問題的一個初步探討。

二、《宋元學案》之編纂及內容述略

關於《宋元學案》的編纂過程、體例、內容等方面，歷來學者論之已多，如梁啟超、錢穆、金毓黻等〔註2〕，大抵推崇之為重要的學術史著作，以無門戶之見為特色；又惜其淺於理學思想，所附案主之論學文字難免掛一漏萬之失，往往無法呈現案主的整體思想面貌。這些評論大體上並不錯。然而，以區區一百卷，九十一個學案，每學案數千字，想要盡宋元二代學術之全貌，確乎其不可能；如此來理解《宋元學案》，或許將不至於從「夠不夠賅括」或「夠不夠全面」來要求於它，而可以從它的編纂特色來閱讀它了。

《宋元學案》的編纂，非但成諸眾手，而且歷時甚久。相對於由黃宗羲（1610～1635）獨力完成的《明儒學案》而言，這部書的編纂過程無疑複雜多了。為了了解各個學者在編纂過程中參與程度的深淺，以下先簡述一下編纂經過。

清康熙間，黃宗羲繼《明儒學案》之後，為《宋元學案》發凡起例，共立三十一學案，然而只做到收集材料及初步的編排、少數的案語，便「尚未成編而卒」〔註3〕。他棄世後，季子百家（1643～？）繼事其業，今本《宋元學案》中可以見到百家所加的案語比黃宗羲的案語要多得多。此外，又有黃宗羲的學生楊開沅、顧諟也參與部份工作，作了少數案語。但是補編的工作仍未完成，有待全祖望（1705～1755）的賡續其業。

據《宋元學案》的最後校訂者王梓材、馮雲濠〈校刊宋元學案條例〉（以下簡稱〈條例〉）中說：「黃氏原本無多，其經謝山續補者十居六七。」全氏據黃氏原本增訂為九十一學案、一百卷。全氏所作的工作可以分為修定、補本、補定、次定，修定為增損黃氏原本（三十一卷），補本為黃氏所無、全氏增補之案（三十三卷），補定即自黃氏原本分出、別立案卷者（三十卷），次

〔註2〕 參見註1各書有關部份。
〔註3〕 全祖望《鮚埼亭集》卷十一〈梨洲先生神道碑文〉。

定爲僅就黃氏原本分上下卷（六卷）。本文所要討論的〈深寧學案〉即是由全氏所補定者。此外，全氏還爲每一個學案寫了一段序錄，對每個學案各有簡要的評述。侯外廬云:「祖望補撰的百卷學案〈序錄〉，實際上可以看成是宋元時期的學術史大綱。」〔註4〕是對全氏〈序錄〉的推崇。

全祖望續纂學案之初，曾自作詩記之:

關洛淵源在，叢編細討論。

茫茫溯薪火，渺渺見精神。〔註5〕

可見其繼作舊業的承續精神。後又於〈戩山相韓舊塾記〉中，自道其續補《宋元學案》有突破處:

予續南雷《宋元學案》，旁搜不遺餘力，蓋有六百年來儒林所不及知，

而予表而出之者。〔註6〕

因此，《宋元學案》中的全氏觀點是值得注意的。

全氏大致完成了《宋元學案》的初稿，然而仍未做到最後的定稿與謄清，他逝世後，雖有門人及黃氏後人分別繼續謄錄的工作〔註7〕，但是全書卷第之正式釐訂及校訂工作的完成乃至梓行，則又有待王梓材與馮雲濠通力完成。值得一提的是，《宋元學案》中每一學案之首有一學案表，其實是王、馮二氏仿照「僅存數頁」的「梨洲、謝山原表」〔註8〕的體例，補撰而成的;王、馮又從宋元人及全氏的集子中摘錄出有關《宋元學案》中學者的言論，分置相關之處。而《宋元學案》之編纂，也就在這樣的情況之下塵埃落定。因此，最後定稿、也就是今日我輩所見到的《宋元學案》，包括了由黃宗羲到王梓材、馮雲濠等至少七人的撰、輯文字，其中之序錄、案語、附錄等內容，往往並陳許多不同的意見，從而豁顯出許多值得討論的問題。（下文凡引《學案》中之纂、輯文字，只說明出處，不煩另注。）

三、王應麟學術述略

〔註4〕參見侯外廬主編《宋明理學史》下卷第二十七章〈宋元學案及對宋元時期理學的總結〉，頁733～734。

〔註5〕《鮚埼亭詩集》卷五〈舟次編次南雷宋儒學案序目〉。

〔註6〕《鮚埼亭集》卷三十。

〔註7〕參見《宋元學案》〈考略〉（北京:中華書局，1986年）。（此即本文所採《宋元學案》版本，以下凡引皆不另注。）

〔註8〕見《宋元學案》〈凡例〉。

《宋元學案》卷八十五〈深寧學案〉，案主為南宋王應麟。王應麟字伯厚，又號深寧居士，生於宋寧宗嘉定十六年（1223），卒於元成宗光貞二年（1296）。十九歲（淳祐元年）登進士第，曾感慨「今之事舉子業者，沽名譽，得則一切委棄，制度典故漫不省，非國家所望於通儒。」〔註9〕因此以「通儒」自期，立志以博學宏詞科自現。博學宏詞科是極困難的朝廷取士科目，考生必須具備豐富的歷史文獻知識，王氏肄習是科的時間長達十五年之久，終於寶祐四年中是科。內藤湖南云：「南宋之學者，甚多皆出自辭學。」王氏即是一例。〔註10〕

王氏立朝，適宋末危亂之際，雖然官至禮部尚書，然權臣當國，讜言無所用，屢拜疏不報，遂東歸。明年宋亡，乃閉門謝客，致力著述，後二十年卒。

王應麟著述甚富，據現代學者考訂，有三十種之多〔註11〕，其中以《玉海》、《困學紀聞》最為學者稱道。王氏的所有著作，表現出兩種治學特長：一、擅長資料彙整，二、擅長考訂。這種專事於古文獻知識的整理、考訂的治學風格，在理學盛行的南宋，是頗為特出的。《宋元學案》特立〈深寧學案〉，就師承狀況、治學方法方面，勾勒出王應麟的學術面貌。以下就這些方面，進行分析。

四、〈深寧學案〉中的師承問題

研究學術史者最重師承。早期學案體著作如宋朱熹《伊洛淵源錄》、明周汝登《聖學宗傳》、清孫奇逢《理學宗傳》等也是講儒學宗派思想的源流，黃宗羲《明儒學案》自序中更明言其著作目的在為學者「分源別派，使其宗旨歷然」〔註12〕。同樣的，師承問題也是《宋元學案》的第一個問題。

〈深寧學案〉是全祖望所補定。根據王梓材的案語，云「深寧原傳本附真西山學案，謝山始別立學案。」也就是說，黃宗羲原本裏，將王應麟傳附在真德秀（1178～1235）〈西山學案〉之下，黃氏的意思，自然是以為王應麟乃繼承真德秀之學，紹承朱熹（1130～1200）之統的。黃氏的說法應是承自袁

〔註9〕 見《宋史》〈王應麟傳〉（臺北：鼎文書局）。

〔註10〕 內藤虎次郎著，蘇振申譯，〈宋代史學的發展〉（《文藝復興月刊》第一卷第七、八、十期）。

〔註11〕 此據呂美雀《王應麟著述考》（台大中文所碩士論文，1971年）。

〔註12〕 《明儒學案》卷首自序（臺北：世界書局）。

桷（清容，1266～1327）及貝瓊（清江，1314～？）。袁、貝的兩段話，〈學案〉都有輯錄；袁桷〈困學紀聞序〉敘述王應麟著作《困學紀聞》的原由，云：

> 禮部尚書王先生出，知濂洛之學，淑於吾徒之功至溥。然簡便日趨，偷薄固陋，瞠目拱手，面牆背芒，滔滔相承，恬不以爲恥。於是爲《困學紀聞》二十卷，具訓以警。

又有〈挽伯厚先生詩〉云：「再世登龍舊，淵源可再窺，西山遺正緒，東澗結冥知」〔註13〕。據袁桷所云，王氏之學乃繼承自濂洛之學，是眞德秀的正傳。袁桷是王應麟的弟子，因此他的說法頗受重視。貝瓊則說宋代四明之學：

> 自厚齋尚書倡學者以考亭朱子之說，一時從之而變。故今粹然皆出於正，無陸氏偏駁之弊。然則四明之學，以朱而變陸者，同時凡三人矣，史果齋也，黃東發也，王伯厚也。

宋代四明，有著名的「明州四先生」〔註14〕，宗主陸學，因此一時陸學甚盛。貝瓊則以爲，四明之學風，自史蒙卿（1247～1306）、黃震（1213～1280）、王應麟倡言朱學，始由陸而變爲朱〔註15〕。袁、貝二氏，皆以爲王氏是紹眞德秀之學，而傳朱子之統。黃梨洲顯然接受了這個說法。黃百家亦承父說，卷八十七〈靜清學案〉有百家論史蒙卿案語云：

> 四明自楊袁舒沈從學於象山，故陸氏之學甚盛。其時傳朱子之學者有二，其一史果齋從＊氏入，其一余正君從輔氏入，故爲四明朱門一二兩案。又王深寧從學於王埜，埜從學於眞文忠公，亦出自朱門詹體仁也。

全祖望重修《宋元學案》，始爲王應麟獨立出〈深寧學案〉。對於王氏的師承，也並不依從袁、貝二氏及黃梨洲父子。他有他獨到的看法。

全謝山著作中屢屢稱述王氏學問〔註16〕，又三箋《困學紀聞》，譽爲「碎金所萃」〔註17〕之作，對王氏學術涉獵不可謂淺。他在〈深寧學案・序錄〉描述王氏的師承，云：

〔註13〕《清容居士集》卷十四〈挽伯厚先生詩四首〉之四（臺北：商務印書館，四部叢刊初編本）。

〔註14〕參見何澤恒《王應麟的經史學》第一章，頁39～48。

〔註15〕見〈深寧學案〉黃百家引貝瓊語。

〔註16〕如氏著《經史答問》，謂王厚齋「精於釋地」（卷三）、「考古最覈」（卷六）。

〔註17〕見全祖望〈困學紀聞序〉，《困學紀聞》（臺北：商務印書館）。

四明之學多陸氏,深寧之父亦師史獨善,以接陸學,而深寧紹其家
訓,又從王子文以接朱氏,從樓迂齋以接呂氏,又嘗與湯東澗遊。
東澗亦兼治朱、呂、陸之學者也。和齊斟酌,不名一師。

由這段文字再參以〈學案〉中的學案表,王氏的師承狀況爲:

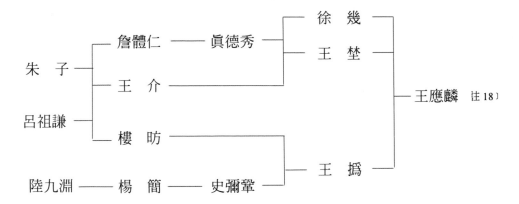

這裡透露出幾點訊息:第一,我們雖然不知道〈深寧學案〉中的學案表是全
氏原作或是王梓材補定,但可以確定的是,這個學案表的製作是忠於全祖望
的想法的,它完全表現了「不名一師」的師承狀況。第二,學者「不名一師」
的情況,不只是發生在王應麟身上。

王埜的父親王介,同時遊學朱、呂之門,應麟的父親王撝,同時遊學呂、
陸之門,等等。《宋元學案》當中,許多宋末學者都傾向兼治諸家,而且是不
同學派的「多師」,當時學術界頗有融通合會之象。第三,除了多師的風氣以
外,全氏有意呈顯一種以「不名一師」自成一種治學態度與方法的學派。因
此,例如〈絜齋學案〉中,全氏云:

真西山爲先生(案:袁燮)行狀,云:「東萊呂成公,接中原文獻之
正傳,公從之遊,所得益富。永嘉陳公傅良,

──────────

〔註18〕全氏誤以爲王氏師從樓迂齋(樓昉),此點錢先生早已訂正,見〈王深寧學述〉
一文。又「徐鳳」是誤從袁桷〈陳志仲墓銘〉所云:「宋季詞科,呂成公、真
文公傳諸徐鳳,徐鳳傳諸王公應麟。」據麥仲貴《宋元理學家著述生卒年表》,
徐鳳生卒年爲1177〜1224,而王應麟生於1223,絕非從學之年。徐幾進齋,
《閩中理學淵源考》卷三十三,謂其「博通經史,尤精於易。景定間與何基
同以布衣召補迪功郎」,考何基生卒年爲1188〜1268,徐幾當不相遠;又《宋
元學案》卷八十一、八十五之學案表,咸謂應麟爲徐進齋門人。案學案表爲
吳梓材、馮雲豪二氏所作,蓋二氏已有見於全氏之疏失。

明舊章、達世變，公與從容考訂，細大靡遺。是先生嘗師東萊，友
止齋。而究其所歸宿者，則象山也。」〔註 19〕

袁變宗陸氏而兼師東萊、交遊止齋，「固不妨其學之尊陸」〔註 20〕。
而曾與王氏論學的湯漢（東澗，1202～1272）〔註 21〕，也是宗主陸門而兼治
朱呂。兼治諸家，是這些學者的特色。因此，若總這些學案觀之，說他們是
多師而「和齊斟酌」，其實頗合實情；但是基本上全氏雖然指出他們的兼治諸
家的特色，卻未說他們是「不名一師」。在整部《宋元學案》當中，以「不名
一師」描狀師承狀況的，似乎是呂氏家學的獨具特色（詳下），而王應麟就被
歸屬到這個脈絡之下。

要附帶一提的是，全祖望在學者的師承之認定上，或許有他個人仁智之
見，但絕非輕易斷定。舉例言之，他對李紱（1673～1750）在《陸子學譜》
中強將某些學者歸諸陸門「以夸其門牆之盛」的作法，甚不以爲然，而認爲
這種作爲只會造成「譜系紊而宗傳混，適所以爲陸學之累。」〔註 22〕因此我
們可以推論，全祖望是經過審慎的考慮才爲王應麟的師承問題定案的。

五、著書之法

《宋元學案》中，呂氏家學自呂公著（1018～1089）列於〈范呂諸儒學
案〉（卷十九）起，登學案者七世十七人〔註 23〕，依序見於〈滎陽學案〉（卷
二十三）、〈和靖學案〉（卷二十七）、〈紫微學案〉（卷三十六）、〈東萊學案〉（卷
五十一）。值得注意的是，〈范呂諸儒學案〉是全祖望所特立的學案，黃宗羲
原本無有；〈滎陽學案〉、〈紫微學案〉亦皆全氏所補定，黃氏原本僅附錄於〈安
定〉、〈和靖〉二學案中，原本皆無獨立之學案；可見全氏對於呂氏家學有特
別的注意。《宋元學案》中，呂氏家學自呂公著（正獻公）起家，而呂希哲（滎
陽 1039～1116），而呂本中（紫微 1084～1145），而呂祖謙（東萊）等，所傳

〔註 19〕 〈絜齋學案〉中王梓材引眞德秀文。
〔註 20〕 何澤恒《王應麟之經史學》，頁 43。
〔註 21〕 〈深寧學案・附錄〉：「咸淳元年七月，除著作郎。時湯文清公爲太常少卿，
與先生鄰牆居，朝夕講道，言關、洛、濂、閩、江之異同，永嘉制度、沙隨
古易、蔡氏圖書經緯、西蜀史學，通貫精微，剖析幽渺，湯公曰：『吾閱世良
廣，惟伯厚乃眞儒。』」
〔註 22〕 《鮚埼亭集》外編，卷 44，頁 1322～1323，臺北，1977 年。
〔註 23〕 卷十九〈范呂諸儒學案〉，王梓材案語。

者「中原文獻之統」也。何謂「中原文獻之統」呢？

〈滎陽學案・序錄〉記呂希哲學術，云：

> 滎陽少年不名一師，初學於焦千之，廬陵之再傳也。已而學於安定，
> 學於康節，亦嘗學於王介甫，而歸宿於程氏。集益之功，至廣且大。

〈紫微學案・序錄〉則記呂本中，云：

> 大東萊先生爲滎陽冢嫡，其不名一師，亦家風也。自元祐後，諸名
> 宿⋯⋯皆嘗從遊。多識前言往行，以畜其德。

〈紫薇學案〉中又有全氏案語云：

> 先生歷從楊、游、尹之門，而在尹氏爲最久，故梨洲先生歸之尹氏
> 學案。愚以爲先生（案：紫微）之家學，在多識前言往行，以畜其
> 德。蓋自正獻以來，所傳如此⋯⋯再傳而爲伯恭，其所守者亦世傳
> 也。故中原文獻之傳，猶歸呂氏，大儒弗及也。故愚別爲先生立一
> 學案，以上紹原明，下啓伯恭焉。

這段話尤其見出全氏獨立呂氏家學的別見。　呂希哲綜羅各家精粹，其學廣
大；呂本中承此家風，治學「不名一師」。由此我們發現，呂氏家學的特色在
博綜，做學問的態度是不名一師。而所謂「中原文獻之統」者，則是指「多
識前言往行，以畜其德」的學問。在此，我們應把焦點放在「多識前言往行」
一語上，這正符合了朱熹說呂學是「習典故」〔註24〕，《道命錄》謂之「文獻
故家」〔註25〕之謂。

換句話說，不名一師的呂氏家學，其學術重心正在於典故、制度、文獻
等歷史知識之合會綜羅。這種學問，頗近於史學，而呂祖謙學術在當時、後
世，正是以長於史學著名。

我們若從這個脈絡看下來，則可以了解何以全祖望評定王氏學術是「和
齊斟酌，不名一師」，全祖望所著眼於王氏者，是在彙整文獻材料乃至傳續文
獻之統的著作特色之上，換言之，也就是王氏的「著書之法」。因此，〈深寧
學案・序錄〉又云：「《宋史》但夸其辭業之盛，?陋矣！」辨王氏之學不僅於
記誦之學而已。

〈深寧學案〉中節錄全氏〈同谷三先生書院記〉一文，云：

> ・王尚書深寧，獨得呂學之大宗。或曰：深寧之學，得之王氏埜，徐

〔註24〕《朱子語類》卷一三二，「本朝中興人物下」。
〔註25〕《叢書集成新編》第一百冊李心傳《道命錄》。

氏鳳，王徐得之西山眞氏，實自詹公元善之門；而又頗疑呂學未免
和光同塵之失，則子之推爲呂氏世嫡也，何歟？曰：深寧論學，蓋
亦兼取諸家，然其綜羅文獻，實師法東萊。況深寧少師迂齋，則固
明招之傳也。〔註26〕

呂氏家學本有合會綜羅、兼採諸家的特色，而或人所質疑於呂祖謙的「和光
同塵之失」，應當是譏其思想上未能卓然立異。而全氏正是由此切入講王應麟
「和齊斟酌」、「兼取諸家」、「綜羅文獻」的著書之法，「實師法東萊」，故推
之爲「呂氏世嫡」。在〈王尙書畫像記〉，全氏又云：

先生之學，私淑東萊，而兼綜建安、江右、永嘉之傳。

「師淑東萊」意已甚明。而兼綜建安（朱子學）、江右（陸九淵學）、永嘉（薛
季宣、陳傅良），又是「不名一師」的表現；其中之永嘉學者，是學案表中唯
一沒有表現出來的；王應麟與永嘉諸子，在經世思想及辭章之學上，應該仍
是有關係的，不過這是題外之話。

這裡另舉一例，說明全祖望也曾根據著書之法，爲其他學者定譜系。記
錄吳澄（1249～1333）學術的〈草廬學案〉（卷九十二）之序錄云：

草廬出於雙峰，故朱學也。其後亦兼主陸學，蓋草廬又師程氏紹開，
程氏嘗築道一書院思和會兩家。然草廬之著書，則終近乎朱。

全祖望對吳澄師承的判準，與李紱《陸子學譜》不同，則又顯示全氏獨立的
判斷準則。〔註27〕

六、有本之學

〈深寧學案〉中，全祖望從「兼取諸家」的治學態度、「綜羅文獻」的著
作特色上，將王氏歸諸呂祖謙學統，打破前人認爲王氏繼承朱子學的說法。
但是仍持前說的人依然很多〔註28〕。今儒錢穆先生則云全祖望此舉是因爲對
朱子持偏見〔註29〕。今稍辯之。

全氏的確對朱子後學不滿，但是並不排斥朱子。於〈橫溪南山書院記〉
深責朱子後學之迂疏陳腐，云：

〔註26〕徐、樓之誤，已見註19。
〔註27〕李紱將吳澄歸諸陸子學譜之始末，可參見黃進興〈學案「體裁」產生的思想
背景〉（《漢學研究》第二卷第一期，1984年6月）。
〔註28〕清章學誠，今錢穆、程發軔、何澤恆、黃進興等，仍主此說。
〔註29〕見錢穆〈深寧學術〉（《東方雜誌》復刊第八卷第五期）。

> 但欲奉章句傳注而默守之，不敢一字出於其外，以是爲弗畔。錮其
> 神明，塞其知覺，而朱學反自此而晦。蓋博學、審問、愼思、明辨
> 之功，一切廢之，朱學豈其然乎？

要之，全氏是有見於朱、王後學之弊，但是他對於朱子教人「博學、審問、愼思、明辨」的治學法，卻深以爲然。全氏私淑黃梨洲，甚推崇黃氏。黃氏早年的爲學途徑，是由蕺山上溯陽明，由陽明上溯象山。如此的爲學經歷，而能對於當時陽明之學的「大壞」有深刻的反省，可見具有突破門戶的非常眼光。正如學者所云「全祖望的理學思想上最特出的一點就是：沒有門戶之見。」〔註30〕此一特點在黃梨洲早已見之。黃氏〈復秦燈巖書〉云：「建安無朱元晦，金溪無陸子靜，學者苟能自得，則上帝臨汝，不患其無所宗也。」〔註31〕能自得何患無「宗」！又云：「學術之不同，正以見道體之無盡。」〔註32〕這種廓然平易的學術心胸，是試圖超越陸王後學之斤斤於門戶之較量，是通過經史功深以後的所得。何佑森先生云：「其實梨洲晚年，思想有一大變，他既不宗陸，亦不尊朱，認爲學者貴在自得，能自得又何患無宗。」〔註33〕即此之謂。所以全氏謂梨洲「原本於經術」、「從事於有本之學」〔註34〕，正是對梨洲所謂「自得則不患無宗」的詮釋。

而所謂「有本」之學，是指本諸義理上之「宗旨」，從事有根有據、可以經世之學問，故重視經史文獻等實學。全氏對於明中葉以來浮談無根的講學之風，深表不滿，他盛推黃梨洲力矯疲弊的講學風氣的貢獻，說道：「先生始謂學必原本於經術，而後不爲蹈虛；必證明於史籍，而後足以應務。元元本本，可依可據。」〔註35〕又強調「經術所以經世，方不爲迂儒之學」〔註36〕。要之，全氏不是醉心於理學的學者，錢穆說他「於理學爲皮外」，更確切地說，是因爲他既繼承了黃宗羲有本之學，而且立足於一個重視知識致用的徵實學

〔註30〕 此語引自夏長樸先生〈全祖望的學術思想〉一文。與此論點相近的相關論文
　　　　 還有杜維運〈全祖望之史學〉，收入《清代史學與史家》（臺北：東大，1984
　　　　 年）；甲凱〈由鮚埼亭集看全謝山之史學〉（臺北：中國歷史學會史學集刊第
　　　　 五期）。

〔註31〕 《南雷文定》卷四。

〔註32〕 《明儒學案・序》。

〔註33〕 見氏著〈黃梨洲與浙東史學〉一文（臺北：《書目季刊》）。

〔註34〕 《鮚埼亭集》外編卷十六，〈甬上證人書院記〉。

〔註35〕 〈甬上證人書院記〉。

〔註36〕 〈梨洲先生神道碑文〉。

風當中，所講究的學問是「必原本於經術」、「必證明於史籍」，然後「足以應務」；他重視的是「經術所以經世」的學問。

由此，我們知道，全氏所追求者爲有本有據、可以經世的學問，他對朱子後學的「格物之學大壞」、流於「章句訓詁之支離」，就像他對陽明後學浮談無根的學術風氣不滿一樣。而對朱子學術仍至推崇，〈晦翁學案·序錄〉論朱子之學：

> 致廣大，盡精微，綜羅百代矣。江西之學，浙東永嘉之學，非不岸然，而終不能諱其偏。

〈東發學案〉中又讚美黃震（1213～1280）：「所造博大精深，徽公瓣香，爲之重振。」可見對朱學之能臻於「博大精深」的功夫，極爲肯定。雖然他對朱子也曾稍致異議，但並不是針對朱子的學術。詳下。

全氏既追求有本及經世之學，而他一生治學的兩大方向，可以說是「經史」和「掌故遺聞」二者。〔註 37〕因此，宋儒之中，很自然的他便注意到呂氏家學與王應麟的學問。他對呂祖謙學術似乎頗具同情。《宋元學案》卷五十一〈東萊學案·序錄〉云：

> 小東萊之學，平心易氣，不欲逞口舌以與諸公角，大約在陶鑄同類，以漸化其偏，宰相之量也。惜其早卒。晦翁逐日與人苦爭，並詆及婺學。而宋史之陋，遂抑之於儒林，然後之君子，終不以爲然也。

全氏在此是強調東萊爲學平心易氣、陶鑄同類的雅量，而對於《宋史》因朱熹曾詆及婺學，於是將東萊置於〈儒林傳〉，地位下於朱熹，則表不滿。關於朱熹之詆婺學，馮雲濠《宋元學案補遺》亦云：

> 黎靖德所編（朱子）語類，論東萊者凡三十一條，惟病中論《論語》一條，稍稱其善，其餘如云：「東萊博學多識則有之矣，守約則未也。」又云：「伯恭之弊，盡在於巧。」又云：「伯恭教人看文字也粗。」……可謂詆隙攻暇，不遺餘力。元人修《宋史》，因置東萊〈儒林傳〉中，使不得列於〈道學〉。

《宋史》分立道學與儒林之舉，軒輊學者頗爲明顯。全氏、馮氏以爲呂祖謙之所以抑居儒林之列，是因爲朱子好詆東萊之學，而朱子在後代又聲望甚隆、地位甚高，導致後人跟著輕視呂學。所以，全氏有意在〈東萊學案〉爲東萊

〔註 37〕 參見鄭吉雄《經史與經世》，第三章〈全謝山的經史與經世〉（台大中文所碩士論文，1990 年）。

爭取平等地位；〈案語〉又云：

> 朱張呂三賢，同業同德，未易軒輊。張呂早卒，未見其止，故集大
> 成者歸朱耳。而北溪輩必欲謂張由朱而一變，呂則更由張以達朱，
> 而尚不逮張，何尊其師之過耶！

此文是針對陳淳（北溪，1153～1217）〈張呂合五賢祠說〉文中崇朱抑呂之說
〔註38〕，發不平之鳴。〈麗澤諸儒學案·序錄〉又云：

> 明招學者，自成公下世，忠公繼之，由是遞傳不替，其與嶽麓之澤，
> 並稱克世。長沙之陷，嶽麓諸生荷戈登陴，死者十九，惜乎姓名多
> 無考。而明招諸生，歷元至明末未絕，四百年文獻之所寄也。

一則以爲朱、呂「並稱克世」，克世者，經世之謂，這是說朱、呂所傳皆爲經
世之學；再則對東萊學統在亂世之中傳文獻之學，寄予深切厚望。言下之意，
似乎更肯定東萊學統留傳文獻之功。

七、節操之辨

全祖望屬於清代浙東史學，浙東史學的特色是表章人物、尊崇文獻，而
全氏的治史，則更重視蒐訪文獻及表章氣節，對於易代之際而能以保存文獻
自任者，更是標舉不遺餘力〔註39〕。凡此皆全祖望的治學興趣與熱忱，這類
文章遍見於《鮚埼亭集》，《宋元學案》中亦呈現此一著作特色，上舉「麗澤
諸儒」，就是具備了保存故國文獻之功。而宋遺民王應麟，在全氏眼中，也是
此輩勁風剛節之士。在全氏箋注《困學紀聞》之中，對於王應麟所寓身世之
慨者有諸多揭發〔註40〕，是其治學一貫風格的展現。〈深寧學案〉中有王梓材、
馮雲濠所輯引之全氏〈宋王尙書畫像記〉一文，云：

> 先生……生平大節，自擬於司空圖、韓偓之間，良無所愧。顧所當
> 發明者有二，其一則宋史之書法也。先生於德祐之末，拜疏出關，
> 此與曾淵子輩之潛竄者不同。先生既不與軍師之任，國事已去，而
> 所言不用，不去何待……試觀先生在兩制時，晨夕所草辭命，猶思
> 挽既渙之人心，讀之令人淚下，則先生非肯恝然而去者。今與曾淵

〔註38〕見〈東萊學案·附錄〉。

〔註39〕參見杜維運〈全祖望之史學〉，《清代之史學與史家》（臺北：東大，1984 年），
頁 317～333。

〔註40〕關於此何澤恒《王應麟經史學》已詳言，見第四章第一節，頁 439～463。本
文從略。

> 子畢同書曰「遁」，妄矣。其一則明儒所議，先生入元，曾爲山長一
> 節也。先生應元人山長之請，史傳家傳志乘諸傳皆無之，不知其所
> 出；然即令曾應之，則山長非命官，無所屈也。箕子且應武王之訪，
> 而況山長乎！……先生之大節，如清天白日，不可掩也。

《宋史·本紀》卷四十七〈瀛國公〉，記恭帝德祐元年十一月，「尚書王應麟
遁」〔註41〕。此即全氏所謂。其次「山長之請」雖已不可考，惟全氏仍極力
辯護。王、馮之〈條例〉云全氏修補《宋元學案》，乃「兼爲修《宋史》而作」；
而二氏之輯引此文，正是繼承了全氏的修史精神。

八、結　語

　　本文試圖經由〈深寧學案〉的分析耙梳，探討《宋元學案》所採取的視
角及某些編纂脈絡。〈深寧學案〉是全祖望特立的學案，我們發現全氏特意從
眞德秀的學案將王應麟獨立出來，又上與呂氏家學的幾個學案銜接起來，使
成爲一脈注重歷史文獻知識的學統。換言之，《宋元學案》中，全祖望放棄了
傳統以來袁桷、貝瓊乃至黃宗羲父子的說法，並不視王應麟出於朱子之學，
而另闢蹊徑，從王氏「不名一師」的治學精神、綜羅文獻的著作特色上，將
之歸諸呂祖謙學統。並且，全祖望此一作法，顯然並非由於輕視朱子，而是
著眼於王氏長於歷史文獻知識，比較接近呂祖謙家學等原因，而師承關係是
其定位的憑藉。

　　全氏這樣的安排，或許與他自己是一個注重歷史文獻之學、重視遺民精
神的史學家，不無關係。但是另外一個值得注意之處，即全氏身處以朱子學
爲權威的清初，卻意圖說明：事實上，在宋代，學術界的實況是：「朱張呂三
賢，同業同德，未易軒輊」、「宋乾淳以後，學派分而爲三，朱學也，呂學也，
陸學也」〔註42〕，並未有某家獨尊的情況。他經由建立〈深寧學案〉及呂氏
家學各學案，特意突顯出呂氏家學這一脈學術傳承。

　　全氏的觀點自然值得重視。但是，據《宋元學案》所記，學者多師的情
況頗爲普遍，此若爲事實，則可見當時門戶並不森嚴，學術流通的情況甚佳。
那麼，是否必要爲每一位學者尋到宗師源頭？像王應麟這樣的學者，並未自
述學術之所宗，後世對其師承遂有見仁見智之爭議。太過強調師承，會不會

〔註41〕見《宋史》卷四十七〈本紀〉四十七。
〔註42〕見〈東萊學案〉輯引，原文則見全氏《鮚埼亭集》。

反而忽略了一些可能的面向？這似乎也是值得考慮的問題。

　　此外，還要附帶一提的是，我們今日讀《宋元學案》，雖然「十有六七」是出自全祖望之手，但同時可見到許多王梓材、馮雲濠輯錄的其他學者不同意見的論學文字；這是一個重要的特色，一方面見其注重材料的治學法，一方面更呈顯一種中立的態度，在此王、馮二氏已經表現出一種客觀的精神。（二氏後又有《宋元學案補遺》，更完全是材料蒐集之作。）由此可以略窺《明儒學案》與《宋元學案》整體上的基本不同，這也是閱讀這兩本書時值得注意的地方。

附錄二：呂祖謙的辭章之學與古文運動※

前　言

　　呂祖謙（字伯恭，學者稱東萊先生 1137～1181）是南宋浙東金華學派的代表人物，在當時擁有很高的學術地位，孝宗乾道、淳熙間，其學與朱熹（1130～1300）、陸九淵（1139～1192）鼎足而三〔註1〕。朱、陸皆理學大家，而呂祖謙所屬的浙東學術，則是以經世致用的史學著稱〔註2〕。祖謙的史學，頗與其家學淵源有關〔註3〕，又曾任職國史院、實錄院等史職，參與朝廷的修史工作〔註4〕；而其著作，亦以史學為多〔註5〕。因此，研究呂氏學術，自首重其史學，其次乃及於經學、理學與辭章之學等〔註6〕。而其中討論最少者，正是

　※　　本文原刊載於《國立中央圖書館館刊》新二十八卷第二期（1995 年 12 月），
　　　　頁 145～161。

〔註1〕　全祖望〈同谷三先生書院記〉曰：「宋乾淳以後，學派分而為三。朱學也，呂
　　　　學也，陸學也。」（《宋元學案》卷五十一〈東萊學案〉，世界書局，1936）。
〔註2〕　參見王鳳賢、丁國順的《浙東學術研究》（浙江人民出版社 1993）及管敏義《浙
　　　　東學術史》（華東師範大學出版社 1993 年）。
〔註3〕　東萊家學源遠流長。自正獻公呂公著（1018～1089）起，族人登《宋元學案》
　　　　者，共七世二十二人。家學承「中原文獻之傳」，有史學傳統。參見劉昭仁《呂
　　　　祖謙的文學與史學》第四章第一節（文史哲出版社，1986 年）。
〔註4〕　見《宋史》卷四三四〈本傳〉（鼎文書局，1983 年），頁 12872。
〔註5〕　考呂祖謙著作，史部有十五種（據劉昭仁書第二章〈呂東萊著述考〉）；若與
　　　　《春秋》《左傳》相關的著作亦納入，則不只此數。
〔註6〕　關於其史學的研究，有胡昌智《呂祖謙與其史學》（台大歷史所碩士論文 1973
　　　　年）。吳春山《呂祖謙研究》（台大中文所博士論文，1978 年），則並經學、史

辭章之學。予讀呂氏書，卻發現在呂氏學術中，辭章之學雖非爲學宗旨之所在，卻也是重要之一環，值得再做探討。如一般熟知的《左氏博議》，就是一本流傳甚廣的作文範本，在宋明乃至清代，是士人學文必得肄習的對象；然而此書在呂氏學術中，究竟占有怎樣的地位？又如他曾在周必大（1126～1204）、王淮（1126～1189）等權臣的推薦下，奉敕編纂卷帙龐大的《宋文鑑》，可見其辭章之學確爲時人所推重；然則在呂氏的心目中，最理想的辭章又爲何？又，在他與朱熹的書信往來中，有許多和辭章之學相關的言論，其中所涉及的論題，諸如「爲學」與「舉業」是否衝突，二人對蘇軾古文的不同評騭等，也都值得作進一步的整理分析。

何寄澎先生於《北宋的古文運動》一書中指出，南宋由於理學勢盛，「道學籠罩，語錄體興，古文遂不能不爲之蕪絕」，因此整個南宋，再無古文大家出現〔註7〕。又云：「呂祖謙編《古文關鍵》，取有宋八家文而及蘇門張耒，正反映了孝宗朝古文猶能以強弩之末與道學相抗衡的情形。」〔註8〕的確，呂氏所評註的《古文關鍵》，確實可以多少反映出南宋士人誦習北宋古文的情形；而這也同時引起一個筆者有興趣的問題：究竟呂祖謙的辭章之學與古文運動有何關係？持平論之，呂氏辭章之學上的成就雖不及稱爲一位大家，要亦爲一名家。那麼，呂氏辭章之學的主要成就爲何？當其時，學術界朱陸道學正方興未艾，則呂氏的古文走向是如何與之抗衡的？其辭章之學，究竟在兩宋古文運動中居於怎樣的角色地位？本文即想由此脈絡，對呂氏的辭章之學再作一番探究。

本文分三節。由於呂氏有關辭章之學的著作，顯示其與科舉時文甚有淵源，因此本文第一節首先討論其與科舉的關係；次節，對其辭章之學之主張特色作進一步分析；第三節則藉由呂氏和朱熹書信往來的討論，來尋索他對道學家的文學主張有何回應。最後爲結論。

學、理學、文學研究之。又有劉昭仁《呂東萊之文學與史學》，馬秀嫻《呂祖謙之理學研究》（新亞書院哲學所碩士論文，1984年）等。此外，近年大陸研究浙東學術之風日熾，對呂氏亦重視，如註2二書，及潘富恩與徐餘慶同著之《呂祖謙評傳》（南京大學出版社，1992年）皆是。

〔註7〕見氏著《北宋的古文運動》（幼獅文化事業公司，1992年），頁268。

〔註8〕同註7，頁276。

壹、呂氏辭章之學與科舉的關係

呂祖謙生於南宋高宗紹興七年（1137），卒於孝宗淳熙八年（1181），得年僅四十五。關於呂氏辭章之學的成就，宋人吳子良曾云：

> 東萊早年文章，在詞科中最號傑然者，然藻繢排比之態，要亦消磨未盡。中年方就平實，惜其不多作而遂無年耳。〔註9〕

所謂「詞科」，是指以試文為主的博學宏詞科，這是南宋朝廷專為振拔代言人才而設的取士科目，投考者必須具備鴻筆麗藻之辭章，貫通經史子集、熟習歷代及當代掌故之學識。投考資格須具有進士學銜。〔註10〕由於取士標準高而錄取率又低，有意於此者莫不花上長時間的準備功夫。〔註11〕呂氏於隆興元年（1163，二十七歲）連中進士及博學宏詞科，這種同年連中的情形，在當時是絕無僅有，呂氏遂文名日盛。呂氏早期的辭章風格，和科舉時文關係密切；其辭章之學亦然。乾道六年（1170），呂氏曾簡單地概括自己的一生，云：「自其少時，既奪移於科試；即乎壯齒，又湮沒於隱憂。」〔註12〕前一句即在說明其少時全力在準備舉業。所以，在此我們可以將呂氏一生，以隆興元年為界，劃作兩個階段：隆興元年以前，是他的從學階段，而以準備舉業為鵠的；隆興元年，連中進士及博學宏詞科之後，開始其獨當一面的學術生涯。此後，總計呂氏在學術界活動的時間，僅十七年。這十七年之間，主要的學術活動，不外乎講學、著述。而其講學、著述，則又多少與舉業有若干關係。以下分述之。

一、古文選與舉業範文之作

選擇名作誦習，乃習文要法。祖謙既有揀擇時文雜文之屬以利士子肄習舉業之選集，還有自己撰作舉業範文以及解析文章體式之著作。 祖謙這些方面的著作，可考者有：

《左氏博議》二十五卷

〔註9〕 氏著《林下偶談》卷三「詞科習氣」條下（清順治刊本，《說郛》七十五之一）。

〔註10〕 參見聶崇岐《宋史叢考》中〈宋詞科考〉一文（臺北市：華世出版社，1986年）。

〔註11〕 例如王應麟（1223～1296）就花了十五年的肄習功夫。參見拙著《博識以致用——王應麟學術的再評價》第二章第一節（台大中文所碩士論文，1994年）。

〔註12〕 轉引自《呂祖謙評傳》，頁18。

《古文關鍵》二卷

《歷代奏議》十卷

《國朝名臣奏議》十卷

《三蘇文選》五十九卷〔註13〕

其中，《歷代奏議》、《國朝名臣奏議》、《三蘇文選》三書，皆已亡佚。現存著作中，《左氏博議》作於乾道四年（1168），自序云：

> 《左氏博議》者，爲諸生課試之作也。始予屏處東陽之武川……居半歲，里中稍稍披蓬藋從予遊，談餘語隙，波及課試之文，予思有以佐其筆端，乃取《左氏》書理亂得失之蹟，疏其說於下，旬儲月積，浸就篇帙。〔註14〕

可見《左》書著作之初，並非有意於立說，故自序末又謙稱：「凡《春秋》經旨，概不敢僭論，而枝辭贅喻，則舉子所以資課試者也。」然而此書由於議論雄健，辭旨明達，後來便被引爲習文寶筏，廣爲流傳。〔註15〕

至於《古文關鍵》一書，本非呂氏親自編選原爲「前賢所集古今文之可爲法者」〔註16〕，而呂氏據以批注；此書是目前可見最早的古文評點之作，書中以小字標抹文章命意布局之處，以教示學者寫作古文的門徑要法。類似《古文關鍵》的古文評點之作，明清以後，佳作輩出，此書逐漸隱微，然而以其爲評點著作之祖，仍有一定的地位。又，清張雲章〈古文關鍵序〉云：

> 觀其標抹評釋，亦偶以是教學者，乃舉一反三之意。且後卷論策爲多，又取便於科舉，原非有意採輯成書，以傳久遠也。〔註17〕

《古文關鍵》中所收文章，多論、策、序，而宋代科舉試文以論、策爲主，故此書乃呂氏爲教導士子習作舉業時文而作，是很明顯的。呂氏教學，常「令諸生讀左氏及諸賢奏疏」〔註18〕，《歷代奏議》、《國朝名臣奏議》之選輯，應亦是在此一脈絡之下出現的。《三蘇文選》亦然。在此先須一提的是，古文運

〔註13〕《宋文鑑》乃奉敕編纂，非有意選作舉業範文，故不在此列。

〔註14〕《左氏博議》卷首（臺北市：廣文書局）。

〔註15〕如清俞樾嘗勉學者熟讀《左氏博議》，則爲文必能「斐然可觀」（《古文關鍵・跋》廣文書局影印本）。

〔註16〕〈古文關鍵舊跋〉（藝文印書館影印百部叢書之續金華叢書本《古文關鍵》卷末）。

〔註17〕同註16，卷首。

〔註18〕《晦安先生朱文公文集》卷三十五，朱熹〈答呂伯恭〉（以下簡稱《文公文集》，日本中文出版社影印本），頁557。

動在北宋由於得與科舉結合而全面成功〔註 19〕，洎至南宋，古文已是最流行
的文體。東萊少時習舉業、宏辭，熟習唐及北宋諸大家文章，其中尤喜蘇軾
文。《左氏博議》議論風格頗近蘇軾，《古文關鍵》中所收皆唐、北宋古文大
家文章（韓愈、柳宗元、歐陽修、三蘇、曾鞏、張耒等八家），而此二書均當
時士子習舉業的對象，這些都多少反映了南宋舉業文章與北宋古文的關係。
北宋古文運動之所以成功，因其與科舉結合；但當時文士尚有創作的活力。
南宋科舉與古文結合，士子但以唐宋優秀的古文爲誦習對象，其目的盡在功
名，已喪失了古文創作的活力，這恐怕也是南宋古文衰弱的原因之一。

　　除了《左氏博議》及《古文關鍵》，祖謙又有《精騎》及《歷代制度詳
說》十五卷〔註 20〕，都是作文的工具書；《精騎》已佚，關於此書，朱熹嘗
質疑呂氏：

> 近見建陽印一小冊，名《精騎》，云出於賢者之手，不知是否？此書
> 流傳，恐誤後生輩，讀書愈不成片段也。雖是學文，恐亦當就全篇
> 中，考其節目關鍵。又諸家之格轍不同，左右采獲，文勢反戾，亦
> 恐不能完粹耳。〔註21〕

朱熹此文大約作於乾道九年（1173），當時《精騎》已流傳至福建建陽，可見
此書之作，應早在乾道九年之前。觀朱熹文意，此書內容大概是摘取名家文
章的精要文句，以供習文者背誦肄習。然而朱熹反對這種學文法，而主張應
該「就全篇中，考其節目關鍵」。東萊《古文關鍵》之作，或許正是得自朱熹
這段話的提醒。《歷代制度詳說》，則全書採集事類，以備答策，共計十五
目，每目前爲「制度」，後爲「詳說」，「制度」簡要，「詳說」則多推古代建
制之原委與沿革。此書也由家塾私課之本，而傳爲士子爭誦之工具書，即是
因爲有助於肄習舉業。〔註22〕

　　以上這些作品，祖謙並不自引爲重要之作。淳熙元年，朱熹嘗去信勸誡他：

> 但爲舉子輩抄錄文字，流傳太多，稽其所敝，似亦有可議者。自此
> 恐亦當少訒其出也。〔註23〕

〔註 19〕 參見《北宋的古文運動》第四章第三節。
〔註 20〕 劉昭仁以爲此二書爲異名而同書。今以二書內容有不同，不必強合，仍作二
　　　　 書處理。
〔註 21〕 《文公文集》卷三十三，〈答呂伯恭〉，頁 522。
〔註 22〕 見《四庫全書總目》卷二十六〈子部・類書類一〉（藝文印書館影印本）。
〔註 23〕 同註 21，頁 519。

祖謙回書云：

> 揀擇時文雜文之類，向者特為舉子輩課試計耳，如去冬再擇四十篇，
> 正是見作舉業者，明白則少曲折，輕快則欠典重，故各舉其一，使
> 之類為也，亦別無深意。今思稽其所敝，誠為至論，此等文字，自
> 是以往，決不復再拈出，非特慎言其出而已也。〔註24〕

二氏所云，還關乎舉業之學與性理之學之間的矛盾。關於這點，後文再述。

二、以時文相號召

呂氏教授舉業，在當時必定很有名氣，所以就連對他的辭章之學頗有微
辭的朱熹，也曾把自己的長子朱塾送去請他調教。〔註25〕

呂氏二十七歲時，同時舉進士及以試文為主的博學宏詞科；由於擅長舉
業時文，學子頗慕其名，最初講學頗以此相號召。乾道二年（1166）呂氏丁母
憂，退居明招山，次年冬，「學子有來講習者」〔註26〕；乾道四年，教授舉業
時，作《左氏博議》，自序云「為諸生課試之作」。乾道五年（1169）遷嚴州州
學教授，曾致函潘叔度，感歎：

> 某到嚴兩旬矣，郡庠亦漸有次序，日以躬行務實之語薰灌之，不專
> 講程文也，但殊難得有志趣者耳。〔註27〕

所謂程文即舉業時文也。試繹其意，顯然呂氏已經發覺，若不教授舉業，則
難吸引到學生。乾道八年（1172）起，在明招山丁父憂，守喪期間，諸生復集；
在呂氏的教學課程中，大概總排有舉業一項，學子所以紛至沓來，正緣此吧！
因此，此事立刻引起諸理學家的嘲訕與不滿。如陸象山說他：「伯恭在衰絰中，
而戶外之屨恆滿。」〔註28〕張栻亦曾告訴朱子：「伯恭聚徒，世多議其非者。」
〔註29〕在學友議論紛紛之下，呂氏於次年（淳熙元年）遣散諸生。關於此事，
呂氏曾在一封「與汪端明書」的信中，說道：

〔註24〕《東萊呂太史別集》卷八（以下簡稱《太史別集》，版本同註16），〈與朱侍
講〉，頁3。
〔註25〕關於此事，屢見於朱、呂於乾道九年、淳熙元年的往返書信中。
〔註26〕見呂祖謙：《東萊呂太史文集》（以下簡稱《太史文集》，版本同註16）後附〈年
譜〉。
〔註27〕《太史別集》卷十，〈答潘叔度〉（臺北市：世界書局），頁21。
〔註28〕見《宋元學案・東萊學案》引。
〔註29〕同註28。

> 劉子澄（案：劉清之）傳道尊意，是時以四方士子業以會聚，難以
> 聚已，今歲悉謝遣歸。〔註30〕

對於以教授時文號召學子之舉，呂氏原有他自己的想法，早在乾道六年一封
給朱熹的信中，就曾說過：

> 科舉之習，於成己成物誠無益，但往在金華，兀然獨學，無與講論切
> 磋者，閭巷士子，捨舉業則望風自絕，彼此無緣相接，故開舉業一路，
> 以致其來，卻就其間，擇質美者告語之，近亦多向此者矣。自去秋來，
> 十日一課，姑存之而已。至於爲學所當講者，則不敢怠也。〔註31〕

藉由習舉業之課程而匯聚學子，既召之，再教之以成己成物之學——這原本
是呂氏的初衷；然而張栻並不贊同，曾云：

> 若是爲舉業而來，先懷利心，豈有利上誘得就義之理。〔註32〕

張栻「與朱元晦書」又云：

> 伯恭真不易得，向來聚徒頗眾，今歲已謝遣。然渠猶謂前日欲因而
> 引之以善道。某謂來者既爲舉業之故，先懷利心，恐難納之於義。
> 大抵渠凡事似於果斷有所未足。〔註33〕

是否能以學習舉業來會聚學子，是理學家與呂祖謙之間存有的歧見。雖然呂
氏原本自有一番主張，但是終於還是接受了學友們的建議，將學生遣散。呂
氏在道學家的規誡之下，往往亦視肄習舉業時文爲枉費功夫，如曾云：

> 科舉枉尋直尺，誠如來諭，自此當束之高閣矣。〔註34〕
> 至於區區課試之末，則固未嘗深較也。〔註35〕

由此似已透露出在古文家與道學家的爭衡之中，孰勝孰敗之端倪。但是，
科舉究竟是國家取士的唯一途徑，實在不可忽視，因此呂氏又另有想法。詳後。

貳、呂氏辭章之學的基本主張

呂氏既然教授辭章，則其辭章之學的基本主張爲何？以下略分二目論述之。

〔註30〕《太史別集》卷七，頁3。
〔註31〕同註30，頁6。
〔註32〕《宋元學案・東萊學案》引。
〔註33〕同上。
〔註34〕《太史別集》卷七，〈與朱侍講〉。
〔註35〕同上。

一、作文有法—以《古文關鍵》爲例

呂氏曾云：

> 夫人之作文既工矣，必知其所以工；處事既當矣，必知其所以當；
> 爲政既善矣，必知其所以善。苟不知其所以然，則雖一時之偶中，
> 安知他時之不失哉。〔註36〕

可見呂氏認爲「作文」、「處事」、「爲政」之事，皆有法度可循；這與道學家「文自道出」、「聖賢文章，皆從此心寫出」〔註37〕，是有根本上的不同的。因此，呂氏的文章曾被道學家評爲有「文字腔子」〔註38〕。而呂氏講作文之法，最具體見於《古文關鍵》一書。

呂氏認爲學文有學文的「本」，〈與內弟曾德寬〉一文中曾云：

> 小三弟欲習宏詞，此亦無害，今去試尚遠，且讀秦、漢、韓、柳、
> 歐、曾文字（四六且看歐、王、東坡三集），以養根本。〔註39〕

這個「以養根本」的「本」，是指文章的「文字體式」。此說詳見於《古文關鍵》卷首「看文字法」中的「總論看文字法」。呂氏藉由評註《古文關鍵》，充分發揮了他自己學文的心得。卷首一卷「看古文要法」總說學文的大綱要領，分作「看文字法」、「論作文法」、「論文字病」三項。其中「看文字法」，先總論看唐及北宋古文大家文章之要法，再分論其風格體式及學文要訣。茲節錄之，以便討論：

總看文字之法

> 學文須熟看韓、柳、歐、蘇，先見文字體式，然後遍考古人用意下句
> 處。蘇文當用其意，若用其文，恐易厭人，蓋近世多讀故也。

第一看大概主張

第二看文勢規模

第三看綱目關鍵

（略）

第四看警策句法

（略）

〔註36〕 《東萊呂太史外集》（以下簡稱《太史外集》，版本同註16）卷五，頁19。
〔註37〕 《朱子語類》卷一百三十九，頁3319。
〔註38〕 同上，頁3321。
〔註39〕 《太史別集》卷十。

看韓文法　〔簡古〕　一本於經，亦學《孟子》。

　　　　　　學韓簡古，不可不學他法度；徒簡古而乏法度，則朴而不文。

看柳文法　〔關鍵〕　出於《國語》。

　　　　　　當學他好處，議戒他雄辯。議論文字亦反覆。

看歐文法　〔平淡〕　祖述韓子。議論文字最反覆。

　　　　　　學歐平淡，不可不學他淵源，徒平淡而無淵源，則萎靡不振。

看蘇文法　〔波瀾〕　出於《戰國策》、《史記》。亦得關鍵法。

　　　　　　當學他好處，當戒他不純處。

看諸家文法

　　　（論曾鞏、王安石、蘇轍、李廌、秦觀、晁補之六家文，此略）

這裡有幾點值得注意，第一、學文首在熟讀名家文章。此處所列一概是唐宋古文家，這與唐及北宋古文運動之取法乎先秦、秦、漢文章〔註40〕，已大異其趣；第二、此處討論的重點都擺在議論文上；其後的「論作文法」中，也有一條云：

　　　有用文字，議論文字是也。

而《古文關鍵》中所評點的六十二篇文章，也全數爲議論之文，其中論四十四、書牘五、碑誌一、贈序六、書敘四、上書二，皆屬論世道、議時事、以陳思想的論文，顯然都是爲了配合科舉論、策而選的。

　　　第三，學韓之簡古，要防流於「朴而不文」，可見其重文；學蘇，則要「戒其不純處」，可見文章的思想內容須宗主儒道。南宋蘇文大行〔註41〕，孝宗時更有「人傳元祐之學，家有眉山之書」的盛況〔註42〕，故呂氏云：「蘇文當用其意，若用其文，恐易厭人，蓋近世多讀故也。」然而由於蘇文思想雜染佛、老，不專守儒家之道，甚受道學家的排擊。〔註43〕呂氏於此特別揭示「戒他不純處」一語，可知亦不取蘇氏雜佛老的思想。關於此，下節再詳述之。

　　　南宋始有古文評點之作，張雲章〈古文關鍵序〉云：

　　　有宋一代，文章之事盛矣，而輯錄古今之作，傳於今者僅三四家，

　　　夫亦以得其當者鮮哉！眞西山《正宗》、謝疊山《軌範》，其傳最顯，

〔註40〕　參見《北宋的古文運動》第二章第一節。

〔註41〕　陸游《老學庵筆記》卷八云：「建炎以來，尚蘇氏文章，學者翕然從之。」

〔註42〕　羅大經《鶴林玉露》卷九。

〔註43〕　參見《北宋的古文運動》附論貳。

格製法律，或詳其體，或舉其要，可爲學者準則。而迂齋樓氏之《標
注》，其源流亦軌於正，其傳已在顯隱之間。以余考之，是三書皆東
萊先生開其宗者。〔註44〕

有宋一代，古文大盛，然而輯評古文之作，卻只出現在南宋。案今所留存南宋
古文評點之作，有呂氏《古文關鍵》、樓昉（呂氏弟子）《崇古文訣》、謝枋得（1226
～1289）《文章軌範》、眞德秀（1178～1235）《文章正宗》。這些書的編注動機，
都是爲了科舉。所不同者，呂書六十二篇全取唐宋古文；樓書收二百多篇文章，
自秦漢而下，至宋爲止，而以宋文最多。謝書共收六十九篇文章，自漢晉至唐
宋，其中韓愈文三十一篇，蘇軾文十二。要之，此三書選文皆以唐宋古文爲主，
惟眞德秀《文章正宗》分作辭令、議論、敘事、詩歌四類，而採錄《左傳》、《國
語》以下至唐末之作。清代《四庫全書總目提要》認爲眞氏此書「以理爲主」
〔註45〕、「持論甚嚴」〔註46〕，故「四、五百年以來，自講學家以外，未有尊
而用之者」〔註47〕，是以「其說終不能行於天下」，而世所傳誦者，惟呂祖謙、
謝枋得、樓昉之書〔註48〕。由於眞德秀是朱學嫡傳，故受到《總目》有意的貶
抑〔註49〕；其於「古文關鍵」條下又云：

葉盛《水東日記》曰：「宋儒批選文章，前有呂東萊，次則樓迂齋、
周應龍，又其次則謝疊山也。朱子嘗以拘於腔子議東萊矣；要之，
批選議論，不爲無益，亦講學之一端耳。」云云。然祖謙此書，實
爲論文而作，不關講學，盛之所云，乃《文章正宗》之批，非此書
之評也。

究其實，祖謙此書固爲論文之作，然亦涵有宗主儒道之意，《總目》之說，似
還有商榷的餘地。

二、專重實用之文

北宋是一個儒學力求經世致用的時代，反映在古文家上，是「有關時政

〔註44〕 同註17。
〔註45〕 《四庫全書總目》卷三十八，〈集部·總類二〉「崇古文訣」條下。
〔註46〕 同上，「文章正宗」條下。
〔註47〕 同上。
〔註48〕 同註44。
〔註49〕 《總目》有意貶抑道學家。可參見黃愛平《四庫全書纂修研究》第十二章（中
國人民大學出版社，1989）。

論作，數量龐大」〔註50〕。淳熙四年（1177）祖謙奉敕編纂《宋文鑑》，翌年完成，全書一百五十卷。宋葉適（1150～1223）稱許之：

> 此書二千五百餘篇，綱條大者十數，義類百數。其因文示義，不徒以文，余所謂必約而歸於正道者千餘數，蓋一代之統紀略具焉。〔註51〕

> 大抵欲約一代治體，歸之於道，而不以區區虛文爲主。〔註52〕

何寄澎先生論北宋古文運動中的經世致用精神降及南宋，云：

> 再看呂祖謙編《皇朝文鑑》，其意在「專取有益治道者」，所錄北宋文章，疏一百六十餘、論七十、義三、箋二十五、議二十、說十五、戒七、制策四、策問二十七，皆有關治道之作，便一方面可知北宋文章所受致用精神

影響之一斑；一方面亦可從而了解宋人此種關心國是，一切作爲指向實用的精神，即使降及南宋也未嘗稍變。〔註53〕

　　呂氏編此書，奉敕「專取有益治道」之文，故葉適稱之爲「一代之統紀略具焉」。而呂氏本人，也是講求實理、講究實用而不涉空言，曾云：

> 百工治器必貴於有用，器而不可用，弗爲也，學而無所用，學將何爲也耶？〔註54〕

學貴實用，故強調留意「實學」，曾勸舉業失意的朋友云：

> 秋闈垂翅，乃所以進德修業，如吾友之文，用於課試，蓋無遺憾矣，不必更費心神，惟留意實學。〔註55〕

實學當由何入？呂氏曾說：「天下事何嘗不是學，如百工技藝皆是學。」〔註56〕如讀史，就要切實掌握歷代政治體制，及其間興衰勝敗變遷之關鍵等，所以呂氏擅長於教人讀史，以史輔文，以免文章流於杜撰、空論。讀史甚重視《左傳》，以爲《左傳》是一部「有用底書」〔註57〕。曾云：

> 蓋此書正接虞夏商周之末，戰國秦漢之初，上既見先王遺制之尚在，

〔註50〕《北宋的古文運動》，頁38。
〔註51〕見氏著《習學記言序錄》卷五十。
〔註52〕同上，卷四十八。
〔註53〕《北宋的古文運動》，頁39。
〔註54〕《麗澤論說集錄》卷十（版本同註24），頁8。
〔註55〕《太史外集》卷五，〈與鞏仲至〉，頁17。
〔註56〕《太史外集》卷五，頁25。
〔註57〕《左氏傳續說》卷首「綱領」（版本同註24）。

下又見後世變遷之所，因此最好看。看左傳須是看得「人情物理」
出。〔註58〕

此「人情物理」即是實學所在。這是怎樣的實學呢：

看《左傳》須看一代之所以升降、一國之所以盛衰、一君之所以治
亂、一人之所以變遷，能如此看，則所謂「先立夫其大者」，然後看
一書之得失。〔註59〕

由這些「升降」「盛衰」「治亂」「變遷」等節目上，來進行推衍、議論，如此
方是實學，方不是空談。

然而祖謙此種注重史學的教學法，卻為朱熹所譏，〈答呂伯恭〉云：

熹昨見奇卿，敬扣之以比日講授次第，聞只令諸生讀左氏及諸賢奏疏，
至於諸經論孟，則恐學者徒務空言而不以告也，不知是否？若果如此，則恐
未安。蓋為學之序，為己而後可以及人，達理然後可以制事，故程子教人先
讀論孟，次及諸經，然後看史，其序不可亂也。若恐其徒務空言，但當就論
孟經書中，教以躬行之意，庶不相遠。至於左氏奏疏之言，則皆時事利害，
而非學者切身之急務也，其為空言亦益甚矣，而欲使之從事其間而得躬行之
實，不亦背馳之甚乎？〔註60〕

這裡我們又見到朱熹苦口婆心地宣揚其講學宗旨。朱熹強調「為學」之
序，必先學為己之學，根本既立，自然可以及人、制事。故讀書也有一定秩
序，先論孟，次諸經，次史。而唯有修己躬行之學，才是學者的切身之學。
由此切身功夫作去，而及於經世濟民，這才是朱熹觀念中真正的「實學」。至
於那些專作時事利害之議論的「左傳奏議」之屬，與學者之修己躬行毫不相
干，才是真正的「空言」。

朱熹論學必從為己之學開始，故而發表了這麼一大篇議論。而呂氏教諸
生讀左氏及奏議，則是在教習實學及舉業文章。呂氏並非不知為己之學，但
他認為可以兩不相妨，曾云：

李茂欽作魁，大可喜。年來為學有意向者，多為儕輩笑侮，往往不
能自立，因此可稍強其志氣。雖學不待外，然就渠地步上說，則殊
有補耳。又可使世俗知本分，為學者初不與科舉相妨，所繫殊不小

〔註58〕同上。
〔註59〕《左氏傳說》卷首「看左氏規模」（版本同註24）。
〔註60〕《文公文集》卷三十五，〈答呂伯恭〉，頁557。

也。〔註61〕

所謂「有意向者」，即指習舉業。而在南宋書院林立、道學日盛的當時，習舉業者往往會見笑於習道學者，士子又必須在二者之間作一抉擇。〔註62〕但呂氏以爲，科舉乃本分事，其實不妨爲學，故又云：

> 人之一身必有事。未及第時，謂科舉妨爲學；已及第後，又爲做官，爲治家，幾時得無事。〔註63〕

科舉之所以是本分事，乃基於儒者經世濟民的用世之心。其實他深諳科舉之弊：

> 後世自科舉之說興，學者視國家之事，如越人視秦人之肥瘠，漠然不知，有不識前輩姓名者。異時一旦立朝廷之上，委之以天下之事，便都是杜撰。〔註64〕

科舉之弊主要在於學者不篤於實學，是故他極力倡導實學。

經過以上討論，可以歸納出呂氏在辭章之學上的幾項基本觀點：

一、呂氏認爲作文自有法度可循，《古文關鍵》即此一觀念下的代表作。

二、學文除了習文章法度，尤要修養實學，以免流於空言杜撰。

三、呂氏重視讀史，因史書是實學之所在。

四、作文要作實用之文，即與經世治道有關的文章。

其中，就注重讀史及經世致用精神而言，可以說是延續自北宋古文運動。而講文章法度、強調實學及實用之文，則可視爲南宋古文的新發展。而此一新發展，是配合著國家取士的要求，及經世的用心而來，故又與舉業時文之表現很有關係。

參、朱熹的批評與呂氏的回應

經由以上討論，我們已經可以大致了解呂祖謙辭章之學上的成就，及其與古文運動的若干關係。然而，又有一些資料顯示，呂氏在最後的幾年中，其辭章之學似有若干轉變，轉變的關鍵在呂氏與道學家的密切交往；這些道學家們及他們對呂氏的批評，前文已略及之；其中對呂氏影響最大的，應該

〔註61〕《太史別集》卷十，〈與學者及諸弟〉，頁27。
〔註62〕參見賈志揚《宋代科舉》（東大，1995），頁274～277。
〔註63〕《麗澤論說集錄》卷十，頁5。
〔註64〕同上，卷四，頁5。

就是衛道最力、排擊當時風行的古文最激烈的朱熹。

古文運動受到道學家的抨擊，可以溯源至北宋〔註65〕，但是就整體而言，古文家與道學家之對立，在北宋尚不明顯。降及南宋，復轉熾烈。其中攻擊古文最力者，是朱熹，而受到最嚴重攻擊者，是蘇軾。〔註66〕於是，喜好蘇文的呂祖謙，也難逃朱熹的攻伐之列。

蘇文在南宋與利祿之途結合，所謂「蘇文生，嚼菜根；蘇文熟，吃羊肉」是也，故士子無不熟習蘇文。然而因為蘇軾思想雜道佛，這對道學家而言，十足為心害。朱熹攻蘇，主要即就蘇文議論之雜異端、惑人心、不利名教而攻之。《朱子語類》評蘇語甚多，茲舉數例明之：

> ＊國初文章，皆嚴重老成。……到東坡文字便已馳騁，忒巧了。
>
> ＊歐公文字敷腴溫潤。曾南豐文字又更峻潔，雖議論有淺近處，然卻平正好。到得東坡，便傷於巧，議論有不正當處。
>
> ＊蘇文害正道，甚於佛老。〔註67〕

蘇文最大害在「巧」。何謂「巧」？朱子曾云：

> 東坡平時為文論利害，如主意在哪一邊利處，只管說那利。其間有害處，亦都知，只藏匿不肯說，欲其說之必行。〔註68〕

為求爭勝而巧立論，是為議論而議論，故往往於道理有不正當處；此是朱熹最所不喜。朱熹曾云：「大抵程、蘇學行，邪正不同，勢不兩立。」〔註69〕可見攻蘇的決心。而朱熹批評呂氏文章「傷巧」，也是嫌其文章遣詞命意之巧立議論，恐不合於道。

朱熹與呂祖謙開始以書信往返論學，大約在乾道五年左右。〔註70〕乾道六年，祖謙曾致書朱熹，云：

> 孟子深斥楊墨，以其似仁義也，同時如唐勒景差輩，浮詞麗語，未嘗一言與之辯，豈非與吾道判然不同，不必區區勞煩舌較勝負耶？某氏之於吾道，非楊墨也，乃唐景也，似不必深與之辯。〔註71〕

〔註65〕 參見《北宋的古文運動》第五章第二節。
〔註66〕 參見《北宋的古文運動》附論貳。
〔註67〕 皆見於《朱子語類》卷一百三十「自熙寧至靖康用人」。
〔註68〕 同上。
〔註69〕 《文公文集》卷三十五，〈答呂伯恭〉，頁558。
〔註70〕 考朱、呂往返論學的書信，最早大約為乾道六年。
〔註71〕 《太史別集》卷七，〈與朱侍講〉，頁7。

信裡的「某氏」即指蘇軾。在這裡，呂氏似僅視蘇軾為辭章家，頗有迴護蘇文之意。祖謙以為蘇軾正如唐、景之流，雖「與吾道判然不同」，卻不至於如楊墨之足以淆亂仁義是非，故「不必深與之辯」。朱熹的回信卻十分嚴厲；此信甚長，為詳見朱氏論點，不煩具引：

> 示喻蘇氏於吾道不能為楊墨，乃唐景之流耳。……熹竊以為此最不察夫理者。夫文與道果同耶？異耶？若道外有物，則為文者可以肆意妄言而無害於道，惟夫道外無物，則言而一有不合於道者，則於道為有害。但其害有緩急深淺耳。屈宋唐景之文，熹舊亦嘗好之矣，既而思之，其實不過悲愁放曠二端而已，日誦此言，與之具化，豈不大為心害？於是屏絕不敢復觀。今因左右之言，又竊意其一時作於荊楚之間，亦未必聞於孟子之耳也。若使流傳於四方，學者家傳而人誦之，如今蘇氏之說，則為孟子者亦豈得而已哉？況今蘇氏之學，上談性命，下述政理，其所言者，非特屈宋唐景而已。學者始則以其文而悅之，以苟一朝之利；及其既久，則漸涵入骨髓，不復能自解免，其壞人才，害風俗蓋不少矣。伯恭尚欲左右之，豈其未之思耶？其貶而置之唐景之列，殆欲陽躋而陰予之耳。……更願思之，以求至當之歸，不可自誤誤人也。〔註72〕

朱熹這段文章有幾個要點：

一、依道學家的觀點，文與道一，道外無物，因此凡有一言不合於道，就是害道；豈另有「與吾道判然不同」的辭章之學？

二、屈宋唐景之文，其悲愁放曠的風格，已大為心害；況蘇文之談性命，述政理，又不僅止於屈宋唐景之流而已，學者雖恃之可以得一朝之利，浸淫久之反而心術受害於不知覺，則其壞人材而敗風俗，恐非小小。

三、呂氏對蘇文之害思之不精，尚欲回護，恐怕會自誤誤人。願其深思而慎行。

朱熹這段話頗不留情（中間有一段還直攻呂氏好蘇文是違背家學傳統），難怪呂氏曾批評他「乏廣大溫潤氣象」〔註73〕，但由此也見出了朱熹衛道之勇，甚至對於呂氏只取蘇文的作文技巧，亦不能苟同。

〔註72〕《文公文集》卷三十三，〈答呂伯恭〉，頁516。
〔註73〕《太史別集》卷七，〈與朱侍講〉，頁7。

　　然而由於呂氏早年熟習蘇文，浸潤甚深，因此對於朱熹的批評難以遽然接受。與呂氏甚有講論之益的張栻〔註74〕，曾於乾道六年與朱熹書云：

> 伯恭近來儘好說話，於蘇氏父子亦甚知其非。向來見渠亦非助蘇氏，但習熟元祐間一等長厚之論，未肯誦言排之耳，今亦頗知此為病痛矣。〔註75〕

由此，我們見到了呂氏在與張、朱等道學家的往返論學中，觀念漸漸轉變的痕跡。

　　對於呂氏教授舉業，朱熹亦屢有異議，前文已略及，此續論之。乾道六年的一封信，朱熹又對呂氏《左氏博議》提出批評：

> 向見所與諸生論說《左氏》之書，極為詳博，然遣詞命意，亦頗傷巧矣，恐後生傳習，益以澆漓，重為心術之害，願亟思所以反之，則學者之幸也。〔註76〕

呂氏回信云：

> 中庸「不可能」、「道不遠人」兩章，反覆思之，龜山之說誠為奇險，非子思本指，向日不覺其非者，政緣為程文時考觀新說，餘習時有在者故耳。

所與諸生講說《左氏》，語意傷巧，病源亦在是，自此當力掃除也。〔註77〕

　　東萊對自己早年辭章之學的不滿，最清楚見於下面這段〈答聶與言〉的文字：

> 前此諭及博議，并奧論中鄙文，此皆少年場屋所作，往往淺狹偏暗，皆不中理，若或誦習，甚誤學者，凡朋友問者，幸遍語之。〔註78〕

「博議」指《左氏博議》一書，「奧論」則不詳，蓋亦舉業範文之屬。東萊會如此深責早年之作，必已經過一番深省。我們拿他早年的〈左氏博議自序〉來和這段話對照，就可以清楚見到其間的轉變：

> 《左氏博議》者，為諸生課試之作也……曼衍四出，漫不可收。客或咎予之易其言，予徐應之曰：「……德欲蓄而病欲張也。予離群而索居有年矣過而莫予輔也，跌而莫予挽也，心術之差，見聞之誤，

〔註74〕張栻曾於乾道六年與呂氏同巷居，甚有朝夕講論之益，見《年譜》。
〔註75〕見《宋元學案·東萊學案》引。
〔註76〕《文公文集》卷三十三，〈答呂伯恭〉，頁516。
〔註77〕《太史別集》卷七，〈與朱侍講〉。
〔註78〕同上，卷十，〈答聶與言〉。

而莫予正也。幸因

是書而胸中所存所操，毫忽髮謬，隨筆呈露，舉無留藏。又幸而假課試以爲媒，藉逢掖以爲郵，遍致於諸公長者之側，或矜而鐫，或慍而謫，或侮而譙，一語聞則一病瘳，其獲不亦豐矣乎？傳愈博，而病愈白，益愈眾，於予也奚損？

由這段文字，既可見到呂氏教學相長的寬廣胸襟，尤見其求道之篤。其次，雖自謂書中不免「毫忽髮謬」，卻不妨讓它「曼衍四出，漫不可收」地流傳，足見此時呂氏縱有奮猛求進之志，於文章著述之影響於世教，尚無深刻體會。我們再拿前一則引文來相互對照，則呂氏的轉變就很明顯了。此時呂氏已認爲《左氏博議》等文之偏狹不中理，懼其有誤學者，但願學者能停止誦習。

此外，朱熹又以「渾厚樸素」之文勸呂氏：

> 近年文字姦巧之弊熟矣，正當以渾厚樸素矯之，不當崇長此等，推波以助瀾。〔註79〕

此信乃告誠呂氏，選錄古文應黜姦巧而尚渾厚樸素者。甚至直指之：

> 卻聞門下多得文士之有時名者，其議論乖僻，流聞四方，大爲學者心術之害，使人憂歎不自已；不知亦嘗摘其邪僻否？〔註80〕

呂氏則答以已知前非，今亦欲返之平正樸素：

> 所論永嘉文體一節，乃往年爲學官時病痛，數年來深知其繳繞狹細，深害心術，故每與士子語，未嘗不以平正樸實爲先。……恐傳聞或不詳耳。〔註81〕

關於呂氏之於調和融通、察納雅言的問學態度，尚有足述者。朱熹曾批評呂氏「博雜及害事」，「伯恭日前只向雜博處用功」。〔註82〕乾道六年，朱熹致書呂氏，直指其「喜合不喜離」之病：

> 其病在乎略知道體之渾然無所不具，而不知渾然無所不具之中，精粗本末，賓主內外，蓋有不可以毫髮差者。是以其言常喜合而惡離。
> 〔註83〕

〔註79〕 《文公文集》卷三十三，〈答呂伯恭〉，頁525。
〔註80〕 《文公文集》卷三十三，〈答呂伯恭〉，頁514。
〔註81〕 《太史別集》卷八，〈與朱侍講〉，頁6。
〔註82〕 《朱子語類》卷一百二十二「呂伯恭」。
〔註83〕 《文公文集》卷三十三，朱熹〈答呂伯恭〉，頁515。

呂氏欣然受之。〔註 84〕而乾道八年，呂氏丁父憂期間，對此又有領悟，乃再一次致函朱熹：

> 自罹禍變以來，因心衡慮，始知前此雖名爲嗜學，而功夫汎漫，殊
> 未精確。追味往年喜合惡離之誨，誠中其病，推原病根，蓋在徒恃
> 資稟觀書，粗得味，即坐在此病處，不復精研。故看義理則汗漫而
> 不別白，遇事接物則頹弛少精神，今乃覺氣質粗厚，思慮粗少原非
> 主敬功夫，而聖賢之言，本末完具意味無窮，尤不可望洋向若而不
> 進也。但恨無緣親承誨語的實下手處，因便告詳指示，自度今必能
> 信受奉行，非徒疇昔草草領略也。〔註 85〕

這條資料十分警顯地告訴我們，呂氏所受自朱熹的影響，絕非淺淺。其次，呂氏這種廓然無私的學術態度，無論是衡諸古或見諸今，皆鮮見其匹。

在與朱熹等理學家頻繁的往返講論中，祖謙顯然有一些辭章之學的觀念改變了。祖謙最後幾年講學麗澤書院，《麗澤論說集錄》中的一些言論，或可作爲其晚期觀念的代表，以下略舉數例：

> *賁，文也。山上有火，山上方有光輝，猶文章必從根極中來。〔註86〕
> *弟子入則孝章，大抵言學者當務本，文藝亦所當爲，蓋無非學也，
>   然當以 立本爲先。〔註87〕

我們不能說呂氏早期思想中並未蘊含這些觀念，然而使呂氏擺脫某些舊觀念，而讓這些觀念浮現上來成爲主要思想的，恐怕不能不說是道學家推波之功。

到此爲止，我們看到朱熹所代表的道學家的辭章觀，如何一步步擊敗古文在呂氏舉業之學上所占據的餘威，而站上優勢的地位。永嘉學派葉適的弟子吳子良講述「文」的「統緒」，以爲呂氏乃承接漢唐宋一脈文章統緒而來，並論其文云：

> 自元祐後，談理者祖程，論文者宗蘇，而理與文分爲二。呂公病其
> 然，思融會之。故呂公之文，早葩而晚實。〔註88〕

吳氏此論，表面上看來似極客觀公允，然而衡諸事實，程「理」與蘇「文」

〔註84〕《太史別集》卷七，〈與朱侍講〉，頁 7。
〔註85〕同上，頁 13。
〔註86〕《麗澤論說集錄》卷一。
〔註87〕《麗澤論說集錄》卷六。
〔註88〕〈篔窗集後續〉（《篔窗集》，四庫全書本）。

如何能融會？那似乎是道學家所不能允許的。吳氏之言，其實是站在功利學派的辭章觀上講的。在南宋，就道學家與古文家的爭衡而言，古文雖有科舉作爲屏障，然而就現實勢力而言，在充滿活力的道學家之前，古文一脈顯然早就呈現弱勢；這從呂祖謙的例子上可以窺見。南宋的辭章之學，更值得注意的，其實還有道學派與永康永嘉功利學派的爭衡；而呂氏在其中，亦扮演了重要的角色。關於這方面的研究，則願俟諸將來。

結　論

本文討論呂祖謙的辭章之學及其與「古文運動」的關係，因此在選擇材料上，皆取其與古文寫作有關的著作爲主。其次，本文主要是就南宋科舉與古文結合的角度，來談呂祖謙的辭章之學；同時也凸顯出古文運動到了南宋不得不走向衰弱的一些因素。本文初步得到以下幾點結論：

一、首先，本文從呂氏的著作考察發現與舉業有直接關係的，至少有七部：《左氏博議》、《古文關鍵》、《歷代奏議》、《國朝名臣奏議》、《三蘇文選》《精騎》、《歷代制度詳說》。由此可見呂氏辭章之學與舉業的甚深淵源。而呂氏教授舉業的內容，第一是以唐宋古文名家名作爲誦習對象，其次是專重實用之文。而實用之文必本於實學，方不致流於空言杜撰，故呂氏教人注重讀史。

二、古文運動成功於北宋之後，古文的文體風行天下，到了南宋，基本上已無「運動」之必要。然而，另一個文學主張的勢力卻越來越大，一步步威脅著古文家的壁壘，那就是道學家。我們從呂祖謙的例子，正可以看出其間爭衡、並且道學勢盛的軌跡。

三、北宋由於古文與科舉結合，使士人全面地在這種文體上從事思考與創作，因而導致古文運動全面成功；南宋卻因爲古文與科舉的結合，而導致士人徒以唐及北宋的古文爲肆習矩矱，因而形成古文之僵化與衰敝。文章一旦拘束於舉業所需而不能自由創作，則宜乎其衰弊之勢了。

四、呂氏受朱熹批評，主要有二：一，道學家持「文與道一」的觀念，對古文大加撻伐，其中最典型的例子，是朱熹攻擊蘇軾古文。朱熹認爲蘇文之害道有二端，一是思想雜異端，一是議論姦巧不中理。呂祖謙亦因喜好蘇文之文章體式與議論技巧，而被朱熹斥爲「巧」、「傷巧」。呂氏對此一批評亦頗然之。

　　五、朱熹評呂氏,第二是針對其舉業之學。朱熹認為舉業於為己之學上毫無用處,呂氏曾接受其意見,但也曾表示「科舉不妨為學」。關於此點,呂氏的態度尚有依違未貫通處。

　　六、綜合言之,本文很大篇幅地從舉業上來觀察呂氏辭章之學的古文走向,主要是注意到南宋古文繼續與科舉結合,而發展出與北宋很不同的結果。其次,道學家的文章理論,也很大程度地影響了士人肄習古文的方向。可見古文運動之走向衰弱,原因非只一端。而在此,我們看到呂氏的某些辭章觀漸漸地接近了道學家的陣營;但值得注意者,氏呂氏講求實用、實學的學術取向,並無改變。在這一方面,呂氏勿寧是更接近於永嘉永康功利學派的。